FRAUEN GEGEN GEN- UND REPRODUKTIONSTECHNOLOGIEN

Frauen gegen Gen- und Reproduktions- technologien

Beiträge vom 2. bundesweiten Kongreß
Frankfurt, 28.–30. 10. 1988

Herausgegeben von
Paula Bradish, Erika Feyerabend, Ute Winkler
im Auftrag der Kongreßvorbereitungsgruppe

Frauenoffensive

1. Auflage, 1989
© Verlag Frauenoffensive, München 1989
(Kellerstr. 39, 8000 München 80)
ISBN 3-88104-187-7
Satz und Druck: Clausen & Bosse, Leck

Inhaltsverzeichnis

6
WIDER DIE MEDIZIN

7
WISSEN(S)-HERR-SCHAFT

THE I.P.D.

I sing you all a song
about a wondrous new device
the nations latest contraceptive plan
the funny little object they call the I.U.D.
Has recently been changed to fit a man.

Chorus: It's the I.P.D., the I.P.D.
It may not feel too good to you
but it is not hurting me,
so every time the pain begins
to fill your eyes with tears
remember I put up with it for years.

They tested it on whales
and they tried it out on mice
they used it in the poorer path of town
it is the cleverest invention
since the automatic lift
guaranteed to never let you down.

Chorus– It's the I.P.D.

It is a proven to be safe
to the average human male
though testing shows some minor side effects
These are: three died of infections
and six were sterilized
but only ten percent were too depressed

Chorus: It's the I.P.D.

Now, some people are never satisfied
so scientists are working once again
they have found now something better
than the good old I.P.D.
It's called the morning after pill-for-men.

Chorus: It's the pill that's better
than the I.P.D.
It may not be too safe but we will just
have to wait and see
so set aside your worries
and put away your fears
and remember we put up with it for years.

KONGRESSPROGRAMM

Freitag 19.30 Uhr Begrüßung und Beginn

20.00 Uhr Podiumsveranstaltung mit Beiträgen von Frauen aus dem In- und Ausland zur Kriminalisierung des Frauenwiderstandes und zu den Schwerpunkten des Kongresses:
— Internationale Bevölkerungspolitik
— Naturwissenschafts- und Technologiekritik
— Selbstbestimmung
— Zur Legalisierung der Reproduktions- und Gentechnologien.

22.30 Uhr Spätfilm: "Samenkrieg" (über den Zusammenhang von industrialisierter Landwirtschaft und Gentechnologie) 45 Min., BRD 1987

Samstag ab 9.00 Uhr Frühstück

10.00 - 13.00 Uhr Arbeitsgruppen

13.00 - 15.00 Uhr Mittagspause

15.00 - 18.00 Uhr Arbeitsgruppen

20.30 Uhr Odyssee Embryonale Von Leihmutterleid und Leihmutterfreud, mit Gilla Cremer ... Eintritt frei

anschließend Disco

Sonntag ab 8.30 Uhr Frühstück

9.30 - 12.00 Uhr Plenen zu verschiedenen Fragestellungen und Perspektiven des Widerstandes

12.30 Uhr Abschlußplenum, evtl. Resolutionen, Solidaritätserklärungen, Aktionsvorschläge...

14.00 Uhr Ende des Kongresses

14.30 Uhr Pressekonferenz

Film- und Fotografiererlaubnis gilt nur für den Freitagabend.

Arbeitsgruppen nach Schwerpunkten:
Vormittags

I. Bevölkerungspolitik
10.00 - 13.00 Uhr

1. AStA-Referat "Frauen gegen Gen- und Reproduktionstechnologien", Marburg

   Pro Familia im Kontext nationaler und internationaler Bevölkerungspolitik

2. Regine Geraedts, Bremen

   Reproduktionstechnologie – neue Form der Gewalt gegen Frauen
   Eine Einführung

3. N.N., San Salvador

   Bevölkerungspolitik in El Salvador *

4. Vibhuti Patel,   Geschlechtsbestimmungstests in Indien *
Bombay

5. Ana Regina Gomes dos Reis,   WHO? *
Rio de Janeiro

6. Lisbeth Trallori,   Bevölkerungspolitik und technologische
Wien   Fortpflanzung am Beispiel Österreichs

* Arbeitsgruppe in Fremdsprache mit deutscher Übersetzung

II. Naturwissenschafts- und Technologiekritik
10.00 - 13.00 Uhr

1. Regula Bott, MdB,   Gentechnologie – Gefahren und Folgen
Bonn

2. Gerda Freise,   'Frau, Natur und Macht' oder 'Reicht die Biologie
Göttingen   (des Geschlechts) aus, um eine Antwort auf die uns
beschäftigenden Fragen zu geben?'

3. Feministische Aktionsgruppe   Krankheit – Gesundheit.
Münster (FAM)   *Medizinische Definitionsgewalt und ihre Bedeutung
für die Gen- und Fortpflanzungstechnologien.*

4. Genarchiv,   Phänomen AIDS
Essen   Phantom

5. Sigrid Haase,   Zeugungsmythos der Vernunft
Berlin   – High-Tech im Bauch der Frau

6. Renate Klein,   Neuigkeiten aus der Retortenwelt – Widerstand
Sidney   der Frauen

7. Roscha Schmidt,   Krebsfrüherkennung – Krebsforschung an Frauen
FFGZ Berlin

8. Juliane Westphal,   Nutzen, was sein kann
Hamburg

III. Selbstbestimmung
10.00 - 13.00 Uhr

1. Dorothea Brockmann,   Reproduktionsmedizin und Selbstbestimmung
Bremen

2. Frauen gegen Bevölkerungspolitik,   Zwischen Zwangsheterosexualität, Institutionen
Bochum   und (un)heimlichen Wünschen: Lesben gegen
Gen- und Reproduktionstechnologien

3. Jalna Hanmer,   Epistomology, Science and the Contribution of
Bradford, GB   Feminism *

4. Swantje Köbsell, Eva Schindele,   Individuelle und gesellschaftliche Auswirkungen
Anna Waldschmidt, (Bremer   der pränatalen Diagnostik (Teil I)
Genforum in Kooperation mit der
Krüppelfrauengruppe Bremen)

5. Cornelia Mansfeld,   Rassismus unter Frauen — was können wir
Wohlsdorf (Hamburg)   dagegen tun?

6. Maria Mies,   Selbstbestimmung: Historische und aktuelle
Köln   Bezüge

11

7. Renate Sadrozinski, Hamburg	Über den behaupteten Zusammenhang von § 218 und Embryonenschutz
8. Deborah Steinberg, Woodstock, GB	In-Vitro-Fertilisation and the Status of Women *
9. Susan Zimmermann, Wien	Gemeinsamkeiten und Brüche zwischen „fortschrittlicher" und direkt repressiver Eugenik

IV. Zur Legalisierung der Reproduktions- und Gentechnologien
10.00 - 13.00 Uhr

1. Malin Bode, Bochum	Adoption — die Alternative zur Reproduktionstechnologie?
2. Claudia Burgsmüller, Wiesbaden/Berlin	Gebärverbote *Zur eugenischen Indikation und Zwangssterilisation*
3. Theresia Degener, Marburg	Retortenbaby international *In-Vitro-Fertilisation im internationalen Recht*
4. Dagmar Oberlies, Saarbrücken	Der Embryo — Eine männliche Kopfgeburt
5. María José Varela Portela, Barcelona	„Embryonenschutzgesetz" und Abtreibungsverbot in Spanien *

Nachmittags

I. Bevölkerungspolitik
15.00 - 18.00 Uhr

1. Gena Corea, Winchester, USA Ana Regina Gomes dos Reis, Rio de Janeiro	Industrialization of Reproduction *
2. Nashilongo Elagi, Windhoek, Namibia	Family Planning in Namibia/South Africa *
3. Frauen gegen Bevölkerungspolitik, Bochum	Human – Humangen – Humangenetische – Humangenetische Beratungsstellen
4. Jyotsna Gupta, Den Haag	New Reproductive Technologies, Population Politics and Women's Autonomie *
5. Irene S.Y. Koh, Delft	Genetic Engineering and Women's Rights in Singapore *

II. Naturwissenschafts- und Technologiekritik
15.00 - 18.00 Uhr

1. Paula Bradish, Bonn	Macht und Ohnmacht der Gen-Konstrukteure
2. Genarchiv, Essen	Insulin – Versuch der Widerlegung eines gängigen Arguments

3. Annette Görlich,
Brüssel
Joan Murphy, FFGZ,
Berlin

DES – Ein künstliches Hormon und seine
Folgen

4. Gisela Gräning, Angelika Severin,
Bene Pfeiffer; Frauen gegen Gen-
und Reproduktionstechnologie,
Hamburg

Das Normierungsdenken der Sexual- und
Fortpflanzungspolitik am Beispiel der
Sexualhormonforschung seit den 20er Jahren
(Vortrag und offene Fragen)

5. Birgit Heinz-Fischer,
Martina Hammel,
FFGZ, Frankfurt

Gen-, Reproduktions- und Informationstechnologie
Verknüpfung von Herrschaftstechnologien

6. Heidrun Kaupen-Haas,
Sabine Schleiermacher
Hamburg

Aktualität und Kontinuität nazistischer
Bio-Forschungspolitik

7. Dorothee Lieres,
München

Die Gen- und Reproduktionstechnologien als
Ergebnis der natur- und frauenfeindlichen
Wissenschaft im Patriarchat der letzten 5000
Jahre

8. Helga Satzinger,
Berlin

Lebensdefinitionen der modernen Biologie –
und was sie mit Frauenmacht zu tun haben

9. Birgitta M. Schulte,
Frankfurt

Wissenschaft und Geschlecht.
Zum Zusammenhang Frau – Natur –
Naturwissenschaft – Ökologie

III. Selbstbestimmung
15.00 - 18.00 Uhr

1. Antigena,
Zürich

Reflexion – Auswertung der Erfahrungen –
Strategiediskussion

2. Eva Fleischer,
Innsbruck

„Die Frauen, die wollen das ja so..."

3. Sylvia Groth,
FFGZ Berlin
Giselind Grottian,
.FINRRAGE Regionalgruppe
Berlin

Zur Geschichte der eugenischen Indikation

4. Swantje Köbsell, Eva Schindele,
Anna Waldschmidt (Bremer
Genforum in Kooperation mit der
Krüppelfrauengruppe Bremen)

Individuelle und gesellschaftliche
Auswirkungen der pränatalen Diagnostik
(Teil II)

5. Regina Röring,
FFGZ Berlin

Erfahrungen in der Sterilitätsberatung

6. Marina Steinbach,
FFGZ Berlin

Lesben zwischen Tochterwunsch und
Geschlechtsselektion.
Möglichkeit der Gefahren und Grenzen der
Inanspruchnahme reproduktionstechnologi-
scher Methoden am Beispiel der künstlichen
Insemination

7. Gerburg Treusch-Dieter,
Berlin

Das aus der Frau herausgenommene Leben:
Chance oder Ende der Selbstbestimmung

IV. Zur Legalisierung der Reproduktions- und Gentechnologien
15.00 - 18.00 Uhr

1. Jutta Bahr-Jendges,
Bremen

Renaissance des Vaterrechts durch neue Reproduktionstechnologien

2. Gisela Frederking,
Hamburg

Frauenbewegung als Organisationsdelikt
§ 129a und die Kriminalisierung des Frauenwiderstandes

3. Gundula Kayser,
Barcelona

Zum Frauenwiderstand gegen das „Embryonenschutzgesetz" in Spanien

4. Gisela Klein,
Duisburg

Freiwillige Kinderlosigkeit oder Von der Hingabe an die männliche Arbeitswelt

5. Susanne Pötz Neuburger,
Hamburg
Sabine Heinke,
Bremen

Die Vermarktung des Lebens
Vom Schadenersatz wegen erlittener Körperverletzung zur Niere als Sache

Mehr als 2000 Frauen haben am 2. bundesweiten Kongreß „Frauen gegen Gen- und Reproduktionstechnologien" im Oktober 1988 teilgenommen. Unzählige Frauen haben für dieses Treffen Schlafplätze besorgt und zur Verfügung gestellt, Plakate entworfen und geklebt, wochenlang diskutiert und telefoniert, geputzt, Geld gespendet, Beiträge für die Arbeitsgruppen vorbereitet, übersetzt und geschauspielert.

Wir möchten allen Frauen danken, die zum Gelingen des Kongresses beigetragen haben.

Abgekämpft, aber zufrieden, meinten die Organisatorinnen: Das muß dokumentiert werden.

Wir wollten die Vielfalt der Beiträge und Diskussionen so schnell und preiswert wie möglich einer breiten Frauenöffentlichkeit zugänglich machen. Doch bald wurde klar, daß bei Veröffentlichung aller Beiträge, Protokolle, Resolutionen usw. in voller Länge ein Werk von mehr als 600 Seiten herausgekommen wäre, obwohl etwa 12 Referentinnen keine Zeit hatten, einen schriftlichen Beitrag zu verfassen. Das hätte den geduldigsten Verlag und sicher auch viele interessierte LeserInnen nicht nur finanziell überfordert. Uns – als beauftragte Redaktionsgruppe – fiel die schwierige Aufgabe zu, sowohl eine Auswahl der Beiträge zu treffen als auch einzelne Beiträge erheblich zu kürzen.

Wir wollen die nicht veröffentlichten Beiträge zugänglich machen. Sie sind gegen einen Unkostenbeitrag beim FFGZ Frankfurt (Adresse s. Anhang) zu bestellen.

Priorität hatten die Artikel, die
– von ausländischen Frauen verfaßt wurden,
– noch nicht anderweitig veröffentlicht worden sind,
– neue Themen, Analysen, Fragestellungen, Ideen aufgreifen.

Letztlich spiegelt die Auswahl auch unsere individuellen und in der Diskussion entwickelten Standpunkte wider. Wir haben jeden Artikel diskutiert und bei jedem – ob abgedruckt oder nicht – neue, wichtige Anregungen gefunden.

An dieser Stelle möchten wir allen danken, die viel Arbeit in die Erstellung, Überarbeitung und Kürzung investiert haben.

Ergebnis unserer Diskussion ist auch eine, gegenüber dem Kongreßprogramm, etwas veränderte Gliederung der Beiträge. Wir meinen, daß das Buch die Weiterentwicklung im Themenspektrum und in der Diskussion seit dem Kongreß 1985 widerspiegelt. Trotzdem fehlen noch viele Themen – sicher einige, zu denen Frauen schon wichtige Arbeit geleistet haben, die aber leider nicht auf dem Kongreß dabei waren. Aber auch neue Fragestellungen und Perspektiven, die wohl noch gar nicht aufgegriffen worden sind. In den kritischen Anmerkungen von Kongreßteilnehmerinnen im Anhang werden einige Anregungen dazu gegeben.

Uns ist, insbesondere bei der Durchsicht und Zusammenstellung der Beiträge, das Fehlen wichtiger Themen aufgefallen. Zu den neuen Fragestellungen, auf die wir zukünftig unsere Aufmerksamkeit richten sollten, gehört u. M. n. die Situation von Frauen in den „sozialistischen" Staaten, z. B. DDR, Rumänien, Kuba, China, UdSSR.

Diesen „blinden Fleck" auszufüllen, erscheint uns auf dem Hintergrund wichtig, daß beispielsweise in Kuba Propagandafeldzüge für In-vitro-Befruchtung gestartet werden, Rumänien, DDR und China offen eugenische Bevölkerungspolitik betreiben und die UdSSR mit Embryonenforschung und Freilandversuchen aufzuwarten hat – um nur einige Beispiele zu nennen, die relativ unkommentiert und undiskutiert an uns vorübergehen.

Zu kurz gekommen ist auf diesem Kongreß die Auseinandersetzung um landwirtschaftliche und industrielle Projekte, ökonomische Aspekte wie die Patentierung von Leben und die aktuellen Freilandversuche.

Bestehende Kontakte wie z. B. zu „Frauen in Naturwissenschaft und Technik", die u. a. diese Bereiche bearbeiten, sind nicht in die Planung des Kongresses eingegangen.

Wir Frauen haben einen wichtigen Beitrag geleistet, die ökonomische und gesellschaftspolitische Bedeutung der Reproduktion zu verdeutlichen. Frauen haben aufgezeigt, daß jede gentechnologische Manipulation des Menschen ihre unabdingbare Voraussetzung in dem technischen Zugriff auf die Fortpflanzung und damit auf Sexualität und Schwangerschaft der Frau hat. Wir haben laut die Opfer gezählt, die die Naturwissenschaften und Medizin brauchten und brauchen, um diese Forschung zu betreiben.

Wir sollten unsere – z. T. traditionellen – Kompetenzen auch in anderen Bereichen ausbauen bzw. entwickeln. Frauen kümmern sich wesentlich um die Nahrungsbeschaffung. In den armen Ländern haben sie unter der Ausbeutung, unter den Folgen der sog. „Grünen Revolution" zu leiden. Sie müssen mit immer schlechteren Böden und weniger Land die Ernährung sichern. Die Anwendung der Gentechnologie in der Landwirtschaft – z. B. „nachwachsende Rohstoffe" und manipulierte „Hochleistungspflanzen" – wird diese Situation weiter verschärfen. Frauen in der westlichen Welt sind trotz Arbeitsleben in der Regel immer noch für die alltägliche Versorgung zuständig und werden zunehmend mit gentechnologisch hergestellten Nahrungsmitteln konfrontiert. Frauen müssen in jeder Hinsicht mit der Produktionsverantwortungslosigkeit leben und im Alltag ein Katastrophenmanagement betreiben, das sie den multinationalen Konzernen zu „verdanken" haben (siehe Tschernobyl und Sandoz).

Es gibt keine Bereiche, die sich unserer Verantwortung entziehen. Die

Freilandversuche und die anstehende Verlagerung der Gentechnologie von den Labors in die industrielle Produktion werfen Fragen auf, die wir weder in diesem Vorwort noch während des Kongresses hätten lösen können. Es ist die Frage, wie wir uns den konkreten Projekten entgegenstellen können, wie wir den Normalisierungsprozeß und die Durchsetzungsstrategien der Betreiber durchkreuzen können.

Wie können wir kurzfristig auf aktuelle Ereignisse reagieren, ohne festgefügte hierarchische Strukturen zu produzieren?

Ist es richtig, einen Abwehrkampf zu führen, der an einem *status quo* ansetzt, den es überhaupt nicht gibt, bzw. der auch keiner „Verteidigung" würdig ist?

Usw. ... usw.

Um das Erscheinen dieses Buches schon im Frühjahr 1989 zu ermöglichen, mußten wir die redaktionelle Bearbeitung der Texte in sehr kurzer Zeit erledigen. Deshalb ist sicherlich die eine oder andere Literaturangabe unvollständig, bzw. wird die eine oder andere Korrektur fehlen. Wir bitten die Autorinnen und LeserInnen hierfür um Verständnis.

Unsere Redaktionstreffen waren meistens länger als geplant, manchmal hektisch, hin und wieder ziemlich lustig und fanden an wechselnden Orten, manchmal auch „konspirativ" im fahrenden IC-Großraumwaggon statt. Uns hat die Arbeit viele neue Ideen und spannende Diskussionen beschert, die wir auch den LeserInnen wünschen.

In diesem Band nicht erschienen sind folgende Artikel:
– Regine Geraedts: Reproduktionstechnologie, neue Form der Gewalt.
– Feministische Aktionsgruppe Münster: Krankheit – Gesundheit – Medizinische Definitionsgewalt und ihre Bedeutung für Gen- und Fortpflanzungstechnologien.
– Sigrid Haase: Zeugungsmythos der Vernunft – High-Tech im Bauch der Frau.
– Susan Zimmermann: Geburtenfeindlichkeit des Industriekapitalismus und eugenische Reproduktionspolitik im 1. Drittel dieses Jahrhunderts.
– Frauen gegen Bevölkerungspolitik, Bochum: Humangenetische Beratungsstellen.
– Dorothee Lieres: Gen- und Reproduktionstechnologien als Ergebnis der natur- und frauenfeindlichen Wissenschaft im Patriarchat der letzten 5000 Jahre.
– Birgitta M. Schulte: Wissenschaft und Geschlecht. Zum Zusammenhang von Frau – Natur – Naturwissenschaft – Ökologie.
– Marina Steinbach / Dagmar Zöller: Lesben zwischen Tochterwunsch und Geschlechtsselektion.

- Gerburg Treusch-Dieter: Göttliche Schnitte ins eigene Fleisch. Die Antike in den modernen Reproduktionstechnologien.
- Gisela Klein: Freiwillige Kinderlosigkeit – oder von der Hingabe an die männliche Arbeitswelt.
- Helena Stell: Ist Krankheit ein Eindringling, der bekämpft werden muß?
- Jyotsna Gupta: Population Politics and Women's Autonomy.
- Susanne Pötz-Neuburger / Sabine Heinke: Vermarktung des Lebens.

1
KEINE ZÄHMUNG DER WIDERSPENSTIGEN

Beate Zimmermann

KONGRESSBEGRÜSSUNG

Ich begrüße euch herzlich zur Eröffnung des zweiten bundesweiten Kongresses „Frauen gegen Gen- und Reproduktionstechnologien". Dieser Kongreß hat eine Geschichte: Einmal ist er die Weiterführung des Kongresses, der 1985 als der erste bundesweite Kongreß von „Frauen gegen Gen- und Reproduktionstechnologien" in Bonn stattgefunden hat. Rückblickend wollen wir noch einmal den Frauen danken, die den damaligen Kongreß in Gang gesetzt haben, da wir nach diesem Kongreß sehr wohl zu schätzen wissen, wieviel Kraft und Durchhaltevermögen dieser erste Kongreß gekostet haben mag.

Nach dem ersten Kongreß hat sich eine kontinuierliche Diskussion in der BRD entwickelt. Seither gibt es einen bundesweiten Zusammenhang von Frauengruppen gegen Gen- und Reproduktionstechnologien. Es hat Kampagnen, Aktionswochen, viele Veranstaltungen und Veröffentlichungen gegeben. Schon ein Jahr vor dem Bonner Kongreß hat sich ein internationaler Frauenzusammenhang (FINRRAGE) etabliert, der weltweit Informationen über diese Technologien zusammenträgt und veröffentlicht. Zum anderen ist dieser Kongreß *eine* Antwort von uns Frauen auf die Kriminalisierung, die im letzten Dezember Frauengruppen und einzelne Frauen betroffen hat. Das BKA kreierte den Begriff „anschlagsrelevant" für die Auseinandersetzung um Gen- und Reproduktionstechnologien und begründete den Verdacht einer Straftat nach § 129 a, das bedeutet Mitgliedschaft und / oder Unterstützung einer terroristischen Vereinigung.

Seither hat die Auseinandersetzung um dieses Thema in der BRD zugenommen. Die Solidarität von Frauen aus dem Ausland zeigt, wie auch in anderen Ländern das Interesse an diesem Thema gestiegen ist. Wir haben nach den Dezember-Ereignissen 1987 diesen Kongreß für 1988 geplant, weil unsere beste Verteidigung eine öffentlich massive, gemeinsam formulierte radikale Ablehnung der Technologien ist. Weil wir angesichts von Enquetekommissionen und Experten-Hearings unsere Kritik und unseren Widerstand noch stärker nach außen tragen wollen. Weil wir demonstrieren wollen, daß wir von einer Chancen-Risiken-Diskussion nichts halten und eine Kontrolle nicht fordern, da diese Technologie nicht zu kontrollieren ist. Weil wir die Notwendigkeit sehen, inhaltlich weiterzuarbeiten. Weil wir zeigen wollen, daß wir viele sind und noch mehr werden wollen.

Wir haben aus diesem Grund mehr gewollt als ein Zusammentreffen von

Kritikerinnen, auch wenn das allein schon viel wert gewesen wäre. Wir haben den Anspruch formuliert, bei der Ablehnung dieser Technologien nicht stehenzubleiben, sondern zu versuchen, den historischen Kontext, den aktuellen Stellenwert für die BRD und international zu betrachten. Aus diesem Grund haben wir euch manches an Grundinformationen vorenthalten und an euch die Erwartung gehabt, ihr werdet euch über Bücher und Veranstaltungen selbst etwas informieren.

Wir haben uns als Vorbereitungsgruppe für folgende Themenkomplexe entschieden:

1. Wir sind uns der Beschränktheit unserer Wahrnehmung in der westlichen Industriewelt bewußt. Die Existenz einer imperialistischen Weltwirtschaftsordnung macht uns hier zu den Nutznießerinnen einer weltweit organisierten Ungleichheit. Wir wollen deshalb ganz bewußt die Länder und Kontinente mit einbeziehen, auf deren Kosten unser Überfluß hier entstanden ist und in deren Gesellschaften sich diese neuen Technologien noch weit intensiver und vernichtender breitmachen. Wir haben deshalb Frauen aus diesen Ländern eingeladen. Frauen, die für die geschilderten Situationen beispielhaft stehen, für die Mehrzahl der Männer, Frauen und Kinder dieser Welt. Eine Position und Aktivität hier zu finden, kann für uns nur heißen, sie von vornherein im internationalen Zusammenhang zu entwickeln.

   Wir wollen keinen Widerstand, der hier individuelle Vorteile schafft und international vernichtende Politik ermöglicht.

2. Wir haben mit der Auseinandersetzung um die Gen- und Reproduktionstechnologien festgestellt, daß sich in dieser Interpretation von Natur ein Denken fortsetzt, das auch bisher in der Naturwissenschaft nur durch Zerstörung zu Erkenntnissen gekommen ist. Wir haben für uns begonnen, grundsätzliche Erkenntnisse und den Fortschritt in den Naturwissenschaften in Frage zu stellen. Wir sehen, daß dieses Denken uns zu Maschinen, zu Molekülmaschinen degradiert, die der Reparatur bedürfen oder auf den Schrottplatz gehören. Wir haben gemerkt, daß diese Debatte die Gefahr in sich birgt, mit viel mehr als der Wissenschaft in Konflikt geraten zu können, mit schulischen Wahrheiten in der Medizin, mit den naturwissenschaftlichen Segnungen namens „Fortschritt". Die Diskussion wird zwangsläufig neue Unsicherheiten aufwerfen. Wir meinen aber, daß wir uns dies zumuten müssen – es kann ja eigentlich nur noch besser werden.

3. Die Ablehnung der Reproduktionstechnologien hat Widersprüche unter uns aufgeworfen. Die Freiheit der Frau, über Raum und Zeit sowie Art und Weise der Fortpflanzung und Schwangerschaft selbst zu entscheiden, galt als zentraler Bestandteil weiblicher Selbstbestimmung. Da wir

einerseits Gen- und Reproduktionstechniken ablehnen und andererseits uns gegen jegliche Form von Fremdbestimmung und Zwang wenden, entstand eine tiefgreifende Debatte über die Geschichte und Aktualität weiblicher Selbstbestimmung. Es ist uns wichtig, diese Frage mit allen Kontroversen anzugehen, denn unsere Unklarheit in diesem Punkt macht es immer noch möglich, die Reproduktionstechnologie als ein Terrain von Selbstbestimmung zu verkaufen.

4. Wir müssen uns mit der Situation auseinandersetzen, daß von staatlicher Seite eine Antwort auf die wachsende Kritik gegeben wird. Eine Form dieser Reaktion ist die Etablierung von Kommissionen und Gremien, von Gesetzesvorlagen und -entwürfen, die allesamt den Eindruck erwecken, als könnten durch einen Konsens die schlechten Auswirkungen dieser Technologie gebannt oder kontrolliert werden. Wir wollen diese Debatte nicht zum Mittelpunkt machen, wir wollen nicht die Anwendung dieser Technologie regeln, wir wollen sie erst gar nicht. Auch ohne politische Ambitionen zu verfolgen, müssen wir uns mit der Existenz dieser Vorhaben auseinandersetzen, müssen wir ihre Funktion für die Technik und für uns herausfinden und Stellung beziehen. Eine weitere, viel direktere Antwort des Staates ist die Kriminalisierung von Gegnerinnen mit widerständigen Positionen. Es ist somit auch für uns verpflichtend, diese Reaktion als solche zur Kenntnis zu nehmen und eine Antwort darauf zu geben. Unsere Antwort auf diese juristische Maßnahme ist eindeutig. Wir fordern nach wie vor die Einstellung sämtlicher Verfahren und Verfolgungen und die sofortige Freilassung von Ingrid Strobl.

Ich wünsche allen anwesenden Frauen, Referentinnen und Teilnehmerinnen, daß sie zwei spannende Tage erleben, aber auch mit neuen Ideen und Kontakten nach Hause gehen. Wir hoffen, daß der Kongreß kein bloßes Kultur-, Medien- und Frauenereignis bleibt, sondern ein weiterer Schritt zur Klärung und Entwicklung von Handlungsperspektiven im Widerstand gegen Gen- und Reproduktionstechnologien wird.

Ulla Penselin
Ungeteilte Solidarität

Vorbemerkung
Ursprünglich hatte ich vor, meinen Kongreß-Beitrag für diesen Reader noch einmal grundsätzlich zu überarbeiten. Während des Kongresses war ich gerade 3 Wochen wieder in die Diskussionen und Auseinandersetzungen hineingerutscht. Mit dem, was ich inzwischen über die Entwicklungen im vergangenen Jahr erfahren habe, würde ich jetzt andere Schwerpunkte setzen, manches anders, genauer oder schärfer formulieren. Aber falsch finde ich an meinem damaligen Beitrag nichts, deshalb wird er hier – sozusagen als Dokument – abgedruckt, auch wenn ich mich ja nicht so streng ans Manuskript gehalten habe.

Ganz aktuell will ich mich Ingrid anschließen, die in ihrer Prozeßerklärung u. a. ihre Solidarität mit den hungerstreikenden Gefangenen ausgedrückt hat. Im Sinne der „ungeteilten Solidarität", von der in meinem Beitrag die Rede ist, will ich dazu auffordern, all die Solidarität, die uns beiden gegeben wurde bzw. wird, auch für alle anderen Gefangenen aufzubringen.

Ich vermute, daß hier im Saal einige Frauen sind, die Ingrid und mir in den Knast geschrieben haben bzw. immer noch schreiben. Dafür möchte ich mich einmal ganz doll bedanken, für all die Telegramme, Karten, Briefe, Bilder, gepreßten Blumen, Fotos usw. Eure Solidarität hat mir da drinnen viel Mut gemacht.

Viele haben ihre Briefe mit den Worten angefangen: Ich weiß gar nicht, was ich schreiben soll – einmal wegen der Post-Zensur, zum anderen weil nicht vorstellbar ist, was den Freundinnen im Knast wichtig ist, ob sie vielleicht Berichte von Ferien, von Alltäglichem nur neidisch, sehnsüchtig machen.

Ich habe zwar „nur" eine Erfahrung von 8 Monaten; „nur", auch wenn jeder Monat ein Monat zu viel war; „nur" 8 Monate im Vergleich zu denen, die Jahre, Jahrzehnte im Knast sitzen – viele in Isolationshaft.

Aus dieser Erfahrung sage ich: Es geht im Knast nicht ums reine „ÜBERLEBEN", sondern darum, unter diesen Bedingungen zu *leben*, eine Identität zu bewahren und für sich ein eigenes Projekt zu entwickeln.

Du kannst nicht jede Minute dasitzen und denken, „wäre ich doch draußen", dann wirst du verrückt. Ich hatte auch bis zu den ersten Tagen im

Knast keine Vorstellung davon, was ich mit dieser Situation anfangen würde. Ich hatte auch keine Vorstellung davon, daß das ungeahnte Kräfte und Entschlossenheit freisetzen kann.

In dem Tagebuch eines während des Faschismus in Isolationshaft sitzenden deutschen Kommunisten habe ich gelesen, daß die Bullen ihn einmal durch die Stadt gefahren haben, um ihm, wie sie meinten, vor Augen zu führen, daß draußen das Leben einfach so weitergeht, ohne daß von seiner konsequenten Haltung überhaupt Notiz genommen würde. Der Mann schrieb dazu: Wie gut zu sehen, daß das Leben weitergeht, wir kämpfen ja für das Leben.

So ähnlich ging es auch mir, besonders beim Lesen der Briefe und Berichte über Alltäglichkeiten – auch wenn es hin und wieder mal einen Tag gab, wo die Freude von der Sehnsucht eingeholt wurde. Es ist ein schweres Stück Arbeit für die Gefangenen und für die Menschen draußen, den Realitätsbezug der Gefangenen aufrechtzuerhalten.

Neben der Vermittlung von Alltäglichem ist die weitest mögliche Einbeziehung in die laufenden politischen Auseinandersetzungen lebenswichtig – denn das ist ein ganz wesentlicher Teil meines/unseres Lebens. Es war schön zu erfahren, über die Post, die Besuche, die Demos am Knast mit Berichten, Liedern und Grüßen, daß das Ziel der Spaltung und Einschüchterung nicht erreicht wurde – trotz der Razzien, Fahndungen und Ermittlungsverfahren. Im Gegenteil! Die inhaltliche Auseinandersetzung hat sich verstärkt und verschärft. Das ist Solidarität als Waffe. Solidarität, die drinnen und draußen stark macht.

Darüber hinaus sind aber zur Unterstützung auch Nachrichten wichtig, kontinuierliche Auseinandersetzung in Briefen. Frau muß immer wieder beharrlich, trotz und gegen die Zensur anschreiben. Der politische Austausch, das Entwickeln einer eigenen politisch inhaltlichen Arbeit ist genau das, was durch die Zensur verhindert werden soll. Einmal mit scheinbar formalen Regelungen: Fotokopien werden nicht durchgelassen, Flugblätter, Zeitungsausschnitte, Broschüren werden aufgehalten. Ingrid wird angedroht, die Anzahl der Briefe, die sie pro Woche schreiben oder kriegen darf, zu begrenzen.

Dazu die sog. „inhaltlichen Gründe“: „Gefährdung der Sicherheit der Anstalt“, „Gefährdung des Vollzugszieles“...

Beides zusammen macht das Projekt der politischen Isolierung aus. Dieses Projekt immer wieder zu durchkreuzen, gegen die Zensur und die Schere im eigenen Kopf anzuschreiben, ist immens wichtig. Zu diesem Projekt der politischen Isolierung gehört auch die generelle Kontaktsperre zwischen politischen Gefangenen.

Was Isolationshaft bedeutet, ist schwer zu vermitteln (und in diesem Redebeitrag schon gar nicht). Nach 3 Monaten Haft unter diesen Bedingungen kann ich nicht wirklich ermessen, was Isolationshaft über Jahre bedeutet.

Ich kann nur sagen, wie ich mich in dieser kurzen Zeit gefühlt habe: Du hast das Gefühl, deine Stimme zu verlieren. Ein-, zweimal in der Woche waren die Anwälte da, einmal die Woche hatte ich Besuch – beides reduziert sich nach Prozeß und Verurteilung. Das waren die einzigen Möglichkeiten, den Mund im Gespräch aufzumachen. Mit den Schließerinnen habe ich praktisch nicht gesprochen. Es gibt schlichtweg nichts zu sprechen, sie sind Teil der Maschinerie. Manchmal habe ich vor mich hin gesprochen oder gesungen, einfach um das Gefühl loszuwerden, daß meine Stimme einrostet. Die Konzentrationsfähigkeit läßt nach, was ich besonders bei Besuchen gemerkt habe: Es war ein Gefühl, als sei der Weg von einem Gedanken im Kopf bis zur Bewegung des Mundes unendlich lang; genauso lang wie der Weg, etwas Gehörtes aufzunehmen und eine Reaktion darauf zustande zu bringen.

Das UG Hamburg ist ein alter Knast, bedeutet also eine andere Situation als in den „modernen" Trakten der Knast-Beton-Burgen wie Stammheim, Ossendorf, Bielefeld usw. Ich habe die Geräusche im Gang gehört, konnte in den Hof schauen, wo die anderen Frauen Hofgang hatten. Ich hatte Tageslicht, im Gegensatz zu Ingrid in Neudeck, wo es nur Fenster aus Glasbausteinen gibt. Ich hatte z. B. die Möglichkeit zu rufen und so mit Barbara Ernst, einer Gefangenen aus der RAF, die seit 4 Jahren in totaler Isolation sitzt, zu reden. Da die Haftbedingungen Kontaktsperre mit einschließen, gab es ständig Theater, Androhungen von Strafen, wenn wir miteinander gerufen haben. Die Möglichkeit zu reden ist total reduziert, von Diskussionen ganz zu schweigen. Es läßt sich aber kaum ermessen, wie bedeutend allein schon die Tatsache des Miteinanderredens ist. Sei es ein kurzer Austausch darüber, was in Panama gerade passiert, in der Hafenstraße oder daß im Frühjahr die Bäume, die wir immerhin über die Mauer im Park sehen konnten, wieder grün werden.

Es bedeutet, den Mund aufzumachen, den sie dir verbieten wollen. Es bedeutet, den Mund aufzumachen über etwas, was dein Leben ausmacht. Dreimal bin ich aufgrund „isolationstechnischer" Pannen Barbara auf dem Flur begegnet. Das waren Sekunden, in denen wir uns berühren und reden konnten, und es gab Riesenalarm, als würden davon die Mauern einstürzen.

Isolationshaft heißt auch totale Kontaktsperre zu allen anderen Gefangenen. Wenn ich über den Flur zum Besuch gebracht wurde und einer anderen Gefangenen begegnet bin, durften wir nicht miteinander reden. Selbst ein „Hallo" oder „Wie heißt du?" bedeutete mindestens einen Anranzer durch die Schließerinnen. Das mag lächerlich erscheinen, die Mauern stürzen dadurch nicht ein, aber: um so deutlicher wird, daß es um ein Programm geht, dich zu verunsichern, dich mürbe zu machen, dich zu schwächen. Es gab ein paar Frauen, die offensichtlich bewußt diese Schweigeordnung durchbrochen haben. Wenn ich z. B. am Fenster hing, während die anderen Gefangenen Hofgang hatten, haben sie mir immer mindestens demonstrativ „Hallo" gesagt. Das war toll. Und besonders auf diese Frauen war ich gespannt.

Ich habe das Angebot angenommen, nach 3 Monaten aus der Isolationshaft in den Normalvollzug zu kommen (auch wenn die Kontaktsperre zu politischen Gefangenen wie Barbara Ernst weiter aufrechterhalten wurde), um mit den anderen Frauen reden zu können, um zu sehen, welche Ebene der Auseinandersetzung und Freundschaft mit ihnen möglich ist, um zu vermitteln, was es bedeutet, politische Gefangene zu sein. Wobei ich denke, daß für die Kategorien „politische" und „soziale" Gefangene neue Begriffe gefunden werden müssen. Es gibt sog. soziale Gefangene, die, ohne sich in unserem Sinne als politisch zu definieren, sich widerständig gegenüber der Institution Knast verhalten. Der Kontakt zu diesen Gefangenen ist wichtig. Dabei ist mir klar, daß es den sog. Normalvollzug nicht mehr gibt. Das Knastsystem ist inzwischen dermaßen differenziert – von Freigängern bis zur Isolationshaft, daß von einer Normalität innerhalb des Knastes nicht mehr gesprochen werden kann. Isolationshaft wird als Disziplinierungsmaßnahme und Strafe auch gegen nicht-„politische" Gefangene verhängt.

Abgesehen davon bedeutet für uns – für „politische" Gefangene – die Aufhebung der Isolation nicht die Aufhebung jeder Sonderhaftbedingungen. Trennscheibe, Kontrolle der Verteidigerpost, die ständige Unterbringung auf sog. Sicherheits- und Beobachtungsstationen existieren auch im sog. Normalvollzug weiter.

Auch die Drohungen seitens des Knastes gegen die Gefangenen, die sich weder allein noch mit mir, der „Terroristin", zusammen den Mund verbieten ließen und versuchten, ihre Interessen durchzusetzen, durchbrechen das, was mit „Normalvollzug" assoziiert wird. Dieses Knastsystem soll das Zusammenkommen von Gefangenen, Widerstand von Gefangenen verhindern. Insofern geht es nicht nur darum, *gegen* den „räumlichen" Aspekt der Isolation (mit all seinen psychischen und physischen Auswirkungen) und die Differenzierung/Spaltung innerhalb des Knastsystems zu kämpfen, sondern eben *für* das Zusammenkommen in selbstbestimmten Gruppen, in denen eine gemeinsame Auseinandersetzung und gemeinsames Handeln möglich ist. Vor diesem Hintergrund unterstütze ich auch die Forderung nach Zusammenlegung.

Deshalb ist es mir wichtig zu sagen: Solidarität ist nicht teilbar. Es sollte um eine selbstverständliche Solidarität mit denen gehen, die von dieser Justiz verfolgt werden, die im Knast sitzen oder nach denen gefahndet wird. Jede politische Arbeit ist auf Solidarität angewiesen. Ohne Solidarität ist sie der Repression schutzlos ausgeliefert. Wenn wir jede Zusammenarbeit mit dem Bullen- und Justizapparat verweigern, wenn wir unsere Differenzen untereinander austragen und uns nicht mit eilfertigen Distanzierungen ins Staatskonzept der Spaltung und Schwächung des Widerstandes einfügen – dann erst wird unsere Solidarität zur Waffe.

In den vergangenen Jahren ist das Konzept des Staates teilweise aufgegangen. Die politischen Gefangenen konnten sich nur noch der Solidarität einer kleinen Gruppe sicher sein. Die Unterstützung ihrer Forderung nach Zusammenlegung ist kriminalisiert, die Diskussion über Aktionen der Guerilla ebenso. Distanzierung war an der Tagesordnung. Es gibt unbestreitbar politische Differenzen z. B. über die politische Einschätzung, über die Bedeutung von Frauenwiderstand, über Ansatzpunkte und Formen des Widerstandes. Das sind aber, wie gesagt, Differenzen, die wir unter uns austragen, die nicht durch Distanzierung zu lösen sind. Das sind Differenzen, die nicht an der Tatsache rütteln, daß ein breitgefächerter Widerstand an den verschiedensten Ecken und Enden am wirksamsten ist. Und gerade mit den politischen Gefangenen – um diese Kategorie noch einmal zu benutzen – ist Solidarität notwendig, nicht nur für sie, sondern auch für uns; Solidarität, die durchaus kritisch sein kann, die die politischen Gefangenen aber jenseits von juristischen Staats-Kategorien und Spekulationen über „Schuld" und „Unschuld" als Teile der Linken begreift.

Die Razzien im Dezember 1987 gegen uns Frauen und jede derartige Aktion des Staates gegen die Linke sind immer als Angriff gegen einen entschiedenen Widerstand zu sehen und gleichzeitig als Angriff auf unsere Zusammenhänge. Der § 129 a ist ein Paragraph, der dem Staat auf der einen Seite politische Gefangene als Geiseln bringt, auf der anderen Seite ist es ein Ermittlungsparagraph zur Ausforschung der Szene, der Strukturen. Wenn wir nicht begreifen, daß in diesem Sinne Solidarität unteilbar ist, werden sie uns einmachen.

Teilweise wurde kritisiert, daß um Ingrid und mich so was wie Personenkult getrieben würde. Ich denke, wenn alle Gefangenen dermaßen im Frauen-, linken, öffentlichen Bewußtsein wären, wären wir einen großen Schritt weiter.

Für die große Öffentlichkeit zu unseren Verhaftungen und den Razzien im Dezember gibt es bestimmt die verschiedensten Gründe. Neben der verstärkten Auseinandersetzung mit unseren Inhalten – wofür dieser Kongreß auch ein Ausdruck ist – habe ich den Optimismus, daß wir an einem Punkt angelangt sind, an dem wir wieder offensiver über das politische Instrument § 129 a, über Knast, über Isolationshaft, über radikalen Widerstand diskutieren können. Das sind Punkte, die schon lange kriminalisiert sind, an denen die Spaltungsabsichten des Staats funktioniert haben, weil viele sich aus Angst, aus Unklarheit herausgehalten haben.

Zu sagen „legal, illegal, scheißegal", wird kriminalisiert.

Diese Auseinandersetzung über illegale Aktionen wird kriminalisiert.

Zu sagen „Isolationshaft ist Folter", wird kriminalisiert.

Die Zusammenlegungsforderung zu unterstützen, wird kriminalisiert.

Zu sagen „drinnen und draußen ein Kampf", wird kriminalisiert…

Das ist einerseits logisch, denn es bedeutet einen Angriff auf diesen Staat. Und was wir angesichts unserer Träume von einer Gesellschaft ohne Frauenunterdrückung und Ausbeutung dagegensetzen können, ist, den Mund wieder und immer weiter aufzureißen, gemeinsam zu handeln und unsere Solidarität unteilbar zu machen.

Ich will euch darauf hinweisen, daß hier eine Anzeige ausgelegt ist, in der der Initiativkreis zum Erhalt der Hafenstraße in Hamburg seine Unterstützung der Zusammenlegungsforderung formuliert, die schon von vielen Menschen unterschrieben wurde und noch unterschrieben werden sollte. Das ist seit langem mal wieder ein erster Schritt, laut gegen Knast und Haftbedingungen zu protestieren. Nehmt die Texte mit und diskutiert sie in euren Gruppen. Weiteres Informationsmaterial kann vom Initiativkreis angefordert werden.

Schließlich schlage ich vor, jetzt eine Grußadresse an Ingrid und alle gefangenen Frauen zu verabschieden.

Ingrid Strobl

GENTECHNOLOGIE: INSTRUMENT DER AUSLESE

Die Frauen von der sozialwissenschaftlichen Forschung und Praxis für Frauen in Köln haben mich aufgefordert, ein Referat für diesen Kongreß zu schreiben. Das Thema, das sie mir vorschlugen, war der Zusammenhang zwischen Gentechnologie und Nationalsozialismus – ein naheliegendes Thema, über das ich gerne ernsthaft gearbeitet hätte. Zu meinen Haftbedingungen gehört aber auch, daß man mir gerade all das nicht gibt, was ich dringend bräuchte, um mich in aktuelle politische Diskussionen und Kämpfe einmischen zu können. Ich bekomme keine Broschüren, die auch nur ansatzweise politisch interessant und wichtig sind. Ich bekomme weder Fotokopien noch Originalausschnitte aus Zeitungen und Zeitschriften. Nun wißt ihr ja auch, daß zu Themenbereichen wie Gentechnologie und Reproduktionsterror mehr in hektografierten Texten, fotokopierten Papers und in Zeitschriften wie *E. coli-bri* zu finden ist als in „ordentlichen" gebundenen Büchern. Resultat ist, daß ich das geplante Referat hier nicht so halten kann, wie ich es gern getan hätte. Ich halte nicht viel von reinen Statements, und ich gehe davon aus, daß auf diesem Kongreß eine Menge Frauen referieren werden, die auf ihrem Gebiet Spezialistinnen sind und die das nötige Material zur Verfügung hatten, um ihre Thesen zu untermauern. Trotzdem möchte ich euch auf ein paar politische Aspekte aufmerksam machen, die mir wichtig scheinen – auch wenn ich damit Eulen nach Athen trage.

Alles Expertinnentum und alles Detailwissen nützen uns in unserem Widerstand nicht viel, wenn wir uns nicht ständig der politischen Grundbedingungen bewußt sind, unter denen wir unseren Widerstand gegen Gen- und Reproduktionstechnologien entwickeln. Die zuständigen Wirtschaftsexperten haben vorausgesagt, daß die Gen- und Biotechnologie der profitträchtigste Produktionszweig der Zukunft ist. In diesem Fall irren die Herren vermutlich nicht. Die Interessenten dieser Produktion, vom Labor bis in die Vorstandsetage, sind verständlicherweise bemüht, jede Störung ihrer Projekte zu verhindern. Nun wurden sie allerdings in letzter Zeit auf den verschiedensten Ebenen ganz massiv gestört. Frauen haben ihre Pläne durchschaut und ausgeplaudert. Frauen haben ein öffentliches Bewußtsein über die Unverantwortlichkeit dieser Projekte geschaffen und ihnen die Akzeptanz verweigert. Frauen haben durch Anschläge auf konkrete Projekte deren Entwicklung behindert.

Es ist also gar nicht erstaunlich, daß die Allianz der Profiteure zu härteren Bandagen greift, um solche Störungen in Zukunft zu vermeiden. Das neueste Mittel, das ihnen der Staat nun freundlicherweise zur Verfügung stellt, ist die Kriminalisierung ihrer Gegnerinnen. Das Zauberwort, das Kritik und Widerstand in „Kriminalität" verwandelt, heißt bekanntlich „anschlagsrelevant". Diese Erfindung ist allerdings nicht ohne Charme, denn sie wendet sich zusehends gegen ihre Schöpfer. Die Bundesanwaltschaft hat sich seit dem 18.12.87 quasi als unsere Werbeagentur betätigt – und das auch noch ohne Honorar. Die Frauen vom Genarchiv und Ulla werden bestätigen können, daß seither das Thema Gentechnologie in aller Munde ist und auf ein Interesse stößt, das vorher in diesem Ausmaß nicht vorhanden war. Dafür möchte ich an dieser Stelle der Bundesanwaltschaft meinen herzlichen Dank aussprechen.

Aber zurück zu den politischen Grundbedingungen unseres Themas. In einem Land wie der Bundesrepublik können wir diese Forschungen, diese Technologien, diese zukunftsträchtige Industrie nicht analysieren und auch nicht bekämpfen, wenn wir sie nicht klar im Kontext des Nationalsozialismus und seiner Kontinuität in der BRD sehen. Die neuen Gen- und Reproduktionstechnologien setzen die Ideologie und Praxis von Auslese und Ausmerze fort. Therapie und Prophylaxe von Krankheiten sind nur ein Teilaspekt dieser Forschung und ihrer Anwendung. Es geht in erster Linie wieder einmal um wertes und unwertes Leben. Es geht wieder einmal darum, wer fortpflanzungswürdig ist und wer nicht. Nicht wert zu überleben und sich fortzupflanzen sind: jene Armen in den drei Kontinenten Lateinamerika, Asien und Afrika, die nicht einmal für die Sklavenarbeit auf den Plantagen der Multis und in der internationalen Billigstlohnproduktion verwertet werden können. Die weiblichen Neugeborenen in den Ländern, die von den Metropolen der Überbevölkerung bezichtigt werden. Die Flüchtlinge, aus denen kein Profit mehr geschlagen werden kann und die zudem drohen, sich in Richtung Metropolen zu bewegen. Nicht lebens- bzw. fortpflanzungswürdig hierzulande sind: die türkischen Arbeitsimmigrantinnen. Die Krüppel. Jene Alten und chronisch Kranken, die sich nicht mehr selbst versorgen können. Und, auch wenn es noch nicht deutlich ausgesprochen wird, konsequenterweise die verarmten Teile der Bevölkerung, die in bester deutscher Tradition als „asozial" bezeichnet werden.

Lebens- und fortpflanzungswürdig ersten Grades sind die Angehörigen der oberen und mittleren Klassen weißer Hautfarbe in den Metropolen. Ihnen kommen die medizinischen Fortschritte der Genforschung zugute. Ihnen wird der Kinderwunsch, wenn nötig, künstlich oder per Leihmutter erfüllt. Sie essen das Fleisch, zu dessen Herstellung in den armen Ländern statt Lebensmittel für die Menschen Hybridfutter zur Tiermast angebaut wird.

Die Nazis haben es geschafft, einen beachtlichen Teil der deutschen Bevölkerung für sich zu gewinnen. Das funktionierte nicht nur mittels Zwang und Unterdrückung, sondern indem sie das sogenannte deutsche Volk vorerst von ihren Machenschaften ein wenig profitieren ließen und es zusätzlich oder ersatzweise mit dem Bewußtsein seiner Höherwertigkeit fütterten.

Das Rezept für den Rest der Welt war: nackter Terror. Vernutzung durch Arbeit oder direkte Vernichtung. Während die einen mit dem Mutterkreuz dekoriert wurden, wurden die anderen zur Zwangssterilisation getrieben. Nachdem die einen mit „Kraft durch Freude" durch die deutschen Lande gondelten, füllten die anderen die Deportationszüge. Die neuen Arier sind wir. Auch sogenannte „feministische" Samenbanken sind im Kontext imperialistischer Auslesepolitik nichts anderes als eine Art alternativer Lebensborn.

Es ist kein Zufall, daß die Propagandisten der Gen- und Reproduktionstechnologien auf die „Frau von heute" zielen. Das Patriarchat mußte ein Stück zurückweichen in den letzten zwanzig Jahren, die Frauen haben sich ein Stück weiterentwickelt. Verständlicherweise können sich die Herren der Welt das nicht einfach so bieten lassen. Worum sie sich nun bemühen, ist einerseits, wieder Terrain zu gewinnen und ihre Kontrolle über uns Frauen wieder auszubauen. Und zum anderen, die paar Erfolge, die wir Frauen uns erkämpft haben, auch für sich zu nutzen – und das heißt letztlich, sie gegen uns zu wenden. Konkret: Sie versuchen, unter den modernen, emanzipierten, berufstätigen Frauen die Akzeptanz zu erzielen, die sie für ihre mörderischen Projekte brauchen. Unfruchtbarkeit? Kein Problem, das lösen wir im Labor für Sie. Keine Zeit für Schwangerschaft? Auch keine Affäre, suchen Sie sich eine Leihmutter nach Ihrem Geschmack aus. Angst vor einem behinderten Kind? Keine Sorge, wir machen es Ihnen rechtzeitig weg. Aber wehe, Sie bringen trotzdem so einen Krüppel zur Welt. Dann müssen Sie schon selber sehen, wo Sie damit bleiben. Und halten Sie sich die Ohren zu, wenn eine dieser übriggebliebenen Radikalfeministinnen Ihren Wunsch nach eigen Fleisch und Blut in Frage stellt. Und wenn Sie auf möglichst unschädlichen Verhütungsmitteln bestehen, meine Damen, dann beschweren Sie sich bitte nicht, wenn wir unsere Produkte an den Frauen in Bangladesh und Brasilien austesten. Ohne Versuchskaninchen gibt es nun mal keine exakten Resultate in der Wissenschaft.

Sinn und Zweck der Gen- und Reproduktionstechnologie ist nicht die Entfremdung der Frauen von der Natur, wie manche von uns befürchten. Die angebliche Natur der Frau ist ein reaktionärer Mythos, der aus derselben trüben Quelle stammt, die auch das moderne Patriarchat befruchtet.

Sinn und Zweck auch der Gen- und Reproduktionstechnologie ist die Verwertbarkeit und Beherrschbarkeit des Menschen. Für den Profit und die Machthegemonie der Herrschenden werden Menschen selektiert, vernutzt und vernichtet. Und da das heutige System der Herrschenden, der Imperialismus, fundamental patriarchal und rassistisch ist, herrscht es am schamlosesten über die, die nicht männlichen Geschlechts und nicht weißhäutig sind. Zu den Fundamenten des Patriarchats wiederum gehört wesentlich der Mythos von der Natur der Frau, der behauptet, Frauen seien „anders", kreatürlicher und vor allem zum Gebären geboren. Weil sie sich ohne ein eigenes Kind nicht vollwertig fühlen, laufen Frauen heute in die Labors der In-vitro-Befruchter und preisen die Segnungen dieser Wissenschaft. Die alte Ideologie feiert Hochzeit mit dem technologischen Fortschritt, das ist alles.

Und auch die neuen Technologien sind ihrem Wesen nach nicht neu. Sie sind die Fortsetzung der Naziforschung mit neuen Mitteln im Interesse der neuen Machthaber. Die NS-Mediziner und Forscher konnten sich erstmals über die Beschränkungen der Pathologie hinwegsetzen und lebendige Körper bearbeiten und zerstückeln. Schon ihr spezifisches Interesse galt den Reproduktionsorganen der Frau. Sie suchten herauszufinden, wie man die Produktion von Nachwuchs unmittelbar steuern könnte im Sinne und zum Nutzen der Herrenrasse. Bekanntlich wurde ihre Arbeit durch die Befreiung der KZs unterbrochen. Die Gen- und Reprotechnologen führen ihre Arbeit in diesem Bereich nun fort. Sie haben herausgefunden, wie man die Reproduktionsorgane und -tätigkeiten der Frau in ihre Einzelteile zerlegen und isolieren und damit im Sinne und zum Nutzen der neuen Auslesepolitik zukünftig einsetzen kann. Der Erfolg ihrer Arbeit ist, daß man sich künftig nicht mehr darauf beschränken muß, unwertes Leben zu vernichten, sondern daß man es bereits in der Entstehung behindern – oder vielleicht auch in die gewünschte Richtung manipulieren kann.

Die heutige Forschung beschränkt sich allerdings nicht auf den humangenetischen Bereich. Ihre bisher größten Resultate erzielt sie in der Revolutionierung der Landwirtschaft. Kein Klima, keine Erdbeschaffenheit legen den genetisch gesteuerten Anbaumethoden mehr ein Hindernis in den Weg. Mit gezüchtetem Saatgut und darauf abgestimmten Dünge- und Unkrautvernichtungsmitteln kann bald mehr oder weniger alles überall angepflanzt und geerntet werden. Hunger kann künstlich erzeugt werden und hat sich als effektivere Waffe bewährt als alle Panzer und Maschinengewehre zusammen. Wir in den Metropolen fürchten, die Genforschung könnte einen neuen Frankenstein erzeugen. Die Menschen in den drei Kontinenten müssen längst keinen Frankenstein mehr fürchten. Die vollkommen natürlich gezeugten und geborenen Vertreter des Imperialismus wüten in ihren Ländern so hemmungslos, daß es auch ein Frankenstein nicht viel schlimmer treiben könnte.

Gen- und Reproduktionstechnologien sind allgemein nur eine neue Methode, um die Welt noch effektiver zu beherrschen und die Frauen noch perfekter zu kontrollieren. Sie sind Teil eines Systems, das uralt ist, das auf der Ausbeutung des Menschen durch den Menschen beruht und auf der Unterwerfung der Frauen und der Völker, die nicht der jeweiligen Herrenrasse angehören. Dieses System, das heute in der Form des sexistischen Imperalismus herrscht, wurzelt in der patriarchalen Teilung der Menschheit in höherwertige und minderwertige Wesen, und es hat sich verfeinert und perfektioniert in der Rassenpolitik des Kolonialismus und der Auslesepraxis des Nationalsozialismus.

Gen- und Reproduktionstechnologien sind ein spezifischer Angriff auf die Menschenwürde der Frau und ihr Selbstbestimmungsrecht. Eine Flanke dieses Angriffs hier ist der systematische Abbau der ohnehin lächerlichen Abtreibungsreform. Die Arierin soll sich gefälligst fortpflanzen.

Gegen die Frauen der drei Kontinente wird dieser Angriff mittels Sterilisationskampagnen geführt und indem diese Frauen als Versuchskaninchen für neue und besonders schädliche Verhütungsmittel mißbraucht werden. Das braune, gelbe und schwarze Gesindel soll sich tunlichst nicht fortpflanzen. Dieser Angriff wird hier in den humangenetischen Beratungsstellen geführt, und er richtet sich in Indien gegen die weiblichen Embryos, die dank des medizinischen Fortschritts rechtzeitig erkannt und abgetrieben werden können.

Es gehört zum Prinzip des Patriarchats, daß Frauen nicht das Recht haben sollen, über sich selbst zu bestimmen. Daß der Körper der Frau grundsätzlich dem Mann zur Verfügung zu stehen hat. Zum Prinzip der Auslese gehört, daß Frauen *a priori* mindere Wesen sind, daß aber auch diese Minderwertigkeit in sich abgestuft ist: und zwar von Weiß nach Schwarz, von Nord nach Süd, von Reich nach Arm, von bodygebuildet nach verkrüppelt. Ihren Hauptangriff führen die Profiteure der Gen- und Reproduktionstechnologien gegen die ausgebeutetsten Länder der Erde. Ihre ersten Opfer sind die Frauen in diesen Ländern. Das bedeutet auch, daß wir unseren Kampf dagegen nicht als Ein-Punkt-Bewegung führen können, die sich auf die Auswirkungen dieses „Fortschritts" auf die Metropolen beschränkt. Unser Widerstand kann, wenn er Sinn machen soll, nur internationalistisch sein, und er muß sich im Rahmen eines umfassenden Widerstandes entwikkeln, der sich gegen dieses gesamte System von Sexismus, Ausbeutung, Auslese und Vernichtung richtet.

Frauen auf der ganzen Welt kämpfen gegen dieses Monstrum, das sie aussaugt, vergewaltigt, tötet. Wir, die Frauen in den Metropolen, leben in der Festung dieses Monstrums, in der sich seine Forschungszentren und seine Schaltstellen befinden, in der es seinen Profit und seine Macht verwaltet, in der es seine Pläne schmiedet und sich von seinen Mühen ausruht. Das alles in der Hoffnung, daß es nicht ernsthaft dabei gestört wird. Machen wir diese Hoffnung zur Illusion!

2
Frauenansichten
weltweit

Dessa Onesmus
Familienplanung in Namibia

Namibia ist Afrikas letzte Kolonie. Das Land liegt im Südwesten des Kontinents und ist mit 820000 km² viermal so groß wie Großbritannien und Frankreich zusammen, bei einer Bevölkerung von nur 1,5 Millionen. Es wäre ein Verbrechen, über Namibia diskutieren zu wollen, ohne den historischen Hintergrund zu beleuchten. Namibia war von 1885 bis 1915 eine deutsche Kolonie und wurde, als Deutschland alle Kolonien verlor, als Mandatsgebiet an Südafrika übergeben. Unter der deutschen Kolonialherrschaft wurden mehr als 100000 Namibierinnen niedergemetzelt – ob im Rahmen einer gezielten Politik der Bevölkerungskontrolle, war und ist unklar. Seit der Übertragung des „Schutzherrschaftsmandats" beherrscht Südafrika *de facto* das Land. Obwohl in verschiedenen Urteilen des Internationalen Gerichtshofs bestätigt wurde, daß die Anwesenheit Südafrikas in Namibia illegal ist und daß die Vereinten Nationen der rechtmäßige Verwaltungskörper sind, weigert sich Südafrika, diese Urteile anzuerkennen, und hält Namibia weiterhin besetzt.

Südafrika hat auch seine Apartheid-Gesetze, Gesetze des legalisierten Rassismus, in Namibia eingeführt. Seit 1981 besteht eine dreistufige Regierungsstruktur. Die höchste Stufe bildet eine Gruppe von südafrikanischen Beamten, die alle landesweiten Einrichtungen wie die allgemeine Wirtschaft, die Polizei und die Armee kontrolliert. Die zweite Stufe besteht aus elf „ethnischen" Behörden, eine für jede der Gruppen, in die die Südafrikaner die schwarze Bevölkerung eingeteilt haben, und eine für Weiße. Jede dieser Behörden ist verantwortlich für die wichtigen sozialen Dienstleistungen z. B. im Bereich der Gesundheit, Bildung und Kommunalverwaltung für die elf nach dem Apartheidsystem definierten Gruppen. Die dritte Stufe ist die der von den Weißen dominierten Gemeindeverwaltungen. Das Ergebnis dieses Systems sind grobe Ungleichheiten in der Verteilung staatlicher Gelder und Ressourcen.

Die Anwendung der Gen- und Fortpflanzungstechnologien haben noch nicht Priorität in Namibia und Afrika insgesamt, aber sowie sich daran etwas ändert, werden schwarze Frauen ohne Zweifel Versuchskaninchen werden.

Die Bevölkerungsexplosion in den Ländern der Dritten Welt ist insbesondere für die westlichen Länder zum Mittelpunkt der Aufmerksamkeit geworden. Das Argument lautet: Die Bevölkerung der Dritten Welt wächst immer schneller, also müssen immer mehr Menschen ernährt werden, und das belastet nicht nur die Wirtschaft dieser Länder, sondern auch die Wirtschaft der westlichen Länder. Wenn man allerdings die Größe Namibias mit seiner Bevölkerung vergleicht, könnte man eher argumentieren, das Land sei unterbevölkert. Nur muß die Bevölkerungszahl kontrolliert werden, weil Namibia eben ein Land der Dritten Welt ist. Derart drakonische Maßnahmen werden in Großbritannien nicht angewandt, obwohl dieses Land nur ein Viertel der Größe Namibias hat, bei einer Bevölkerung von 56 Millionen. Als die Deutschen auf einer bevölkerungspolitischen Konferenz in Mexiko 1978 davon berichteten, wie deutsche Paare zum Kinderkriegen ermuntert werden sollten, hörte man keine Beschwerden oder Argumente von der Weltbevölkerungsexplosion.

Es gibt zwar keine offizielle Politik der Familienplanung in Namibia, doch ist dies sehr wahrscheinlich eine Frage des politischen Kalküls, denn so können diejenigen, die die bestehenden Praktiken der Familienplanung zulassen, einfach darauf verweisen, daß es sich nicht um offizielle Programme handele. Unter der Apartheid ist Familienplanung aber eine durch und durch politische Frage.

Am meisten beunruhigt die Anwendung der Mittel Depo Provera und Nur Esterate (Langzeitverhütungsmittel, die den Frauen alle drei Monate gespritzt werden müssen). Depo Provera wird von Upjohn, einer multinationalen Pharmafirma mit Sitz in den USA, Nur Esterate, auch als Net En bekannt, von der bundesdeutschen Schering AG hergestellt.

Beide Mittel werden routinemäßig schwarzen namibischen Frauen verabreicht. Zur Zeit führe ich eine Untersuchung über die Anwendung von Depo Provera in Namibia durch. Obwohl diese Arbeit noch nicht abgeschlossen ist, ist bereits klargeworden, daß dieses Mittel bei Frauen, die noch nie schwanger waren, ja sogar bei zwölfjährigen Mädchen angewandt wird. Andere Frauen erhalten es noch in der Klinik direkt nach der Geburt, z. T. in der dreifachen Dosis, weil damit die Wirkungsdauer von drei auf sechs Monate erhöht werden soll. Frauen, die zu einem Interview bereit waren, klagen u. a. über tägliche Blutungen, Kopfschmerzen, Verlust an sexuellem Interesse und über Gewichtszunahme. Natürlich können die Frauen „wählen" zwischen der Dreimonatsspritze und der Pille, aber ihnen wird sofort gesagt, sie würden die Pille ja doch vergessen – also bleibt nur die Spritze.

Statistiken sind in Namibia Luxus. Die Anwendung dieser Verhütungsmittel geschieht im dunkeln; niemand weiß, in welchem Ausmaß die Frauen diese oder andere „Nebenwirkungen" erleben. Derzeit gibt es aber offenbar eine regelrechte Schwemme von Depo Provera in Namibia, direkt gefolgt von dem Mittel Nur Esterate.

Ebenfalls beunruhigend ist die Tatsache, daß Frauen scheinbar mit ihrer Zustimmung sterilisiert werden, sich aber dann herausstellt, daß viele nicht wissen, daß der Eingriff nicht rückgängig zu machen ist. Eine echte Wahl der Verhütungsmittel mag für schwarze Frauen mit entsprechender Bildung oder Status möglich sein, nicht jedoch für Frauen ohne Bildung, die 90 % der schwarzen Namibierinnen im gebärfähigen Alter ausmachen. Die Einstellungen zum Kinderkriegen sind unterschiedlich in verschiedenen Gesellschaften. In Namibia spielen Kinder eine wichtige Rolle bei der ökonomischen Absicherung. Außerdem ist die Kindersterblichkeit der schwarzen Säuglinge beunruhigend hoch – 200 Todesfälle pro 1000 Geburten. Die Propagierung von Geburtenkontrolle und Familienplanung erscheint Frauen und Männern, deren Kinder an den Folgen des Krieges, der Unterdrückung, des Hungers oder der vermeidbaren und behandelbaren Krankheiten sterben, bedeutungslos.

Schwarze Namibierinnen versuchen, alternative Formen der Familienplanung, an denen Frauen beteiligt sind und bei denen sie ihre Rechte wahrnehmen können, zu entwickeln. Diese Arbeit ist Teil des Aufbaus von eigenständigen Frauen- und Familienorganisationen, die auch Bildungsarbeit, Projekte zum Bau von Latrinen und Kanalisationsanlagen, im Bereich Gartenbau und in der Gesundheitserziehung durchführen. So ist auch die Ausbildung von Frauen geplant, die als Gesundheitsberaterinnen auf dem Land arbeiten sollen, um u. a. traditionelle Methoden der Verhütung wieder zu vermitteln.

Ich möchte hier nicht behaupten, daß Familienplanung oder die Planung der Abstände zwischen den Geburten nicht wichtig sei. Im Gegenteil, diese Art der Planung ist wichtig für die Gesundheit der Mutter und des Kindes und für die gesamte Familie. Die Frage, um die es geht, ist jedoch die Verwendung von unannehmbaren Methoden. Es geht auch um die moralische Frage, warum Mittel wie Depo Provera, die im Herkunftsland verboten sind, Frauen in der Dritten Welt verabreicht werden. Einzelne Menschen und Länder müssen in Sachen Familienplanung selbst entscheiden, ohne Vorschriften der mächtigen Nationen, was für sie „am besten" sein soll.

RESOLUTION ZU NAMIBIA

Der 2. bundesweite Frauenkongreß gegen Gen- und Reproduktionstechnologien vom 28.–30. 10. 88 in Frankfurt fordert die Bundesregierung und insbesondere die Frauen- und Gesundheitsministerin Rita Süßmuth auf, sich mit aller Kraft dafür einzusetzen, daß Medikamente, die für weiße Frauen verboten sind, nicht in Ländern der sog. „3. Welt" an farbige Frauen verkauft und ausgegeben werden. Wir denken hierbei insbesondere an Verhütungsmittel wie Nur Esterate der Fa. Schering AG in West-Berlin, eine „Zwei-Monats-Spritze", die 1986 in Namibia eingeführt wurde.

Wir fordern alle Frauen auf, die Produkte der Firma Schering AG, die offensichtlich am häufigsten ihre schädlichen Medikamente an Frauen in Ländern der sog. „3. Welt" verkauft, so lange zu boykottieren, bis dieser Export endgültig gestoppt ist.

Wir Frauen werden mit Ärztinnen und Ärzten darüber diskutieren und nach Medikamenten solcher Firmen fragen, die am Export schädlicher Produkte nicht beteiligt sind.

Isabela Escobar
Bevölkerungspolitik in El Salvador

In dem kleinsten Land Lateinamerikas, in El Salvador, leben wir seit 8 Jahren in einem Krieg, der in den seit Jahrzehnten bestehenden ungerechten wirtschaftlichen und sozialen Strukturen begründet ist. 20 Familienclans beherrschen ca. 80 % des Reichtums dieses Landes, während die große Mehrheit der Bevölkerung in bitterer Armut lebt. Haupteinnahmequelle des Landes sind heute die US-amerikanische Entwicklungshilfe und die Unterstützung, die die 1 Million exilierter Salvadorianer in den USA an ihre Familien schicken (pro Monat ca. 60 Mill. Dollar! Militär- und Wirtschaftshilfe der US-Regierung und 30 Millionen von den Exilierten). Die Produktion hat sich heute auf ⅓ der Vorkriegserzeugung verringert. Die Arbeitslosigkeit und das Elend in der Bevölkerung sind erschreckend. Die US-Entwicklungshilfe finanziert jedoch ausschließlich die modernste Ausrüstung, Ausbildung und Logistik der auf zehnfache Stärke gebrachten Armee und begünstigt die Regierungsbürokratie und die Oligarchie.

Die Regierung betreibt die Bevölkerungspolitik als Teil ihrer Aufstandsbekämpfungspolitik. Familienplanung zur Begrenzung der armen Bevölkerung gewinnt immer mehr Bedeutung bei dem Versuch, Kontrolle über die Massen zu gewinnen. Sie wird getragen von verschiedenen Einrichtungen des Staates, dem Gesundheitsministerium und der Demoskopischen Gesellschaft El Salvadors (ADS). Diese vorgeblich private Einrichtung ist direkt in die US-Kriegspolitik eingebunden. Die ADS finanziert riesige Werbekampagnen in der Öffentlichkeit, um den Gebrauch von Verhütungsmitteln als einzigem Mittel zur Verbesserung der Lebensqualität zu propagieren.

In einem ihrer Fernsehspots heißt es z. B.: „Dieser Mann und seine Frau betreiben Familienplanung und können deshalb gut leben" – weil sie nicht so viele Mäuler stopfen müssen, wird den Zuschauern in den Mund gelegt. Danach wird ein Mann mit einer Milchkuh vor seinem Haus mit Wasser, Licht und Fernsehantenne gezeigt, zusammen mit einer jungen hübschen Frau und dem einzigen Kind – natürlich einem Jungen.

In einem Radiospot tönt eine fröhliche Mädchenstimme: „Tschüß Mami, wir gehen jetzt ins Kino. Wie gut, daß mein Freund und ich Familienplanung betreiben und uns vergnügen können, während meine Schwester zu Hause sitzt und auf das Kind aufpassen muß, weil sie nicht verhütet hat." Im Anschluß betont die Stimme der Mutter, wie richtig das sei und daß junge Leute sich vergnügen sollten. Zu guter Letzt hört man – brumm,

brumm – das Geräusch eines dicken Motorrades, mit dem das junge Paar abfährt.

Diese Werbung ist keine Aufklärung, sie geht völlig an der Realität des Landes vorbei. Die Argumentation, man könne Konsum und Luxus haben, wenn man kein Geld an Kinder verschwendet, ist Unsinn in einem Land mit einer Arbeitslosen- und Unterbeschäftigungsquote von 74 %. Hinter dieser Prozentzahl verbergen sich zum größten Teil alleinstehende Frauen mit Kindern, die alle möglichen Anstrengungen unternehmen, um mit ihren Kindern zu überleben. Ihre Kinder sind Arbeitskräfte, die das Überleben im Alter sichern. Frauen ohne Kinder unterstützen mit ihrem Lohn die Familie. Auch ohne Kinder und Familie kann frau mit dem Hungerlohn, der ihr gezahlt wird, nicht leben, geschweige denn Konsum finanzieren.

Die Werbung geht an der Lebensrealität der Frauen vorbei, propagiert jedoch gleichzeitig die machistische Haltung der Männer, keine Konsequenzen aus Beziehungen zu tragen, kein Geld für Kinder zu zahlen und sich um nichts zu kümmern. Sie ist an Männer gerichtet, aber die Verhütungsmittel sind für Frauen.

Um das Familienplanungsprogramm durch das staatliche Gesundheitsministerium und die finanziellen Mittel der Demoskopischen Gesellschaft zu entwickeln, sind 4 Pro-Familia-Kliniken eingerichtet worden. Dort werden Verhütungsmittel ausgegeben und Sterilisation vorgenommen. Verschwiegen wird allerdings den Frauen, daß die Verhütungsmittel sich z. T. noch in der Experimentierphase befinden. Bestimmte Mehrmonatsspritzen oder bestimmte Pillenfabrikate, die in anderen Ländern wegen ihrer gesundheitsschädlichen Wirkung verboten sind, werden kostenlos an die Frauen verteilt.

Die Interessen von uns Frauen an unserer Gesundheit stehen – wie immer – hinter den wirtschaftlichen Interessen der transnationalen Konzerne, über Frauen der Dritten Welt als Versuchskaninchen zu verfügen, zurück.

Im Sterilisationsprogramm dieser Kliniken werden sog. Promotorinnen ausgebildet und mit Prämien belohnt, wenn sie arme Frauen zur Sterilisation überreden. Für Männer wird die dreifache Prämie gezahlt. Aber Männer lassen sich grundsätzlich nicht sterilisieren.

Obwohl die Situation des Krieges kaum die Erhebung exakter statistischer Daten erlaubt, wissen wir doch, daß es eine große Anzahl Frauen gibt, die ohne ihr Wissen sterilisiert wurden. Es ist aufgefallen, daß Frauen einer bestimmten ländlichen Region keine Kinder mehr bekommen konnten, nachdem sie wegen ganz anderer Operationen im Krankenhaus waren. Sie wurden unter Narkose gleich mit sterilisiert.

Ein anderer Trick ist, daß Frauen Angst vor Krebs gemacht wird. Ärzte und Krankenschwestern in Kliniken behaupten, es bestünde ein großes Risiko, Unterleibskrebs zu bekommen. Auch wenn Frauen nur eine harmlose Zyste haben oder gar keine Unterleibserkrankung, stimmen sie der Operation aus Angst vor Krebs zu.

Besonders schlimm ist die Lage für Frauen, die mit Komplikationen nach einer Abtreibung ins Krankenhaus kommen. Abtreibung ist grundsätzlich verboten und unter Strafe gestellt. Reiche Frauen gehen in teure Privatkliniken oder fliegen zur Abtreibung nach Miami. Aber die Armen haben nicht mal das Geld, einen illegalen Arzt zu bezahlen. Sie sind auf „Engelmacherinnen" angewiesen. Die Eingriffe werden unter schlechten hygienischen Bedingungen und mit laienhaften Kenntnissen durchgeführt, was die Gefahr von Infektionen oder Verletzungen erhöht. Frauen mit diesen gesundheitlichen Folgen werden diskriminiert. Oft trauen sie sich nicht oder zu spät ins Krankenhaus. Viele bleiben unfruchtbar oder sterben an den Folgen illegaler Abtreibungen. Wir selbst raten Frauen davon ab, unter diesen Bedingungen abzutreiben.

Die Gesundheitsversorgung in El Salvador ist gerade für arme Frauen katastrophal. Gesundheitsversorgung ist ein Privileg der Reichen. Sie können sich die Behandlung in teuren Privatkliniken leisten oder fliegen für eine Operation in die USA. Für arme Frauen – und wir Frauen sind 55 % der Bevölkerung – gibt es in unserem Land (so groß wie Hessen) nur ein einziges Frauenkrankenhaus in der Hauptstadt San Salvador. Es ist durch das Erdbeben vom 10. 10. 86 halb zerstört. Die OP-Säle sind nicht steril, und die Frauen liegen auf den Fluren. Für den Wiederaufbau steht kein Geld zur Verfügung, das fließt in die teuren Werbespots zur Familienplanung. Frauen vom Land können das Krankenhaus nicht einmal erreichen. Viele müssen erst stundenlang zu Fuß laufen und in überfüllten Bussen fahren, um überhaupt dorthin zu kommen. Nach Schätzungen gebären 67 % der Bäuerinnen unter schlechten hygienischen Verhältnissen und ohne jegliche medizinische Versorgung. Die Sterblichkeitsrate von Frauen und Kindern bei der Geburt ist aufgrund dieser Situation sowie der schlechten Ernährungslage entsprechend hoch.

In El Salvador gibt es kaum Gesetze, die die Rechte der Frau garantieren. Die wenigen, die es gibt, werden nicht eingehalten, und Frauen haben keine effektiven Möglichkeiten, die Einhaltung der Bestimmungen zu erzwingen. Ebensowenig gibt es eine Kontrolle gegen den Mißbrauch von Frauenbildern in den Medien, die somit durchgehend den Machismo in der Gesellschaft weiter propagieren können.

Wir wissen, daß diese objektive Situation nur in einer neuen Gesellschaft überwunden werden kann. Zur Erreichung dieses Ziels müssen wir auch die subjektiven Bedingungen ändern. Um eine neue Frau und einen neuen Mann zu schaffen, bedarf es eines langen und schwierigen Prozesses, der den Bruch mit jahrhundertealten Traditionen bedeutet. Wir wissen, daß wir das Recht und die Fähigkeit dazu haben, auch wenn man uns die Möglichkeiten dazu entzogen hat.

Unsere Organisation CONAMUS ist ein Zusammenschluß verschiedener Frauenkomitees aus Gewerkschaften, Kooperativen, von Sozialarbeiterinnen, Hausarbeiterinnen, Künstlerinnen und aus Randgebieten.

Unsere Ziele sind die Förderung von Frauenzusammenschlüssen zur aktiven und bewußten Teilnahme an der Veränderung der Gesellschaft.

Wir veranstalten mit und für Frauen Tages- und Wochenseminare, arbeiten mit an Aus- und Weiterbildung; bereiten Unterrichts- und Informationsmaterial vor und arbeiten mit anderen Organisationen an nationalen und internationalen Frauenprojekten. Zur Zeit bemühen wir uns um die Umsetzung von zwei Projekten: ein Radioprojekt für und von Frauen, um auch die Frauen zu erreichen, die zu den 67 % Analphabetinnen in El Salvador zählen und die wir wegen der Kriegssituation gerade in den ländlichen Gebieten nicht erreichen. Das zweite Projekt ist eine eigene Klinik oder Arztpraxis, in der Frauen medizinische, soziale und rechtliche Hilfe erfahren können.

Wir sind noch eine sehr junge Organisation und haben den Prozeß der Bewußtwerdung unserer Frauenproblematik erst gerade begonnen. Es bleibt uns nicht viel Zeit und Kraft dazu.

Unser Kampf ist hauptsächlich der Kampf ums Weiterleben!

Resolution zu El Salvador

Der 2. bundesweite Frauenkongreß „Frauen gegen Gen- und Reproduktionstechnologien" in Frankfurt unterstützt den Kampf um das Leben der salvadorianischen Frauen und drückt seine Solidarität aus mit ihren Hauptforderungen:

a. Gleichbehandlung in Ausbildung und Arbeit.
b. Stopp der Zwangssterilisierungen und Respektierung des Rechts auf Selbstbestimmung der Frau über ihren eigenen Körper.
c. Stopp der Zwangsrekrutierungen durch das nationale Heer.

Irene Koh

EUGENIK UND FRAUENRECHTE IN SINGAPUR

Singapur ist nicht nur wegen der ökonomischen Erfolge dieses neu entwik-
kelten Landes, sondern wegen der Versuche, eugenische Programme einzu-
leiten, zunehmend bekannt. Das eugenische Programm des Premiermini-
sters Lee Kuan Yew wird unter dem Deckmantel sogenannter „angemesse-
ner" sozialpolitischer Maßnahmen geschickt realisiert.

Singapur ist ein sehr kleines Land, über das seit mehr als 23 Jahren der
Premierminister und seine politische Partei regiert. Dieser spricht oft vom
Volk als den Kindern des Landes, die zum Nutzen und zum Überleben von
Singapur diszipliniert werden müssen. Von 1819 bis 1959 war Singapur eine
britische Kolonie und Stützpunkt des British Empire. Das Land wurde 1959
unabhängig und hat sich 1963 mit der Halbinsel Malaya und Teilen der Insel
Borneo (heute Sarawak und Sabah) zu einem neuen Staat, Malaysia, zusam-
mengeschlossen. Machtkämpfe, ausgelöst insbesondere durch den höchst
ehrgeizigen Premierminister von Singapur, haben dazu geführt, daß Singapur 1965 aus dem Verband hinausgeworfen und ein unabhängiger Staat
wurde.

In den sechziger Jahren versuchte die Regierungspartei, alle Oppositio-
nellen innerhalb und außerhalb des Parlaments loszuwerden. Erreicht
wurde dies in erster Linie mit dem „Gesetz zur Inneren Sicherheit", einem
Gesetz, das, ähnlich dem südafrikanischen Notstandsgesetz, die willkür-
liche Internierung von Menschen über unbestimmte Zeiträume ermöglichte. Einer der damals gefangengenommenen Menschen, Chia Thye Poh,
ist heute noch im Gefängnis und damit einer der am längsten festgehaltenen
politischen Gefangenen der Welt. Seit 1965 haben der Premierminister und
einige seiner engsten Vertrauten sich bemüht, Singapur zu einem Land des
ökonomischen Erfolgs zu machen, um der Welt zu beweisen, daß sie fähige
„Super-Hirne" sind. In den sechziger und siebziger Jahren besaß Singapur
viele Voraussetzungen für den wirtschaftlichen Erfolg: Man brauchte einen
Hafen in diesem Teil der Welt, besser noch einen kapitalistischen Hafen, als
Auffangbecken zur Erholung und Unterhaltung der kriegsmüden US-Sol-
daten aus Korea und später Vietnam; die Japaner waren im Begriff, ökonomisch zu expandieren, und Singapur war als Stützpunkt ein Geschenk des
Himmels; auch Westeuropa brauchte ein regionales Zentrum bei der Eröffnung von Produktionsstätten und Märkten in Asien und den pazifischen
Gebieten. Singapur paßte mit seiner zentralen Lage gut ins Bild, insbeson-

dere als noch große Anreize geboten wurden, u. a. Steuerbefreiung, gute Infrastruktur, Freihandelszonen, billige und folgsame Arbeitskräfte. Angesichts dieser und anderer externer Faktoren für den wirtschaftlichen Erfolg Singapurs mußte die Regierungspartei nur noch ein ruhiges und friedliches Arbeitsklima garantieren, also die billigen und gehorsamen Arbeitskräfte erhalten.

Bis Mitte der siebziger Jahre gelang dies auch weitgehend, mit Hilfe des politischen Zwangs – Gesetze, Verordnungen, Strafen – und durch soziale Sanktionen und psychologische Manipulationen. In den späten siebziger und frühen achtziger Jahren setzten neue industrielle Innovationen ein. Die Regierungspartei begann auf der Idee herumzureiten, daß es für die weitere Modernisierung und Industrialisierung unerläßlich sei, intelligente Arbeitskräfte zu haben, die für den Konkurrenzkampf auf dem anspruchsvollen Weltmarkt denken und neue Produkte und Instrumente entwickeln könnten.

Es ist also kein Zufall, wenn der Premierminister heute die Vermehrung einer sogenannten intelligenten Population vorantreiben will. Die gefügigen Arbeitskräfte erfüllten nun nicht mehr die Standards der Regierungspartei. Nicht nur das Verhalten am Arbeitsplatz, sondern auch das Sexualverhalten, die Familien- und Privatangelegenheiten, wie z. B. die Wahl eines/r Ehepartners/in, ob und wie viele Kinder die Menschen bekommen usw. sollten kontrolliert werden. Nicht nur ökonomische Faktoren, sondern vor allem politische und soziale Motive spielen bei der offenen Praktizierung von Eugenik in Singapur eine Rolle. Ich werde hier von den Maßnahmen berichten, die man in Singapur durchzusetzen versucht, um die Bevölkerung zu manipulieren und mit ihr zu experimentieren – Maßnahmen, die sich in erster Linie gegen Frauen richten. Ferner werde ich die Prinzipien und die Legitimationsversuche dieser Politik erläutern.

Selektive Vermehrung

Singapur hat bereits in den frühen siebziger Jahren das Populationskontrollziel erreicht, das zu Beginn der Unabhängigkeit von der UNO für das Land formuliert wurde. Bis 1980 wurde die Geburtenrate auf 2 % gesenkt, aber sie ist in den verschiedenen Bevölkerungsgruppen sehr unterschiedlich. Nach Auskunft der Regierung produzieren gebildete Frauen im Durchschnitt nur 1,3 Kinder, weniger gebildete Frauen aber ca. 2,9. Da in Singapur das Bildungsniveau auch stark mit dem Einkommen korreliert, bedeutet dies, daß Frauen in höheren und mittleren Einkommensgruppen (insbesondere chinesische Frauen) weniger Kinder haben als jene aus niedrigeren Einkommensschichten.

Den Regierungskreisen geht es weniger um das Bremsen des Bevölkerungswachstums, auch nicht um einen Bevölkerungsrückgang. Sie wollen, um es mal grob auszudrücken, eine Erhöhung der Zahl intelligenter Babys und einen Rückgang der Geburten von vermeintlich weniger intelligenten. Nach ihrer Meinung können nur gebildete Frauen, also in erster Linie Chinesinnen der höheren und mittleren Einkommensgruppen, intelligente Kinder bekommen. In der Debatte darüber, ob die Natur oder die Umwelt bei der Ausprägung von Intelligenz (*nature* vs. *nurture*) der wichtigere Faktor sei, haben sie sich eindeutig für die Natur, bzw. für genetische Faktoren entschieden. Frauen mit Universitätsabschlüssen sollen weniger egoistisch und berufsorientiert werden, sie sollen heiraten und im Interesse des ökonomischen Erfolgs ihres Landes „intelligente" Kinder produzieren.

Frauen als Baby-Maschinen und Bürgerinnen zweiter Klasse

Etwa die Hälfte der Bevölkerung Singapurs von fast 2,5 Millionen ist weiblich, davon wiederum etwa 43 % erwerbstätig. Sie machen ca. 40 % der Gesamtzahl der Erwerbstätigen aus. Frauenerwerbstätigkeit hat in Singapur weniger mit Emanzipation als mit wirtschaftlicher Notwendigkeit zu tun. Die Hauptgründe sind 1. der Bedarf an billigen Arbeitskräften für multinationale und lokale Industrien und 2. die steigenden Lebenshaltungskosten, die es unmöglich machen, von nur einem Einkommen eine Familie zu ernähren.

Wie in anderen Ländern auch ändert sich die Politik der Regierungspartei gegenüber erwerbstätigen Frauen je nach den Erfordernissen der Wirtschaft. Im Gegensatz zu den Anfangsjahren der Industrialisierung, als billige Arbeitskräfte für ausländische Investoren benötigt wurden, braucht man nun für das neue Konzept einer hochtechnisierten Industrie weniger erwerbstätige Frauen. Also wird die reproduktive Rolle der Frauen wieder wichtiger. Das gilt aber, um die Geburt vieler intelligenter Kinder zu sichern, nur für gewisse Frauen. Die weniger gebildeten sollen das Land mit ihren weniger intelligenten Kindern nicht belasten. Aus Liebe zur Nation sollen sie höchstens ein Kind bekommen und sich dann sterilisieren lassen. Eingeführt wird diese neue Politik mit moralischen Argumenten, sozialer Erpressung und sozialen Sanktionen. Es wurden keine Gesetze verabschiedet, um derart diskriminatorische eugenische Vorhaben zu verkünden. Statt dessen werden sie als patriarchale, autoritäre Norm der Bevölkerung psychologisch eingehämmert, in der gleichen Weise wie andere Normen der sozialen Kontrolle auch – keinen Abfall wegwerfen, nicht spucken, keine langen Haare tragen, konfuzius-gemäßes Verhalten usw.

Die herrschende Ideologie der Regierungspartei schreibt Frauen einen Platz zu Hause vor, wobei sie ihren Ehemännern, Vätern oder Söhnen zu gehorchen haben. Die Doppelbelastung und die patriarchalen, vom Konfuzianismus geprägten Normen schließen erfolgreich die Mehrzahl Frauen von der Teilnahme an Politik und Macht aus. Die wenigen sogenannten Politikerinnen werden von den männlichen Führungskräften handverlesen und als gute Tarnung für deren chauvinistische Politik und Einstellung betrachtet. Ein Minister war beunruhigt darüber, daß Mädchen in der Schule besser abschnitten als Jungen. Er empfahl, in den Schulen Vorträge zum Thema Ehe und Mutterschaft als die „natürliche und angemessene Rolle" der Frau zu halten. Auch sollten Mädchen ermuntert werden, mehr Begeisterung für „feminine" Beschäftigungen wie Musik, Ballett, Kunst und Literatur zu entwickeln.

Eugenische Politik

Die Bevölkerung Singapurs besteht aus verschiedenen ethnischen Gruppen, von denen Chinesen, die 75 % ausmachen, die dominierende Position einnehmen. Die Mehrzahl der Mitglieder der Regierungspartei sehen die chinesische Bevölkerung als intelligent und arbeitsam an, während die restliche Bevölkerung, hauptsächlich Malayen mit ca. 15 %, als minderwertig betrachtet wird; also sollen sie von der Fortpflanzung abgehalten werden. Zu diesem Zweck benutzt die Regierung materielle Anreize, aber auch Sanktionen, um die freie Vermehrung solcher Menschen einzudämmen. Im Jahre 1984 wurde eine neunmonatige Kampagne durchgeführt, um die sogenannte „schiefe Verteilung der Vermehrung" zu korrigieren. Gestartet wurde sie vom Premierminister am Nationalfeiertag. Er benutzte süße Vernunft und moralische Überzeugungskünste, zusammen mit Steuererleichterungen für die cleveren Singles des Landes. Für die Armen der Insel war es allerdings ein Zuckerbrot-und-Peitsche-Programm mit dem Ziel, ihren Wunsch nach mehr Kinder einzudämmen. Das Zuckerbrot für die Armen ist die Chance, eine Wohnung in einem vom Staat gebauten Wohnungskomplex zu kaufen. In diesem überfüllten Stadt-Staat leben mehr als 80 % der Menschen in solchen Siedlungen, und es gibt lange Wartelisten für den Kauf solcher staatlichen Wohnungen. Wer die erforderliche Anzahlung nicht leisten kann (was für viele jungverheiratete Paare gilt), muß eine Mietwohnung nehmen. Das Angebot einer eigenen Wohnung kann man also kaum ausschlagen.

Ferner hat die Regierung angekündigt, daß vom 1. Juni 1985 an jede junge Mutter unter 30 Jahren aus den Schichten mit niedriger Bildung und geringem Einkommen 10 000,- Singapur-Dollar (damals ca. 4760 US-$) erhalten könne, wenn sie nach der Geburt ihres ersten oder zweiten Kindes sich freiwillig sterilisieren läßt. Dies war das erste direkte Geldangebot, um Frauen vom Kinderkriegen abzubringen, mit einer „Prämie", die mehr als ausreichte, um die Anzahlung für eine kleine, öffentlich geförderte Wohnung bezahlen zu können. Allerdings sollte das Geld auch nur auf eine Art Bausparvertrag eingezahlt werden, so daß es für keinen anderen Zweck verwendet werden könnte. Nur die Ärmsten der Armen waren anspruchsberechtigt, d. h. Familien mit einem Gesamteinkommen von weniger als 1500 Singapur $ (S$) und bei denen kein Partner einen Schulabschluß hat.

Darüber hinaus erhöhten im März 1985 die Entbindungsstationen in den öffentlichen Krankenhäusern, die vornehmlich von Frauen aus den unteren Einkommensschichten besucht werden, die Entbindungsgebühren für das dritte bzw. vierte Kind eines Paares. Kinder von Frauen mit einem Universitätsabschluß bekamen dagegen eine höhere Priorität für die Zulassung zu Eliteschulen. Außerdem bekamen Frauen, die in der Schule gut abgeschnitten hatten, Steuererleichterungen für bis zu drei Kinder!

Der Premierminister hat eine besondere Behörde unter dem Namen „Einheit für die Soziale Entwicklung" eingerichtet, um unter seiner Fürsorge bevorzugte Junggesellinnen zu verkuppeln. Seit 1983 gab es Informationsreisen von Beamten aus Singapur nach Japan, um die Heiratsvermittlungsmethoden japanischer Firmen und den möglichen Einsatz japanischer Computersysteme hierfür zu untersuchen. Sogar Schulen und Hochschulen sind bei dem Heiratskreuzzug auf den Plan gerufen worden. Sie haben damit begonnen, freiwillige Seminare zur Förderung der Ehe und Familie abzuhalten. Und die neue Behörde hat auch kostspielige Ausflüge und Feste organisiert, um unverheiratete Paare zusammenzubringen – alles auf Kosten der Steuerzahler.

Die Reaktionen von Frauen

Viele Frauen in Singapur sind angewidert von der Politik und den Ideologien der Regierung, aber nur die gebildeten Frauen haben die Möglichkeit, ihre Meinung in Briefen an die von der Regierung kontrollierten Zeitungen zum Ausdruck zu bringen. Diejenigen, deren Kinder als weniger intelligent gelten, haben keine oder wenige Gelegenheiten, ihre Ablehnung und Frustration zu äußern. Nachfolgend der Versuch, die von Frauen formulierte Kritik und ihre Standpunkte kurz zusammenzufassen:

1. Frauen werden als Baby-Maschinen behandelt, als Objekte, die von den Männern, die die Macht haben, manipuliert werden können.
2. Die Arbeit der Kindererziehung wird weder ernstgenommen noch anerkannt. Es gibt keine Maßnahmen, die sicherstellen, daß Frauen Mütter sein können und gleichzeitig als vollwertige Bürgerinnen einem Beruf und anderen Interessen nachgehen können. Notwendig wären z. B. Kindertagesstätten, Erziehungsurlaub und Arbeitsplatzgarantien für Mütter.
3. Es gibt keine Unterstützung von offizieller Seite für eine gleichmäßige Verteilung der Haus- und Erziehungsarbeit unter Frauen und Männern.

4. Statt dessen wird Druck ausgeübt auf Mütter, die ihre Kinder in Kinderkrippen unterbringen. Gebildete Frauen sollen ihre Berufe aufgeben, um Vollzeitmütter und -hausfrauen zu werden.

5. Auch Arbeitgeber diskriminieren Frauen. Sie fragen z. B., ob die Frauen verheiratet sind, ob sie Kinder haben oder bekommen wollen. Sozialleistungen sind bei Frauenarbeitsplätzen geringer als bei Männern, wenn es z. B. um Zuschläge für den Ehepartner oder für Kinder geht. Frauen widersprechen der offiziellen Ideologie, daß nur gebildete Frauen intelligente Kinder produzieren. Sie glauben nicht an die vom Premierminister vertretene eugenische Theorie. Der zitiert als Beleg einen US-Forscher, der behauptet, 80 % der individuellen Leistungen seien von der Natur (d. h. von der Vererbung) und 20 % von der Umwelt und Bildung determiniert. Der Premierminister gründet seine Ansichten auch auf extreme konfuzianistische Ideen. Er lobt die Prüfungen der Hofmandarine, mit denen die Begabtesten für den Staatsdienst auserwählt werden sollen. Mit Rücksicht auf die genetische „Ausstattung" der kaiserlichen Nachkommen sagte er ferner, es sei sehr weise, wenn der Kaiser die begabtesten Männer zu seinen Schwiegersöhnen mache.

Eine intellektuelle Frau hat folgendes formuliert: „Ich fühle mich zutiefst beleidigt durch die Vorstellung, irgendwelche miserablen finanziellen Anreize könnten mich dazu bringen, mit dem nächstbesten attraktiven Mann ins Bett zu springen, um dann ein höchstbegabtes Kind zu produzieren im Interesse der Zukunft Singapurs. Die einzigen Fanatiker, die so etwas taten, waren die Sturmtruppen in Nazideutschland. Vorerst würde ich allen alten Jungfern in den besten Jahren raten, weiterhin ihr steriles Glück zu genießen."

Vibhuti Patel

Geschlechtsbestimmung und Geschlechtswahl in Indien – Neue Techniken des Femizids

Geschlechtsbestimmungs- (GB) und Geschlechtswahltechniken (GW) wie Ultraschall, Fetoskopie, Chorionzottenbiopsie und – als beliebteste Variante – die Amniozentese werden in den Städten Indiens zunehmend zur Alltagserscheinung. Bombay und Delhi sind die Hauptzentren der GB- und GW-Tests, Amniozentese wird aber auch in den Groß- und Kleinstädten der verschiedensten Landesteile verwendet. Ärzte einer Klinik mit Vorreiterfunktion haben die Legitimation für diese Techniken prägnant formuliert: „… in Entwicklungsländern wie Indien, in denen Eltern nahegelegt wird, ihre Familie auf zwei Nachkommen zu begrenzen, haben die Eltern dann bei diesen zwei ein Recht auf Qualität, sofern sie sich garantieren läßt. Amniozentese bietet Hilfe in dieser Hinsicht." Das Wort „Qualität" wirft einige Fragen auf, die hier betrachtet werden sollen.

Amniozentese, eine Technik, die hauptsächlich zur Feststellung genetischer Mißbildungen entwickelt wurde, ist in Indien als Methode zur Bestimmung des fötalen Geschlechts sehr beliebt geworden. Auch andere Tests wie Chorionzottenbiopsie und verschiedene Geschlechtswahlmethoden werden immer beliebter. Zur Erzeugung von männlichen Kindern werden Methoden wie besondere Diätprogramme, die Trennung von Samenzellen in einer Zentrifuge, Medikamente („Select"-Tabletten), Vaginalgele und „heilige" Kügelchen, Rudraksh genannt, angeboten.

Die Amniozentese verbreitete sich in den letzten fünf Jahren, obwohl sie auch vorher versuchsweise in einigen Regierungskrankenhäusern durchgeführt wurde. Heute werden solche Tests in erster Linie zur GB, mit anschließender Abtreibung weiblicher Föten in privaten wie Regierungskrankenhäusern gemacht. Eine Forschergruppe aus Bombay, die mit Unterstützung des Frauenzentrums gearbeitet hat, führte eine Umfrage in sechs Krankenhäusern und Kliniken durch. Ihre konservative Schätzung ergab, daß allein in Bombay im Jahr 1982 zehn Frauen pro Tag sich den Tests unterzogen hatten. Die Umfrage deckte die Scheinheiligkeit der „gewaltlosen", „vegetarischen", „anti-schwangerschaftsabbruch-eingestellten" Leitung des angesehenen Harkisandas-Krankenhauses auf, das auch pränatale GB durchführt. Das Krankenhaus-Faltblatt bezeichnet den Test als „menschlich und hilfreich". Es gibt hierfür eine ambulante Abteilung, die so überlaufen ist, daß der Test einen Monat im voraus gebucht werden muß. Weil die Krankenhausleitung gegen die Abtreibung ist, werden Frauen an andere

Kliniken verwiesen, aber gebeten, die abgetriebenen weiblichen Föten zwecks weiterer Forschung ins Krankenhaus zurückzubringen. Der Test kostet in Indien 70–500 Rupien (ca. 10–70 DM), so daß nicht nur Menschen aus der Oberschicht, sondern auch aus der Arbeiterklasse sich ihn leisten können. Eine Umfrage in einigen Slums in Bombay zeigte, daß viele Frauen den Test gemacht und nach der Feststellung eines weiblichen Fötus in der 18. oder 19. Schwangerschaftswoche abgetrieben hatten. Sie argumentierten, daß es besser sei, 200 oder gar 800 Rupien jetzt auszugeben, als ein weibliches Baby zu gebären und dann später Tausende von Rupien für ihre Heirat bezahlen zu müssen.

Ein Arzt, der ein florierendes Geschäft mit der GB betreibt, berichtet, daß er Tag und Nacht von Menschen, die nach dem Test fragen, angerufen wird. Sogar sein sechsjähriger Sohn habe gelernt, relevante Fragen zu stellen, wie z. B. „Ist die Schwangerschaft in der 16. Schwangerschaftswoche?" usw.

Eine Studie im Bijnor-Distrikt der Provinz Uttar Pradesh zeigte dort das Auftauchen der GB-Tests in den vergangenen zehn Jahren. Heute beträgt das Geschlechterverhältnis in der Provinz 886 Frauen auf 1000 Männer und im Distrikt 863 Frauen auf 1000 Männer. Die ForscherInnen stellten fest, daß der Infantizid weiblicher Kinder, der bis 1900 in Bijnor praktiziert wurde, damals auf die Bevölkerungsgruppen der Rajputs und Jats begrenzt war, die die Geburt einer Tochter als Prestigeverlust ansahen. Im Gegensatz dazu ist heute der Mißbrauch der Amniozentese zum Zwecke des Fötizids an weiblichen Föten in allen Bevölkerungsgruppen verbreitet.

Die kommerzielle Anwendung der Tests begann schon 1979 in der Provinz Punjab. Eine Zeitungsanzeige der *New Bhandari Ante-natal Sex Determination Clinic* in Amritsar war Auslöser für ablehnende Stellungnahmen in der Presse und von Frauengruppen.

Ein Komitee zur Untersuchung der GB und der Tötung weiblicher Föten wurde 1986 auf Initiative der Regierung von Maharashtra gebildet und Dr. Sanjeev Kulkarni von der *Foundation for Research in Community Health* mit einer Studie zur Verbreitung des Tests in Bombay beauftragt. Kulkarni, selbst Gynäkologe, hat 42 Ärzte interviewt, von denen 84 % Amniozentesen zur GB durchführten. Im Durchschnitt machen diese 42 Ärzte 270 Amniozentesen im Monat, wobei einige Ärzte schon seit 10–12 Jahren die Tests durchführen, die meisten jedoch erst in den letzten fünf Jahren damit begonnen haben. Frauen aller Klassen, aber hauptsächlich aus der Mittel- und Unterschicht, nehmen die Tests in Anspruch. Etwa 29 % der Ärzte sagten, daß bis zu 10 % der getesteten Frauen schon einen oder mehrere Söhne hätten. Eine Mehrzahl der Ärzte sind der Meinung, daß sie mit dieser Dienstleistung eine humanitäre Hilfe anbieten. Einige sehen darin eine effektive Maßnahme der Bevölkerungskontrolle. Mit dem Entwurf eines Fünf-Jahres-Plans will die indische Regierung eine Netto-Reproduktions-Rate von eins erreichen, d.h. jede Mutter wird durch höchstens eine Tochter ersetzt. Die GB und GW scheinen auch hierbei nützlich zu sein, denn nach dieser Logik bedeuten weniger Frauen weniger Nachkommen.

Die Auseinandersetzung um die Amniozentese

Die Auseinandersetzung um die GB und GW begann vor fünf Jahren als Reaktion auf einige Reportagen in populären Zeitschriften wie *India Today, Eve's Weekly* und *Sunday* sowie in regionalen Zeitschriften. Eine Schätzung, abgedruckt in einem Kommentar der *Times of India* im Juni 1982, schockierte viele Menschen. Man sprach von 78000 abgetriebenen weiblichen Föten im Zeitraum 1978 bis 1983. Ein Artikel von Achin Vanayak in derselben Zeitung enthüllte die Tatsache, daß fast 100 % der Abbrüche, die 1984–1985 in einer bekannten Abtreibungsklinik in Bombay durchgeführt wurden, nach einer GB stattfanden.

Indien hat eine Tradition der Tötung weiblicher Babys (ein Brauch, der *Dudhaptiti* genannt wird), so werden z.B. die Brustwarzen der Mutter vor dem Stillen mit Opium bedeckt, die Säuglinge in Teppiche gewickelt oder mit der auf das Gesicht gelegten Nachgeburt erstickt – oder einfach durch Mißhandlung.

Weibliche Familienmitglieder werden auch im Hinblick auf Nahrung, Medikamente und Bildung schlechter behandelt. Fortgesetzt wird diese Behandlung mit der Mitgiftpraxis. Früher wurde eine Mitgift der Brauteltern an die Eltern des Bräutigams nur bei den höheren Kasten bezahlt, da diese Frauen nicht außerhalb der Familie arbeiten durften. Da ihre Arbeit keine soziale Anerkennung fand und sie somit als Last angesehen wurden, sollte die Mitgift einen Ausgleich darstellen. Frauen der niedrigen Klassen und Kasten haben immer auf den Feldern, in den Minen, Plantagen und Fabriken oder als Handwerkerinnen gearbeitet; sie erfüllten lebensnotwendige Bedürfnisse der Familie wie das Sammeln von Wasser und Holz oder den Anbau von Nahrung. Also wurden sie als produktive Mitglieder der Familie behandelt, und es gab keine Mitgift. Heute weitet sich diese Praxis in allen Kasten, Schichten und Religionsgemeinschaften aus, denn eine Mitgift ist leicht verdientes Geld, und die Kommerzialisierung der menschlichen Beziehungen, zusammen mit der patriarchalen Macht über Frauen, hat indische Frauen zu leicht entbehrlichen Gütern gemacht. Die extremste Erscheinungsform sind die Mitgiftmorde, von denen es 358 Fälle im Jahr 1979 und 1987 schon 1418 gab (nur registrierte Fälle, die Dunkelziffer soll zehnmal höher sein!).

Unter solchen Bedingungen fragen viele SozialwissenschaftlerInnen: „Ist es nicht besser, wenn eine Frau stirbt, statt mißhandelt zu werden?" Mit den Worten Dharam Kumars: „Ist es wirklich besser, geboren und ‚zum

Sterben ausgesetzt zu werden', statt als Fötus getötet zu werden? Verbessert die Geburt (...) von Millionen ungewollter Mädchen den Status der Frauen?" Bevor ich diese Frage beantworte, möchte ich zunächst auf das demographische Profil in Indien verweisen. Wie die Tabelle zeigt, sank das Verhältnis zwischen weiblichen und männlichen Personen kontinuierlich von 1901 bis 1971. Zwischen 1971 und 1981 gab es einen geringfügigen Anstieg, aber das Verhältnis blieb negativ für Frauen. Möglicherweise wird die Situation sich noch verschlechtern, denn während die Tötung weiblicher Kinder früher nur bei Kriegerkasten vorkam, wird GB von allen Schichten und Gruppen praktiziert.

Viele Ökonomen und Ärzte haben die GB und GW unterstützt mit dem Argument von Angebot und Nachfrage. Reduziert sich das Angebot an Frauen, wird sich, so behaupten sie, die Nachfrage nach ihnen, wie auch ihr Status erhöhen. Aber eine Gesellschaft, die Frauen als bloße Sex- und Fortpflanzungsobjekte behandelt, wird sie nicht menschlicher behandeln, wenn sie knapp geworden sind. Im Gegenteil, es wird mehr Vergewaltigungen, Entführungen und erzwungene Vielmännerei geben. In einigen Landesteilen mit einem für Frauen extrem ungünstigen Geschlechterverhältnis wird eine Ehefrau von mehreren Brüdern oder manchmal sogar von Vettern väterlicherseits geteilt.

Zu glauben, daß es besser sei, weibliche Föten zu töten als ungewollte weibliche Kinder zu gebären, ist nicht nur kurzsichtig, sondern auch fatalistisch. Nach dieser Logik ist es besser, arme Menschen oder die Massen in der Dritten Welt zu töten, als sie in Armut und Entbehrung leiden zu lassen! Ein weiteres Argument ist, daß Frauen mit einer oder mehreren Töchtern die Möglichkeit einer Amniozentese haben sollen, um eine „ausgewogene Familie" mit der Geburt eines Sohnes planen zu können. Die Abtreibung eines weiblichen Fötus sei besser für das Wohlergehen der Familie und des Landes, als wenn viele Frauen in der Hoffnung auf einen Sohn weiterhin weibliche Kinder produzieren. Auch dieses Konzept ist von sexistischen Vorurteilen geprägt. Würde ein Paar mit einem oder mehreren Söhnen Amniozentese haben wollen, um männliche Föten abtreiben und eine Tochter kriegen zu können im Interesse einer ausgewogenen Familie? Niemals! Feministische Gruppen in Indien sind in jedem Fall gegen GB und GW, unabhängig davon, ob weibliche oder männliche Föten getötet werden.

Es wurde schon wiederholt gesagt, daß Frauen selbst diese Tests begeistert begrüßen: „Es ist eine Frage der freien Wahl der Frauen." Aber wird diese Wahl in einem sozialen Vakuum getroffen? Diese Frauen werden durch ihr soziales Umfeld dazu gebracht, zu akzeptieren, daß sie nichts wert sind, wenn sie nicht ein oder mehrere männliche Kinder gebären. Sie können von ihren Ehemännern und Angehörigen schikaniert, gehänselt und sogar verlassen werden, wenn sie dies nicht schaffen. Also hängen ihre „Wahlmöglichkeiten" von einer sozial bedingten Angst ab. „Mangel an

Nahrung, an ökonomischer Sicherheit, an sauberem Trinkwasser und an einer sicheren Gesundheitsversorgung haben eine Situation geschaffen, in der eine Frau 6,2 Kinder bekommen muß, um mindestens ein überlebendes männliches Kind zu behalten. Das sind die Wurzeln des Bevölkerungsproblems, nicht nur der Wunsch nach einem männlichen Kind."

Ökonomie und die Politik des Femizids

Manche fragen: „Wenn Familienplanung wünschenswert ist, warum nicht auch Geschlechtsplanung?" Die Frage ist jedoch komplizierter. Wir müssen dieses Problem im Kontext der Kommerzialisierung des Gesundheitssystems, der rassistischen Tendenzen der Bevölkerungspolitik und der Ausübung patriarchaler Macht sehen. „Geschlechterwahl kann eine andere Form der Unterdrückung von Frauen sein. Unter dem Deckmantel der freien Entscheidung werden wir vielleicht tatsächlich unsere eigene Unterdrückung verschärfen." Soweit die Einschätzung von Feministinnen. Das Überleben der Frauen steht auf dem Spiel.

Die Verbreitung und Popularität der Geschlechtswahl (GW) könnten sogar noch größer werden als die der Geschlechtsbestimmung (GB), da sie die ethischen Fragen, die mit der Abtreibung verbunden sind, umgeht. Dr. Donald Ericsson, der eine Kette von Kliniken zur Geschlechtswahl mit Niederlassungen in 46 Ländern Europas, Nord- und Südamerikas und Asiens betreibt, schreibt in seinem Informationsfaltblatt, daß von 263 Paaren, die bei ihm anfragten, 248 einen Sohn und 15 eine Tochter bekommen wollten. Damit wird deutlich, daß die Vorliebe für männliche Kinder nicht begrenzt ist auf Länder der Dritten Welt wie Indien, sondern praktisch weltweit herrscht. Sogar in China – nach 39 Jahren der „Revolution" und der „sozialen Rekonstruktion" – haben, seit dem Inkrafttreten der Politik der „Ein-Kind-Familie" der chinesischen Regierung, GB- und GW-Tests für den Femizid wieder zugenommen. Chinesische Paare akzeptieren bereitwillig das System, nur muß das Kind männlich sein. Wiederum zeigt sich, wie anpassungsfähig das patriarchale, männlich-dominierte System ist.

Aktivitäten gegen Geschlechtsbestimmungs- und Geschlechtswahlmethoden

Können wir es zulassen, daß indische Frauen zu einer bedrohten Art werden? Diese Frage wird von Feministinnen, kritischen Anwältinnen, Wissenschaftlerinnen, Ärztinnen und Frauenorganisationen, wie z.B. den Frauenzentren in Bombay, Delhi, Mysore und Baroda, aufgeworfen. Als Dachorganisation dieser Menschen und unter Beteiligung von Menschenrechtsgruppen und der *People's Science Movement* wurde das Forum gegen GB und GW gebildet. Protestaktionen von Frauengruppen in den späten siebziger Jahren sind nun Teil einer kontinuierlichen Kampagne, die vom Forum initiert wurde. Sogar Forschungsorganisationen wie das *Research Centre on Women's Studies* haben gegen die Tests Position bezogen. Sie kritisierten die „hoch gebildeten" und „aufgeklärten" Wissenschaftler, Technokraten und Ärzte und natürlich auch den Staat, der mithilft bei der Propagierung der Tests. Engagierte Gruppen in verschiedenen Städten haben gefordert, daß diese Tests nur im begrenzten Maß, zur Feststellung genetischer Mißbildungen, in ausgewählten Regierungskrankenhäusern unter strenger Überwachung verwendet werden sollen.

Es folgte eine Menge öffentlicher Druck, Berichterstattung in den Medien, Plakatkampagnen, Ausstellungen, Mahnwachen vor dem Harkisandas-Krankenhaus, Unterschriftensammlungen, öffentliche Veranstaltungen, Fernsehprogramme und Petitionen, sodaß schließlich die Regierung von Maharashtra und die zentrale Regierung aktiv werden mußten. Die Regierung von Maharashtra hat im März 1987 ein Expertenkomitee ernannt, das umfassende gesetzliche Regelungen zur Beschränkung der GB auf genetische Krankheiten vorschlagen sollte. Das Komitee wurde als Antwort auf eine private Gesetzesinitiative eingerichtet. Das Gesetz wurde von einem Abgeordneten eingebracht, der vom Forum dazu aufgefordert worden war, nachdem die Gruppe zuvor mehrere andere Abgeordnete erfolglos angesprochen hatte. Im April 1988 brachte die Regierung von Maharashtra ein Gesetz ein, mit dem Ziel der „Regelung des Gebrauchs von medizinischen oder wissenschaftlichen Techniken der pränatalen Diagnose nur zum Zwecke der Feststellung von genetischen oder stoffwechselbedingten Krankheiten oder chromosomalen Abweichungen oder von bestimmten angeborenen oder geschlechtsgebundenen Krankheiten sowie zur Verhinderung des Mißbrauchs der pränatalen Geschlechtsbestimmung für die Tötung weiblicher Föten" (Bill No. VIII von 1988). Der Gesetzentwurf wurde im Juni 1988 einstimmig verabschiedet und trat dann in Kraft.

Das Gesetz bezieht sich allerdings nur auf GB-Tests und sagt nichts zu den GW-Techniken. Es machte aber deutlich, daß diese medizinische Technologie von den Ärzten mißbraucht werden kann, und durch das Verbot verlieren die Tests an Legitimität. In den Augen des Gesetzes sind darüber hinaus jetzt sowohl die Kunden als auch die Anwender der Tests schuldig. Jede Reklame für GB-Tests wird illegal. Aber das Gesetz hat viele Lücken.

Zwei Hauptforderungen des Forums, daß nämlich keine Privatunternehmen die Tests anbieten dürfen und daß in keinem Fall Frauen, die sich dem Test unterziehen, bestraft werden sollen, wurden nicht aufgenommen. Statt dessen sieht das Gesetz vor, daß Privatanbieter beaufsichtigt werden sollen mit Hilfe einer „Zuständigen Behörde", zusammengesetzt aus zwei Regierungsbürokraten, ein Bürokrat von der Abteilung für Ausbildung im

Gesundheitswesen, ein Vertreter des Rats für Medizinische Forschung, ein Gynäkologe, ein Genetiker und zwei Vertreter von ehrenamtlichen Organisationen. Dies bedeutet schlicht eine Verhöhnung des Prinzips der Öffentlichkeitsbeteiligung. Erfahrungen mit solchen Regierungsgremien zeigen, daß sie Papiertiger bleiben und daß auch dann, wenn sie funktionieren, sie im höchsten Maße ineffizient, korrupt und elitär sind.

Die Medizin-Mafia scheint bei dem Gesetz am besten wegzukommen. Sie hat „die meisten Punkte gewonnen im Abschnitt über Strafen und Sanktionen... der letzte Absatz in diesem Paragraph ermächtigt die Gerichte, nach eigenem Ermessen bei entsprechender Begründung eine Strafe zu verhängen, die unter der im Gesetz vorgeschriebenen Mindeststrafe liegt. Damit kann ein reicher Arzt mit Hilfe starker Anwälte das Gericht dazu bringen, eine geringfügige Strafe zu verhängen." Das Gesetz formuliert außerdem, daß „das Gericht immer davon ausgehen soll, sofern das Gegenteil nicht bewiesen wird, daß eine Frau, die die Hilfestellung pränataler Diagnosetechniken für sich selbst sucht, dies unter dem Zwang ihres Ehemanns oder Angehöriger seiner Familie tut". In unserem sozialen Umfeld ist es gar nicht schwer zu beweisen, daß eine Frau „freiwillig" zum Test gegangen ist. Nach dem Gesetz wird das Opfer zu einer Schuldigen, die für bis zu drei Jahren ins Gefängnis geschickt werden muß. Für die Frau, ihren Ehemann und ihre Schwiegereltern wird die Inanspruchnahme der GB zu einem Tatbestand, für den es u. a. keine Haftverschonung durch Kaution geben kann – diese Bestimmung ist auf Ärzte und Laborbetreiber nicht anwendbar! Auch das Gesetz macht die Opfer erneut zu Opfern – diesmal der Justiz. Mit diesem Gesetz haben sich die Ängste der Mediziner-Lobby, sie könnten mit den Tests in den Untergrund getrieben werden, in Luft aufgelöst.

Inzwischen wurde auch ein Expertenkomitee von der zentralen Regierung eingesetzt, um ein Gesetz zum Verbot von GB-Tests zur Tötung weiblicher Föten für ganz Indien zu erarbeiten. Es wird erwartet, daß das Gesetz im Winter 1988/1989 auf der Tagesordnung des Parlaments stehen wird. Hoffentlich wird es keine Neuauflage des Gesetzes von Maharashtra!

Das Forum ist sich dessen bewußt, daß wir Femizid an weiblichen Föten mit einem Gesetz allein nicht aus der Welt schaffen werden. Öffentliche Aufklärungskampagnen und die Arbeit der Frauenbewegung sind hier viel effektiver. Einige der phantasievollsten Aktivitäten des Forums und der Frauengruppen waren u. a. eine Kundgebung, angeführt von Töchtern, am 22.11.1986; ein Kinderfest, auf dem Geschlechter-Stereotypen und die Geringschätzung von Töchtern das Thema waren; Mahnwachen vor Kliniken, die GB-Tests machen usw. Einige Parolen der Kampagne lauten z. B.: *„Schafft die Unterdrückung ab und nicht die Frauen!" „Laßt eure Töchter sich bilden und einen Beruf ergreifen, dann sind sie keine Last!"* Im September 1988 wurden diese Ideen mit einem mobilen Stadtteilfest in verschiedenen Vororten von Bombay mit Liedern, Sketchen, Dia- und Videovorführungen, Ausstellungen, Broschüren und Diskussionen verbreitet. Organisiert wurde das alles von der Kampagne „Women's Struggle to survive" – Frauen kämpfen ums Überleben.

Die umfangreichen Quellen- und Literaturangaben (in erster Linie indische Zeitungen, Zeitschriften und Broschüren) können bei der im Vorwort angegebenen Adresse bestellt werden.

Texte für Telegramme / Unterschriftenlisten nach Indien
An: 1. Prime Minister of INDIA
       Rajiv Gandhi

und / oder:

2. Ministry of Health

3. Ministry of Women:
   Margaret Alva

Adresse:
   South Block
   7, Race Course Rd, New Delhi 11 00 11

WIR FORDERN:
1. Das Einstellen von Techniken zur Geschlechtsauswahl und Geschlechtsbestimmung, die zum Femizid führen.
2. Das Einstellen von Methoden zur Bevölkerungskontrolle wie Zwangssterilisation, Einsetzen von IUPs, Verabreichen von hormonellen Langzeit-Verhütungsmitteln wie Hormonimplantaten, NET-O-EN, EP-Arznei, NORPLANT und Anti-Schwangerschafts-Impfungen.
3. Abtreibung darf nicht als Mittel zur Bevölkerungskontrolle eingesetzt werden. Kostenlose und sichere Abtreibung als unterstützende Dienstleistung auf Verlangen von Frauen.
4. Das Recht auf Information über Verhütungsforschung und Experimente.

3
DER GRIFF NACH DER FRAU

Gena Corea

Industrialisierung der Reproduktion

Werden die neuen Reproduktionstechnologien Frauen in die Lage versetzen, mehr Kontrolle über ihr reproduktives Leben auszuüben? Dies ist eine Frage, die in der öffentlichen Diskussion über die Technologien in den USA und Kanada oft von Frauen gestellt wird. Ich kann sie in fünf Sekunden beantworten. Aber ich möchte euch etwas im Ungewissen lassen. Ich möchte verdeutlichen, daß sich die Reproduktion in einem Prozeß der Industrialisierung befindet. Männer eröffnen den „Reproduktiven Supermarkt". Unter den Firmen, die reproduktive Dienstleistungen anbieten, gibt es solche, die Technologien zur Geschlechtsvorherbestimmung anbieten *(Gametrics, Inc.)*, Firmen, die Embryonen aus Frauen herausspülen, um sie dann anderen Frauen wieder einzusetzen *(Fertility and Genetics Research, Inc.)*, ganze Ketten von In-vitro-Fertilitäts-(IVF)Kliniken *(In Vitro Care, Inc.(…) Ivf Australia Pty.Ltd.)* und Firmen, die den Verkauf von sog. Leihmüttern anbieten *(Reproductive Freedom International)*.

Fabrik-Fließband-Prinzip der Zeugung

Ein Aspekt der Industrialisierung der Reproduktion ist die Anwendung des Fabrik-Fließband-Prinzips auf die Zeugung. Dies begann mit der Geburt. Ärzte verlegten die Geburt an ihren Arbeitsplatz – ins Krankenhaus.
Effizienz ist das Schlüsselwort in der Geburtsfabrik. Um den Bedürfnissen der Fabrik zu entsprechen, sollen Frauen während der Dienstzeiten, Montag bis Freitag von 9–17 Uhr, gebären. Einige Ärzte haben nicht nur die „Tageszeit-Geburtshilfe" *praktiziert*, d. h. die künstliche Einleitung der Wehen im Interesse ihrer Bequemlichkeit, sondern dies auch offen *verteidigt* (vgl. Corea 1979). Es liegen ebenfalls Beweise dafür vor, daß Kaiserschnitte, die in den USA eine skandalös hohe Rate erreicht haben, durchgeführt wurden, um die Geburt den bevorzugten Arbeitszeiten der Ärzte anzupassen.
Nun wird aber nicht nur die Geburt, sondern bereits auch die *Empfängnis* von Kindern industrialisiert und effizienter gestaltet. Dies bedarf der Kontrolle des Eisprungs. Überläßt man Frauen sich selbst, neigen sie dazu, ihren Eisprung zu Zeiten zu bekommen, die für die Eiergräber unbequem sind. Robert Edwards, Laborvater des ersten Retortenbabys, begegnete die-

ses Problem schon früh in seiner Karriere. Er mußte Nachtschichten einlegen, da die Mäuse erst nach Stunden ovulierten. Dies beeinträchtigte sein Privatleben und ärgerte ihn. Er kam auf die Idee, daß die Eierstöcke der Mäuse sich möglicherweise „überreden ließen, ihre Eier während der Dienstzeit heranreifen zu lassen", mit einer speziell zubereiteten hormonellen Mischung. Er injizierte Mäusen Hormone und produzierte eine „Ovulation nach Maß", wie er es nannte (Edwards / Steptoe). 1987 haben die neuen Industriellen eine „Ovulation nach Maß" für Frauen eingerichtet. Dr. J. R. Zorn und seine Mitarbeiter im *Baudelocque IVF-Centre* in Paris gaben bekannt, daß eine zeitliche Planung es ermöglicht, IVF-Programme so zu organisieren, daß fast alle Frauen von Montag bis Freitag ovulierten. Nur 3 von 124 Frauen hatten ihren Eisprung am Samstag und keine am Sonntag (OGN, 15. Juni 1987). Zwischen 1983 und 1986 fanden bei der konventionellen Eierstockstimulation 27 % der Eizellentnahmen am Wochenende statt.

Aber sogar diese rationalisierte Eizellentnahme ist relativ ineffizient. In jedem Monat gibt es nur drei Stunden, in denen die Entnahme optimal befruchtungsfähiger Eizellen möglich ist. Wissenschaftler entwickeln jedoch Möglichkeiten, Eizellen bis zum befruchtungsfähigen Zustand im Labor (ähnlich wie im Eierstock) reifen zu lassen. „Technodocs" können dann die Eizellen kontinuierlich gewinnen.

Ein Forscher des *University College*, Dublin, erntet schon unreife Eizellen aus den Eierstöcken von Rinderkadavern im Schlachthof und läßt sie im Labor heranreifen. Die befruchteten Eizellen läßt er dann bis zum Morula-Stadium heranwachsen (vgl. Vine).

Bei der Züchtung der Eierstöcke im Labor benötigen die Industriellen keine Frauenkörper mehr, um Eizellen und Embryonen zu gewinnen. Ein Wissenschaftler sieht für die ferne Zukunft voraus, daß es möglich sein wird, ein Stück aus dem menschlichen Eierstock, mit Hunderten von Eizellen, herauszuschneiden: „Indem man die unreifen Eizellen, die von solch einem Stück gewonnen werden können, heranreifen läßt und sie dann einfriert, kann die Frau zu einem selbstgewählten Zeitpunkt schwanger werden, einfach durch das Einführen einer befruchteten, reifen Eizelle in ihren Uterus." (Kramer)

Sind die Eizellen erst einmal reif, so daß Embryonen aus ihnen erzeugt werden können, verlangt der industrielle Prozeß nach einer Qualitätskontrolle des Embryos. Forscher entwickeln *Screening*-Verfahren, die es ihnen erlauben, Embryonen mit unerwünschtem Geschlecht oder Qualität auszurangieren. Zwei britische Arbeitsgruppen waren unlängst erfolgreich bei der Geschlechtsbestimmung und entdeckten erblich bedingte Krankheiten in gerade befruchteten Eizellen. So hat das IVF-Team der Universität von Edinburgh einen Test erfunden, der eine kommerziell nutzbare Gensonde zur Bestimmung des männlichen Y-Chromosoms bei vier- bis achttägigen Embryonen verwendet (vgl. *Nature*).

Forschungserfolge an Tierembryonen haben viele Ärzte überzeugt, daß sie nun mit der „Präimplantationsdiagnose von genetisch bedingten Krankheiten" beginnen können. Studien in England haben gezeigt, daß embryologische Techniken existieren, die es ermöglichen, Proben von menschlichen Embryonen ohne Beschädigung zu entnehmen. Molekulargenetiker glauben auch, daß sie die Methode der DNA-Analyse an Hand einiger weniger Zellen fast perfektioniert haben (vgl. *New Scientist*).

Robert Edwards geht davon aus, daß der beste Weg zur Gewinnung von Embryonen für diagnostische Zwecke das Herausspülen aus dem Uterus sei. Dr. John Buster, der mit Kollegen eine Methode für eine solche „intrauterine Spülung" entwickelte, hat bereits seinen Forschungsschwerpunkt von Unfruchtbarkeitsbehandlungen auf Präimplantationsdiagnosen verlagert. Er arbeitet gegenwärtig mit einem Genetiker zusammen, um seine Technik mit gentechnologischen Analysen zu verbinden. „Es gibt kaum eine logischere Hochzeit auf der Welt", sagt er in der Zeitschrift *Medical Tribune* (vgl. Ince).

Zurück ins Jahr 1985: Ein US-Pionier im Einfrieren von Embryonen hat darauf hingewiesen, daß bei der genetischen Präimplantationsdiagnose tiefgefrorene Embryonen aufgetaut und dann überprüft werden könnten. Dies könnte die endgültige Familienplanung sein, die es Frauen ermöglicht, Embryonen einzufrieren und sich dann sterilisieren zu lassen. Wie einige seiner Kollegen erklärten, könnten Frauen mit der Sicherheit, daß sie jederzeit ein gesundes Kind durch IVF bekommen könnten, bedenkenlos ihre Eileiter durchtrennen lassen und dadurch Jahre lästiger Verhütung vermeiden (vgl. Corea 1986).

Damit wären die meisten – nicht nur die unfruchtbaren – Frauen Kandidatinnen für IVF. Frauen würden routinemäßig sterilisiert werden. Ärzte könnten dann Kinder fabrizieren, indem sie den Frauenkörper als Rohmaterial für den Herstellungsprozeß benutzen. Die hergestellten Kinder wären besser als die von Frauen geborenen, da Qualitätskontrolle bei den Embryonen vorgenommen und angeblich nur „gesunde" Babys geboren würden.

Ist der Embryo erst einmal in der Laborschale, kann er nicht nur untersucht, sondern künftig auch manipuliert, d. h. genetisch verändert werden. Beim Treffen der amerikanischen Fertilitätsgesellschaft 1984 erwähnte ein Arzt potentielle Gentherapien für „unseren kleinsten Patienten", den Embryo.

Qualitätskontrolle bei der Kinderproduktion sollte eigentlich schon *vor* der Befruchtung beginnen. In den letzten zwei Jahren gab es eine Flut von Artikeln in der Zeitung *Obstetrics and Gynaecology News (Ob. Gyn. News)* über eine neue ärztliche Dienstleistung–Präkonzeptions-Beratung (Beratung vor der Befruchtung). Edward T. Bowe, ein Befürworter dieser neuen Methode, stellt fest, daß folgende Punkte für die Planung einer Schwangerschaft wichtig sind: Krankheitsgeschichte des Vaters, Umgang mit Schadstoffen am Arbeitsplatz, Alter der Mutter, Rasse, sozioökonomischer Status und Ernährungszustand sowie ihre Krankheitsgeschichte, therapeutischer Gebrauch von Drogen oder Drogenmißbrauch und Kontakt mit DES (Diethylstilbötrol) als Embryo/Fötus. Die Impfungen bzw. der Immunstatus der Mutter und der genetische Hintergrund beider Partner, einschließlich des Auftretens von vererbbaren Krankheiten in der Familie, sollten soweit wie möglich vor einer Befruchtung festgestellt werden (vgl. OGN, 15. April 1987).

Dr. Thomas A. Leonard merkt an, daß die Vorsorge vor der Befruchtung gesündere Kinder produzieren kann. Frauen über 35 sollten auf das zusätzliche, altersbedingte Risiko hingewiesen werden. Auf Alkoholismus, Rauschgiftabhängigkeit und Rauchen muß bei einer Präkonzeptions-Beratung geachtet werden. Genetische Beratung ist notwendig, wenn irgendeine Auffälligkeit in einer der beiden Familien bekannt ist (vgl. OGN, 1. Mai 1987). Angenommen, es wird festgestellt, daß eine Frau in einer Fabrik mit gefährlichen Chemikalien gearbeitet hat. Wird ihr dann gesagt, daß ihre Eizellen wahrscheinlich von den Chemikalien geschädigt sind und daß sie, um die Gesundheit ihres Kindes zu sichern, eine Eispende und IVF benutzen soll? Dr. Jacobson, mit dem ich 1980 ein Interview geführt habe, glaubt, daß dies für viele Frauen zutrifft und sich die Zahl entsprechend dem wachsenden Wissen über die Auswirkungen von Arbeitsplatzgiften auf das Eizellwachstum noch erhöhen wird.

Mit der Verbreitung der Präkonzeptions-Beratung könnten Frauen soweit kommen, daß sie es für unverantwortlich halten, ein Kind zu Hause ohne medizinische Überwachung zu zeugen, genauso wie es heute viele Frauen als unverantwortlich empfinden, Kinder zu Hause zu gebären. Sie werden sich schuldig fühlen, wenn sie nicht täglich ihre Temperatur messen und ihre Temperaturtabelle dem Arzt zeigen. Sie werden sich schuldig fühlen, wenn sie ihre eigenen schlechten Eizellen zur Fortpflanzung benutzen, anstatt die besseren Eizellen zu nehmen, die ihnen Ärzte aus ihrem Labor anbieten.

Die neuen Reproduktionstechnologien können durch Kombination untereinander für die effizienteste Produktion von Kindern nach gewünschten Spezifikationen genutzt werden. Dies verdeutlicht die Leihmutterindustrie, wie folgende gängige Fälle von sog. „Leihmüttern" zeigen:

1. Patty Foster – Leihmutterschaft in Kombination mit Geschlechtswahl: Fosters Spermaspender ordnete an, daß sein Sperma nach männlich und weiblich getrennt und Foster nur mit dem männlichen Sperma inseminiert wurde.

2. Mary Beth Whitehead – Leihmutterschaft kombiniert mit Amniozentese: Von Whitehead wurde eine Amniozentese als Qualitätskontrolle des Produktes verlangt. Sie leistete Widerstand – erfolglos. (Der Vertrag verlangte von ihr eine Abtreibung, wenn die Untersuchung zeigte, daß das Produkt nicht dem gewünschten Standard entsprach.)

3. Pat Anthony – Leihmutterschaft mit IVF: Frau Anthony, einer 48-jährigen Südafrikanerin, wurden 4 Eizellen implantiert, die von ihrer Tochter entnommen und mit dem Sperma ihres Schwiegersohnes inseminiert wurden. Am 1. Oktober 1987 wurde sie mit Kaiserschnitt von Drillingen entbunden. Anthonys Tochter, die bereits ein Kind hat, wurde als Folge einer gynäkologischen Operation der Uterus entfernt. Während der Schwangerschaft sagte der Schwiegersohn: „Ich bin begeistert darüber, daß meine Schwiegermutter meine Kinder gebären wird." (*The Australien*, 4. Juli 1987; McIntosh).

4. Laurie Yates – Leihmutterschaft mit Superovulation: Offenbar wurde sie nicht schnell genug schwanger, ob nach Meinung des Arztes oder des Kunden, ist nicht bekannt. Sie war als Fabrikationsbetrieb nicht effizient genug.

5. „Jane Doe" – Leihmutterschaft mit Superovulation: Zwischen ihrem 14. und 25. Lebensjahr hatte Jane Doe neun Schwangerschaften, fünf davon endeten mit einer Fehlgeburt. Laut Doe war der Arzt, der sie im Auftrag der Leihmutter-Agentur untersucht hat, nicht beunruhigt, als er von den neun Schwangerschaften hörte. Im Gegenteil, er sagte: „Gut, Sie sind wirklich fruchtbar." Da sie ein Kind stillte, hatte sie keinen Eisprung, weswegen der Arzt sie mit Hormongaben superovulierte (Sharpe).

6. Shannon Boff – Leihmutterschaft mit IVF: Eine Eizelle wurde einer unfruchtbaren Frau entnommen, im Labor mit dem Sperma des Ehemannes befruchtet und dann in die Gebärmutter von Shannon Boff übertragen. (Die Ehefrau hatte keinen Uterus, nachdem sie bei einer IVF-Behandlung in England schwanger wurde, eine Fehlgeburt erlitt und infolgedessen ihre Gebärmutter entfernt wurde.)

7. Alejandra Munoz – Leihmutterschaft verbunden mit Embryospülung: Munoz, eine 21-jährige Mexikanerin, wurde illegal über die Grenze

gebracht, um ein Kind für einen Mann in Kalifornien zu produzieren. Ihr wurde erzählt, daß sie künstlich inseminiert werden würde und daß drei Wochen später der Embryo aus ihr herausgespült und in die Gebärmutter der Ehefrau übertragen werden sollte. Ihr war das Verfahren durch die Anwendung bei Kühen auf einer Farm in der Nähe ihres Wohnortes bekannt. Einige Wochen nachdem sie schwanger wurde, wurde ihr mitgeteilt, daß die Methode nicht angewendet werden könne und sie das Kind austragen müsse. Sie wurde im Hause des Ehepaares festgehalten, da die Ehefrau plante, das Kind als ihres auszugeben. Bei Besuchen der Familie des Ehemannes trug die Ehefrau Schwangerschaftskleidung über einem kleinen Kissen. Für Munoz, die nur einen Aufenthalt von einigen Wochen geplant hatte, endete er mit einer großen Operation – einem Kaiserschnitt. Ihr wurden 1500 US-$ geboten – weit unter den ausbeuterischen Gebühren von 10000 US-$, die im allgemeinen weißen, angloamerikanischen Frauen geboten werden.

Harvey Berman, der Rechtsanwalt von Alejandra Munoz, entschied sich während des Falles, ein *eigenes* Leihmuttergeschäft aufzuziehen. 1987 plante er, Leihmutterschaft mit IVF, Geschlechtswahl, Embryokonservierung, Embryospülung und evtl. Klonen anzubieten. Von seinen künftigen Klienten sagte er: „Daß Leute sicher sein wollen, was sie kriegen werden, und dazu bereit sind, gegen die ‚Naturgesetze‘ zu verstoßen, damit sie von vornherein ein Produkt bekommen, das sie sich ausgesucht haben – das finde ich nicht *per se* schlecht."

Viele Fragen – eine Antwort

Ich möchte einige der wichtigsten politischen Fragen, mit denen wir es hier zu tun haben, stellen: Ist reproduktive Sklaverei für Frauen akzeptabel? Sollen wir eine Klasse der bezahlten Brüterinnen schaffen und die Frauen als „Leihmutter-Uterus" bezeichnen, wie Dr. Lee Salk es bei seiner Aussage im Baby-M-Prozeß getan hat, oder als „alternatives Reproduktionsvehikel", wie Harvey Sorkow in seinem Baby-M-Urteil, oder als „therapeutische Modalität", wie die amerikanische Fertilitätsgesellschaft unlängst in ihrem Ethikbericht?

Können wir von Frauen verlangen, daß sie ihre Kinder zu Gesprächen mit den Klienten mitbringen, damit diese sehen können, was für ein Produkt sie kaufen? Ist es in Ordnung, Kataloge mit Bildern von Frauen, die zur Züchtung zur Verfügung stehen, mit ihren Körper- und Lebensdaten und verschiedenen Reproduktionsleistungen zusammenzustellen, wie John Stehuras „Leihmutter-Klitsche" in Kalifornien?

Können wir Frauen superovulieren, sie mit starken Hormonen vollpumpen, so daß ihre Eierstöcke (die nun Eierfabriken sind) effizienter produzieren? Können wir sie dann auf einen Tisch legen und sie mit Männer-erzeugendem Sperma inseminieren und später während der Schwangerschaft wieder auf einen Tisch legen und ihr eine Nadel in den Unterleib stoßen, um den Qualitätstest beim Fötus vornehmen zu können? Soll der Spermaspender während der Geburt am Kopf der Frau stehen und die unfruchtbare Ehefrau bei ihren gespreizten Beinen, wie es kürzlich von einem Spermaspender in der Zeitschrift „Newsweek" beschrieben wurde?

Wenn sich eine Frau weigert, das Kind herzugeben, können wir dann fünf Polizisten in ihr Haus schicken, um das Kind zu holen, während der Spermaspender draußen im Auto wartet? Können wir Frauen in Handschellen abführen, wie es die fünf Polizisten mit Mary Beth Whitehead getan haben? Können wir sie in einen Streifenwagen werfen, während ihre Nachbarn zuschauen und ihre 11-jährige Tochter schreit und den Spermaspender und seine Ehefrau anbettelt, doch damit aufzuhören? Ist es problematisch, wenn man eine Frau so behandelt?

Wir müssen fragen, wie Frauen die Industrialisierung der Befruchtung erleben. Mögen sie Fließband-IVF? Es fragt zwar kaum jemand, dennoch haben wir Hinweise. Frauen empfinden es als entmenschlichend.

Laßt mich nun zur Frage zurückkommen, die ich am Anfang gestellt habe: Werden die neuen Reproduktionstechnologien Frauen in die Lage versetzen, mehr Kontrolle über ihre Fortpflanzungsfähigkeit auszuüben?

Ich will die Frage neu formulieren: Wenn Frauen vollständig auf reproduktives Fleisch reduziert worden sind, werden wir noch die Kontrolle über unser Leben haben? Wenn wir nichts mehr sind als Rohmaterial für den neuen industriellen Prozeß, sind wir dann frei? Wenn Frauen beliebig austauschbare Teile in der Geburtsmaschine sind, sind wir dann befreit?

Nun kann ich die Antwort in fünf Sekunden geben: NEIN.

Literatur

The Australian, 4. Juni 1987, „Woman to give birth to her grandchildren."
Corea, Gena, „Childbirth 2000", *Omni*, 1979.
Corea, Gena, *Die Muttermaschine*, Berlin 1986.
Edwards, Robert G. / Patrick Steptoe, *A Matter of Life*, New York 1980.
Ince, Susan, „Prenatal testin in embryo dawns", in *Medical Tribune*, 4. November 1987.
Kramer, Michael, „Last chance babies: the wonders of in vitro fertilization", *New York Times*, 34–42, 12. August 1985.
McIntosh, Philip, „Experts warn of complications for surrogate grandmother", in *The Age*, Melbourne, Austral., 4. Juli 1987.
Nature, „Sex of new embryos known", S. 547, 18. Juni 1987.
New Scientist, „New insights into early embryos", S. 22–23, 9. Juli 1987.
OGN, *Ob. Gyn. News*, „Preconception counseling is ‚as important as prenatal care'", 22(8):10, 15. April 1987.

OGN, „Preconception counseling emerging as adjunct to obstetric care", 22(13):5, 1. Mai 1987. Siehe auch 15. Juni 1987.

Sharpe, Rochelle, „Surrogate sues lawyer over death of newborn", in *Gannett News Service*, 1986.

Vine, Gail, „Better ways of breeding", in *New Scientist*, 13. August 1987.

Renate D. Klein

Neuigkeiten aus der Retortenwelt: Widerstand der Frauen

Vor 10 Jahren wurde in England das erste Retortenbaby geboren – ein Ereignis, das seither in der internationalen Sensationspresse als bahnbrechender Beginn der Reproduktionsmedizin gefeiert wird. Technologie, so lautet die frohe Mär, siegt über die unvollkommene Natur: ungewollte Kinderlosigkeit – Herzeleid Nr. 1 von Tausenden von „unerfüllten" Frauen – ist kein Problem mehr in den Labors der Retortenväter.

Unter der Vortäuschung, daß es sich heute bei IVF um eine „Routinebehandlung" handle, für die es ein „Originalrezept" gäbe, wie sich Westaustraliens IVF-Held John Yovich ausdrückt (1989), werden seit 1978 Hunderttausende von Frauen durch Retortenprogramme geschleust, die vor allem in den westlichen Ländern wie Pilze aus dem Boden schießen. *Kinder allerdings bekommen nur die wenigsten.* Eine „Erfolgsrate" von 5–8 % macht deutlich, daß es sich bei dieser technologischen „Wunderkur" um eine *gescheiterte* Technologie handelt. Doch nicht die Technologie wird als gescheitert angeprangert und aufgegeben, wieder einmal ist es der Fehler der *Frauen.* Oft nicht nur seelisch schwer belastet, mit reduziertem Selbstwertgefühl durch die jahrelange Verunsicherung und menschenunwürdige Behandlung als „defekte Maschine", einer wackeligen Ehe und ohne Job, leiden manche auch unter Gesundheitsstörungen, die auf während der IVF verabreichte Medikamente und Prozeduren zurückgehen.

Insbesondere die zur Reifung von mehr als einer Eizelle (Superovulation) verschriebenen „hormonellen Cocktails" sind gefährlich (vgl. Klein/Rowland): Während der IVF-Prozedur können sie u. a. zu überstimulierten Eierstöcken, Verwachsungen oder Zystenbildungen führen, in einigen Fällen sogar zu Krebswucherungen im ganzen Unterleib – hinzu kommen auch oft Gewichtszunahme, Sehstörungen, Depressionen, Lethargie und ein auf lange Zeit durcheinandergebrachter Hormonzyklus. Zudem ist es möglich, daß in der Einnahme von Clomiphen-Zitrat – einem künstlichen Hormonpräparat, das seit über 20 Jahren auch in konventionellen Unfruchtbarkeitsbehandlungen verabreicht wird – eine Zeitbombe tickt: Clomiphen-Zitrat hat eine ähnliche, chemisch identische Struktur wie DES (Diethylstilböstrol), ein Medikament, das zwischen 1940 und 1970 Millionen von Frauen zur angeblichen Vermeidung von Fehlgeburten verschrieben wurde. (Vgl. hierzu den Artikel von Joan Murphy in diesem Band.)

Clomiphen-Zitrat wird auch verdächtigt, für Chromosomenschäden in

71

den Eizellen verantwortlich zu sein sowie eine Wirkungsdauer von mindestens 6 Wochen zu haben, was bedeuten würde, daß jeder Embryo – ob „natürlich" oder durch IVF entstanden – seinem Einfluß ausgesetzt wäre. Australische Untersuchungen haben ergeben, daß IVF zu einer erhöhten Zahl von geburtsgeschädigten Kindern führt (v. a. spina bifida, Neuralrohrabnomalien und kardiovasculäre Probleme, vgl. Stanley), möglicherweise eine direkte Folge der Bombardierung der Frauen mit Clomiphen-Zitrat und anderen Hormonmixturen.

IVF ist aber mehr als „nur" eine gescheiterte, gesundheitsgefährdende und psychisch schädigende Technologie: Frau kann daran sogar umkommen. Bis heute (1988) wissen wir von 11 Frauen, die ihren Kinderwunsch – oder den ihres Partners – mit dem Tod bezahlen mußten. Zenaide Maria Bernardo in Brasilien, Aliza Eisenberg in Israel, Andrea Dominquez in Spanien, Lynette Maquirre in Perth, Australien, sowie weitere unbenannte Frauen in Martinique, Frankreich, und mindestens 2 in Deutschland sind durch einen „Unfall" während der IVF-Prozedur (meistens bei der Eizellenentnahme) ums Leben gekommen (vgl. Corea). Doch wer kennt ihre Namen? Und: Wird den Frauen, die eine IVF-„Behandlung" beginnen, gesagt, daß sie dabei krank werden oder sogar umkommen können?

Die Antwort ist ein klares „Nein". In den internationalen Fachzeitschriften figurieren Artikel zu „Unfällen" unter dem Motto „interessante Fälle", und die Schlußfolgerung ist meistens, daß „mehr Daten" zu diesem „Phänomen" gesammelt werden müssen, bevor endgültige Aussagen gemacht werden können (z. B. der Tod einer Frau durch Brustkrebs einige Jahre nach Verabreichung von Clomiphen-Zitrat. Bolton, 1977, in Klein/Rowland, 1988).

Nicht unähnlich einer (Techno-)Orgie (und sehr verwandt mit Pornographie!) werden in der IVF-Prozedur diese zerstückelten Frauen – diese „schlechten Eier", „feindlichen Gebärmütter" und „verseuchten Eileiter" – nach dem Prinzip Versuch und Irrtum mit immer neuen Methoden attakkiert. GIFT, PROST und TEST sind Beispiele neuer IVF-Varianten*, bei denen es darum geht, an welchem Ort (Gebärmutter oder Eileiter) und in welchem Stadium Eizellen und Spermien (oder Embryos) in einen Frauenkörper verpflanzt werden. In einem besonders krassen Fall von brutaler Frauenverachtung wird der aus Ei- und Samenzelle hergestellte Embryo in einem Reagenzglas in die Vagina der zukünftigen Mutter eingeführt, wo sie ihren Embryo 2 Tage lang ausbrüten soll, bevor er in ihre Gebärmutter transferiert wird. Dieses Verfahren, das seinem Erfinder, dem französischen Arzt Dr. Ranoux sogar einen Preis eintrug, wurde von ihm angepriesen als „eine Vereinfachung der IVF-Labortechnik, da kein Inkubator gebraucht wird" (*Ob. Gyn. News*, S. 28).

Auch neue Hormonmischungen zur Eireifung werden ausprobiert, eine davon, z. B. Buserelin und Decapeptyl, schaltet die Hirnanhangdrüse aus und verursacht einen Hormonstop (eine künstliche Menopause). Anschließend werden der „Patientin" Fruchtbarkeitshormone verabreicht (häufig Pergonal), um nun von neuem – und zwar unter Kontrolle – das Wachstum der Eifollikel zu stimulieren (vgl. Laborie). Daß es dabei zuerst zu unkontrolliertem Wachstum der Eierstöcke kommen kann und womöglich der Wunsch nach einem Kind mit einem geplatzten Eierstock, einer Notfalloperation und bleibenden Gesundheitsschäden endet, scheint Nebensache zu sein. Wichtig ist, daß neues „Material" für Vorträge auf internationalen Kongressen und zu Veröffentlichungen hereinkommt. Eine Frau faßt ihre (erfolglose) IVF-Erfahrung in Australien so zusammen: „Die einzigen, für die es klappt, sind die Ärzte und Wissenschaftler – nicht wir." (Klein 1989a, S. 46.)

Der kommerzielle Aspekt ist sicher eines der Hauptmotive: Die IVF-Klientinnen müssen zahlen, auch wenn es nicht klappt. Und um die potentielle Kundschaft zu vergrößern, werden neue Techniken erfunden, die nicht nur für die auf scheinbar 10 % geschätzten Paare im fortpflanzungsfähigen Alter mit unerfülltem Kinderwunsch/Fruchtbarkeitsproblem von Interesse sind. (Diese Zahl ist im übrigen anekdotisch und wird in der ganzen Welt reproduziert, ohne daß es dazu neuere Umfragen gibt.) So scheinen sich die Techno-Mediziner zu erhoffen, daß die IVF-Technik auch für unfruchtbare Männer mit *fruchtbaren Partnerinnen* und sogar für *fruchtbare Paare* zur bevorzugten Art der Zeugung werden könnte, was den IVF–Kliniken natürlich einen enormen Zufluß von „Patientinnen" sichern würde.

Ein Schritt in diese Richtung ist die *Mikroinjektion*: eine Technik, die für subfertile Männer entwickelt wurde, die zuwenig oder unbewegliche Spermien produzieren. (Es scheint, daß rund ein Drittel aller bekannten Fruchtbarkeitsprobleme beim Mann liegen.) Eines dieser wenigen Spermien wird nun ausgewählt (z. B. läßt sich das Geschlecht feststellen) und gezielt in eine Eizelle injiziert. Mit anderen Worten, die fruchtbare Partnerin geht durch alle IVF-Gefahren und -Strapazen vor und nach dem Moment der Befruchtung im Glas, damit ihr zukünftiges Kind die genetische Information ihres Partners trägt. Kinder wurden mit dieser Methode noch keine geboren, ihre Entwicklung wird jedoch in Australien, den USA und England rapide vorangetrieben.

Ein anderer Schritt ist die *Embryobiopsie*: angewendet in einem Verfahren, das *Prä-Implantationsdiagnose* genannt wird: einem 4- oder 8-Zell-Embryo wird eine Zelle entnommen und mittels Chromosomenanalyse auf „Defekte" geprüft. Der Rest-Embryo kann entweder tiefgefroren oder direkt weiterverwendet werden (d. h. der Transfer in die Gebärmutter der Frau findet statt), falls die Diagnose gut war. (In beiden Fällen hat der Embryo die Fähigkeit, sich ohne die fehlende Zelle normal zu entwickeln; technisch wäre es also auch möglich, aus einem 4-Zell-Embryo 4 identische

„qualitätsgeprüfte" Individuen [Klone] in vier verschiedenen „Leih"mütter zu übertragen!) Bei der Chromosomenanalyse in einer Embryobiopsie vor der Einnistung des Embryos (oder auch bei Chorionzottenbiopsie und Fruchtwasseranalyse) lockt nun das große Geld. Immer mehr kommerziell hergestellte „gene probes" kommen auf den Markt. Die Gentechniker sagen, sie hätten „Markergene" für eine rapide ansteigende Zahl von Krankheiten/Dispositionen gefunden, d. h. Stellen auf den Chromosomen, die von der „Norm" abweichen und die den Hinweis dafür liefern würden, daß sich das „defekte" Gen in ihrer unmittelbaren Nähe befindet. Gibt man ein solches radioaktiv markiertes Diagnose-Genstück zu den Zellen eines Erkrankten, so zeigt es die Irregularität des „defekten" Genstücks an.

Allerdings muß noch viel Arbeit geleistet werden, bis die Prä-Implantations-Technik perfekt ist. Und die einzige Möglichkeit, sie zu perfektionieren, besteht darin, Experimente an menschlichen Embryos durchzuführen. Und woher kommen diese Embryonen? Sie kommen von Frauen, die, mit Hormondosen traktiert, eine IVF-Prozedur durchlaufen. An diesem Punkt manifestiert sich der *zwangsläufige Zusammenhang* zwischen IVF als einer medizinischen Technik und der experimentellen Verwertung von Embryos (die auch die Möglichkeit der Genmanipulation mit einschließt): ein Zusammenhang, den die wenigsten Leute wahrhaben wollen und der bisher nur von Feministinnen öffentlich und international diskutiert wird (vgl. u. a. Rowland, 1987; Klein, 1988; Bartels, 1988). Dieser Zusammenhang zwischen IVF und Embryoexperimentation ist meiner Ansicht nach neben den kommerziellen Aspekten der zweite Hauptgrund, warum es für die Reproduktionstechnologen so wichtig ist, IVF-Kliniken zu betreiben, auch wenn am Schluß gar keine Babys da sind: Hauptsache, man(n) hat lebendiges Forschungsmaterial zur Verfügung.

Allerdings kann sich der Bedarf nach Frauen in Bälde ändern. Im Mai/Juni 1988 wurden in Australien in der Öffentlichkeit erstmals Informationen über ein wissenschaftliches Projekt bekannt, bei dem in Analogie zur Viehzucht unreife Eier aus weiblichen Eierstöcken in vitro (d. h. im Glas) zur Reifung gebracht werden sollen, um sie dann ebenfalls in vitro zu befruchten (Miller, 1988a). Wenn dies gelingt – und es scheint nur eine Frage der Zeit zu sein (auch in England und den USA wird an der Reifung unreifer Eier geforscht) –, steht den Wissenschaftlern eine unbegrenzte Zahl von Embryos zur Verfügung, denn Eierstöcke von Frauen, ob jung oder alt, enthalten bis zu 400 000 Eiern: der „Eierhimmel", von dem Robert Edwards, der „Laborvater" des 1. Retortenkindes, bereits vor 10 Jahren träumte, würde so Wirklichkeit… Ein australischer Wissenschaftler, Dr. Max Brinsmead aus Newcastle, ging sogar so weit zu spekulieren, daß ein 14-wöchiger weiblicher Fötus, der ungefähr 100 Mio. Eizellen hat, theoretisch als Eizellenspenderin fungieren könnte. Diese Bemerkung wurde in einem Medizinmagazin unter dem Titel veröffentlicht: „Wenn ein Fötus eine Mutter ist." (Miller, 1988b) Und im gleichen Monat schlug Dr. Paul Gerber, ein Bioethiker und Jurist, in Australien (Queensland) vor, daß hirntote Frauen als „Leihmütter" für eingepflanzte Embryos und als Organbanken dienen könnten (Miller, 1988c). Es besteht gar kein Zweifel, daß intensiv daran gearbeitet wird, die menschliche Fortpflanzung noch mehr unter die Kontrolle der Wissenschaftler und Ärzte zu bringen. Dabei sollen Frauen – oder auch nur Teile von uns – nach Belieben für die Laboraktivität des Kindermachens nutzbar gemacht werden. Im Juni 1988 wurde in der amerikanischen Fachzeitschrift *Fertility and Sterility* ein Beitrag eines Ärzte- und Wissenschaftlerteams aus Bologna, Italien, veröffentlicht, in dem erstmals eine frühe menschliche Schwangerschaft in einer Gebärmutter außerhalb des Mutterleibes beschrieben wurde (Bulletti et al., 1988): Ein überzähliger Embryo aus einer IVF-Befruchtung wurde im Blastozytenstadium (ca. 100 Zellen) in die einer Frau entfernte Gebärmutter injiziert. Diese war an eine Maschine angeschlossen, welche Sauerstoff und ein Gemisch von Hormonen entsprechend einem Schwangerschaftsbeginn zuführte, und der Embryo, der sich „normal" zu teilen begann, wurde für 52 Stunden beobachtet. Das Experiment, so wurde in der Publikation betont, sei von der zuständigen Ethikkommission bewilligt worden.

Wie mir scheint, ist dieser wahnwitzigen und irren Technologieentwicklung nur mit einem weltweiten Frauenwiderstand zu begegnen. Noch haben Frauen eine riesige potentielle Macht, diese Entwicklung zu stoppen, indem sie ihre Körper als „Rohmaterialien" verweigern. Diese Verweigerung kann sowohl von selbst betroffenen Individuen kommen wie auch von Journalistinnen und Frauenforscherinnen, die sich mit diesen Themen befassen und sie auf möglichst vielfältige Art der Öffentlichkeit zugänglich machen, um so die gängige Idee von der „guten" und „hilfreichen" Repro- und Gentechnik zu widerlegen. Auch feministische Rundfunk- und Fernsehjournalistinnen haben einen wichtigen Platz in der Verbreitung der Information, und Juristinnen sollten sich m. A. nach dafür einsetzen, daß es zu *Verboten* und nicht bloß zur *Regulierung* von Reproduktionstechnologien, insbesondere von IVF kommt. Kurz, *jede* Frau, die glaubt, Frauen seien etwas wert, kann sich an der Kampagne gegen diese neuen Technologien beteiligen! Wenn wir verhindern wollen, daß auch die letzten Reste der Fortpflanzungsintegrität von Frauen unter die Kontrolle des Technopatriarchats kommen, dann müssen wir uns alle laut und deutlich gegen diesen Technologiewahnsinn aussprechen. Allerdings werden wir dabei nur erfolgreich sein, wenn wir die Lebenskrise, die ungewollte Kinderlosigkeit verursachen kann, respektieren und ernst nehmen und Frauen mit unerfülltem Kinderwunsch bei ihrer Trauerarbeit unterstützen, das soziale Stigma, das auf Unfruchtbarkeit liegt, thematisieren und abbauen und alles nur Mögliche tun, ihnen die Wahl *weg* von den Reproduktionstechnologien zu vereinfachen, so zum Beispiel durch das Angebot von Selbsthilfe- und Beratungsgruppen, wie dies bereits in verschiedenen Gesundheitszentren auch in Deutschland geschieht (vgl. Klein, 1989b). Letztlich sind es Frauen mit einem Fruchtbarkeitsproblem, die die Macht haben, „nein" zu den Fortpflanzungstechnologien zu sagen: Als engagierte Feministinnen müssen wir sie dabei unterstützen.

Anmerkungen:

* GIFT (gamete intrafallopian transfer): Ei und Spermien werden getrennt in den Eileiter der Frau eingespritzt, die Verschmelzung soll „natürlich", d. h. statt im Reagenzglas im Körper der Frau stattfinden; PROST (Pronuclear stage tubal transfer): Eizellen und Spermien werden zusammen eingespritzt, aber *bevor* eine Kernverschmelzung eintritt; TEST (tubal embryo stage transfer): der im Reagenzglas hergestellte Embryo im 2.–4. Zellstadium wird in den Eileiter statt die Gebärmutter eingespritzt. Zwei Dinge sind besonders wichtig bei diesen neuen Varianten: Erstens sind es plötzlich Frauen *mit* Eileitern, die sich diesen Prozeduren unterziehen, wo doch ursprünglich gesagt wurde, daß die Retortentechnologie für Frauen *ohne* Eileiter entwickelt worden sei... Und zweitens ist es gefährlich, Embryos in den Eileiter einzuspritzen, da dies häufig zu Eileiterschwangerschaften führt, die oft lebensgefährdend sind und meistens mit einer Eileiterentfernung enden. Anders ausgedrückt: „normal" fruchtbare Frauen, denen die Retortentechnologie angeraten wurde, entweder weil ihr Partner unfruchtbar oder die Natur des Problems ungeklärt ist (was bei über ⅓ aller Paare der Fall zu sein scheint), werden so *durch* die Technologie unfruchtbar gemacht.

Literatur

Bartels, Ditta, „Built-in obsolescence: Women, embryo production and genetic engineering", in: *Reproductive and Genetic Engineering: Journal of International Feminist Analysis* (l:2): 141–152, 1988.

Bolton, P. M., „Bilateral Breast Cancer Associated with Clomiphene", in: *The Lancet*, 3. Dezember 1977: 1176.

Bulletti, Carlo et al., „Early human pregnancy in vitro utilizing an artificially perfused uterus", in: *Fertility and Sterility* (49), 6: 991–996, 1988.

Corea, Gena, *The Mother Machine*. Englische Ausgabe mit neuem Nachwort. The Women's Press, London 1988.

Klein, Renate D., „Segen oder Fluch? Reproduktions- und Gentechnologie aus feministischer Sicht", in: *Kinder Machen. Strategien der Kontrolle weiblicher Fruchtbarkeit.* Gertrude Pauritsch u. a. (Hrsg.), Wiener Frauenverlag, 1988.

Klein, Renate, *The Exploitation of a Desire: Women's Experiences with IVF. An Exploratory Survey*, Women's Studies Summer Institute, Deakin University Press, 1989a.

Klein, Renate D. (Hg.), *Infertility: Women Speak Out About Their Experiences of Reproductive Medicine.* Pandora Press, London 1989a.

Klein, Renate/Rowland, Robyn, „Women as Test-Sites for Fertility Drugs: Clomiphene

Citrate and Hormonal Cocktails", in: *Reproductive and Genetic Engineering: Journal of International Feminist Analysis* 1(3): 251–273, 1988.

Laborie, Françoise, „News from France and Elsewhere", in: *Reproductive and Genetic Engineering: Journal of International Feminist Analysis* l(l): 77–85, 1988.

Miller, Calvin, „Scientists to ripen human eggs in millions", in: *The Harald*, Melbourne, 29. Juni 1988.

Miller, Calvin, „The brain dead could be surrogates, say scientists", in: *The Herald*, Melbourne, 26. Juni 1988.

Miller, Calvin, „When a foetus is a ‚mother'", in: *Australian Doctor*, 27. Mai 1988.

Ob. Gyn. News, „Intravaginal Culture, Embryo Transfer could reduce cost of IVF", 22 (12) August 1987, 1–14: 28.

Rowland, „Making Women Visible in the Embryo Experimentation Debate", in: *Bioethics*: 1(2): 179–188, 1987.

Stanley, Fiona, „In vitro Fertilisation – a gift for the infertile or a cycle of despair?", in: *Medical Journal of Australia* 14 (2. Mai 1988): 425–426.

Yovich, John, „Making Children: The IVF Debate". Paper delivered (with Robyn Rowland) at the 6Ist Annual Summer School, The University of Western Australia, Perth, 16.–27. Januar 1989.

Eva Fleischer

„DIE FRAUEN, DIE WOLLEN DAS JA SO..."
ZUR BETEILIGUNG VON FRAUEN AN IVF-
PROGRAMMEN

Bei der Diskussion, warum die IVF bei Frauen auf Resonanz stoßen kann, wird immer wieder die mangelnde Aufklärung der Frauen erwähnt. Ist doch das, was durch die Medien zu erfahren ist, meist nur die „Propaganda der glücklichen Mütter". Dann ginge es also nur darum, die betroffenen Frauen mit den richtigen Daten zu versorgen, und die Verweigerung der IVF würde sich quasi von selbst ergeben.

Was ist aber mit den Frauen, die bereits Erfahrungen mit den IVF-Programmen haben und trotzdem weiterhin dieses Verfahren befürworten? In Berlin werteten 88 % von 50 Frauen auch noch nach ein bis vier erfolglosen Versuchen die IVF uneingeschränkt positiv (vgl. Stauber 1980, S. 166). Und der sich ausdrücklich als Selbsthilfeorganisation definierende Förderverein für extracorporale Befruchtung sieht die IVF als adäquate Möglichkeit zur Erfüllung des Kinderwunsches und hat u. a. eine Öffentlichkeitsarbeit als Vereinsziel, die sich als Antwort auf die der Feministinnen versteht. Bei den Angehörigen dieses Vereins kann von mangelnder Information keine Rede sein. Was nun? Vielleicht bietet die Kategorie der „Körperpolitik" einen Anhaltspunkt.

Der Körper als Mittel weiblicher Politik

„„Körperpolitik' bezeichnet einen Aspekt weiblicher somatischer Kultur und beschreibt eine spezifische Art des Körpererlebens und Verhältnisses zum Körper: Frauen setzen ihren ganzen Körper ein, aber nicht instrumentell als ausbeutbare abstrakte Muskelmaschinen, die nur funktionieren müssen, sondern als ihre Körperidentität. Sie setzen sich ein, indem sie ihren Körper einsetzen. Der Körper ist der Schauplatz, auf dem sie selbst agieren und hoffen, mit mehr oder weniger expressiven Gesten die Verhältnisse zu beeinflussen. Der Körper ist der Komplize in der Politik." (Helfferich, S. 66)
Beim „klassischen Beispiel" der Frau, die durch Schwangerschaft und Heirat ihren Körper als Mittel zum Aufstieg in eine höhere Schicht verwendet, geht es nicht nur um die Mikroebene, die Beziehungspolitik zwischen Mann und Frau, sondern darum, daß Mann (und Kind) für über sie hinausweisende Ziele funktionalisiert werden. Aber auch auf der Ebene der „Großen

Politik" wurde der weibliche Körper als Mittel propagiert, z. B. bei der Gebärstreikdebatte. Eine Politik der Mittellosen, die nichts haben als ihren Körper, den sie „ins Gefecht" werfen können und sich damit aber auch besonders verwundbar machen. Der Wunsch, nicht entfremdet zu leben, wird mit Entfremdung vom eigenen Körper, weil er für Körperfremdes funktionalisiert wird, erkauft. (vgl. Hauser, S. 331)

Ich skizziere im folgenden drei verschiedene „Körperpolitiken" in bezug auf die In-Anspruch-Nahme der IVF. Es geht dabei um weit mehr als bloß den „sekundären Krankheitsgewinn", ohne daß ich das Handeln der Frauen als empfehlenswerten Akt des Widerstands idealisieren will, die Gefahr der Selbstschädigung ist ja enorm.

Widersprüche im weiblichen Lebenszusammenhang

„... zerrissen zwischen sozialen Belohnungen für Taten, die sie eigentlich nicht vorhatten, und Strafen für solche, die sie vorhaben, aber nicht in die Tat umsetzen können." (Hauser, S. 327)

Heutzutage beginnt die Verhütung schon vor dem ersten Kind, nicht erst danach. Teils wird bei bestehender Berufstätigkeit bzw. Ausbildung auf den „Richtigen" gewartet, teils wird – auch wenn „er" gefunden ist – die Einlösung eines vorhandenen Kinderwunsches in ferne Zukunft verschoben. Denn die Männer wollen „noch" nicht, wobei das „Noch" oft eine vertröstende Umschreibung eines „Überhaupt-Nicht" ist (vgl. Schmitz-Köster, S. 120ff.), und so stellt sich für die Frauen die Alternative: entweder Mann oder Kind. In diesem „Spiel" bleibt die Frau immer Verliererin, verschärfend wirkt das Bild der „Normal-Frau", die beides zu haben hat – Mann und Kind.

Männer können mit dieser Frage leicht(fertig)er umgehen: Sie stehen nicht unter dem Druck, bis ca. 45 die „Kinderfrage" für sich gelöst zu haben – sie können bis ins hohe Alter Kinder zeugen, es sich immer noch anders überlegen, während es für Frauen biologische Grenzen gibt. So kommt es, daß Frauen erst spät bemerken, daß ihre Fruchtbarkeit nicht so selbstverständlich verfügbar ist, wie sie es angesichts des Lebensalters scheinbar nötig hätten. In einer Art Torschlußpanik geben sie sich selbst keine Zeit mehr (Zeit, die sie den Männern jahrelang gaben) und sind „behandlungsbereit". Vorbereitend wirkt die Tendenz der Gynäkologen, die Altersgrenze für „Risikoschwangerschaften", die womöglich schon vor der Entstehung einer ärztlichen Intervention bedürfen, immer weiter nach unten zu verschieben. Das Verweigern des Körpers, wenn endlich die Schwangerschaft erlaubt ist, könnte aber auch auf Ängste hindeuten, in derart unverbindlichen Beziehungen, die keine wirkliche Unterstützung erwarten lassen, mit dem Kind dann im Stich gelassen zu werden (vgl. Arnold u. a., S. 101). Weitere Ängste wären: Angst, daß der Mann das Kind doch noch ablehnen könnte, daß durch das Kind Konflikte mit ihm akut werden könnten, Angst vor größerer Abhängigkeit von ihm und den Eltern, vor der lebenslangen Verantwortung und dem Versagen angesichts der Aufgabe „Mutterschaft" (vgl. Erb, S. 24).

Die andere Sache ist die, daß Kinder in den Lebensplänen der meisten Frauen fixer Bestandteil sind, weniger wegen eines angeborenen Kinderwunsches – Kinder symbolisieren sehr oft eine Gegenwelt zur Rationalität und Entfremdung der Erwerbswelt. Die „Familienorientierung" von Frauen ist nicht nur ein Ideologieproblem, sie kann auch als Widerstand gegenüber der Logik der Erwerbsarbeit gewertet werden (vgl. Prokop), was noch nichts über die Effektivität dieses Protests bzw. über die (anderen) Fesseln der Hausarbeit sagt. Für Frauen gibt es einige übliche Fluchten aus der außerhäuslichen Produktion, Krankheit (psychische und physische) und Kinder sind wohl die häufigsten. „Nur-Hausfrauen" ohne Kinder sind verpönt, erst mit der Mutterschaft erwirbt sich eine Frau das „Recht", zu Hause zu bleiben. So ist in einer „Fallbeschreibung" in der Zeitschrift „Eltern" zu lesen:

„Das Grundstück im Schwäbischen ist gekauft, das Haus gebaut, der Garten angelegt und ein neues Auto angeschafft – da beschließen Barbara und Rudi Born (Pseudonyme E. F.), beide 33 Jahre alt, nun sei es an der Zeit für ein Kind. Aber es kommt keins. Dafür kommt Barbara Borns Periode plötzlich mal zu früh, mal zu spät. Seltsam. Früher hat sie ,die Uhr danach stellen können'. Barbara ist Packerin am Fließband. Sie muß im Akkord Bedienungsanleitungen in Kartons mit technischen Geräten legen, für jedes Land verschiedene, in der richtigen Sprache, mit der richtigen Voltzahl. Sie kommt sich permanent gehetzt und überfordert vor, leidet unter Erröten und hektischen Flecken." (Wicke, S. 36)

Wundert es, daß hier die nicht eintretende Schwangerschaft eine bedeutende Störung des Lebensplans darstellt? Das Erfüllen-Wollen der Anforderungen der Norm-Biographie und der eigenen Wünsche und das gleichzeitige Nicht-Erfüllen-Können durch den nicht funktionierenden Körper kann auch als individueller Ausdruck der gesellschaftlich konstituierten Ortlosigkeit von Frauen gesehen werden. Weder die Berufs- noch die Hausfrauentätigkeit und die dazugehörigen Räume bieten eine wirkliche „Heimat" für Frauen (vgl. Thürmer-Rohr, S. 178ff.), und der Kompromiß in der Rolle der Doppelbelasteten bedeutet genauso Verzicht. Frauen haben nur die Wahl„freiheit", welche Art von Verzicht sie wollen (vgl. Jaeckel, S. 20), und Frauen, die Kinder wollen und keine bekommen (können), konstruieren einen Schwebezustand: Wünsche und Ängste halten sich die Waage.

Daß Schwangerschaft als Verlust von „Selbstbestimmung" im Sinne einer Einschränkung von Lebensmöglichkeiten sozialer und materieller Art gesehen werden kann, ist spätestens seit der Neuen Frauenbewegung bekannt. Was meist nur einseitig diskutiert wird, sind die möglichen Auswirkungen von Schwangerschaft und Geburt auf den Körper der Frau. Diese seien ein sexuelles Erlebnis, die Bestätigung einer rein weiblichen Potenz. Dabei wird vergessen, daß auch die gewollte Schwangerschaft den Aspekt eines Verlustes an Kontrolle über den eigenen Körper beinhaltet. Die Entscheidung für eine Schwangerschaft beinhaltet u. a. das Einlassen in einen körperlichen Prozeß, der Unwägbarkeiten enthält, dessen Ergebnis der Verlust der körperlichen Unversehrtheit sein kann; manifestiert in „Kleinigkeiten" wie Narben von Damm- und Kaiserschnitt oder Schwangerschaftsstreifen, aber auch im Tod, selten zwar, aber möglich. Einmal in diesem Prozeß – und über die Abtreibungsfristen hinaus –, gibt es kein Abspringen vom Zug, und die bewußte Lenkung dessen, was die Frau ergreift, ist nur in begrenztem Ausmaß möglich bzw. manchmal sogar kontraproduktiv. Hier stößt die „Selbstbestimmung" an ihre Grenzen, die gewollte Schwangerschaft ist eigentlich die „selbstbestimmte" Abgabe eines Teils der „Selbstbestimmung".

Besonders dann, wenn es für Frauen wichtig ist, in jeder Situation die Kontrolle über ihr Leben zu haben, wird die Unfruchtbarkeit auch als Verlust der Körperkontrolle erlebt (vgl. Hölzle, S. 39), zwar wurde durch die unbewußte Abwehr der Schwangerschaft das Ausliefern an eine körperliche Eigendynamik vermieden, aber auf der Ebene des Bewußtseins tut der Körper nicht das, was die Frau will. Die Kontrolle kehrt sich um: Der Körper zeigt in der Verweigerung seine Eigenständigkeit und liefert den Beweis, daß der Körper tatsächlich gegen die bewußten Interessen der Frau handeln kann, die Notwendigkeit der Kontrolle wird so bestätigt. Die Rebellion des Körpers gegen das instrumentelle Verhältnis bestätigt es und provoziert die Verschärfung, wenn nicht spätestens jetzt die individuelle Bedeutung der Unfruchtbarkeit für die Frau zumindest teilweise spür- und erkennbar wird. Geschieht dies nicht, kommt es zur Eskalation: Mit der Hoffnung auf (Wieder)Herstellung der Kontrolle wird die Kontrolle an die Ärzte abgegeben, die diese bereitwillig ergreifen (vgl. Hölzle, S. 38). Die Unterwerfung der gesamten Person unter die Fremdbestimmung durch die Ärzte macht „Selbstbestimmung" scheinbar wieder möglich. Der sich der „Selbstbestimmung" entziehende widerständige Körper wird nun technisch „in Griff zu kriegen" versucht und auf einer Ebene intensiv kontrolliert, die garantiert nicht die Wurzel des Problems berührt. Die Ärzte erwecken aber auch den Anschein, daß wenigstens etwas getan wird, und stabilisieren so die Verleugnung des Nicht-Organischen. Die anfängliche Erleichterung der Frauen über die Delegation der Verantwortung an die Ärzte entpuppt sich allzuoft als Pyrrhussieg: Die Frau verliert an „Selbstbestimmung", statt sie zu gewinnen, und kann die Wut darüber nicht einmal mehr äußern, es geschieht ja alles nach ihrem (Kinder)Wunsch (vgl. Hölzle, S. 40).

Moralische Verurteilung der Frauen, die in dieser Logik die IVF-Programme in Anspruch nehmen, greift zu kurz. Denn die Frauenbewegung selbst hat mit der Parole: „Ob Kinder oder keine, entscheiden wir alleine", einem instrumentellen Verhältnis zum Körper bzw. dem Wunschbild der völligen Planbarkeit der Reproduktion Vorschub geleistet. Auch die Forderung nach dem 100 %igen Verhütungsmittel hat in letzter Konsequenz die Maschinen-Frau mit einem Maschinen–Körper, der nach Belieben an- und ausschaltbar ist, zur Folge. So gesehen sind Verhütung bzw. Kinder um jeden Preis zwei Seiten einer Medaille. Frau könnte auch sagen, daß die Forderung nach der völligen „Selbstbestimmung" eine Art besonders eifriger Erfüllung der Vorgaben – die sich reibungslos in die Erfordernisse der industriellen Produktion einfügende Frau – war. Der Körper darf ja nichts anderes als störungsfrei funktionieren, und mit dem Kinder„machen" geht's genauso. Da muß die Geburt von Kindern von Lehrerinnen in die Ferien fallen, andere wiederum lassen vor den Ferien beim Gynäkologen den Unterleib abchecken, sich die Plakette „TÜV geprüft fortpflanzungsfähig" geben. Schließlich ist nur im Urlaub Zeit für Sex, und der soll dann schon ein Ergebnis zeitigen (vgl. Delaisi de Parseval, S. 48). Die Industrie weckt und reagiert auf diese „Bedürfnisse": Ovulationstests haben ausdrücklich auch Frauen wie die oben erwähnten Lehrerinnen als Zielgruppe. So treffen sich fruchtbare und unfruchtbare Frauen. Ich frage mich, ob es tatsächlich um das „Produkt" – die erfolgreiche Verhinderung oder Herstellung eines Kindes – geht, ob nicht das eigentliche Ziel die Vergewisserung und Herrschaft über den eigenen Körper ist. Die letzte Möglichkeit, innerhalb eines Systems, das das Leben der einzelnen immer invasiver durchstrukturiert, sich ein Gefühl von Macht, von Kontrolle als Ersatz für die Mitgestaltung der Lebensverhältnisse zu geben?

Schuld und Sühne

Auch „wenn Frauen es gelernt haben, über Jahre hinweg in ihr Körpergeschehen einzugreifen bzw. von Experten eingreifen zu lassen, um die Fruchtbarkeit ‚abzustellen'" und die Konsequenz naheliegt, „daß sie alle möglichen Eingriffe dulden werden, um diese Fruchtbarkeit wieder ‚in Gang zu setzen'" (vgl. Hölzle, S. 33), so bleibt für mich doch noch ein qualitativer Unterschied im Grad der medizinischen Interventionen. Verhütungsanstrengungen sind vom Ausmaß der Schmerzen und der Auswirkungen auf den Alltag mit denen der IVF nicht zu vergleichen. Und die große Zahl der Schwangerschaften, die nach einer Laparoskopie entstehen (ca.

40 % aller Schwangerschaften, die schon während der Diagnostik eintreten, vgl. Stauber, 1979, S. 56), erweckt den Eindruck, daß erst Schmerzen das Schwangerwerden ermöglichen. Das Gebot: „Unter Schmerzen sollst du dein Kind gebären", schon auf die Befruchtung ausgedehnt – von den Frauen selber? Stehen kinderlose Frauen in der Schuld von anderen und erhoffen sie sich Befreiung durch Schmerzen, die jenen, die die Schuldgefühle verursachen, signalisieren sollen, daß sie bereit sind, sich anzustrengen? Tragen Frauen also in Ermangelung anderer Umgangsweisen ihre vermeintliche Schuld mit dem Körper ab?

Quellen für Schuldgefühle gäbe es genug: Erleben doch Frauen Unfruchtbarkeit als Strafe für Sexualität, Verhütung und Abtreibungen. Reine Lust, ohne irgendeinen Preis zahlen zu müssen, scheint immer noch nicht denkbar (vgl. Dalaisi de Parseval, S. 24 u. 49; vgl. Hölzle, S. 28). Oft haben Frauen Schuldgefühle, weil sie ihren Männern bzw. den potentiellen Großeltern Kinder „vorenthalten" (vgl. Crowe, S. 550) – die Einschätzung der Bedeutung von Kindern für eine Ehe geht sogar so weit, daß die Frauen die Ehe selbst zum Opfer bringen. Manche hätten es lieber gehabt, wenn der Ehemann bereits vor der Heirat von ihrer Unfruchtbarkeit gewußt hätte, weil er sie dann vielleicht nicht geheiratet hätte, bzw. wünschten sie, daß er sich angesichts ihres „Mangels" scheiden läßt (vgl. Crowe). Die Definition von Liebenswürdigkeit via Gebärfähigkeit erschreckt, aber liegt nicht auch ein Aspekt des Heroischen in solchen Opfern? Gerade wenn Frauen eher sich als den Männern die Bewältigung der Kinderlosigkeit zutrauen und es als angenehmer empfänden, wenn die Ursache bei ihnen läge anstatt beim Mann (vgl. Crowe). Das Umsetzen dieser Phantasie – Frauen, die angaben, daß die Ursache der Sterilität bei ihnen läge, obwohl aus den Befunden das Gegenteil hervorging und der Forscher behauptet, daß sie darüber informiert waren – belegt Knorre, und komischerweise wurden diese Frauen eher schwanger als diejenigen, deren Einschätzung mit der der Ärzte übereinstimmte (vgl. Knorre). Eine wesentliche Rolle bei der Erzeugung von „behandlungsmotivierenden" Schuldgefühlen spielen die *Ärzte*. Durch immer perfekter scheinende medizinische Möglichkeiten und ein „fließendes Einsteigen" in die „Unfruchtbarkeitsbehandlung" wird ein Abfinden mit der Kinderlosigkeit zunehmend schwierig, denn es könnte ja sein, daß gerade vor dem entscheidenden Versuch mit der neuen Methode aufgegeben werden könnte. In dem Moment, wo die Möglichkeit besteht, Unfruchtbarkeit durch IVF zu „behandeln", bedarf es schon der Legitimation, wenn sich die Frau *nicht* auf die IVF einläßt (vgl. Hölzle, S. 84). Und: Bei der traditionellen Mutterschaft wird von den Frauen sowieso verlangt, daß sie für die Kinder Opfer bringen, warum dann nicht schon beim Kinder„machen" anfangen?

LITERATUR

Arnold, Brunhilde/Vogt, Christine, „Kinderwunsch, Kinderlosigkeit und weibliche Identität", in: Die Grünen im Bundestag, AK Frauenpolitik & Sozialwissenschaftliche Forschung und Praxis für Frauen e. V., Köln (Hg.): *Frauen gegen Gentechnik und Reproduktionstechnik. Dokumentation zum Kongreß vom 19.–21.4.1985 in Bonn*, Köln 1986, S. 98–105.

Corwe, Christine, „Women Want It": In-Vitro-Fertilization and Women's Motivations for Participation, in: *Women's Studies. In. Forum Vol. 8 No. 6*, S. 547–552.

Delaisi de Parseval, Geneviéve/Janaud, Alain, *Ein Kind um jeden Preis. Ethik und Technik der künstlichen Zeugung*, Weinheim und Basel 1986.

Erb, Gabriele, „Wenn das Wunschkind ein Wunsch bleibt", in: *Psychologie heute*, 1988 (7), S. 20–27.

Hauser, Konrelia, „Feministische Literatur als Element eines kulturellen Gedächtnisses. Zu den ‚Geschichten der Drei Damen K'", in: *Das Argument*, (169), Berlin 1988, S. 326–337.

Helfferich, Cornelia, „Der Körper als Komplize. Pille und Abtreibung: Emanzipation und was weiter?" in: Franke, Alexa/Jost, Ingrid (Hg): *Das Gleiche ist nicht dasselbe. Zur subkutanen Diskriminierung von Frauen*, München 1985, S. 56–69.

Hölzle, Christine, „Kinderlosigkeit als Krise. Reproduktionsmedizin als Rettung. Psychische Probleme der Unfruchtbarkeit und ihrer medizinischen Behandlung", in: Zipfel, Gabi, *Reproduktionsmedizin. Die Enteignung der weiblichen Natur*, Hamburg 1987, S. 22–50.

Jaeckel, Monika, „Spaltung zwischen Frauen – Fußangeln der Unterdrückung oder Sauerteig einer weiblichen Zukunft", in: Cramon-Daiber, Birgit/Jaeckel, Monika/Köster, Barbara/Menge, Hildegard/Wolf-Graaf, Anke, *Schwesternstreit. Von den heimlichen und unheimlichen Auseinandersetzungen zwischen Frauen*, Reinbek 1984, S. 17–31.

Knorre, P., „Zu einigen psychischen Faktoren der ehelichen Sterilität und ihrer Bedeutung für die spätere Erfüllung des Kinderwunsches. 2. Mitteilung: Rollenverständnis, Beziehung zum Partner, subjektive Bewertung der Sterilitätsursache", in: *Geburtshilfe und Frauenheilkunde*, 1984 (44), S. 114–117.

Prokop, Ulrike, *Weiblicher Lebenszusammenhang. Von der Beschränktheit der Strategien und der Unangemessenheit der Wünsche*, Frankfurt 1976.

Schmitz-Köster, Dorothee, *Frauen ohne Kinder. Motive, Konflikte, Argumente*, Reinbek 1987.

Stauber, Manfred, *Psychosomatik der sterilen Ehe*, Berlin 1979.

Stauber, Manfred, „Versuche mit dem zukünftigen Menschen – die neue Reproduktionsmedizin", in: Helmchen, Hanfried/Winau, Rolf (Hg.): *Versuche mit Menschen in Medizin, Humanwissenschaft und Politik*, Berlin/New York 1980, S. 151–171.

Thürmer-Rohr, Christina, *Vagabundinnen. Feministische Essays*, Berlin 1987.

Wicke, Gisela, „Vollkommen gesund und trotzdem kein Baby", in: *Eltern*, 1987 (3), S. 36–42.

Silvia Groth / Giselind Grottian

Qualitätskontrolle in der Schwangerschaft: Die eugenische Indikation zur Abtreibung

Die eugenische Indikation zum Schwangerschaftsabbruch hat eine neue Qualitätsstufe erreicht: Durch die Methoden der vorgeburtlichen Diagnostik werden Untersuchungen an der schwangeren Frau vorgenommen, die Diagnosen und Entscheidungskriterien über den Zustand des Fötus produzieren und Frauen vor die Frage stellen, ob sie diesen Fötus austragen oder abtreiben wollen.

Wir zeichnen im folgenden die Geschichte der eugenischen Indikation nach. Sie wurde schon Jahrzehnte vor der Einführung der pränatalen Diagnostik diskutiert und von den Nationalsozialisten eingerichtet, um die Existenz derjenigen zu verhindern, die als „lebensunwert" bezeichnet wurden. In der Nachkriegs- und bundesrepublikanischen Geschichte war sie ausgesetzt, nur um – fast unwidersprochen – ihren Eingang 1976 in die Reform des § 218 zu finden.

Zur Geschichte

Die eugenische Indikation im Jahre 1910 zuerst benannt zu haben, nimmt Max Hirsch, ein führender Frauenarzt seiner Zeit, für sich in Anspruch (vgl. Hirsch, S. 44). Sie wurde jedoch schon von Ploetz (1895) und Schallmeyer (1903) als rassenhygienische Indikation erwähnt (vgl. Seidler, S. 67).

Eugenisches Gedankengut fand in den verschiedenen politischen Strömungen starke Befürwortung. Auch die bürgerliche Frauenbewegung übernahm die Haltung, zwischen einer vermeintlich produktiven und einer vermeintlich unproduktiven Existenz eines Menschen zu unterscheiden und die als „unwert" definierten Personengruppen selektieren zu wollen.

In der Propagierung eugenischer Gedanken hatte die Disziplin Gynäkologie und Geburtshilfe eine wichtige Funktion. Hirsch beschreibt 1926 den Arzt als Gesundheitswächter, der nicht nur Sterilisationen bei denen durchführen müsse, die zur Fortpflanzung nicht wertvoll genug seien, sondern auch aus eugenischen Gründen Abbrüche zum Wohle der Gesundheit des ganzen Volkes machen sollte.

Ganz im Sinne der heutigen Auffassung der humangenetischen Beratungsstellen sagt er, dieser Abbruch habe nichts mit Rassenhygiene zu tun. Der Arzt müsse die Möglichkeit haben, „die ihm anvertrauten Familien vor weiterem Zuwachs an minderwertigen und asozialen Familienmitgliedern zu bewahren" (Hirsch). Hier deutet sich eine Argumentation an, die auch die heutige Humangenetik wählt: Der Bezug zur Vermeidung von Behinderung zum sogenannten Wohl der Gesellschaft tritt zurück gegenüber dem Wohl der individuellen Familie, deren Leid angeblich Motiv ärztlichen Handelns sei.

Bis 1933 hatte sich der Paragraph 218 in seiner ersten Fassung von 1871 nicht geändert. Mit ihm wurde die Abtreibung verboten und mit Zuchthaus bestraft. Einzige Abmilderung war seit 1926 die Einstufung von einem Verbrechen zu einem Vergehen, was sich strafmildernd auswirkte. Dies ermöglichte die Entscheidung des Reichsgerichtes von 1927, die bei medizinischer Indikation erstmals Straffreiheit vorsah (vgl. Heiss, S. 85). Begründet wurde dies mit einer Güterabwägung Leben der Frau gegen Leben der Frucht. Es ging also nicht um den Willen der Frau, ob sie schwanger sein wollte, sondern um ihren Wert, der im übergesetzlichen Notstand als über dem Wert der Frucht stehend angenommen wurde.

Eine Umfrage von 1932 unter 27 Fachvertretern der Gynäkologie ergab, daß keiner die eugenische Indikation ablehnte. „Niemand hält mehr die Vernichtung eines sicher erheblich geschädigten Kindes für unberechtigt. ...doch geht die Ansicht der meisten dahin, daß der eugenische Abort immer nur ein Notbehelf bleiben kann und die eugenische Sterilisierung die einzig gegebene Maßnahme ist" (Bussen, S. 23). Diese Untersuchung zeigt zum einen, wie weitgehend die Akzeptanz unter den Ärzten war, noch bevor eine gesetzliche Änderung verwirklicht wurde. Zum anderen beleuchtet sie die Unterscheidung zwischen Sterilisation und eugenischem Schwangerschaftsabbruch. Die Sterilisation, ein dauerhafter Körpereingriff, war anerkannt, da sie „nur" die Frau betraf. Bei einem eugenischen Abbruch ging es ja auch um die Frucht, und es bestand eine gewisse Unsicherheit ob der Exaktheit der Diagnose (vgl. Czarnowski; S. 90).

Erst die Nationalsozialisten verhalfen den eugenischen Forderungen, die insbesondere in den 20er Jahren auch von sozialdemokratischen Vertretern und nicht mehr nur von den Rechten und der Mitte propagiert wurden, zu ihrer Verstaatlichung, Legalisierung und konsequenten Anwendung (vgl. Bock, S. 48).

Im Gesetz zur Verhütung erbkranken Nachwuchses vom Juli 1933 (Sterilisationsgesetz) wurde festgelegt, daß aufgrund von neun Diagnosen eine Person zwangsweise unfruchtbar zu machen sei, wenn nach ärztlichem Wissen und mit großer Wahrscheinlichkeit mit körperlichen oder geistigen Erbschäden zu rechnen wäre.

Dieses Gesetz fand weitgehende Zustimmung. Mit einem Änderungsgesetz vom 26.6.1935 wurde die zwangsweise Abtreibung aus medizinischen wie auch aus rassenhygienischen Gründen nachgeschoben. Hier findet sich also erstmalig die gesetzliche Verankerung der eugenischen Indikation.

Da diese Legalisierung der Zwangsabtreibung auch im Nationalsozialismus schwieriger durchzusetzen war als die Sterilisation, wurde sie erst 1935 bewerkstelligt (vgl. Czarnowski, S. 90). Während des Krieges wurden Verschärfungen des § 218 eingeführt: Zwangsabtreibungen an Häftlingen der Konzentrationslager, an polnischen und russischen Jüdinnen und Zwangsarbeiterinnen wurden legal.

Im Jahre 1943 wurde die Todesstrafe für Frauen eingeführt, die nach freier Entscheidung abgetrieben hatten, weil dadurch angeblich die Lebenskraft des deutschen Volkes beeinträchtig wurde.

Zur Kontinuität nach 1945

Nach der Befreiung vom Faschismus wurden durch den Alliierten Kontrollrat alle von nationalsozialistischen Lehren geprägten Gesetze aufgehoben. Das Gesetz zur Verhütung erbkranken Nachwuchses wurde 1947 vom amerikanischen Militärtribunal jedoch nicht eindeutig verurteilt, da andere Länder auch Sterilisationsgesetze gehabt hätten. Es wurde lediglich in seinen rassistischen Inhalten aufgehoben. Dies betraf u. a. die eugenische Indikation, weil sie an die Mitwirkung des Erbgesundheitsgerichts gebunden und dieses aufgehoben war.

In Bayern war das Sterilisationsgesetz mit den Änderungsgesetzen abgeschafft, in Hessen außer Kraft gesetzt. In anderen westdeutschen Ländern befanden Gutachterstellen über die medizinische Indikation (vgl. Baumann, S. 17).

Der Bundestag strich lediglich einige Strafvorschriften, ohne das Gesetz generell außer Kraft zu setzen. Verschiedene Entwürfe zur Änderung des Strafgesetzbuches traten erst 1969 mit dem Ersten Gesetz zur Reform des Strafrechts in Kraft und stellten faktisch die Situation von 1927 wieder her, wonach ein Schwangerschaftsabbruch nach medizinischer Indikation straffrei blieb.

Während der Regierungsentwurf zur Änderung des § 218 von 1962 lediglich eine medizinische Indikation enthielt – „…über die eugenische Indikation wurde kaum diskutiert, da sie nach den Erfahrungen des 3. Reiches belastet war" (Baumann, S. 20) –, wiesen die Gesetzesentwürfe aus dem Jahr 1969 bereits die eugenische Indikation auf. Um die Nähe zu eugenisch-bevölkerungspolitischen Zielen zu verdecken, wurde diese Indikation mit der „Zumutbarkeit für die Schwangere" begründet. Danach soll der Abbruch straffrei sein, wenn eine nicht behebbare Schädigung des Gesundheitszustandes beim Kind so schwer wiegt, daß von der Schwangeren die Fortsetzung der Schwangerschaft nicht mehr verlangt werden kann.

Die Frage nach der Berechtigung einer solchen Indikation wurde zu diesem Zeitpunkt nicht mehr gestellt. Weder auf einer Tagung der Evangelischen Akademie in Bad Boll, die die Reform des Abtreibungsparagraphen vorbereiten sollte (vgl. Ev. Akademie), noch in den Anhörungen des Bundestages 1972 wurde darüber diskutiert. Ablehnung kam lediglich von der Deutschen Bischofskonferenz, die über die eugenische Indikation eine Ausweitung der Indikationen befürchtete, und von Manfred Hirsch (SPD), der in der eugenischen Indikation eine verteufelte Ähnlichkeit mit der Euthanasie im Dritten Reich sah. Von medizinischer Seite äußerte einzig Karl-Heinz Degenhardt, ein Humangenetiker aus Frankfurt, seine persönliche Meinung gegen eine Freigabe der kindlichen Indikation: Es sei zu erwarten, daß die Indikation für eine Amniozentese immer mehr ausgedehnt würde und die Forschung immer mehr dahin ginge, Entwicklungsstörungen aufzudekken (vgl. Deut. Bundestag, S. 52).

Weder von der Humanistischen Union noch von der Frauenaktion 70 oder dem Sozialistischen Frauenbund wurden Bedenken geäußert.

Die medizinische Debatte

Wie verlief die medizinische Diskussion? Eine Durchsicht medizinischer Zeitschriften ergab, daß in den 50er und frühen 60er Jahren die eugenische Indikation weitgehend abgelehnt wurde (vgl. Deut. Medizinische Wochenzeitschrift 1962, 1965; vgl. Heiss, S. 87). Der Begriff der kindlichen Indikation wird erstmals von R. Kepp 1960 wieder benutzt. Er hielt einen Schwangerschaftsabbruch bei schweren Mißbildungen, Erbkrankheiten und Strahlenschäden der Frucht für erforderlich (vgl. Kepp, S. 98).

Im Zuge der Strafrechtsreform Ende der 60er Jahre wurden in der medizinischen Debatte um den § 218 zunehmend positive Meinungen zur Eugenik geäußert (vgl. Deut. Ärztebl., 1969, S. 663 ff.; vgl. ebd. Nr. 23, 1733 ff.). Die in den folgenden Jahren geführte Diskussion zielte fast ausschließlich auf eine Kritik der Fristen- bzw. später Indikationenlösung. Die eugenische Indikation selbst war nicht Gegenstand der Kritik. Wurde Skepsis geäußert, bezog sie sich eher auf die Sicherheit der Diagnose (vgl. Degenhard, S. 3358) oder auf die aus der Diagnose erwachsende Entscheidungsproblematik. „Wenn Mißbildungen entdeckt werden, kann man die Dinge in Zukunft noch der Natur überlassen?" (Gosset, S. 3028) Auch die Forderung nach freiwilliger Sterilisation wurde geäußert: „Es ist einfach einer Gesellschaft unwürdig, wenn sie heute noch ein mongoloides Kind zuläßt. Freiwillige Sterilisation muß geradezu in diesen Fällen viel mehr als bisher gefördert werden." (Wolff, S. 2958) In den Gesetzesentwurf zur Reform des § 218 war neben der eugenischen Indikation auch die einer Sterilisierung von Behinderten eingegangen (vgl. Weß, S. 22 f.). Hier fand sich wieder die alte eugenische Forderung, daß der Schwangerschaftsabbruch ohne Unfruchtbarmachung nicht sinnvoll sei. Eine Umfrage unter 2000 Gynäkologen ergab ein eindeutiges Votum für die Indikationenlösung; für die eugenische Indikation sprachen sich 73 % aus (vgl. Kirchhoff, S. 1483).

Der Deutsche Ärztetag 1971 übernahm die Deklaration des Weltärztebundes von Oslo 1970, wonach ein Schwangerschaftsabbruch nur als therapeutische Maßnahme zu vertreten ist, d. h. nur ärztliche Entscheidungen haben Relevanz.

Vor der Entscheidung des Bundestages für die Fristenlösung im April 1974 verschärfte sich die Debatte. Die Gegner der Fristenlösung sprachen von „Schwangerschaftsabbruch und Euthanasie" (Ehrhardt, S. 1695ff.) oder vom „Ermächtigungsgesetz gegen das Leben der Ungeborenen" (Cyran, S. 1025f.). Dabei ging es jedoch nicht um möglicherweise historische Parallelen. Die eugenische Indikation wurde entweder nicht gesondert erwähnt oder als selbstverständlicher Teil der medizinischen Indikation begriffen (vgl. Ehrhardt, S. 1698f.).

Nachdem die Fristenlösung für verfassungswidrig erklärt worden war, stand die soziale Indikation im Zentrum der Auseinandersetzung, die eugenische Indikation wurde nicht diskutiert.

Erklärungsansätze

Wie ist die Einführung dieser Indikation zu erklären?

Als Anwendungsbereiche für die „kindliche Indikation" wurden neben der Identifizierung von Erbkrankheiten vor allem auch vorgeburtliche Belastungen der Mutter benannt, z. B. Virusinfektionen, radioaktive Strahlung oder keimschädigende Medikamente (vgl. Wilkitzki, S. 130f.).

Die Wirkungen von Atomstrahlen auf das Erbmaterial waren offensichtlich geworden, wurden aber nicht öffentlich diskutiert. Das Atomministerium hatte schon Mitte der fünfziger Jahre die Forschungen des Humangenetikers Verschuer zum Aufbau eines genetischen Registers, das im Raum Münster 2,2 Mio. Menschen nach vermeintlichen erblichen Schäden erfaßte, finanziert (vgl. Weß, S. 16). Hier zeigen sich neue, bis heute fortdauernde Interessen an der Praxis der eugenischen Indikation. Sie sollten weiter erforscht und nicht über der Kontroverse, ob Frau eine als behindert diagnostizierte Frucht abtreiben darf, vergessen werden.

Die Medikamentenkatastrophe des von Grünenthal hergestellten Medikaments Contergan lenkte die Aufmerksamkeit der Mediziner sowie der Öffentlichkeit auf Substanzen, die die Frucht von außen schädigen (vgl. Svejcar, S. 97). Wir vermuten, daß die spektakuläre Contergan-Debatte die gesellschaftliche Akzeptanz der eugenischen Indikation positiv beeinflußt hat.

Ein weiterer Grund für die steigende Akzeptanz lag in der Entwicklung der pränatalen Diagnostik, die einen rechtlichen Rahmen für die Umsetzung ihrer Ergebnisse brauchte (vgl. Deut. Bundestag, S. 43; vgl. Bild der Wissenschaft, S. 48ff.). So wurde z. B. der straffreie Zeitraum für einen Abbruch bis zur 22. Schwangerschaftswoche an den Erfordernissen der Amniozentese orientiert.

Humangenetische Beratungsstellen wurden 1972 in der BRD nach Modellversuchen eingerichtet und folgendermaßen begründet:

„Wichtigste Aufgabe der genetischen Beratungsstellen ist es, die Geburt behinderter Kinder im Rahmen des Möglichen zu reduzieren." (BMJFG 1979) Parallel wurde das Forschungsprogramm „Pränatale Diagnose genetisch bedingter Defekte" aufgelegt, das durch die Kommission für Mutagenitätsfragen der Deutschen Forschungsgemeinschaft veranlaßt wurde. Sie bestand aus Genetikern, Chemikern und Krebsforschern und hatte in den 60er Jahren über die Krankheitsverursachung von Chemikalien, Arzneimitteln und Arbeitsstoffen mit dem Ziel der Risikoverminderung geforscht (vgl. Weß, S. 24).

Als weitere Begründung für die genetische Beratung werden angeführt: Neben dem Bemühen, Leid von den Betroffenen abzuwenden, kämen die Präventionsmöglichkeiten der genetischen Beratung einem öffentlichen Interesse entgegen. „Insbesondere ökonomische Motive sprechen für die Senkung der Kosten im Gesundheitswesen, die durch die Versorgung von Behinderten entstehen" (Enquete-Kommission, S. 150). In der öffentlichen Selbstdarstellung der Humangenetik gelten eugenische Zielsetzungen jedoch als tabu. Die Humangenetik begreift sich als eine geburtsfördernde Institution, die durch zuverlässige Diagnosen und Beratung die Eltern, die aus Angst vor einem behinderten Kind keinen Nachwuchs wollen, ermutigt, sich auf eine „geprüfte" (Hepp, S. 132f) Schwangerschaft einzulassen. Seidler wies darauf hin, daß die neuen Erkenntnisse der pränatalen Diagnostik alte historische Vorgaben beleben. Trotz wichtiger Unterschiede zu früher würden wieder eugenische Gedanken und Praktiken verfolgt. „In der Bevölkerung schließlich wächst mit der Möglichkeit verbesserter Diagnostik die Ablehnung, behindertes, zumindest geistig behindertes Leben anzunehmen, was nichts anderes ist als die alte archaische Furcht des Menschen vor seiner eigenen Mißgestalt" (vgl. Seidler, S. 73). Die pränatale Diagnostik aktiviert Ängste vor Behinderung, die sie mit hervorruft und die durch die Nutzung der Technik und ihrer Konsequenz – einer möglichen Abtreibung – wieder abgebaut werden sollen (vgl. Katz Rothmann, S. 110).

Frauenansichten

Die Diskussion in der neuen Frauenbewegung der 70er Jahre zeichnete sich dadurch aus, daß sie nicht stattfand. So hat 1972 die Frauenaktion 70 bei den Anhörungen zur Reform des § 218 die eugenische Indikation nicht beachtet (vgl. Deut. Bundestag, S. 80). Das Ziel der Bewegung war die Abschaffung dieses Paragraphen. Doch auch nach der Reform 1976 wurde die legalisierte Indikation nicht problematisiert.

Zeitzeuginnen berichten, daß die neuen Entwicklungen der Techniken zur vorgeburtlichen Diagnostik anfänglich von den bewegten Frauen als Erweiterung ihrer Selbstbestimmung begrüßt wurden.

Ende der 70er, Anfang der 80er Jahre wurde Technik als solche, ausgehend von dem Protest gegen Atomkraftwerke, zunehmend hinterfragt und abgelehnt. Zudem begannen die verschiedensten Gruppierungen öffentlich wirksam die Geschichte des Nationalsozialismus aufzuarbeiten und damit auch die Rolle der Eugenik und deren Kontinuität ins Bewußtsein zu rükken.

Die Übernahme der eugenischen Indikation in die Reform des § 218 wurde zuerst explizit von behinderten Frauen angegriffen (vgl. Boll, S. 85), implizit von Schildmann (vgl. Schildmann, S. 56f.). Die Diskussion und Kritik an der pränatalen Diagnostik und der damit verbundenen Anwendung der eugenischen Indikation hat sich in den letzten Jahren intensiviert und verbreitet.

Das Bewußtsein über die – u. a. durch die Existenz der Technik produzierten – Widersprüche ist gestiegen, auch wenn diese selbst, besonders individuell, nicht aufgelöst werden konnten.

Indem Frauen sich darauf einlassen, scheinen sie Verantwortung für die Qualität des zukünftigen Kindes zu übernehmen. Diese Entscheidungskriterien sind gesellschaftlich vermittelt und an Vorstellungen von Leistungsfähigkeit orientiert. Was bei der Einführung der eugenischen Indikation im Nationalsozialismus zwangsweise durchgesetzt wurde, funktioniert heute subtiler auf der Ebene der „Freiwilligkeit".

Frauen befinden sich in einer widersprüchlichen Lage: In der § 218-Auseinandersetzung werden sie als Mörderinnen kritisiert, wenn sie für sich entscheiden, kein Kind haben zu wollen. Auf der anderen Seite gelten sie als verantwortungslos, wenn sie sich gegen pränatale Diagnose oder – bei positivem Ergebnis – für ein behindertes Kind entscheiden.

Wir sind für die Streichung des § 218 – auch wegen der eugenischen Indikation.

Zusatz: Mangels Platz konnten die aktuellen Bezüge (Verwertung von und Forschung an Embryonen, Sterilisationsgesetzesänderung u. a. m) nicht aufgeführt werden. Wir verweisen auf den Artikel „Geprüfte Schwangerschaft. Zur Geschichte der eugenischen Indikation" in *Clio* Nr. 29, 1988.

LITERATUR:

Baumann, Jürgen (Hg.), *Das Abtreibungsverbot des § 218*, Luchterhand, Neuwied 1971.

Bild der Wissenschaft 5, 1974, „Der Fetus als Patient".

Bock, Gisela, *Zwangssterilisation im Nationalsozialismus. Studien zur Rassenpolitik und Frauenpolitik*, Westdeutscher Verlag, Opladen 1986.

Boll, Silke / Theresia Degener u. a. (Hg.), *Geschlecht: Behindert. Besonderes Merkmal: Frau*, AG SPAK, München 1985.

Bundesministerium für Jugend, Familie und Gesundheit (BMJFG) (Hg.), *Genetische Beratung. Ein Modellversuch der Bundesregierung in Frankfurt und Marburg*, Bonn 1979.

Bussen, Franz, *Die eugenische Indikation. Zur Schwangerschaftsunterbrechung in Schrifttum und Praxis bis zum Jahre 1933*. Medizinische Dissertation. Würzburg, Ochsenfurth 1937.

Cyran, Wolfgang, „Ein ‚Ermächtigungsgesetz' gegen das Leben der Ungeborenen?", in: *Deutsches Ärzteblatt (DÄ)* 14, 1974.

Czarnowski, Gabriele, „Frauen – Staat – Medizin. Aspekte der Körperpolitik im Nationalsozialismus", in: *beiträge zur feministischen theorie und praxis14: Frauen zwischen Auslese und Ausmerze*, 1986.

Degenhard, Bernhard, „§ 218 im Streit", in: *DÄ 50*, 1971.

Deutsches Ärzteblatt 10, 1969, und Heft 23.

Deutsche Medizinische Wochenzeitschrift 87, 45, 9.11.1962, 2338f. „Fragen aus der Praxis. Unterbrechung einer Gravidität aus vermuteter Fruchtschädigung?"

Deutsche Medizinische Wochenzeitschrift 90, 37, 10.9.1965, 1635–1637: „Zum Recht der Schwangerschaftsunterbrechungen."

Deutscher Bundestag (Hg.), Zur Sache 6/72, Themen Parlamentarischer Beratung: *Reform des § 218. Aus der öffentlichen Anhörung des Sonderausschusses für die Strafrechtsreform des Deutschen Bundestages*.

Ehrhardt, Helmut E., „Schwangerschaftsabbruch und Euthanasie", in: *DÄ 23*, 1974.

Enquête-Kommission des Deutschen Bundestages.

Catenhusen, W. M. / Neumeister, H. [Hg.], *Chancen und Risiken der Gentechnologie*. Schweitzer Verlag, München 1987.

Entwurf des 5. Gesetzes zur Reform des Strafrechts (5. St.RG) – *Bundestagsdrucksache VI 3434* (Regierungsentwurf).

Evangelische Akademie Bad Boll (Hg.), *Die Diskussion um den § 218*. Eine Tagung der Evangelischen Akademie Bad Boll in Zusammenarbeit mit der Deutschen Gesellschaft für Gynäkologie vom 19.–21. Februar in Bad Boll (Protokolldienstnummer 5/1971).

Gosset, J. R., „Neue Aspekte der Eugenik", in: *DÄ45*, 1971.

Heiss, Herbert, *Die künstliche Schwangerschaftsunterbrechung und der kriminelle Abort*, Enke, Stuttgart 1967.

Hepp, H., „Schwangerschaftsabbruch aus kindlicher Indikation – Aus der Sicht eines Frauenarztes", in: *Geburtshilfe und Frauenheilkunde 43*.

Hirsch, Max, „Über die Legalisierung des ärztlich indizierten Abortus unter besonderer Berücksichtigung eugenischer Gesichtspunkte", in: *Archiv für Frauenkunde und Konstitutionsforschung 12*, 1926.

Katz Rothman, Barbara, *The Tentative Pregnancy. Prenatal Diagnosis and the Future of Motherhood*, Penguin, New York 1987.

Kepp, R., „Zur Frage der Schwangerschaftsunterbrechung aus kindlicher Indikation", in: *Medizinische Klinik 55,3*, 1960.

Kirchhoff, Heinz, „Stellungnahme deutscher Frauenärzte zum Problem der Schwangerschaftsunterbrechung im Rahmen der Strafrechtsreform", in: *DÄ 20*, 1971.

Seidler, E., „Historische Elemente des Indikationenproblems", in: Boland, P./H. A. Krone/R. A. Pfeiffer (Hg.), *Kindliche Indikation zum Schwangerschaftsabbruch*. Bamberger Symposium (Milupa, Wissenschaftliche Informationen 7/7) 1981.

Schildmann, Ulrike, *Lebensbedingungen behinderter Frauen. Aspekte ihrer gesellschaftlichen Unterdrückung*, Focus, Gießen 1983.

Svejcar, Jiri, „Genetische Beratung in Frankfurt", in: *BMJFG*, 1979.

Weß, Ludger, „Der Griff nach der Bevölkerung: Humangenetik und Bevölkerungspolitik", Vortrag gehalten auf der Wochenendtagung: Erfassung, Menschenversuche und „Euthanasie" des Vereins zur Erforschung der NS-Sozial- und Gesundheitspolitik vom 31.10.–1.11.1987 in Hamburg.

Wilkitzki, Peter/Christian Lauritzen, *Schwangerschaftsabbruch in der Bundesrepublik Deutschland*. Kriminalistik Verlag, Heidelberg 1981.

Wolff, Ulrich, „Freiheit und Einordnung", in: *DÄ 44*, 1971.

Eva Schindele

Vorgeburtliche Diagnostik und Schwangerschaft

Vorweg: Ich halte den Wunsch von Eltern, ein gesundes Kind zu bekommen, für einen uralten und gerechtfertigten Wunsch. Für gefährlich halte ich es allerdings, daß es jetzt eine Technik gibt, die diesen Wunsch zumindest vorgibt zu erfüllen. Es ist eine Technik, die bereits im Mutterleib entscheidet, welches Kind lebenswert und welches nicht lebenswert ist. Es ist ein Verfahren, das das Verhältnis der Schwangeren zu ihrem potentiellen Kind verändert, das sozusagen eine „Schwangerschaft auf Probe" initiiert, im Sinne von „erst mal testen, ob das Produkt auch der ,genetischen' Norm entspricht und dann entscheiden, ob man es auch haben will". Dabei richtet sich die Vorstellung von gesund oder krank ganz wesentlich nach dem, was nach dem momentanen medizinischen Wissensstand relativ einfach zu testen ist. Dies sind heute in erster Linie noch sog. Chromosomenanomalien und die eine oder andere Stoffwechselstörung. Die bekannteste feststellbare Behinderung ist die Trisomie 21, die, obwohl mit gutem prognostischen Verlauf, inzwischen zum Synonym aller Ängste von Frauen und Rechtfertigungen von Humangenetikern und Medizinern geworden ist. Zu befürchten ist, daß das, was heute mit der Trisomie 21 assoziiert wird, mit zunehmender Entschlüsselung der Erbsubstanz sich auf Dispositionen für bestimmte Krankheiten oder gesellschaftlich mißliebige Eigenschaften ausdehnt.

Genetisch orientierte Diagnostik, insbesondere die Fruchtwasseruntersuchung, ist in den letzten Jahren zur Routineuntersuchung in der Schwangerenvorsorge von Frauen über 35 Jahren geworden. Sie wird zwischen der 16. und 18. Schwangerschaftswoche durchgeführt; das Ergebnis liegt drei bis vier Wochen später vor. Die Chorionbiopsie, die bereits ab der 9. Woche durchgeführt werden kann und damit auch einen Schwangerschaftsabbruch noch innerhalb der Indikationsregelung von 12 Wochen ermöglicht, wird zunehmend propagiert und auch von schwangeren Frauen angenommen. Beides sind invasive Methoden vorgeburtlicher Diagnostik, invasiv deshalb, weil sie nicht äußerlich bleiben, weder bei der schwangeren Frau noch beim Fötus: Sie dringen mit Hilfe einer feinen Kanüle in den Körper der schwangeren Frau ein, um an das Produkt, genauer gesagt an dessen Zellen zu kommen, die dann einer genetischen Analyse unterworfen werden. Das bedeutet, daß bei diesen Methoden der Fötus nicht nach der äußeren Gestalt beurteilt wird, wie noch beim Ultraschall, sondern nach seinen in ihm ruhenden Entwicklungspotenzen.

Die rasante Entwicklung der Pränataldiagnostik in den letzten Jahren von der humangenetischen Ausnahmeuntersuchung zur medizinischen Routineuntersuchung hat keinen Aufschrei in der Öffentlichkeit, auch nicht in der Frauenbewegung, provoziert. Sie geht jenseits von Phantasien vor sich, die sich in unseren Köpfen mit Humangenetik und Eugenikprogrammen verknüpfen: keine männlichen Drahtzieher, kein staatlicher Zwang, sondern schwangere Frauen, die die Fruchtwasseruntersuchung als zusätzliche medizinische Absicherung nicht nur freiwillig, sondern häufig sogar dankbar und meist unreflektiert entgegennehmen.

Auf diesem Hintergrund müssen wir die bislang insbesondere von Frauenkrüppelgruppen, aber auch Teilen der Frauenbewegung gestellten Forderungen nach Verbot der humangenetischen Beratung bzw. Boykott derselben in ihrer Effektivität bewerten. Beide Forderungen mögen zwar gesellschaftspolitisch zum Nachdenken provozieren, aber an der alltäglichen Praxis der vorgeburtlichen Diagnostik laufen sie weitgehend vorbei. Sie ignorieren, daß die schwangere Frau inzwischen nicht mehr Klientin bei der humangenetischen Beratungsstelle ist, sondern Konsumentin einer medizinischen Zusatzuntersuchung namens Amniozentese oder Chorionbiopsie, die in einer Frauenklinik oder auch in einer Privatpraxis durchgeführt wird. Und sie entbinden die Frauen von ihrer Verantwortung und dem reflektierten Umgang mit Schwangerschaft und deren am Risiko orientierten medizinischen Vorsorge. Letztendlich wird der weitere Ausbau der Pränataldiagnostik entscheidend von dieser „Konsumentinnenhaltung" abhängen.

Frauen als bloße Opfer der Reproduktionstechniken zu sehen, ihre Kinderwünsche als in erster Linie vom Patriarchat oktroyierte wahrzunehmen, umschifft das Problem der vorgeburtlichen Diagnostik. Mit dieser Haltung entmündigen wir uns nicht nur selbst, sondern wir vermeiden es auch, über Wertvorstellungen nachzudenken, die auch uns bestimmen. Vorgeburtliche Diagnostik ist nicht nur das „Ding" der anderen Frau. Denn das Versprechen vorgeburtlicher Diagnostik, für gesunde, vielleicht sogar pflegeleichte Kinder zu sorgen, korrespondiert durchaus mit feministischen Wünschen nach selbstbestimmten reproduktiven Entscheidungen, nach Kontrolle haben über sich, nach beruflicher Karriere und der dazu notwendigen effektiven Lebensführung und der Suche nach Selbstverwirklichung mit Hilfe von Kindern.

Die bisherige Rezeption vorgeburtlicher Diagnostik in der Frauenbewegung spiegelt das schwierige Verhältnis engagierter Frauen zu Schwangerschaft und Mutterschaft wider. So wurde Gebärfähigkeit in den letzten 20 Jahren nur unter dem Blickwinkel der Verhinderung und des Abbruchs diskutiert, aber nicht in seinen kreativen Momenten. Mit dem Anliegen, die Natur der Frau als ideologischen Begriff von Männerherrschaft zu entlarven, haben wir uns auch gleich unseres sinnlichen Rests entledigt: Unser Körper und vor allem unsere kreativen Möglichkeiten gerieten uns selbst zum Tabu. Fruchtbarkeit, Unfruchtbarkeit, Schwangerschaft und Geburt wurden ausschließlich als kulturelle Begriffe gehandelt. Bemerkungen wie: „Wir können nun mal die Kinder kriegen und müssen uns mit dieser Möglichkeit auseinandersetzen", haften noch bis heute Verdächtigungen zwischen „Neuer Mütterlichkeit" und „biologistischem" Denken an.

So stehen wir heute vor der komischen Situation, daß wir erst durch die Gefahr der Manipulation am Erbgut gezwungen sind zu akzeptieren, daß es so etwas wie Erbgut oder genetische Prägung überhaupt gibt (vgl. Sichtermann 1987). Ganz ähnlich verhält es sich mit Fruchtbarkeit und Unfruchtbarkeit. Erst durch die Wahrnehmung, daß wir nicht zeugungsfähig sind, nehmen wir Fruchtbarkeit als einen Wert wahr.

Um die Reproduktionstechniken und vor allem die Pränataldiagnostik wirklich kritisieren zu können, kommen wir nicht umhin, uns mit unseren biologischen Anteilen, mit unserem Körper und seiner kulturellen Verflechtung auseinanderzusetzen, mit Fruchtbarkeit, Schwangerschaft und Geburt.

Thesen zur Schwangerschaft

– Schwangerschaft ist eine ausschließlich weibliche Erfahrungsweise.

– Schwangerschaft ist ein körperlich-hormoneller Prozeß, in dessen Verlauf Frauen sozusagen ihre eigene Uhr entwickeln, ihren Rhythmus. Der Körper wird hellhöriger, phasenweise ist er den gesellschaftlichen Leistungsanforderungen nicht mehr gewachsen.

– Schwangerschaft und Geburt sind Prozesse, die Frauen nur sehr bedingt unter rationaler Kontrolle haben können, d. h. daß im eigenen Körper ein Wesen ohne das eigene Zutun heranwächst und auch geboren werden will. Damit widerspricht die Schwangerschaft dem gesellschaftlichen Ideal, alles und vor allem uns selbst im Griff haben zu müssen.

– Schwangerschaft wird durch die vorgeburtliche Diagnose einer Zweckrationalität und Produktorientierung – das Produkt ist das Baby – unterstellt.

– Schwangerschaft ist auch eine gesellschaftlich bestimmte Erfahrung, d. h. wie die Veränderung von der Frau wahrgenommen wird, ob sie die Erfahrung als bereichernd und abenteuerlich erleben kann oder diesen Zustand als tiefe Verunsicherung erlebt, ist weitgehend kulturell bestimmt.

Schwangere Frauen werden in unserer Kultur weitgehend alleingelassen. Sie kennen keine Vorbilder, haben weder Ort noch Gemeinschaft oder Familienverband, die sie auf diese Zeit im Leben vorbereiten. An das gesellschaftlich übliche maschinelle Funktionieren des Körpers gewöhnt, erfahren sie jede Veränderung als Störung, die sie weder einordnen noch verstehen gelernt haben. In der geringen Wertschätzung, die Frauen allgemein gesellschaftlich zuteil wird und die sie selbst ständig wieder reproduzieren, können sie sich auch kaum vorstellen, eigenständig, d. h. ohne männliche Vorschriften, etwas Vernünftiges zustande zu bringen. Die Sozialwissenschaftlerin Beck-Gernsheim schreibt dazu sehr treffend: „Sie (Frauen) wollen es richtig machen, aber wissen nicht wie, also greifen sie zunehmend zu dem, was gewissermaßen in der modernen Gesellschaft Religion und Tradition ersetzt: die Anweisung von Experten." (Beck-Gernsheim, 1988)

Der Experte für Schwangerschaft ist heute der Gynäkologe. Schwangere Frauen trauen ihm. Sie vertrauen ihm sogar so stark, daß sie sich selbst nichts mehr zutrauen. Häufig können sie selbst einfache Veränderungen ihres Körpers nicht mehr deuten und reagieren schnell mit panischer Angst um das Ungeborene. Solche diffusen Ängste können selbst bei einer kleinen Unpäßlichkeit schon das dringende Bedürfnis nach medizinischer Beobachtung auslösen.

In diesem Zusammenhang ist auch die Schwangerenvorsorge und die vorgeburtliche Diagnostik zu bewerten. Frau glaubt, so die Kontrolle über den Prozeß der Schwangerschaft zu bekommen, eine Illusion, wie ich denke. In Wirklichkeit liefert sie sich Testergebnissen und Institutionen aus, delegiert sozusagen die Verantwortung für den Schwangerschaftsprozeß und auch den der Geburt an eine Gynäkologie, der die Überwachung von Schwangeren ein Hauptanliegen ist.

Pränataldiagnostik: Schwangerschaft auf Probe

Die Fruchtwasseruntersuchung ist eine unter vielen Untersuchungen in der Schwangerschaft. Fast alle Frauen, die ich befragt hatte, wußten nur ungefähr, was auf sie zukommt. Vielfach wollten sie auch nicht mehr Informationen, um sich nicht zu belasten.

Frauen geraten durch das Angebot der Fruchtwasseruntersuchung in eine widersprüchliche Haltung zu sich selbst. Einerseits haben sie ein gutes Gefühl zu ihrem Bauch, andererseits legt die Medizin nahe, diesem nicht so ganz zu trauen, eine vernünftige Entscheidung zu treffen, indem frau die Untersuchung machen läßt. Häufige Redewendung der Gynäkologen: „An Ihrer Stelle würde ich es machen!" Für Frauen wirkt der Ratschlag als eine Entlastung bei der Entscheidungsfindung. Die Autorität des Arztes und der Institution Medizin läßt es zu, die Verantwortung abzugeben. Allerdings, wenn sich Frauen gegen diese Untersuchungen stellen, geraten sie immer mehr unter Rechtfertigungsdruck gegenüber dem Arzt. So mußte ich beispielsweise unterschreiben, daß ich mit 36 die Fruchtwasseruntersuchung nicht durchführen lassen will, obwohl mich der Arzt über die Risiken aufgeklärt hatte. Diese Unterschrift kam für mich einer Schuldzuweisung gleich, zumindest wenn ich ein behindertes Kind gebäre. Darin ist auch der Grund zu suchen, daß ich in dieser Schwangerschaft viel mehr als in der ersten Schwangerschaft mit Ängsten zu kämpfen hatte. Dabei war ich bei der Geburt meines 1. Kindes auch schon fast 34, und das statistische „Risiko" war jetzt aufgrund des höheren Alters nur um 0,1 % gestiegen.

Mein Beispiel zeigt, wie die zunehmenden Möglichkeiten des vorgeburtlichen „Check-up" Ängste vor einem behinderten Kind erst produzieren können; Ängste, die dann die Medizin verspricht wieder aufzulösen, indem der Arzt z. B. auf die hohe Wahrscheinlichkeit eines guten Befundes hinweist und auf die Erleichterung, die dann die Schwangere erfahren würde.

Ängste gehören in gewisser Weise zu jeder Schwangerschaft, immerhin ist die Geburt eines Kindes ein Lebensereignis, das einen entscheidenden Einfluß auf die eigene Lebensgestaltung hat und dazu nur bedingt kontrollierbar ist. Darüber hinaus haben alle Untersuchungen gezeigt, daß die Frauen, die älter als 35 sind – Frauen sprechen von der „magischen Grenze 35" –, mit einem Schlag große Verunsicherungen entwickeln, sowohl was den Schwangerschaftsverlauf als auch die Gesundheit des Kindes betrifft.

Vorgeburtliche Diagnoseverfahren geben vor, die Frau könnte die Schwangerschaft und vor allem ihr Ergebnis kontrollieren. Frauen sitzen diesem Versprechen nur allzu bereitwillig auf, halten ein einwandfreies Ergebnis nach vorgeburtlicher Diagnostik tatsächlich auch für einen Garantieschein für ein einwandfreies Baby. Die meisten angeborenen Behinderungen sind allerdings nicht durch die Fruchtwasseruntersuchung zu erkennen: Sie sind entweder geburtsbedingt oder entwickeln sich erst im Schwangerschaftsverlauf, wie z. B. die Fehlbildung von Renates Kind, das mit einer nicht geschlossenen Speiseröhre auf die Welt gekommen ist. Ihr Kind ist inzwischen ein Jahr und mehrmals operiert worden. Renate sagt nach dieser Erfahrung, die sie sehr verändert hat:

„Im nachhinein würde ich die Fruchtwasseruntersuchung nicht mehr machen. Du kriegst ein Kind, und egal wie es sich entwickelt, bleibt es dein Kind, und du wirst auch, wenn du bewußt damit umgehst, die Probleme bewältigen. Ich spüre jetzt ja auch, was für Gefühle ich für ein Kind entwickeln kann, das nicht den 100%igen Qualitätsnormen entspricht."

Von vielen Frauen wird die vorgeburtliche Diagnostik bereits für Therapie gehalten, für eine Möglichkeit, die das Kind irgendwie gesund machen wird. Damit ignorieren Frauen, daß die Methoden vorgeburtlicher Diagnostik nur einen Sinn machen, wenn die kranken, oder besser gesagt, die nicht der genetischen Norm entsprechenden Föten abgetrieben werden. Das gilt zumindest, solange keine intrauterine Therapie zur Verfügung steht. Das bedeutet, daß die Methoden vorgeburtlicher Diagnostik nicht eine Krankheit verhindern, sondern lediglich die Möglichkeit geben, mit Hilfe eines

Abbruchs die Geburt eines kranken Kindes zu vermeiden. Viele Frauen leugnen für sich diesen Teil der Diagnostik. Immer wieder hörte ich: „Ich habe sowieso nicht daran geglaubt, daß das Kind krank ist." Oder: „Warten wir mal ab, und wenn das Kind einen Defekt hat, können wir immer noch entscheiden." Obwohl keine Frau zum Abbruch gezwungen werden kann, entscheiden sich fast alle Schwangeren aufgrund eines normabweichenden Befundes zu einer frühzeitigen Beendigung der Schwangerschaft.

Zum Schwangerschaftsabbruch selbst: Fast alle Frauen machen sich vor der Fruchtwasseruntersuchung viel zuwenig klar, daß ein Schwangerschaftsabbruch in der 22. Woche einer Geburt gleichkommt, die mit künstlichen Wehenmitteln eingeleitet wird, oft über Tage andauert und nicht selten mit Komplikationen verbunden ist. Die Frau gebärt sozusagen ihr Kind zu Tode, eine Erfahrung, die häufig zu erheblichen psychischen Problemen führt. Dazu kommen die Reaktionen der Umwelt, die die Frau zu trösten versuchen mit Aussagen wie: Sei dankbar, du hast Glück gehabt, nicht einen Krüppel auf die Welt gesetzt zu haben. In solch einer Umgebung hat die Frau kaum die Möglichkeit zu trauern, um so den Tod des Kindes zu verarbeiten. „Warum müssen wir die Trauer um eine Tragödie verleugnen, weil wir die andere Tragödie verhindern wollten", schreibt die Amerikanerin Barbara Katz-Rothman in ihrer Studie über Fruchtwasseruntersuchung (Katz-Rothman 1987).

Auch wenn tatsächlich der Schwangerschaftsabbruch die Ausnahme ist, so hat doch die drohende Möglichkeit einen weitgehenden Einfluß auf Schwangerschaftsverlauf und Schwangerschaftserleben. (Die nachfolgenden Ausführungen gelten insbesondere für die Fruchtwasseruntersuchung. Die Chorionbiopsie fällt in das erste Drittel der Schwangerschaft, eine Zeit, die häufig von den Frauen sehr ambivalent erlebt wird; die mit dieser Methode verbundenen Probleme kann ich an dieser Stelle nicht ausführen.)

Frauen, die eine Fruchtwasseruntersuchung machen lassen, sind nicht nur häufiger von Ängsten in der ersten Hälfte der Schwangerschaft bestimmt, sie entwickeln auch eine viel abwartendere Haltung gegenüber dem Fötus und ihren eigenen körperlichen Veränderungen, zumindest so lange, bis ein guter Befund ihnen ermöglicht, die Schwangerschaft zu akzeptieren. Das Ergebnis der Untersuchungen bekommen die Frauen zu einem Zeitpunkt, an dem bereits die Hälfte der Schwangerschaft vorbei ist. Bis dahin wird die Schwangerschaft häufig verheimlicht, zum Teil sogar vor den eigenen schon vorhandenen Kindern. Kindsbewegungen, die Frauen meist um die 18. Woche herum spüren und als wichtigen Einschnitt in der Schwangerschaft erleben, werden tendenziell erst nach Bekanntwerden des positiven Befundes wahrgenommen. Das heißt: Das Testergebnis ersetzt die Bedeutung von Kindsbewegungen, das Wahrnehmen eines anderen Wesens in sich wird von Laborbefunden abhängig gemacht. Gleichzeitig verhindern tendenziell diese medizinischen Eingriffe, ähnlich wie die gesamte auf Risiko ausgelegte medizinische Schwangerenvorsorge, das Spüren der eigenen Körperlichkeit, auch der Erotik, die ein Schwangerschaftsprozeß mit sich bringen kann.

Ungefähr neun Monate im Mutterleib braucht ein Kind, um selbständig leben zu können, diese neun Monate braucht auch die schwangere Frau, um sich körperlich und seelisch auf die Geburt ihres Kindes einstellen zu können. Dieses seit jeher gültige Gesetz wird durch die Medizin aus den Angeln gehoben: Die Fruchtwasseruntersuchung betrügt die Frauen um die Hälfte der Schwangerschaft; fünf Monate waren sie sozusagen nur zur Probe schwanger. Dies provoziert geradezu eine widersprüchliche Haltung zu dem Fötus: Einerseits muß die Frau aus Selbstschutz möglichst den Kontakt zu dem in ihrem Bauch sich entwickelnden Kind vermeiden. Andererseits soll Frau aber nach den Vorstellungen pränataler Psychologie das pränatale Kind herzen, mit ihm reden und singen, damit der Fötus bereits im Mutterleib Vertrauen entwickelt. Viele Ratschläge pränataler Psychologie sind sicherlich überzogen. Aber es ist nicht von der Hand zu weisen, daß ein Fötus Empfindungen der Schwangeren aufnimmt und somit der Streß, den eine Frau durch die Prozedur der Fruchtwasseruntersuchung durchmacht, Auswirkungen auf die seelische und vielleicht auch körperliche Entwicklung des Kindes haben wird.

Warum unterziehen sich Frauen dieser Prozedur? Für mich steckt unter anderem hinter dem Wunsch nach vorgeburtlicher Diagnostik der Wunsch, auf Nummer Sicher zu gehen, vielfach die Hoffnung, das eigene Lebensrisiko, die Angriffsfläche des Unvorhersehbaren, zu minimieren. Aber Kinder sind nicht planbar. Wie jede andere tiefe Beziehung auch, machen sie das Leben unkalkulierbarer. Sie bergen immer die Gefahr des Verlusts, auch der Kränkung in sich, stellen das eigene Lebenskonzept in Frage. Ich denke, jede, die Kinder hat, weiß das. Und ich denke, daß nicht selten die Entscheidung gegen Kinder mit der Angst, das Leben dann nicht mehr so im Griff zu haben, zusammenhängt. Und wenn schon die Entscheidung für ein Kind, dann soll es auch die Vorstellungen und Sehnsüchte, die sich in den Kinderwünschen ausdrücken, erfüllen. Es soll gesund sein und sich möglichst unserer effektiven Lebensführung unterordnen, und um das wiederum zu gewährleisten, „brauchen" wir die Pränataldiagnostik, die uns heute ein gesundes und morgen vielleicht ein perfektes Kind zu bescheren vorgibt.

So wird das, was sich auf der persönlichen Ebene als Angst vor Belastung und Wunsch nach Planbarkeit darstellt, auf der politischen Ebene zur Entscheidung über wertes und unwertes Leben, ohne daß sich die „Konsumentinnen" und ihre Partner dessen bewußt sind.

LITERATUR

Sichtermann, Barbara, „Die Angst der Frauenbewegung vor der Biologie", in: *Wer ist Wie? Über den Unterschied der Geschlechter*, Berlin 1987.

Katz Rothman, Barbara, *The Tentative Pregnancy. Prenatal Diagnosies and the Future of Motherhood*, New York 1987.

Beck-Gernsheim, Elisabeth, *Die Kinderfrage, Frauen zwischen Kinderwunsch und Unabhängigkeit*, München 1988.

Schroeder-Kurth, Traute, „Vorgeburtliche Diagnostik", in: Traute Schroeder-Kurth / Stephan Wehowsky (Hg.), *Das manipulierte Schicksal*, Frankfurt 1988.

Swantje Köbsell / Anne Waldschmidt

Pränatale Diagnostik, Behinderung und Angst

Die Zahl der in der Bundesrepublik durchgeführten pränatalen Diagnosen ist in den letzten Jahren ständig gestiegen. Heute beläuft sie sich auf etwa 33 000 jährlich.

Jenseits von bevölkerungsplanerischen oder ökonomischen Überlegungen von Politikern und Wissenschaftlern ist der Hauptbeweggrund für Frauen, eine Amniozentese oder Chorionzottenbiopsie durchführen zu lassen: Angst, konkret Angst vor einem behinderten Kind. Sie ist mittlerweile zur offiziellen medizinischen Indikation geworden. Das zeigen folgende Zahlen (vgl. Theile, Schroeder-Kurth): 10–12 % aller Pränataldiagnosen werden z. Z. aufgrund der Angstindikation durchgeführt, und dieser Anteil ist im letzten Jahrzehnt stark angestiegen. Die Altersindikation ist eine weitere Begründung: 75–80 % der Diagnosen werden vorgenommen, weil die Frau älter als 35 und der Mann älter als 44 Jahre ist. Als dritte Indikation gibt es noch die „familiäre Vorbelastung", d. h. es ist schon ein behindertes Kind zur Welt gekommen bzw. eines der Geschwister des Paares ist behindert. Diese Situation trifft nur noch auf knapp 10 % der Fälle zu, obwohl sie als „klassisch" für die humangenetische Praxis gilt und ursprünglich die eigentliche Legitimation der Humangenetik abgab. Letztlich – so unsere These – verbirgt sich auch hinter der zweiten und dritten Begründung die Angst vor einem behinderten Kind. Worauf jedoch gründet sie sich, wie wird mit ihr umgegangen, und welche Rolle spielt dabei die Pränataldiagnose?

Angst vor Behinderung

Angst vor Behinderung ist Angst vor dem Unbekannten, Andersartigen, das negativ bewertet wird. Es ist auch Angst vor Krankheit, Leid, Schmerz und Tod. Hinzu kommt die Angst vor den Reaktionen der Umwelt: Stigmatisierung, soziale Ächtung, Isolation. Diese Ängste sind uralt. Die meisten Schwangeren werden mit ihnen konfrontiert. Viele träumen von einem „Krüppelkind" und von Mißgeburten.

In den letzten Jahren sind diese Ängste genährt und geschürt worden. Hierfür gibt es auch politische Hintergründe. Da ist auf der einen Seite die verseuchte Umwelt, die wahrscheinlich mehr und mehr vorgeburtliche Schädigungen verursacht; und auf der anderen Seite gibt es das Angebot der

Pränataldiagnostik, mit dem der Anschein geweckt wird, als könne es einen „Garantieschein" für ein gesundes Kind geben. Auf diese Weise werden sowohl Bedürfnisse geschaffen als auch Ängste verstärkt. Über technische Möglichkeiten lassen sich menschliche Ängste scheinbar beheben (abstellen?). Scheinbar – denn die Angst als solche wird innerhalb der Pränataldiagnostik gar nicht thematisiert. Frau setzt sich nicht mit ihr auseinander, sondern rationalisiert sie über das Mittel einer „objektiven" medizinischen Methode. Eine Technik – der Test – wird als Ersatz für Denken und Fühlen angeboten und auch angenommen. Woher die Angst kommt und wie frau auch anders mit ihr umgehen könnte – diese Frage wird erst gar nicht gestellt. Bei einem negativen Testbefund können sich die betroffenen Frauen vor der Bedrohung „Behinderung" in Sicherheit wiegen.

Daß diese Sicherheit jedoch nur eine scheinbare ist, zeigen die Statistiken über die Verteilung von Behinderung. Aus ihnen geht hervor, daß nur 4,3 % aller Behinderungen angeboren und von diesem Prozentsatz wiederum nur ein Teil pränatale Schädigungen sind. Die Mehrzahl der Behinderungen wird im Laufe des Lebens erworben, durch Krankheiten, Arbeits- und Verkehrsunfälle, Geburtshilfefehler (vgl. Bundesregierung). Somit ist die Pränataldiagnostik überhaupt keine Versicherung gegen Behinderung. Früher oder später kann sich die Auseinandersetzung mit Behinderung für jede/n stellen.

Was ist überhaupt Behinderung?

Nur wenige Frauen haben genaue Vorstellungen davon, was Behinderung ist. In der Regel wird mit einem behinderten Kind geistige Behinderung, vor allem Trisomie 21 (Down-Syndrom) assoziiert. Dies geschieht in solch einem Umfang und als solch gängiges Stereotyp, daß u. E. schon von einem „Trisomie-21-Angst-Syndrom" gesprochen werden kann, an dem die Bevölkerung „leidet". Weitere Zerrbilder sind: Behindert ist, wer – wie Broschürentitel suggerieren – „Hilfe braucht". Behinderung ist ein „dauerhafter, regelwidriger Zustand", wie es das Bundessozialhilfegesetz schreibt, oder unaussprechliches Leid, dem mit allen Mitteln vorgebeugt werden muß. Im alltäglichen Sprachgebrauch wird „Behinderung" immer mit Schädigung – körperlicher, geistiger oder psychischer Natur – gleichgesetzt. Zudem wird davon ausgegangen, daß es sich um einen unveränderlichen Zustand handelt. Entwicklungsmöglichkeiten von behinderten Menschen werden von vornherein ausgeschlossen. Es ist immer nur von Defiziten die Rede, nie von vorhandenen Fähigkeiten.

Die mehr oder minder „objektiv" feststellbare Schädigung ist jedoch nur die materielle Voraussetzung für das gesellschaftliche Phänomen Behinderung und für den Prozeß der Be-Hinderung. Das Vorliegen einer Schädi-

103

gung bewirkt, daß bestimmte herrschaftlich gesetzte Normen nicht erfüllt werden können. Das trifft vor allem auf die Bereiche Arbeits- und Bildungsfähigkeit, Mobilität, Ästhetik und Kommunikation sowie hinsichtlich des Gebotes der privaten Selbständigkeit zu. Mit anderen Worten: Wessen Bildungspotential gering eingeschätzt wird, wessen Arbeitskraft nicht vermarktet werden kann, wer sich nicht schnell und behende bewegen kann, wer als häßlich gilt, wer sich nicht verbal verständigen und die Lebensführung nicht autonom bewältigen kann – gilt als behindert. Als Ergebnis wird die Schädigung zum Ansatzpunkt für die Einschränkung der gesellschaftlichen Teilnahme, für die Be- oder gar Ver-Hinderung von Lebensmöglichkeiten und -perspektiven. Behinderung bedeutet demnach ein Etikett als Resultat von sozialer Ausgrenzung und Stigmatisierung. Sie ist somit ein gesellschaftlicher Prozeß, der in der psychosozialen und politischen Interaktion mit anderen entsteht, sich in ihr immer wieder herstellt und auf diese Weise zur permanenten, identitätsbildenden Lebenserfahrung des einzelnen wird.

Wie reagieren die anderen auf die als behindert etikettierten Menschen?

Frauen begründen die Inanspruchnahme der Pränataldiagnostik vor allem mit der Belastung, die ein behindertes Kind bedeute. In der üblichen Vorstellung wird dieses Kind zum völlig hilflosen, lernunfähigen Wesen, das seine Mutter „aussaugt" wie ein Vampir sein Opfer und dies lebenslänglich. Wir leugnen nicht, daß es heute schwierig ist, ein (behindertes) Kind großzuziehen, weil Frauen in der Regel alleingelassen werden und die ganze Verantwortungslast zu tragen haben. Wir kritisieren allerdings starre Vorstellungsmuster – auch unter Frauen –, die geprägt sind von Reduzierungen, herrschenden Wert- und Vor-Urteilen.

In dieser Argumentation wird die Belastung zu einem völlig statischen und unhistorischen Begriff. Er suggeriert, daß jedes behinderte Kind die gleiche Belastung darstellt, und daß dies schon immer so war und auch immer so sein wird. Die einzig mögliche Lösung scheint die vorgeburtliche Auslese zu sein. Eine historische Betrachtung zeigt jedoch, daß die Situation keineswegs so statisch ist wie oft dargestellt. In den letzten vierzig Jahren sind viele Hilfen für Eltern behinderter Kinder entstanden. Sie sind zwar – leider – vor allem in den städtischen Ballungsgebieten zu finden, damit allerdings gerade dort, wo der größte Anteil der Frauen wohnt, die Pränataldiagnostik in Anspruch nehmen.

Um die Belastung als fragwürdige Legitimation für die Pränataldiagnostik zu entlarven, wollen wir kurz die Entwicklung der Bundesvereinigung „Lebenshilfe für geistige Behinderte" aufzeigen (vgl. Waldschmidt). Die „Lebenshilfe" bietet sich insofern als gutes Beispiel an, da sie ein Zusammenschluß gerade der Eltern ist, deren Kinder heute mit so großer Selbstverständlichkeit abgetrieben werden: geistig Behinderte, insbesondere diejenigen mit Trisomie 21. Die Lebenshilfe ist maßgeblich an der Etablierung von Hilfen und Einrichtungen für geistig Behinderte und ihre Eltern in der Bundesrepublik beteiligt gewesen.

Nach 1945 gab es zur Versorgung behinderter Kinder und zur Unterstützung insbesondere ihrer Mütter so gut wie keine Angebote. Heime waren damals reine Verwahranstalten und konzeptuell sowie von ihrer baulichen Substanz her in einem desolaten Zustand. In jenen Jahren war zudem die Erfahrung der Euthanasie, d. h. die systematische Tötung von Behinderten als „nicht-lebenswertes Leben" durch die Nationalsozialisten, noch lebendig. Aus dieser Situation heraus gründeten Fachleute und Eltern 1958 die Lebenshilfe, nach dem Vorbild von ähnlichen Organisationen in anderen Ländern. Heute ist sie die größte Behindertenselbsthilfevereinigung auf Bundesebene.

Die Lebenshilfe wies in den ersten Jahren ihres Bestehens die Bildungsfähigkeit von geistig Behinderten nach, ermöglichte ihre Beschulung, nahm wichtigen Einfluß auf die Entwicklung der sogenannten Beschützenden Werkstätten. Eine weitere Entlastung vor allem für die Mütter waren die frühen Hilfen, Fördereinrichtungen für behinderte Kleinkinder.

Ein Arbeitsschwerpunkt der letzten Jahre bildete die Schaffung von elternunabhängigen Wohnmöglichkeiten für erwachsene Behinderte. Diese haben besondere Bedeutung, da sie den Eltern den Druck nehmen, lebenslang für ihre Kinder sorgen zu müssen, sowie die Angst, im Falle des eigenen Todes die Versorgung nicht gesichert zu wissen. Und nicht zuletzt bedeutet eigener Wohnraum für die Behinderten selbst einen erheblichen Zuwachs an Möglichkeiten zum selbstbestimmten Leben. In neuester Zeit öffnet sich die Lebenshilfe auch mehr und mehr dem Ansatz der integrativen Erziehung behinderter und nicht-behinderter Kinder.

Es liegt uns fern, eine Lobeshymne auf die Lebenshilfe zu singen. Vieles von dem, was dort getan wurde und wird, ist zu kritisieren. Beispielsweise hat die Organisation Unfähigkeit bewiesen, sich mit der NS-Vergangenheit eines ihrer Gründungsmitglieder auseinanderzusetzen. Zudem ist die Arbeit über lange Jahre ausschließlich auf Sondereinrichtungen orientiert gewesen. Dennoch bleibt festzuhalten, daß die Lebenshilfe viel dazu beigetragen hat, die Lebensbedingungen geistig behinderter Menschen entscheidend zu verbessern und ein Klima der Selbstverständlichkeit, der Toleranz und

Akzeptanz im Umgang mit Behinderten zu fördern. Auch unter ihrer Mitwirkung sind in den letzten Jahren erste Ansätze einer solchen – wie wir es nennen – Kultur im Umgang mit Behinderung entstanden. Doch diese Versuche und Projekte sind noch sehr bescheiden und gefährdet; das soziale und politische Handeln kann sie ganz leicht wieder zerstören.

Gefahr der Pränataldiagnostik

Unseres Erachtens liegt die eigentliche Gefahr der Pränataldiagnostik darin, daß sie soziales und individuelles Bewußtsein in Richtung auf technischen Machbarkeitswahn verändert. Sie verändert den Umgang mit Lebenssituationen und -krisen, z. B. bezogen auf Behinderung. Sie verändert Beziehungen, z. B. die zwischen Frau und Ungeborenem. Sie ist ein Teil eines lautlos ablaufenden Prozesses, in dem die alte Devise der Medizin „Heilen und Vernichten" unversehens wieder Aktualität gewinnt.

Indem Pränataldiagnostik die Illusion erzeugt, daß Behinderung abzuschaffen sei, verhindert sie, daß sich Wissen, Umgangsformen, Traditionen für den Umgang mit Schmerzen, Leid und auch mit Behinderung ausbilden und entwickeln können. Entsprechend befürchten wir, daß das im übrigen immer noch sehr niedrige derzeitige Niveau, das wir in Behindertenpolitik und -kultur erreicht haben, nicht nur nicht weiter angehoben, sondern im Gegenteil wieder reduziert wird. Wir befürchten, daß gesellschaftliche Ressourcen aus diesem Bereich abgezogen werden, daß Behinderung mehr und mehr individualisiert wird, daß Diskriminierungen keine Grenzen mehr gesetzt werden. Denn schließlich – so könnte es bald heißen – handelt es sich nur (?) um behinderte Menschen, die eigentlich hätten verhindert, sprich abgetrieben werden können.

Wie aber die Humangenetiker inzwischen auch selbst feststellen, hat die Pränataldiagnostik zahlenmäßig keine großen „Erfolge" aufzuweisen. Obwohl Hoffnung und zugleich Legitimation der deutschen Humangenetiker in ihrer Aufbauphase, hat sich der Prozentsatz der behindert geborenen Kinder in den letzten zwanzig Jahren nicht verringert. Machen wir uns nichts vor: Krankheiten, gesundheitliche Schädigungen und Beeinträchtigungen hat es immer gegeben und wird es immer geben; sie sind Teil menschlichen Lebens. Ob es allerdings Behinderung als soziales Phänomen immer geben muß – das liegt in unser aller Verantwortung.

Theile, U., „Genetische Beratung", in: *Umschau*, 1985, Heft 9, S. 560–563.

Schroeder-Kurth, T., „Genetische Beratung tut not", in: *Ärztliche Praxis*, 10.11.1987, 39 Jg., Nr. 90, S. 2721 ff.

Bundesregierung (Hg.), *Sozialpolitische Umschau*, Nr. 365/1988, 3.10.1988.

Waldschmidt, A., *Zu den Strukturen und Wirkungsmöglichkeiten von Selbsthilfezusammenschlüssen im Behindertenbereich*, unveröffentl. Diplomarbeit (Sozialwissenschaft), Universität Bremen, 1984.

4

„SELBSTBESTIMMTE" KONTROLLE – KONTROLLIERTE „SELBSTBESTIMMUNG"

Maria Mies
Selbstbestimmung – Das Ende einer Utopie?

Warum wir erneut über Selbstbestimmung reden müssen

Die Forderung nach Selbstbestimmung über unseren Körper und unser Leben ist eine der Grundforderungen der neuen Frauenbewegung. Sie wurde in zahlreichen Kampagnen und Bewegungen, vor allem aber im Zusammenhang des Kampfes gegen den § 218 erhoben.

Das politische Ziel der Selbstbestimmung der Frau, oft auch als Selbstbestimmung, als Autonomie oder Kontrolle über den eigenen Körper bezeichnet, wurde bewußt oder unbewußt abgeleitet aus dem Grundrecht auf Verfügung über die eigene Person, auf körperliche Unversehrtheit und Integrität. Dieses Grundrecht stammt aus dem Katalog der in den bürgerlichen Revolutionen erkämpften Menschenrechte. Was die Frauen der alten und teilweise auch der neuen Frauenbewegung auf die Barrikaden brachte und bringt, war die Tatsache, daß dieses Grundrecht zwar in allen modernen Verfassungen niedergeschrieben ist, daß es aber offensichtlich für Frauen nicht gilt. Denn wir Frauen haben nicht die Verfügung über die eigene Person, besonders nicht den eigenen Leib, er wird nach wie vor als Eigentum anderer, als *besetztes Territorium* von Männern: Medizin-Männern, Staats-Männern, Kirchen-Männern und eben Männern allgemein behandelt (vgl. den Streit der Medizin-Männer, wem die weibliche Brust „gehört", den Gynäkologen oder den Chirurgen). „Besetzt" sind vor allem die weiblichen Gebärorgane und die weibliche Gebärpotenz. Selbstbestimmung hieß für uns also zunächst die Befreiung von dieser Besetzung, dieser Kolonisierung. Die Forderung nach Selbstbestimmung war eine *Abwehrforderung*, basierte auf einem *Abwehrrecht*.

Sie enthielt und enthält aber auch ein Stück *Utopie*, etwas, das wir als Ziel unserer Kämpfe angesehen haben: die autonome oder selbstbestimmte Frau.

Bis vor kurzem war das auch meine Utopie, oder anders, ich habe mir weiter keine Gedanken über die Hintergründe und die Konsequenzen dieser Selbstbestimmungs-Utopie gemacht. Das hat sich für mich jedoch im Zusammenhang unseres Kampfes gegen die neuen Gen- und Fortpflanzungstechnologien geändert, insbesondere seit ich die Papiere gelesen habe, die amerikanische Feministinnen im Rahmen des Projektes „Reproductive Laws in the 1990s" an der Rutgers University verfaßt hatten. Ich will hier nur die wichtigsten Erkenntnisse wiedergeben, die mir, vor allem bei den Beiträgen von Lori B. Andrews, aufgegangen sind (vgl. Mies 1987a):

– Die neuen Fortpflanzungstechniken werden mit der Begründung legitimiert, sie erhöhten unsere „reproduktive Autonomie", indem sie an die Stelle der natürlichen oder „traditionellen" Fortpflanzungsvorgänge und -methoden ein breites Spektrum von „Fortpflanzungsalternativen" sowohl technischer als auch sozialer Art setzten.

– Der Körper ist unser Eigentum, darum können und sollen wir unsere Körperteile, vor allem unsere reproduktiven Organe und Substanzen verkaufen und vermieten dürfen. Alle juristischen Beschränkungen, die den freien Markt an und mit unseren reproduktiven und anderen Körperteilen einschränken, sollen fallen, vorausgesetzt, daß das Individuum nicht unter Zwang handelt und seine informierte Zustimmung gegeben hat.

– Diese totale Liberalisierung im Namen unserer Selbstbestimmungsforderung öffnet andererseits auch Tür und Tor für alle möglichen Mißbräuche. Wie kann sich das solcherart den Marktmechanismen ausgesetzte Individuum, vor allem das weibliche, vor Mißbrauch und Schaden schützen? Hier muß es den Staat, den die liberalen Feministinnen ja zunächst aus der privaten Reproduktionsentscheidung heraushalten wollten, wieder auf den Plan rufen. Die totale Liberalisierung führt notwendigerweise zur weiteren Durchstaatlichung, zu mehr staatlicher Kontrolle.

– Es gibt keinen prinzipiellen Unterschied zwischen den „konservativen" Lebensschützern, die den Embryo zu einer volljuristischen Person erklären wollen, und den „progressiven" Feministinnen (Liberalen, Linken), die den Embryo zu einer Sache oder zum Privateigentum der Frau machen wollen (siehe hierzu weiter hinten).

Ehe ich weiter auf das Dilemma mit dem Selbstbestimmungsrecht eingehe, möchte ich noch einen *zweiten Grund* nennen, warum wir uns noch einmal mit dem Konzept der Selbstbestimmung befassen müssen.

Farida Akhter schrieb 1986: „Es ist schwierig für eine westliche Feministin zu verstehen, daß Ausdrücke wie ‚Reproduktive Rechte der Frau' oder ‚Kontrolle der Frauen über den eigenen Körper' für die Mehrzahl der Frauen in Bangladesh keinen Sinn machen. Die Prozesse der Armut und Unterentwicklung haben ihr Leben hart an den Rand des Todes durch chronische Unterernährung gebracht. Der Überlebensinstinkt dominiert über den Drang nach Emanzipation von patriarchaler Unterdrückung." (Akhter, S. 2–3).

Sie berichtet, wie arme Frauen gezwungen werden, ihre körperliche Unversehrtheit aufzugeben, sich verstümmeln zu lassen, sich sterilisieren zu lassen, weil sie als „Entgelt" dafür etwas Getreide, einen Sari oder Geld bekommen, was ihnen erlaubt, ein paar Tage länger zu überleben. Die Bevölkerungskontrolleure kümmern sich hier keinen Deut um die „reproduktiven Rechte der Frauen".

Farida Akhter betont, daß Fragen der Emanzipation für die Frauen von Bangladesh genauso wichtig sind wie für westliche Feministinnen. Sie kritisiert jedoch, daß Forderungen wie „Kontrolle über den eigenen Körper" oder „reproduktive Rechte der Frau" von westlichen Feministinnen in Ländern wie Bangladesh erhoben werden, ohne daß die Fragen der ökonomischen, politischen und kulturellen Zwänge des internationalen Kapitals aufgeworfen werden.

Frauen in der „Dritten Welt" kritisieren die Selbstbestimmungsforderung manchmal aber auch aus einem anderen Grund. Sie können die Utopie des unabhängigen, isolierten, selbstbestimmten weiblichen Individuums nicht als etwas Attraktives sehen. Sie sind zwar gegen partriarchale Ausbeutung und Unterdrückung, die dort wie hier oft durch die Institution Familie vermittelt wird, sie können sich die Befreiung aber nicht in der Loslösung der einzelnen Frau von allen gemeinschaftlichen Beziehungen vorstellen. Sie wissen, daß es keinen Sozialstaat gibt. Sie wollen aber auch gar nicht frei und einsam in der Anonymität von Großstädten leben und schließlich allein im Altersheim sterben wie wir.

Die Frage nach der Selbstbestimmung ist daher also in zwei Hinsichten neu zu diskutieren:
1. Ist sie immer noch das, was wir als utopisches Ziel der Frauenbefreiung verstehen?
2. Müssen wir nicht die Kritik unserer Schwestern aus der „Dritten Welt" an dieser Utopie ernst nehmen?

Das Dilemma mit dem Selbstbestimmungsrecht

Das Dilemma, das viele mit dem Selbstbestimmungsrecht haben, wird in folgenden Argumenten deutlich:
a) Wenn wir gegen die neuen Fortpflanzungstechniken sind, dann müßten wir konsequenterweise auch gegen die Abtreibung sein. Somit würden wir uns den Konservativen annähern (vgl. Gleich).
b) Wenn wir ein Recht auf Abtreibung im Namen der Selbstbestimmung und reproduktiven Autonomie fordern, müssen wir der einzelnen Frau, die sich für irgendeine der neuen „Reproduktionsalternativen" entscheidet, das gleiche Recht zugestehen. Jede Technologie, die die Kontrolle über den eigenen Körper erhöhe und bei der kein Zwang angewendet würde, sei zu begrüßen. So argumentiert z. B. L. B. Andrews (vgl. Mies 1987 a).

Wenn wir uns die Argumente genau ansehen, merken wir, daß sich die ursprüngliche Richtung des Kampfes um Selbstbestimmung geändert hat.

Während es uns Frauen ursprünglich um Befreiung von ausbeuterischen und unterdrückerischen Mann-Frau-*Verhältnissen* ging, geht es nun um die „Emanzipation" von der unkontrollierten Gebärpotenz des weiblichen Körpers, um „Emanzipation" von unserer weiblichen Natur. Zunehmend wird diese Natur als Handicap angesehen, von dem uns die bio-technischen Experten befreien müssen. Anstatt unsere Bemühungen auf eine Änderung der Geschlechterverhältnisse zu richten, einschließlich der Sexualpraktiken, bedienen wir uns der angebotenen technischen Schnellösungen: Verhütungsmittel meist für Frauen, Abtreibungen in dem einen Fall, Retortenkinder im anderen. In beiden Fällen bleiben die Mann-Frau-Beziehungen und das gesamte soziale Umfeld außen vor. Jedenfalls kann von einer Veränderung dieser *Beziehungen* nicht die Rede sein. Im Gegenteil, die technischen Schnellösungen haben die Männer mehr denn je aus der Verantwortung für die Folgen des Geschlechtsverkehrs entlassen und die Frauen einer neuen Fremdbestimmung unterworfen, nämlich der durch medizinische Experten, durch den Staat und die Erwartung, den Männern dauernd zur Verfügung zu stehen.

Warum die Frauenbewegung dabei scheitern muß, die Frau als (bürgerliches) Subjekt zu konstituieren (historische Kontinuitäten).

Das oben angedeutete Dilemma ist nicht neu. Sowohl die alte Frauenbewegung als auch die neue haben sich daran abgearbeitet, die „Französische Revolution für uns Frauen nachzuholen", um es salopp auszudrücken. Oder um Freiheit, Gleichheit und Selbstbestimmung, die nach den bürgerlichen Revolutionen für alle Menschen gelten sollten, auch für uns Frauen einzufordern. Dabei stießen und stoßen wir immer noch an die Grenze, die – scheinbar – unsere weibliche Anatomie darstellt. Diese Grenze zu überwinden war damals das Ziel der Frauenrechtsbewegung. In bezug auf „Körperpolitik" wurde seit Ende des 19. Jahrhunderts die *Bewegung zur Geburtenkontrolle, zur Sexualreform, zu selbstbestimmter Mutterschaft und zu Mutterschutz* durchgeführt. Dieser Bewegung ging es darum, wie Susan Zimmermann nachgewiesen hat,

„daß Frauen ihren Körper und dessen Bedürfnisse bewußt – mit dem eigenen Bewußtsein eben – in Besitz nehmen sollten. Dies war ein zentrales Element zur Durchsetzung des ‚Rechts über sich selbst'; des Selbstbestimmungsrechts" (Zimmermann, S. 11).

Dabei war auch schon damals klar, daß dieses Recht auf Selbst-Bestimmung daran hängt, ob die Frau Eigentümerin, Besitzerin ihres Körpers ist. Es ging darum, daß die Frau sich vom „Objekt" zum geistigen Individuum, „zum sich selbst steuernden ‚Subjekt' erheben müsse" (Zimmermann, S. 12).

Dieser Versuch der „Subjektwerdung" wird nicht nur dadurch erkauft, daß sich die Frau aufspalten muß in einen besitzenden, herrschenden, kontrollierenden Teil – den Kopf – und beherrschte Teile, sondern auch, daß bereits diese Bewegung letztlich den Staat zu Hilfe rufen mußte, um diese Umstrukturierung der Frau zum bürgerlichen Subjekt zu garantieren. Womit dann auch der Staat die Kontrolle über das „Produkt und den Produktionsprozeß" übernehmen sollte (vgl. Zimmermann, S. 120ff.).

Das Dilemma mit der Selbstbestimmung ist also nicht neu. Vielleicht ist es aber das erste Mal, daß wir uns kritisch mit einem Begriff auseinandersetzen, der seit der Aufklärung zum Inbegriff von Emanzipation und Freiheit geworden ist. Um mit dieser Kritik voranzukommen, auch um zu einem besseren Begriff für unsere Utopie zu kommen, müssen wir freilich noch etwas weiter in die Geschichte und auch auf die philosophischen Grundlagen dieser Utopie schauen.

Historische und philosophische Grundlagen

Wenn wir uns die *Geschichte der bürgerlichen Revolutionen* genauer ansehen, stellen wir fest, daß einerseits zwar Freiheit, Gleichheit und Selbstbestimmung als universale Menschenrechte postuliert wurden, daß aber zur gleichen Zeit ganze Kategorien von Menschen eben von diesen Menschenrechten ausgeschlossen wurden. Das waren zunächst einmal die Sklaven, die auf den Plantagen in Amerika für die europäischen Kolonisten arbeiteten, das waren schließlich alle Kolonialvölker, das waren die eigenen Frauen und zunächst auch die besitzlosen Arbeiter. Denn *Subjekt im bürgerlichen Sinne konnten nur Eigentümer sein.* Dabei war man aber keineswegs konsequent, wenn es um die Frauen ging. In den USA hatten z. B. am Anfang reiche Besitzerinnen ein Stimmrecht – wie vorher auch in England. Dieses Stimmrecht wurde ihnen aber im Verlauf des 19. Jahrhunderts wieder weggenommen. Frau durfte also, trotz Besitz, kein politisches Subjekt werden. Und das lag offensichtlich daran, daß sie durch die neuen Ehegesetze einem Manne unterstellt und so als Erwachsene politisch entmündigt wurde. Die Frauen blieben also nicht einfach auf einer weniger entwickelten Stufe „zurück", sie wurden *„zurückentwickelt".* Ähnlich war es mit den Sklaven, denen in den englischen Kolonien z. B. verboten wurde, Christen zu werden (vgl. Reddock).

All diese „Rückentwicklungen" aus der Menschheit in die „Natur" oder diese „Naturalisierungen", wie ich es genannt habe, fanden zeitlich parallel zum Zeitalter der europäischen Aufklärung, parallel zu der Zeit der bürgerlichen Revolutionen statt, in denen das freie, gleiche, selbstbestimmte Subjekt, das bürgerliche Indviduum geschaffen wurde.

Wenn wir also die Gesamtheit dieser Prozesse ansehen und unseren Blick nicht nur verengen auf das, was hier in Europa geschah, so können wir sagen:

115

Der Aufstieg der Männer basiert auf dem Abstieg der Frauen.
Der Fortschritt Europas beruhte auf dem Rückschritt der Kolonien.
Die Entwicklung der Produktivkräfte beruhte auf Raub, Krieg und Gewalt.

Und auf die Selbstbestimmung bezogen: *Die Selbstbestimmung des bürgerlichen Individuums, des Subjekts, beruht auf der Fremdbestimmung anderer Menschen, vor allem von Frauen und anderen Kolonisierten.*

Dieser Zusammenhang zwischen Selbstbestimmung und Fremdbestimmung ist jedoch nicht nur ein zufälliger, sondern ein *notwendiger*. Uns ist immer gesagt worden, das europäische Bürgertum habe sich in seinen Revolutionen seit dem 18. Jahrhundert aus der Fremdbestimmung durch den Feudalismus gelöst. Und das hätte es kraft seines Gewerbefleißes gekonnt. Tatsache ist jedoch, daß dieses Bürgertum ohne die gleichzeitige und vorausgehende gewaltsame Kolonisierung der Welt und der Natur und der Frauen diese Reichtümer eben gar nicht gehabt hätte. Es hätte dann vermutlich auch keinen Aufstand gegen den Feudalismus machen können.

Die Kosten für diesen Aufstieg des Bürgertums werden meist – von Liberalen wie von Marxisten – aus der Teleologie der Geschichte gerechtfertigt. Sie seien notwendig gewesen – und seien weiter notwendig –, wenn sich die Menschheit aus primitiven, barbarischen Zuständen zur Zivilisation, zur Kultur, zur „Freiheit" emporentwickeln solle.

Die Opfer werden damit vertröstet, daß sie irgendwann – mit noch etwas mehr Entwicklung, mehr Produktivkraftentfaltung, mehr Wissenschaft und Technik – auch dahin kommen würden, wo die Herren jetzt sind. *Was gut ist für die herrschende Klasse, soll gut sein für alle*, schrieb Engels (Engels, S. 205).

Doch abgesehen davon, ob das, was gut für die Herren ist, gut für alle sein soll, müssen wir langsam begreifen, daß diese Logik der *„nachholenden Entwicklung"* nie aufgehen kann, weder politisch noch ökonomisch noch kulturell. Denn wenn die Unterdrückten eine Stufe höher geklettert sind, sind die Herren schon wieder zwei Stufen weiter auf der Leiter des unendlichen Fortschritts emporgestiegen.

Kant, Hegel, Simone de Beauvoir

Wenn ich vorhin sagte: Es gibt keine Selbstbestimmung ohne Fremdbestimmung, und das zunächst auf die große Geschichte bezogen habe, so wäre jetzt nachzuweisen, daß der Satz auch zutrifft, wenn wir ihn auf uns Frauen generell und sogar auf die einzelne Frau anwenden. Damit meine ich nicht nur, daß die weißen Mittelklassefrauen nur in dem Maße „selbstbestimmter" werden, in dem die Natur weiter unterjocht und die Dritte Welt weiter ausgebeutet wird (vgl. Birk/Stoehr; Mies 1987 b), ich meine es auch in bezug

116

auf das *Verhältnis*, das die einzelne *Frau zu sich selbst, zu ihrem Leib herstellen muß*. Seit der Aufklärung mußte sie lernen, den eigenen Leib – wie die Natur – als ihre Feindin zu sehen. Um zu einem bürgerlichen Subjekt, zur Eigentümerin der eigenen Person zu werden, mußte sie sich selbst zerstückeln. Das ist das notwendige und konsequente Endresultat jener Emanzipationsutopie, die in der Aufklärung mit der Herrschaft des „Weißen Mannes" über die Natur, die Frauen, die Kolonien anfing.

Im folgenden möchte ich auf die *philosophischen Begründungen* für diese Selbstbestimmungs-Utopie eingehen.

Wie E. Fox Keller und die Brüder Böhme nachweisen, wurde seit der Aufklärung, vor allem seit Kant alles aus dem Erkenntnisbegriff der Moderne ausgemerzt, was noch daran erinnert, daß Menschen von Frauen geboren werden und sterben, daß sie einen Leib, Sinne, Gefühle wie Sympathie oder Antipathie und Erfahrungen haben und schließlich, daß sie *in einem lebendigen Zusammenhang* stehen mit der sie umgebenden Welt: der Erde, dem Wasser, der Luft, den Pflanzen, den Tieren, anderen Menschen. Auf der Grundlage vorausgegangener Gewalt wird zuerst die Natur, dann der Mensch sich selbst fremd.

Derselbe Verfremdungsprozeß fand mit dem menschlichen Körper statt. Die Leitwissenschaft, die sich des Körpers bemächtigte, war die Anatomie. Sie setzte für die sich entwickelnden Naturwissenschaften die methodologischen Richtlinien: „Sichtbarmachen, Aufschneiden, Entdecken" – Sezieren des lebendigen Zusammenhangs (Böhme / Böhme, S. 52).

Der Mensch lernt sich also mit dem Blick eines *anderen* zu sehen. Vor allem Kant hat aus diesem Blick des Menschen auf sich und die Natur alles vertrieben, was noch an Körperlichkeit, Sinnlichkeit, Phantasie, Empathie usw. erinnert. Vernunft, Rationalität muß fühllos gegenüber dem eigenen Körper machen, genauso wie der moderne rationale Mann fühllos gegenüber den Frauen werden muß. Der Frauenkörper wird andererseits nach außen geöffnet:

„Wie der weibliche Körper porös nach außen wird, so wird der männliche diffus nach innen. Das Apathie-Ideal männlicher Rationalität bezahlt sich mit einer eigenartigen Fühllosigkeit des Leibes." (Böhme / Böhme, S. 119)

Erst ein seinem eigenen Leib fremdgewordenes Selbstbewußtsein ist rational und interessiert sich für das Abstrakte, das mathematisch Berechenbare, das *Transzendentale*, d. h. was jenseits unserer Lebenserfahrung ist. Erst ein solches Subjekt ist „frei", kann nicht nur, wie noch bei Bacon, die Naturgesetze aufspüren, sondern *schreibt der Natur die Gesetze vor*, wie Kant es darstellt.

Die Kantsche Definition der Emanzipation – sich seines Verstandes ohne fremde Hilfe zu bedienen – basiert auf diesem Rationalitätsbegriff.

In dem Kantschen Rationalitätsbegriff schon angedeutet ist 1. die dualistische Spaltung zwischen Vernunft (Ratio) und Leben (Leib); 2. das Herrschaftsverhältnis zwischen Vernunft und Leben (Leib, Gefühle, Erfahrung, unsere „Tierheit").

Im Prinzip haben wir es schon hier mit dem *Herr und Knecht-Verhältnis* zu tun, über das Hegel später (um 1830) als Verhältnis zwischen zwei Bewußtseinsstufen philosophierte. In der Parabel von Herr und Knecht stellt Hegel den Kampf von zwei Bewußtseinen im Verlauf der menschlichen Geschichte dar, der immer ein antagonistischer Kampf ist.

Genevieve Lloyd weist nach, daß Simone de Beauvoirs Analyse der Frauenproblematik und auch ihre Utopie der Frauenbefreiung ihre philosophischen Wurzeln in der, über Sartre vermittelten, Hegelschen Herr-Knecht-Dialektik hat. Nach Hegel kann Selbstbewußtsein, d. h. die Gewißheit seiner selbst – und damit auch Selbstbestimmung – das sg. Fürsichsein, *nur im Gegensatz* zum Leben entstehen, in der Überwindung des bloßen Eingetauchtseins in die Zyklen des Lebens. Dieses Leben, die organische Welt, die Welt des Alltags, der partikularen Erfahrungen, dieses *Vertieftsein ins Leben* nennen er und Beauvoir *Immanenz*. Selbstbewußtsein, Freiheit, Selbstbestimmung, höhere Werte, Kultur usw. können aber nur erreicht werden, indem diese Immanenz *überschritten*, d. h. überwunden wird. Dieses Überschreiten des Lebens, dieses dauernde *Jenseits* nennt man *Transzendenz*. Den Kampf zwischen den beiden Bewußtseinen, zwischen diesem Lebens- und Alltagsbewußtsein (Natur, Organisches, Frauen, Hausfrauen usw.) und dem höheren Selbstbewußtsein schildert Hegel in jener Parabel vom Herrn und Knecht. Das Selbstbewußtsein ist der Herr, das Alltagsbewußtsein ist der Knecht.

Nach Hegel kann sich das Selbstbewußtsein seiner selbst nur bewußt werden, indem ihm ein anderes Bewußtsein als äußeres Objekt gegenübergestellt wird. Dieses Objekt ist gleichzeitig Gegenstand der Begierde. Das Ich (Selbstbewußtsein) versucht, sich das Objekt dadurch „einzuverleiben",

„daß es das Andere durch Aufhebung seines Andersseins überwindet. Die Befriedigung von Begierde überwindet das unabhängige Anderssein. In der Zerstörung der Unabhängigkeit des Anderen vergegenständlicht ein Ich sein eigenes Selbstbewußtsein als in der Welt gegenwärtig." (Lloyd, S. 119)

Es fällt nicht schwer, mit G. Lloyd dieses Herr-Knecht-Beispiel als eine adäquate Beschreibung des herrschenden Mann-Frau-Verhältnisses zu sehen. So hat es auch Simone de Beauvoir verstanden. Selbstbewußtsein (Freiheit, Subjektsein, Selbstbestimmung usw.) erlangt der Mann durch *Loslösung* von dem Vertieftsein ins Leben, von der Immanenz, d. h. also durch ein Sich-Abschneiden vom *lebendigen Zusammenhang*. Für den bürgerlichen Mann ist das vor allem auch die Loslösung von der Familie und von der Frau, der jedoch ein Anteil an der Siegesbeute zugebilligt wird (vgl. Lloyd, S. 123).

S. de Beauvoir hat nun zunächst richtig analysiert, worin die Rolle der Frau besteht: das andere (Objekt, Knecht) für den Mann zu sein. Wenn sie sich weigert, das andere zu sein, verweigert er ihr jenen Anteil an der Siegesbeute. Ihr Problem besteht aber nun darin: *Wie kann die Frau zur Transzendenz kommen?* Denn Transzendenz bedeutet für Beauvoir wie für Hegel und Sartre Freiheit, Selbstbewußtsein, Selbstbestimmung, Existenz. Diese ist nicht zu erreichen durch Eingetauchtsein in den Alltag, das Leben. Frauenemanzipation heißt, diese Transzendenz zu erreichen. Sie besteht nach Beauvoir

> „…im Status der Selbstbestimmung und Selbstrechtfertigung mittels frei gewählter Entwürfe und Taten. Die Frauen sollen zu freien Bewußten werden, die weit über der Immanenz des Lebens stünden." (Lloyd, S. 116)

Selbstbestimmung ist also nur durch frei gewählte Taten und Entwürfe zu erreichen. Zum Beispiel durch frei gewählte Berufstätigkeit oder auch durch frei gewählte Bildung, aber jedenfalls nicht im Vollzug des Alltags, im Kochen, Putzen, im täglichen Abwasch oder Kinderversorgen:

> „(…)Was aber nun auf eine eigenartige Weise die Existenz der Frau begrenzt, ist, daß sie, obwohl wie jedes menschliche Wesen eine autonome Freiheit, sich entdeckt und sich wählt in einer Welt, in der die Männer ihr auferlegen, sich als das Andere zu sehen: man bemüht sich, sie zu einem Ding erstarren zu lassen und zur Immanenz zu verurteilen, da ja ihre Transzendenz unaufhörlich von einem anderen, essentiellen und souveränen Bewußtsein überstiegen wird." (Beauvoir, S. 21)

Das Problem von uns Frauen ist nach Beauvoir der Konflikt zwischen unserem Wesen als *autonomem Subjekt* und unserer physischen Beschaffenheit, unserem weiblichen Leib. So schreibt auch G. Lloyd:

> „Es scheint, als sei der weibliche Körper ein wesentliches Hindernis für die Transzendenz, der die Frau zu einer Art Beute ihrer Gattung macht." (Lloyd, S. 132)

Selbst wenn wir mit S. de Beauvoir sehen, daß es die Männer waren, die die Frauen in die Immanenz eingeschlossen haben, bleibt zu fragen, wie denn Selbstbestimmung innerhalb dieses Schemas möglich sein soll? S. de Beauvoir sagt:

> „Was sie (die Frauen, die Verf.) heute beanspruchen, ist wiederum mit gleichem Recht wie der Mann als Existierende anerkannt zu werden, nicht aber die Existenz dem Leben, den Menschen seiner animalischen Natur zu unterstellen." (Beauvoir, S. 72)

Sie hält fest an der Spaltung zwischen Leben und Freiheit/Selbstbestimmung, zwischen Natur und Kultur. Sie hält fest an der Fremdheit des Leibes, besonders des weiblichen Leibes als Hindernis für Selbstbewußtsein und Selbstbestimmung (Transzendenz). Der Leib ist unsere Feindin. Sie stellt also diese ganze Aufspalterei, dieses Projekt des europäischen Mannes seit der Aufklärung als Vorbedingung für Freiheit und Emanzipation nicht in Frage. Sie möchte so sein wie der Mann, der Herr, und sieht keine andere Möglichkeit, als die Herrschaft in den eigenen Körper hineinzuverlagern.

„Die männliche Aktivität hat dadurch, daß sie Werte geschaffen hat, die Existenz selbst als Wert gesetzt, sie hat über die verworrenen Kräfte des Lebens den Sieg davongetragen, sie hat die Natur und die Frau unterjocht." (Beauvoir, S. 73)

Obwohl S. de Beauvoir hier deutlich ausspricht, daß das männliche Selbstbewußtsein, die männliche Selbstbestimmung auf der Unterjochung und Fremdbestimmung von Frauen und Natur beruht, hofft sie auf genau demselben Wege zur weiblichen Selbstbestimmung zu kommen, das kann doch dann auch nur heißen, ein anderes zu unterjochen. Denn ohne Objekt gibt es kein Subjekt, ohne Immanenz gibt es keine Transzendenz, ohne Versklavung anderer keine Freiheit. *Wer ist das andere für die Frauen?* Das ist die große Frage für S. de Beauvoir. Es ist – konsequenterweise der eigene, als feindlich empfundene Körper. Die Frau muß nicht nur gegen die Männer und ihre Zuschreibungen kämpfen, sondern

„…auch gegen den eigenen Körper, …wenn sie in die Lage versetzt werden will, ein wahres Fürsichsein und wirkliche Freiheit zu erringen, als könne sie in den Genuß der Transzendenz nur auf Kosten der Entfremdung von ihrem eigenen körperlichen Sein gelangen." (Lloyd, S. 136)

Hier ist m. E. die Erklärung dafür zu finden, daß verschiedene Feministinnen die neuen Fortpflanzungstechniken als einen Beitrag zur Frauenbefreiung ansehen, denn sie machen uns – angeblich – weiter unabhängig von diesem animalischen Leib. Wer Autonomie, Selbstbestimmung, Transzendenz, Freiheit so definiert wie Beauvoir, kann gar nicht anders, als der Selbstverstümmelung bzw. der Verstümmelung anderer zuzustimmen.

Diese Art Selbstbestimmung beruht auch auf der Fremdbestimmung von Teilen unseres eigenen weiblichen Leibes, auf der Verletzung unserer körperlichen Integrität. Innerhalb schlechter, patriarchaler Verhältnisse mögen Frauen zwar als Ausweg aus einer subjektiv unerträglich empfundenen Situation diese Verletzung als „kleineres Übel" wählen. Es ist richtig, dafür zu kämpfen, daß sie dafür nicht kriminalisiert werden. Es ist aber eine ganz andere Sache, diese Verletzung des eigenen lebendigen Zusammenhanges als Beitrag zur Frauenbefreiung, als Annäherung an unsere Utopie zu verstehen, wie es häufig geschieht. Wenn wir das, was ursprünglich unter dem Begriff Selbstbestimmung positiv gemeint war, erhalten wollen, dann müssen wir darauf bestehen, daß der lebendige Zusammenhang, den wir als weibliche Menschen darstellen und in dem wir uns bewegen, erhalten bleibt bzw. wiederhergestellt wird.

Ich habe anfangs gesagt, daß die Positionen der sog. Progressiven und der sog. Konservativen in bezug auf das Verhältnis einer Schwangeren zu dem in ihr heranwachsenden Leben gar nicht so unterschiedlich sind, wie es zunächst bei all der lauten Polemik aussieht. In beiden Fällen wird die Frau als „lebendiger Zusammenhang" oder die Symbiose zwischen Frau und Embryo zerrissen. Die sog. Progressiven sagen, der Embryo sei nur ein Zellklumpen, eine Sache oder ein Stück Eigentum. Die sog. Konservativen sagen, er sei eine volljuristische Person mit vollen Rechten, die vor allem vor der Mutter geschützt werden muß.

Beide betrachten den Embryo als etwas von der Schwangeren Getrenntes. Wir sehen an diesem Beispiel ebenfalls, sobald jene Symbiose, jener lebendige Zusammenhang technisch auseinandergenommen wird, treten die „Teile" notwendigerweise in ein antagonistisches Verhältnis zueinander. Der eine Teil bekämpft den anderen Teil, oder mit Hegel und Beauvoir zu sprechen, es ist ein Subjekt-Objekt- oder Herr-und-Knecht-Verhältnis. Da der Embryo selbst noch keine Selbstbestimmung hat, tritt stellvertretend der Staat als Subjekt im Kampf gegen die Mutter auf. Genauso ist es aber auch, wenn der Embryo als Sache, als Eigentum betrachtet wird, das zu schützen ist. Auch hier muß der Staat in letzter Instanz sicherstellen, daß die Interessen der jeweiligen EigentümerInnen (von Eiern, Embryonen, Sperma usw.) gewahrt werden gegenüber Mißbrauch und Beschädigungen. Um die betroffenen Parteien – denn so muß man sie jetzt nennen – vor Schaden und Schadensersatzforderungen zu schützen, müssen detaillierte Verträge abgeschlossen werden: zwischen Klinik und Frau, Arzt und Frau, Frau und Mann usw. Der Staat muß die Einhaltung dieser Verträge garantieren. Mehr Liberalisierung führt also notwendigerweise zu mehr Staat. Nicht nur die Konservativen, sondern auch die Liberalen und Progressiven rufen den Staat zu Hilfe, um ihre Forderungen durchzusetzen. *Alle Selbstbestimmungsforderungen richten sich an den Staat!* Er soll liberalere Gesetze machen oder beschränkende Gesetze aufheben. Daß er dies aber nur tut, wenn wir ihm mehr Kontrolle über unseren Körper und die gesamten Fortpflanzungsvorgänge geben – Beispiel Mütterpaß, Vorsorgeuntersuchungen, Klinikgeburten –, das wollen die meisten Frauen nicht wissen.

Außerdem richten sich die Selbstbestimmungsforderungen der Frauen *an die Wissenschaft und die Technik.* Sie sollen Fruchtbarkeit und Unfruchtbarkeit technisch bekämpfen. Dabei übersehen viele, daß sie sich damit mehr denn je in die Hände profitorientierter multinationaler Pharmakonzernen begeben, die weltweit Geschäfte mit der Fruchtbarkeit wie der Unfruchtbarkeit machen. Was heißt dann hier noch Selbstbestimmung? Die Frauen haben die „selbstbestimmte" Wahl zwischen verschiedenen Pillen, Spiralen, intra-uterinen Einsätzen, Pessaren, Abtreibungen, IVF, Leihmutterschaft usw. Sie können zwischen verschiedenen Firmen wählen, die diese Mittel herstellen, wie zwischen Omo und Persil. In der „Dritten Welt" wird die Bevölkerungskontrollpolitik mit der Methode des „Social Marketing" verbreitet. Dort können die Frauen die Illusion der Selbstbestimmung und Wahlfreiheit dadurch aufrechterhalten, daß sie zwischen rosa, grünen und goldenen Pillen wählen dürfen. Dabei wissen wir Frauen inzwischen doch, daß es keine Verhütungstechnik gibt, die den weiblichen Körper *nicht* schädigt.

Seit mir diese Zusammenhänge klargeworden sind, kann ich den Begriff der Selbstbestimmung nicht mehr so naiv als Ausdruck für unsere feministische Utopie benutzen. Freilich haben wir damit noch keinen anderen Begriff.Eins ist mir aber vor allem am Beispiel der Reproduktionstechnik klargeworden: Wir müssen uns dagegen wehren, daß der lebendige Zusammenhang, den wir als weibliche Menschen darstellen, die Symbiose zwischen Mutter und Kind, die allein das Leben beider schützt, von den Technopatriarchen im Namen unserer „Selbstbestimmung" weiter zerstückelt wird. Denn diese technische Aufspaltung macht ja erst den Antagonismus zwischen den Teilen und ihre Vermarktung und Verwertung möglich.

Der Begriff Symbiose ist in der Frauenbewegung negativ besetzt. Loslösung des Individuums von der Symbiose mit der Mutter gilt als Voraussetzung für Erwachsenwerden, für Autonomie. Dabei wird immer unterstellt, daß Symbiose, das Zusammenleben – denn das heißt Symbiose –, immer ein *parasitäres* Herrschaftsverhältnis bedeutet, das an der weiblichen Anatomie selbst kleben soll. Wir wissen aber doch, daß dieses Herrschaftsverhältnis zwischen Mutter und Kind keinesfalls naturgegeben ist, sondern ein Resultat der „Mikrophysik der Macht" (Foucault), ein Ergebnis gesellschaftlicher Zurichtung von Frauen in patriarchalen Gesellschaften, ein Ergebnis von Gewalt. Wo solche Gewaltverhältnisse weder die Mann-Frau-Beziehung durchdringen, noch die gesellschaftliche Umwelt, wo eine Schwangere nicht mit Angst der Geburt eines Kindes entgegensehen muß, ist diese Symbiose doch kein Unglück.

Denn der lebendige Zusammenhang ist eigentlich ein Zusammenhang der Liebe. Das sagen selbst Frauen, die abgetrieben haben, voller Bedauern: Eigentlich ist ein Kind doch kein Unglück, keine Last, sondern ein Glück (vgl. Meyer). Das Problem ist doch nicht unsere Anatomie, die uns in die Lage versetzt, Kinder hervorzubringen, sondern die Zerstörung der lebendigen Zusammenhänge, sowohl der leiblichen als der gesellschaftlichen, die es Frauen ermöglichen würden, Kinder ohne Angst zu bekommen. Die ganze technische Verhütungs- und Vermeidungsstrategie hat eben nicht zur Bewahrung und Wiederherstellung solch lebendiger Zusammenhänge geführt, sondern zur weiteren Atomisierung von Frauen und Frauenkörpern. Die Einzelfrau steht mutterseelenallein da mit ihrer existentiellen Entscheidung, ein Kind haben zu wollen oder nicht. Diese Entscheidung fällt sie nicht selbstbestimmt, sondern unter einem enormen sozialen Druck. *Wiederherstellung lebendiger Zusammenhänge* bedeutet darum auch nicht nur, daß wir den „Technodocs" den Zugang zu unserem Körper möglichst verweigern, sondern auch, daß wieder andere Menschen, Frauen, Männer und Kinder in einer lebendigen Beziehung zu einer Schwangeren oder einer unfruchtbaren Frau stehen. Viele Frauen, die abgetrieben haben, geben zu, daß sie nicht abgetrieben hätten, wenn es eine unterstützende Umgebung für sie gegeben hätte. Nicht materielle Überlegungen spielten die wichtigste Rolle bei ihrer Entscheidung, sondern die Erkenntnis, daß sie ganz allein mit dieser Sache dastanden (vgl. Meyer).

Wiederherstellung lebendiger Zusammenhänge heißt hier auch, daß der Zusammenhang zwischen den Generationen von seinen patriarchalen Fesseln befreit wird. Es kann doch nicht im Sinn der Frauenbefreiung sein, wenn jede Töchtergeneration sich zuerst einmal in Feindschaft zu der Müttergeneration versteht und ihre Befreiung als „Loslösung von den Müttern" durchexerzieren muß. Ohne ein unterstützendes Umfeld, einen liebenden und lebendigen Zusammenhang, vor allem auch mit der *Generation der Mütter*, hat die Einzelfrau den Strategien der „Technodocs" und des Staates nichts entgegenzusetzen. Sie ist ihnen hilflos ausgeliefert.

Wiederherstellung des lebendigen Zusammenhangs heißt vor allem aber auch, daß wir Frauen endlich die Männer dazu kriegen, Verantwortung für das Leben zu übernehmen, auch Verantwortung für die Folgen des Geschlechtsverkehrs. Anstatt die Folgen des Geschlechtsverkehrs technisch zu beseitigen, nach dem Motto: Den Männern die Lust, den Frauen die Last, wäre es endlich Zeit, die Männer an der Last zu beteiligen. Ich sehe keine Chance für die Befreiung der Frauen darin, daß die Last, die mit unserer weiblichen Körperlichkeit an unsere Lust gebunden ist, technologisch beseitigt wird und wir dann, wie die Männer, nur noch „reine Lust" hätten. Wir Frauen wissen, daß es in unserem sterblichen Körper diese „reine Lust" nicht gibt. Immer tragen wir die Folgen. Frauenbefreiung kann m. E. nicht heißen, Entfernung von dieser Leiblichkeit, „Aufstieg" ins Männerreich der Transzendenz, sondern umgekehrt: Anbinden der Männer an diese lebendigen Zusammenhänge, an diesen Alltag, an diese Last, an diese Immanenz und die Aufhebung dieses Transzendenz-Immanenz-Dualismus. Dazu braucht es keine neue Technologie, sondern neue Verhältnisse zwischen den Geschlechtern.

LITERATUR

Akhter, Farida, *Depopulating Bangladesh*, UBINIG, Dhaka 1986.
Böhme, Hartmut/Böhme, Gernot, *Das Andere der Vernunft, Zur Entwicklung von Rationalitätsstrukturen am Beispiel Kants*, Suhrkamp, Frankfurt 1985.

de Beauvoir, Simone, *Das andere Geschlecht*, rororo, Reinbek 1983.

Engels, Friedrich, *Der Ursprung der Familie, des Privateigentums und des Staates*, Dietz Verlag, Berlin (Ost) 1983.

Fox-Keller, Evelyn, *Liebe, Macht und Erkenntnis*, Hanser, München 1986.

Hegel, Georg Wilhelm Friedrich, *Vorlesungen über die Philosophie der Geschichte*, Frankfurt 1970.

Lloyd, Genevieve, *Das Patriarchat der Vernunft*, Daedalus, Bielefeld 1985.

Meyer, Elisabeth, „Die Frauen haben das Wort. Forschungsbericht aus dem Familienplanungszentrum", in: S. v. Paczensky / R. Sadozinsky (Hg.): *Die neuen Moralisten. § 218. Vom leichtfertigen Umgang mit einem Jahrhundertthema*, rororo Frauen, Reinbek 1984.

Mies, Maria, „Im Supermarkt der käuflichen Körperteile", in: *Die Tageszeitung*, 1.8.1987a.

dies., „Konturen einer öko-feministischen Gesellschaft", in: *Frauen und Ökologie: Gegen den Machbarkeitswahn*, Die GRÜNEN im Bundestag, AK Frauenpolitik (Hg.), Volksblattverlag, Köln 1987b.

Reddock, Rhoda, *Women, Labour and Struggle in 20th Century, Trinidad and Tobago*, ISS, Den Haag 1984.

Stoehr, Irene / Birk, Angelika, „Der Fortschritt entläßt seine Töchter", in: *Frauen und Ökologie, Gegen den Machbarkeitswahn*, Die GRÜNEN im Bundestag (Hg.), Volksblattverlag, Köln 1987.

Zimmermann, Susan, *Sexualreform und neue Konzepte von Mutterschaft und Mutterschutz am Beginn des 20. Jahrhunderts*, Diplomarbeit, Universität Wien, 1985 / 86.

v. Gleich, Arnim, „Gentechnologie und Feminismus", in: *Kommune, Nr. 12*, 1985, S. 51.

Frauen gegen Bevölkerungspolitik

Zwischen Zwangsheterosexualität, Institution Mutterschaft und (un)heimlichen Wünschen

Als Lesben, die die R & G (Reproduktions- und Gentechnologien) grundsätzlich ablehnen, wollen wir versuchen, eine *lesbisch*-feministisch begründete Ablehnung der Technologien zu entwickeln. Wir meinen, daß Lesben und heterosexuelle Frauen sich unterschiedlich mit den R & G auseinandersetzen, weil wir durch unser lesbisches Leben sowohl von heterosexistischer Repression stärker betroffen sind als auch eine andere Wahrnehmung für heterosexistische Strukturen entwickeln. Zentral ist die Frage nach der Bedeutung der Sexualität von Frauen, vor allem in ihrer herrschenden Ausprägung als (Zwangs-)Heterosexualität, und wie sie in die R & G als Instrument der Frauenunterdrückung Eingang findet.

Dabei betrachten wir uns Lesben *nicht* als „Randgruppe" mit ihren „spezifischen" Problemen, die sich von anderen Frauen hinsichtlich ihrer „sexuellen Orientierung" unterscheiden. Es geht vielmehr darum, den Heterosexismus als Bestandteil der gesamten Frauenunterdrückung zu begreifen.

Im folgenden wird es um zwei Fragestellungen gehen, unter denen wir eine lesbisch-feministische Position zu den R & G entwickeln wollen:

I. Wie gehen Bevölkerungspolitiker, Gen- und Reproduktionstechnologen mit uns Lesben um? Wo kommen wir direkt oder indirekt in ihren Plänen, Gesetzen oder Wissenschaften vor? Wie wird Zwangsheterosexualität mit den R & G durchgesetzt?

II. Wie gehen Lesben mit den R & G um? Wie setzen wir uns mit den Strategien der Bevölkerungsplaner auseinander? Wie sieht feministische Kritik an den R & G bezogen auf die Nutzung durch Lesben aus? Wie gehen wir als Lesben, die die R & G grundsätzlich ablehnen, mit dem Wunsch anderer Lesben nach (selektiver) Nutzung der R & G um?

Wie wird mit Lesben umgegangen?

Grundsätzlich ist festzustellen, daß wir in der Bevölkerungspolitik als Lesben in der Regel nicht benannt werden, aber indirekt in die Planung mit eingehen. Bevölkerungspolitischer Umgang mit Lesben entspricht somit allgemein üblichem Umgang: Wir werden totgeschwiegen.

In den hiesigen Diskussionen um R & G steht die gebärwillige, nicht gebärwillige oder nicht gebärfähige Frau – sprich: heterosexuelle Frau – im Vordergrund. Sie ist die Normfrau, am besten verheiratet, aber zunehmend auch akzeptiert in der „nichtehelichen Paarbeziehung" – sprich: heterosexuellen Paarbeziehung. Die – nicht nur gedachte – Zugehörigkeit zu einem Mann ist wichtigste Komponente in diesem zwangsheterosexuellen Konzept. So wird der Zugang zu bestimmten R & G für eine Frau vom Ehestand und von der Anwesenheit eines Mannes abhängig gemacht. Die Ausgrenzung von Lesben erfolgt meist über die Kategorie der „alleinstehenden Frau". Als solche wird sie z. B. in der BRD von der In-vitro-Befruchtung und jeglicher Art „künstlicher" Befruchtung ausgeschlossen.

Den Sozial- und Naturwissenschaften kommt im patriarchalen Wissenschafts- und Politikgefüge die Aufgabe zu, das „Phänomen" der Homosexualität mit seinen bevölkerungspolitischen Implikationen, die sich aus dem nicht fortpflanzungsgemäßen Sexualverhalten ergeben, zu erklären. Lesben werden als „Homosexuelle" nur insofern mit gemeint, als sie auch als „sexuelle Minderheit" erklärt und betrachtet werden, und nicht etwa im Zusammenhang von zwangsheterosexueller Frauenbefriedung.

Unter dem Untertitel: „Das Paradox der genetisch bedingten Homosexualität. Homosexualität und Auslese" liefert der Humangenetiker W. Lenz einen Einblick in das Denkmuster seiner Spezies. Er schreibt: „Homosexuelles Verhalten ist offenbar erhaltungswidrig. Es vermindert nicht nur die Fortpflanzungswahrscheinlichkeit... Im alten Testament, im ‚christlichen' Mittelalter, ja, stellenweise bis ins 19. Jahrhundert galt Homosexualität als abscheuliches, todeswürdiges Verbrechen, das... mit dem Tode bestraft wurde... Müßte nicht, wenn Homosexualität erblich wäre, durch die doppelte Fortpflanzungs- und Tötungsselektion homosexuelles Verhalten ganz ausgemerzt oder extrem selten geworden sein?" (Lenz, S. 40 f.)

Eine ähnliche Auseinandersetzung über Homosexualität als ein erklärungswürdiges, da störendes Phänomen fand bereits 1962 auf dem Ciba-Symposium in London statt. Bevölkerungswissenschaftler, Sozial- und Naturwissenschaftler aus aller Welt trafen sich hier, um angesichts der angeblich drohenden „Bevölkerungsexplosion" in der Dritten Welt anstehende Fragen hinsichtlich einer „quantitativen" und „qualitativen" Bevölkerungspolitik zu diskutieren. Man will das menschliche Erbgut verbessern und trifft dabei auf folgendes Problem:

„Der Anteil an Homosexuellen ist wahrscheinlich im Verlauf der überschaubaren Menschheitsgeschichte nicht zurückgegangen; nach allen Selektionstheorien aber... hätte sie aus sehr einleuchtenden Gründen zurückgehen müssen, weil nämlich (a) die homosexuellen Neigungen in gewissem Grade genetisch bestimmt sind und (b) die Homosexuellen insgesamt weniger fruchtbar... sind. (...) Also ist ein so tief verankerter Wesenszug wie... Homosexualität nicht genetisch bestimmt, oder aber wir verstehen den Mechanismus seiner Vererbung tatsächlich nicht." (Jungk, S. 322.)

Soweit Medawar, seinerzeit Direktor des *Nat. Institute for Medical Research*, GB.

Im folgenden Beispiele, bei denen „Homosexuelle" in bevölkerungspolitische Überlegungen und Programme *direkt* eingehen:

- In einer Studie über Bevölkerungspolitik in den USA von 1969 ist „Verbreitung von Homosexualität" eine der genannten Methoden, die „sozial einschränkt" und mit „universeller Wirkung" die Fruchtbarkeit reduziert. (Hexengeflüster, S. 32) Über eine Anwendung dieser „Methode" ist nichts bekannt.

- Ähnlich wurde männliche Homosexualität auf dem Ciba-Symposium als Phänomen diskutiert, das einen „etwaigen Überschuß an Männern ausgleichen könnte". (Jungk, S. 146)

- Im NS war Homosexualität (männliche) eine vorgeschlagene Methode, die Bevölkerung in Polen zu dezimieren. Eine Anwendung ist auch hier nicht bekannt.

- Mit Aspekten der qualitativen Bevölkerungspolitik befaßte sich zur Zeit des NS der Erbbiologe Dr. Theo Lang. Er schreibt:

„... Wenn nämlich, was immerhin nicht ganz unwahrscheinlich ist, den meisten Fällen von Homosexualität eine Störung des Chromosomensatzes zugrunde liegt, so ergibt sich z. B., daß eine scharfe Strafverfolgung und moralische Verfemung, die den Homosexuellen dazu treibt, wenigstens den Versuch zur Ehe und Fortpflanzung zu machen, genau das Gegenteil dessen erreicht, was ein derart scharfes Vorgehen bezweckt, nämlich möglicherweise eine Vermehrung der Homosexuellen... in der nächsten Generation... Rassenhygienisch wird dadurch wohl gerade das Gegenteil dessen erreicht, was beabsichtigt ist." (Stümke, S. 59)

Es ist anzunehmen, daß im NS die Fortpflanzung von Lesben aus denselben Gründen ebensowenig erwünscht war.

In der heutigen Diskussion um die gesetzlichen Grenzen der Nutzung der R & G wird besonders deutlich, daß Lesben nach wie vor zu der Kategorie Frauen gehören, die keine Kinder kriegen oder haben sollen. Verschiedentlich müssen sie gar beim Namen genannt werden – allen gesellschaftlichen Gepflogenheiten zum Trotz. Anders scheint man sich der verstärkten Inanspruchnahme der Technologien durch Lesben nicht mehr erwehren zu können. Die Verbote dürfen nicht mehr mißverständlich sein. Reichte dem Bundesjustizminister bisher die Bezeichnung „alleinstehende Frauen", so wurde er in seiner Broschüre „Der Umgang mit dem Leben. Fortpflanzungsmedizin und Recht" deutlicher. Unter den Beispielen für den „Mißbrauch" findet sich die „Embryospende unter Frauen".

„Aus Belgien wird von einem lesbischen Paar berichtet, dem ein Arzt mittels der Methoden der Fortpflanzungsmedizin zu einem *gemeinsamen* Kind verholfen habe. Nachdem die eine der Frauen unter Verwendung des Samens eines anonymen Spenders befruchtet worden sei, habe man den Embryo ausgespült und ihn in die Gebärmutter der anderen Frau eingepflanzt." (BMJ, S. 21)

In der Gesetzesdiskussion in verschiedenen europäischen Ländern wurden Lesben von Anfang an wesentlich klarer benannt und ausgegrenzt, was – bezogen auf England und Holland – mit der offeneren Nutzung der R & G durch Lesben dort zusammenzuhängen scheint. Der englische Gesetzesvorschlag verbietet die „künstliche Befruchtung" für Lesben ausdrücklich. Der holländische Gesundheitsrat hat bereits 1986 angebliche Probleme formuliert, die mit einer reproduktionstechnologischen lesbischen Mutterschaft entstehen. Aus dem männerlosen Dilemma eines lesbischen Paares werden Auswege darin gesucht, daß ein Mann in Vaterfunktion – in patriarchaler Kontrollfunktion – zugeordnet wird.

Für die Bundesrepublik existieren nur wenige Beispiele, wo der ausdrückliche Zugang von Lesben zu den R & G diskutiert wird. Die sich selbst als kritisch verstehenden Autoren Hirsch & Eberbach prangern z. B. die „Ich-Bezogenheit" lesbischer Mütter an. Sie beziehen sich auf Francie Hornstein, die für Lesben dasselbe Recht auf Kinder proklamiert wie für andere Menschen auch. „Keine Kinder zu haben, nur weil ich lesbisch bin, hätte bedeutet, ein Ziel aufzugeben, das mir wichtig war." (Hornstein) Dazu der Kommentar der beiden Autoren: „Kein Wort vom Wohl und den Interessen des Kindes!" (Hirsch, Eberbach, S. 104)

Hier wird nicht etwa ein Recht auf Kinder grundsätzlich bestritten, sondern nur das lesbische. In Einigkeit mit Bevölkerungskontrolleuren besonders rechter Couleur erhält hier das Kindeswohl eine zusätzlich besondere Bedeutung. Dies bestätigen in einem Interview der TAZ die beiden Frauenärzte Propping und Katzorke, Betreiber einer Samenbank in Essen:

„P. u. K.: ... Wir haben auch lesbische Frauen. Das ist ein Problem, das machen wir natürlich nicht.

TAZ: Warum nicht?

P. u. K.: Wir haben uns überlegt, daß das zu weit geht. Z. Z. nicht. Wir glauben, daß das Kind vielleicht einseitig indoktriniert wird. Wir haben es schon gemacht, aber dann haben wir wieder Angst vor uns bekommen, obwohl das wahrscheinlich Quatsch ist. Eine Bauernfamilie will ja auch, daß ihr Kind Bauer wird und nicht Musiker oder Zeichner." (TAZ, 1. 12. 1982)

Ein Beispiel für ganz „normal"-patriarchales Werten und Denken! Heteronormalität als Grundlage der Geschlechtshierarchie. Diese gilt es gegen mögliche Gefahren zu erhalten, zu verstärken und neu zu verankern. Gegen die Gefahr, daß die „Einheit" zerstört werden könnte, die sich bei der Kontrolle über Frauenleben nicht nur in diesen Breiten so gut bewährt, die heterosexuelle Kleinfamilie, innerhalb der die Frau mit Kinderwunsch *und* Männerwunsch ihre Aufgaben erfüllt. Ob sie dies in einer Ehe oder einer „nichtehelichen Lebensgemeinschaft" tut, bleibt sich gleich, da auch letztere sich auf das „Zusammenleben von zwei Personen verschiedenen Geschlechts" bezieht. So Frau Schmidt-Aßmann auf dem letzten Deutschen Juristentag im September 1988. Entwicklung und Anwendung der R & G sind somit dem wichtigen ideologischen Ziel unterstellt, die heterosexuell gebundenen Lebensformen zu wahren.

Betrachten wir den aktuellen Stand der bundesdeutschen Gesetzesinitiativen und -empfehlungen zu den R & G, so zielt alles auf ein Verbot ihrer Nutzung für die „alleinstehende Frau", d. h. für die Frau ohne Mann. Für die unverheiratete Frau mit Mann werden noch Auswege vorgesehen. „Künstliche Befruchtung nur mit dem Samen des Partners" soll noch zulässig sein (vgl. BMJ, 1988, S. 4).

Die Gesetzesinitiativen in der BRD (und anderswo) spiegeln das Maß wider, bis zu dem abweichende Meinungen integrierbar erscheinen. Dazu ist es wichtig, sie zu betrachten und auseinanderzupflücken. Zutage tritt der von Grund auf heterosexistische Charakter der R & G, eine grundlegende Struktur patriarchaler Macht, die unseren Diskussionen um die sexistischen und rassistischen Züge der Technologien eine weitere Erkenntnisdimension verleiht. In der Konsequenz kann das für uns Lesben nur heißen: Die Technologien gehören abgeschafft!

Lesbisch-feministischer Umgang mit Reproduktions- und Gentechnologien

Bereits in den 70er Jahren benennen Lesben in der feministischen Literatur Fortpflanzungstechnologien und deren Nutzung.

1970 sieht Shulamith Firestone (deutsch 1975) in ihrem feministischen Bestseller „Frauenbefreiung und sexuelle Revolution" die technologische Überwindung von Schwangerschaft und Geburt als Bedingung für Frauenbefreiung. Sie plädiert für die Entwicklung und Nutzung von Methoden der „künstlichen Fortpflanzung" bis hin zur „künstlichen Gebärmutter".

1975 bezieht sich Laurel Galana in der Zeitschrift *The Lesbian Reader* auf Firestone und stellt, ausgehend vom von vielen Lesben geäußerten Tochterwunsch, Methoden der Geschlechtswahl dar. Sie diskutiert die gesamte Bandbreite von der Beeinflussung bei heterosexueller Zeugung über „künstliche" Insemination bis zur Parthenogenese und zum Klonen. Galana sieht die Nutzung dieser Technologien als potentiell frauen-/lesbenbefreiend, bleibt aber letztlich skeptisch bezüglich der Kontrollmöglichkeiten durch Lesben/Frauen.

1976 erscheint eine deutsche Übersetzung des Galana-Artikels in „Clio"

(Nr. 5 und 8) unter dem Titel „Radikale Reproduktion". In der „Clio" (Nr. 25) beurteilt Marina Steinbach vom FFGZ Berlin die Übernahme des Galana-Artikels als „problematische Unreflektiertheit", der sie eine radikale Ablehnung aller Geschlechtswahlmethoden entgegensetzt.

Mitte der 70er Jahre entstehen in Großbritannien Selbsthilfegruppen von Lesben zur „Self-Insemination". Diese wollen ohne Kontrolle von Ärzten und Technologen die Insemination durchführen. Das Verfahren ebenfalls „entarzten" wollen US-amerikanische Feministinnen, die es ab der gleichen Zeit als Service einiger Frauengesundheitszentren anbieten. Über diese Entwicklungen berichten Gena Corea in „Muttermaschine", Francie Hornstein (über USA) und Renate Klein (über England) in „Test-Tube-Women". Die deutsche Ausgabe „Retortenmütter" enthält den Artikel von R. Klein leider nicht.

An dieser Stelle ein sprachliches (?) Problem: Als Lesben sollten wir uns jeder heterosexuellen Begrifflichkeit verweigern. „Künstliche Befruchtung" ist eine solche, da dabei die Zeugung durch heterosexuellen Geschlechtsverkehr mit dem Attribut „normal" bzw. „natürlich" versehen wird. Darüber hinaus schreibt der Begriff „Befruchtung" die frauenfeindliche Vorstellung vom „passiv wartenden Ei" fest. Englische Lesben nennen ihr Vorgehen „Selbst-Insemination"; Holländerinnen haben den Begriff „alternative Insemination" geprägt. Im folgenden wird, mangels einer zufriedenstellenden Lösung, durchgängig die Abkürzung „AI" benutzt.

Die Einschätzung der Technologien-Nutzung durch Lesben bei den feministischen Gegnerinnen der Technologien bietet eine Überraschung: AI wird, als einzige Methode, wohlwollend bis begeistert aufgenommen. Gena Corea spricht in diesem Zusammenhang vom „subversiven Sperma", eine etwas seltsame Auszeichnung, die wohl eher dem Vorgang der AI als der Substanz des Spermas zukommt! Als Subversivität beurteilt wird hier das Durchbrechen des patriarchalen Gebär- und Mutterschaftsverbotes für Lesben. Probleme, die in der genannten Literatur angesprochen werden, liegen zunächst auf einer pragmatischen Ebene: Wie findet frau einen oder den „richtigen" Spender? Wie sieht die optimale Durchführung der AI aus? Was sag ich meinem Kinde? Gena Corea spricht von der Entwicklung vom subversiven" zum „sozialisierten" Sperma und meint damit die in der Auseinandersetzung um die AI mit Spendersamen sich deutlich abzeichnende ideologisch begründete wie juristisch abgesicherte Stärkung der Vaterrolle. Während bei verheirateten Frauen die Rolle des Spenders völlig heruntergespielt wird – Samenspende scheint hier vergleichbar einer Blutspende – und die Rolle des Ehemannes als sozialem Vater betont wird, soll bei „alleinstehenden" Frauen, besonders Lesben, dem Samenspender, wenn nötig mit juristischem Zwang, die Vaterrolle zugesprochen werden. In den USA wurden bereits Spendern gegen den Willen der Frau Besuchs-, Namensrechte u. ä.

erteilt. Diese Gefahr des zugeordneten Zwangsvaters ist nahezu ausschließlich gegeben bei der selbstorganisierten AI ohne anonyme Samenspende – eben die Methode, die von Lesben, die alle sonstigen Technologien ablehnen, oft akzeptiert wird.

Von keiner der genannten Autorinnen wird der Einsatz von *high-technology* im Zusammenhang mit der AI, die für sich genommen wenig technologisch ist, problematisiert. So nutzen die US-amerikanischen FFGZs Samenbänke, die alle mit hochtechnologischen Methoden wie dem Gefrieren des Samens und der Auswahl desselben zur Ausschaltung von Übertragungsrisiken wie Aids oder erblichen Krankheiten arbeiten. Keine Ausnahme macht die „feministische" Samenbank in Oakland, die, im Gegensatz zu anderen, Lesben und „alleinstehende" Frauen als Kundinnen akzeptiert, den Technologien aber generell positiv gegenübersteht und sogar bereit ist, In-vitro-Fertilisation und Geschlechtswahlmethoden anzubieten, sobald dies finanziell möglich wird (vgl. TAZ vom 14.7.86, S. 11).

Die engen Zusammenhänge zwischen den Technologien zeigen, daß eine klare Unterscheidung zwischen „niedriger" und „hoher" Technologie nicht sinnvoll möglich ist: Es gibt keine Nische lesbisch-feministischer Nutzung der Technologien.

Eine radikale Ablehnung lesbischer Mutterschaft hat eine Gruppe kanadischer Lesben entwickelt, die die Zeitschrift *Amazones d'hier, Lesbiennes d'aujourdhui* herausgibt. Sie verstehen AI immer als heterosexuellen Akt, da er die Nutzung einer männlichen Substanz erfordert. Die Erfüllung der heterosexuellen Frauennorm erfordert ihrer Meinung nach Ehe und Mutterschaft, aber auch Mutterschaft allein bedeute bereits eine starke Annäherung an die heterosexistische Norm. Wichtig an diesen radikal-lesbischen Überlegungen ist uns die Aufforderung, jede Auseinandersetzung mit den Reproduktions- und Gentechnologien zu verbinden mit der Weiterentwicklung unserer lesbisch-feministischen Identität.

LITERATUR

BMJ Bundesministerium der Justiz, *Der Umgang mit dem Leben. Fortpflanzungsmedizin und Recht*, 12/87.
BMJ Bundesministerium der Justiz, Informationen des BMJ, 21.9.88.
Corea, Gena, *Muttermaschine. Reproduktionstechnologien – von der künstlichen Befruchtung zur künstlichen Gebärmutter*, Frankfurt 1988.
Firestone, Shulamith, *Frauenbefreiung und sexuelle Revolution*, 1975.
Galana, Laurel, „Radikale Reproduktion", 1975; in: *Clio Nr. 5 u. 8*, 1976.
Hexengeflüster, Nr. 2, 1976.
Hirsch und Eberbach, *Auf dem Weg zum künstlichen Leben*, Stuttgart 1987.
Hornstein, „Künstliche Befruchtung, eine Chance für lesbische Frauen", in: *Retortenmütter*, Reinbek 1985.

Jungk (Hg.), *Das umstrittene Experiment*, 1966.

Lenz, in: *Humangenetik in Psychologie und Psychiatrie*, 1978.

Steinbach, Marina, in: *Clio25*, 1985.

Stümke, „Vom unausgeglichenen Geschlechtshaushalt – zur Verfolgung Homosexueller",
in: *Verachtet, verfolgt, vernichtet*, Hamburg 1986.

TAZ, Die Tageszeitung, 1.12.82.

TAZ, 14.7.86, S. 11.

Rita Kronauer
Lesben gegen Reproduktions- und Gentechnologien

Ich möchte hier einen Gesichtspunkt hervorheben, der bisher wenig
beachtet wurde in der Kritik der Reproduktions- und Gentechnologien
(R & G): der HETEROSEXISMUS.

Die Technologien wurden von uns Frauen bisher hauptsächlich angegriffen als sexistische und rassistische Instrumente der Macht des Patriarchats,
als weitere neue Mittel, männliche Herrschaft über Frauen zu verfestigen,
Natur und Leben nach eugenischen Kriterien einzuteilen, auszuwählen und
zu zerstören.

HETEROSEXISMUS in diesem Zusammenhang zu benennen, führt
bei vielen Frauen zu Unverständnis – einem ähnlichen Unverständnis, wie
wir es vor ein paar Jahren und manchmal auch noch heute in der Auseinandersetzung mit dem Rassismus erleben. Hier haben wir langsam begonnen,
den Rassismus nicht nur theoretisch zu analysieren, sondern auch zu sehen,
wo wir uns selbst rassistisch verhalten und denken und wo es vor allem auch
an uns liegt, dies zu ändern.

HETEROSEXISMUS, für viele Frauen – noch – ein Fremdwort.

Es ist eine Form von Sexismus, von Frauenunterdrückung, die sich nicht
nur unserer Sexualität und unserer Gefühle bemächtigt, sondern unser gesamtes Frauenleben steuert und in eine gewünschte Richtung lenkt. Nämlich in Richtung eines Mannes, den wir – je nach den kulturell unterschiedlichen Erwartungen – lieben und verstehen sollen, den wir reproduzieren
sollen – ob mit oder ohne Liebe, dem wir in unserem Leben so oder so die
zentrale Bedeutung zugestehen sollen – sei er nun körperlich anwesend oder
nicht.

Ihr wißt das natürlich alles – Frauen, nicht nur Feministinnen, kritisieren
dies seit Jahrzehnten, greifen diese Strukturen auch an.

Es ist aber nur die eine Seite des Heterosexismus. Die andere ist die, daß
wir unsere Liebe zu Frauen verlernen sollen, sie kanalisieren, unterdrücken,
ihr einen der unteren Ränge zuweisen, diese Liebe als unnatürlich ansehen
sollen und die heterosexuelle Normalität so stark werden lassen, daß z.B.
lesbisches Leben zur Sache einer Minderheit von Frauen wird. Und Minder-
heiten müssen toleriert werden! So weit lassen sich Frauen von ihrem Selbst
entfremden, daß sie die eigene Heterosexualität zur Norm werden lassen,
indem sie z.B. immer wieder von Sexualität reden, wenn sie Heterosexualität meinen.

Damit komme ich wieder zurück zu den R & G. Wir greifen sie in unserer Analyse an, indem wir eines ihrer wichtigsten Ziele offenlegen, daß sie nämlich auf eine ungeheure Stärkung der heterosexuellen Lebensstrukturen hinauslaufen, in denen Frauen nur mit einem Wunsch nach einem Kind und dem Wunsch nach einem Mann – meist in der Kombination dieser beiden Wünsche – ernstgenommen werden.

Ernstgenommen werden, d. h. – gehören sie zu der Gruppe der erwünschten Gebärenden – sie mit Angeboten aller Art zu ködern. Gehören sie zu den Frauen, die keine Kinder kriegen sollen, dann werden sie auf unterschiedlichste Weise daran gehindert – wir haben bereits einige Beispiele dazu gehört.

Genau das ist der Punkt, an dem Lesben plötzlich „ernst" genommen werden: wenn sie nämlich auf die Idee verfallen, sich ihren Wunsch nach einem Kind mit Hilfe der R & G zu erfüllen. Dann kommt selbst unserem Herrn Bundesminister der Justiz, Engelhard, das Wort Lesben über die Lippen, oder besser aus der Feder seiner Public-relations-Truppe. Da werden entgegen allen gesellschaftlichen Gepflogenheiten Lesben beim Namen genannt, um klarzustellen, daß sie nicht diejenigen sind, denen die reproduktionstechnologischen Angebote gelten.

Um an dieser Stelle allen Mißverständnissen vorzubeugen: Damit will ich ganz und gar nicht fordern, daß Lesben dafür kämpfen sollten, die R & G nutzen zu dürfen. Im Gegenteil: Lesben sollten z. B. weitaus besser als heterosexuelle Frauen den heterosexistischen Charakter dieser Technologien erkennen können. Ich behaupte auch, daß wir das tun.

Dagegen tragen viele heterosexuelle KritikerInnen der R & G – und oft genug auch wir Lesben – dazu bei, den HETEROSEXISMUS, der den Technologien immanent ist, nicht nur zu verschleiern, sondern ihn in ihrer bzw. unserer Kritik weiterzutransportieren. Dies geschieht z. B., indem die heterosexuelle Lebensweise – weil ja die meisten Frauen in der ganzen Welt so leben – als *die normale*, übliche Lebensweise zum Zentrum unserer Analysen, Bewertungen und Kritiken wird.

Dies geschieht auch, wie ich schon erwähnt habe, wenn weibliche Sexualität gesagt, aber lediglich Sexualität von Frauen mit Männern gedacht und meist auch gemeint wird.

Wir fragen uns, was es bedeutet, wenn wir die R & G in ihrer Funktion angreifen, mit der sie die Frauen festlegen, die Kinder kriegen sollen oder dürfen, nämlich die weiße, zur Mittelschicht gehörende, nicht behinderte oder angeblich erbgesunde *und* heterosexuelle Frau. Auf diese Analyse haben wir – und das ist auch weiterhin richtig – bisher so reagiert, daß wir uns mit unserem eigenen Rassismus, unserem eugenischen Denken und Handeln, unserem Leistungsdenken, unserem Verhältnis zu Gesundheit und Krankheit auseinandergesetzt haben – und dies z. B. auf diesem Kongreß weiter tun werden.

Aus der Auseinandersetzung ausgeklammert war und ist noch die Frage nach unserer Frauenfeindlichkeit, die Frage, wie ernst wir uns selbst und andere Frauen nehmen, indem wir – heterosexuelle Frauen und Lesben – uns als heterosexistische, frauenzerstörende Mitstreiterinnen des Patriarchats betätigen.

Der HETEROSEXISMUS ist – ähnlich wie der Rassismus und andere patriarchale Unterdrückungsstrukturen – einerseits institutionell in diesem System verankert, z. B. durch das Primat von Ehe und sogenannter Partnerschaft – und auf dieser Ebene ist er auch zu bekämpfen.

Andererseits durchdringen heterosexistische – ähnlich wie rassistische – Strukturen all unsere Lebensbereiche, bestimmen unsere Wertmaßstäbe, besetzen unseren Verstand und vor allem auch unsere Gefühle. Und das ist die Ebene, die wir genauso in unsere Auseinandersetzungen mit einbeziehen müssen, wenn wir einen wirksamen Widerstand leisten wollen gegen männliche Machtstrukturen, die Macht der Männer, die Reproduktions- und Gentechnologien.

Alle Frauen, Lesben *und* die Frauen, die sich selbst als heterosexuell definieren, sind deshalb zur Auseinandersetzung mit dem HETEROSEXISMUS aufgefordert!

Deborah Lynn Steinberg

Die Politik der Ausgrenzung. Hindernisse bei der Mobilisierung des feministischen Widerstands gegen Reproduktionstechnologien.

In Großbritannien (wie in anderen Ländern auch) wurden – soweit überhaupt vorhanden – ethische Bedenken gegenüber In-vitro-Befruchtung (IVB) und die damit verbundene Forschung lediglich innerhalb des Kontextes von Auseinandersetzungen zwischen mächtigen, exklusiven, weißen und männer-dominierten Gruppen – Wissenschaftler, Abgeordnete, Regierungsvertreter, Vertreter religiöser Institutionen – anerkannt und zum Thema gemacht. Ihnen geht es sowohl um die Macht, die (für sie) wesentlichen Streitfragen zu definieren, als auch um die Kontrolle der Entwicklung und Anwendung der Verfahren. Von daher haben alle öffentlichen Debatten über ethische Fragen der IVB und der verwandten Technologien und Verfahren drei fundamentale Fragen in den Mittelpunkt gestellt:

1. Das Bemühen, IVB als legitimes Forschungsprojekt innerhalb bestimmter, noch umstrittener Grenzen zu definieren und, noch genauer, IVB-bezogene Forschung (Embryonenforschung) als eine von der IVB getrennte Frage und Praxis zu definieren.

2. Das Bemühen, die Grenzen der IVB-bezogenen Forschung spezifisch in Hinblick auf die Fragen der fötalen Individualität und seines Status als Rechtssubjekt festzulegen.

3. Das Bemühen, festzulegen, wer die letzte Instanz sein soll bei der Bestimmung und Durchsetzung solcher Grenzen.

Die öffentliche Debatte über IVB in Großbritannien wurde so konstruiert, daß Fragen zum Einfluß von IVB auf den Status und die Gesundheit von Frauen und feministische Ansichten zur reproduktiven Selbstbestimmung von Frauen außenvorgelassen wurden. Es gibt zwei wichtige Strategien, mit denen die Politik der Ausgrenzung von mächtigen patriarchalen Gemeinschaften betrieben wird, in ihrem Kampf um die Definition und Kontrolle der IVB. Eine davon ist linguistisch, d. h. die Sprache der IVB, und die zweite Strategie betrifft die Richtlinien, die die IVB-Praxis strukturieren. Sowohl IVB-Sprache als auch die IVB-Richtlinien haben, wie die IVB selbst, ihren Ursprung in der medizinisch-wissenschaftlichen Gemeinschaft. Inzwischen sind sie in die anderen patriarchalen Institutionen eingedrungen (Staat und religiöse Gruppen), die um die politische Macht in Sachen Reproduktionstechnologien kämpfen, und bilden für diesen Kampf die Grundlage – einen Kampf, bei dem es implizit um die Zukunft der Reproduktion von Frauen geht.

Strategie Nummer 1: Die Sprache der Ausgrenzung

Die reduktionistische Natur der Terminologie für komplexe Vorgänge hat schon an sich einen hohen strategischen Wert, sowohl im Hinblick auf die Begrenzung der öffentlichen Wahrnehmung als auch die Begrenzung der Debatte auf die spezifischen Prioritäten und Ziele derjenigen, die die Verfahren und ihre Bezeichnungen entwickeln. Damit hat die IVB-Sprache eine ideologische Basis für die öffentliche Debatte und politische Behandlung von IVB gebildet und geformt, die durchgehend von den Interessen und der Macht der Medizin bestimmt war. IVB-Sprache bezieht sich nie auf Frauen. Wörter bzw. Begriffe wie „IVB", „Ei-Rückholung" und „Embryonenforschung" (um nur drei zu nennen) betonen die Wissenschaftlichkeit der Verfahren, während sie gleichzeitig diese Verfahren von den Frauen, an denen sie durchgeführt werden, entfremden.

In-vitro-Befruchtung bedeutet z. B. wörtlich die Befruchtung im Glas, nennt also den einzigen Aspekt in einer ganzen Reihe von Prozeduren, die an Frauen durchgeführt werden, bei dem Frauen nicht anwesend sind. Der Begriff selbst läßt die Schritte verschwinden, die diesen Teil möglich machen. Die Auslöschung von Frauen in dem Begriff „Ei-Rückholung" operiert auf zwei Ebenen. Zunächst benennt er einen Teil des Frauenkörpers, als ob dieser Teil keinen Bezug zum ganzen Frauenkörper hätte, als ob er als getrennte Einheit existiert. Darüber hinaus wird hier so getan, als ob dieser Teil eines Frauenkörpers tatsächlich den IVB-Ärzten gehören würde. Der Begriff „Ei-Rückholung" (recovery) wird im Oxford-Wörterbuch definiert als „den Besitz, den Gebrauch oder die Kontrolle von etwas *wiedererlangen*". Damit suggeriert der Begriff, daß IVB-Ärzte von etwas „wieder Besitz erlangen", das ihnen gehört, anstatt daß sie von etwas Besitz ergreifen, das Frauen gehört.

IVB-Sprache, wie IVB-Verfahren, spiegelt die Werte und Prioritäten der Medizin wider – den primären Wunsch, die Kontrolle über die Fortpflanzungsfähigkeit von Frauen zu erlangen bzw. zu erhöhen und gleichzeitig diese Tatsache zu verschleiern. Auf diese Art ist die IVB-Sprache ein geschlossenes Bezugssystem. Dieses System macht es schwierig für Feministinnen, IVB und ihre Anwender aufgrund ihrer Behandlung von Frauen anzugreifen, denn die Sprache läßt Frauen und die Sorge um sie irrelevant erscheinen.

Diese Ausgrenzung wird besonders sichtbar in der Bezeichnung von IVB-bezogener Forschung als „Embryonenforschung". Mit dieser Terminologie wird die Tatsache ausgelöscht, daß „Embryonenforschung" die vorherige IVB-Behandlung von Frauen zur Voraussetzung hat. So wird Embryonenforschung verschleiernd dargestellt, als etwas, das ganz getrennt ist von der IVB und mit ihr nichts zu tun hat. Auf ähnliche Art löscht dieser Begriff Frauen aus, indem der Embryo so bezeichnet wird, als existiere er als von der Frau getrennte Einheit. Damit soll wohl implizit die Frage der Forschung an Frauen als völlig ohne Bezug zur Embryonenforschung hingestellt werden, so wie die Embryonenforschung ohne Bezug zu Frauen erscheinen soll.

Wichtig ist insbesondere, daß es nahezu unmöglich ist, IVB zu diskutieren, ohne diese Sprache zu benutzen. Sie ist die einzige Sprache, oder zumindest die einzige öffentlich bekannte Sprache, die zur Verfügung steht. Die begrifflichen Ausgrenzungen der IVB-Sprache stellen somit ein großes Hindernis dar bei dem Bemühen, eine feministische Kritik der IVB (und verwandter Verfahren) zu formulieren, denn sie bedeutet einen Widerspruch der Begriffe (zwischen der impliziten Bedeutung der Terminologie und den politischen Intentionen von Feministinnen).

Strategie Nummer 2: Die Festschreibung der Ausgrenzung

Sowohl die Richtlinien der Mediziner als auch die Entwürfe der Regierung formulieren explizit die Werte, die in der IVB-Sprache enthalten sind (2). Diese Richtlinien bieten eine offene und zugleich ethisch beschränkte Strategie für die Sicherung der Macht der Medizin und des Staates über Frauen und auf Kosten der Frauen (und der feministischen Ziele). Aber paradoxerweise wird diese Unterordnung der Frauen unter die Wissenschaft, die Wissenschaftler und den Staat eben durch das fast völlige Fehlen der Erwähnung von Frauen erreicht. Die vorgeschlagenen Richtlinien spiegeln direkt und eng zwei grundlegende Fragen wider, die für Staat und Medizin-Wissenschaft von entscheidender Bedeutung sind. Die erste Frage ist die Förderung des Forschungspotentials von IVB. Die zweite Frage ist die Errichtung einer Hierarchie der Autorität, bzw. der Rechenschaftspflicht gegenüber Höhergestellten, zwischen Medizinern, Wissenschaftlern, dem Staat und, obwohl sie nicht erwähnt werden, den Frauen.

Die Unterordnung der Frauen unter die Interessen des wissenschaftlichen Fortschritts

Im Bericht der *Voluntary Licensing Authority* (VLA = Behörde zur Freiwilligen Überwachung – insbesondere der „Embryonenforschung", d. Übersetzerin) von 1986 steht: „Wissenschaftlich fundierte Forschung unter Einbeziehung von Experimenten mit Produkten und Verfahren der IVB zwischen Gameten ist, unter gewissen Bedingungen, ethisch zu akzeptieren..." (VLA, 1986, S. 31)

Bemerkenswert ist, wie – bei der Frage von Experimenten mit den „Produkten und Verfahren der IVB" – IVB hier als experimentelles Forschungsprojekt definiert wird, während verschleiert wird, daß die experimentellen Verfahren an Frauen durchgeführt werden und die experimentellen „Produkte" manipulierte und extrahierte Teile von Frauenkörpern sind. Hier wird die ethische Legitimität der IVB (Forschung an Frauen) ausschließlich im Rahmen ihrer „wissenschaftlichen Fundiertheit" gemessen und nicht in bezug auf die Ungefährlichkeit für oder Auswirkungen auf Frauen.

Innerhalb dieses Rahmens der Wissenschaftlichkeit (oder der „guten Wissenschaft") definiert die VLA drei weitreichende Ziele, die nicht nur als akzeptabel, sondern als notwendig erachtet werden, um jedes IVB-Forschungsprojekt zu rechtfertigen. Sie sind: 1. Forschung zur Diagnose und Behandlung der Unfruchtbarkeit (einschließlich z. B. der Verwendung der IVB bei Frauen, um männliche Unfruchtbarkeit zu behandeln); 2. die Erforschung und Entwicklung von Verhütungsmitteln; und 3. Forschung über genetische „Störungen". Diese Ziele sind so breit definiert, daß sie fast jede Untersuchung zu den reproduktiven Vorgängen bei Frauen legitimieren könnten. Darüber hinaus, indem IVB als eine *a priori* akzeptable Forschung definiert wird, werden Frauen den Interessen der wissenschaftlichen Forschung und des Fortschritts untergeordnet.

Der Status des Embryos und die Unterordnung von Frauen unter die Embryonenschützer

Sowohl die VLA-Richtlinien als auch die vorgeschlagenen gesetzlichen Regelungen richten ihre Aufmerksamkeit in erster Linie auf die Festlegung der Bedingungen, unter denen die befruchteten Eier einer Frau in die vermeintlich sichere Obhut eines IVB-Anwenders übertragen werden, und zweitens auf die Etablierung der IVB-Anwender (bzw. des Staates) als „Embryonenschützer". Während Embryoneninteressen als vorrangig vor den Interessen der Frauen konstruiert werden, stehen die Interessen der Betreiber eindeutig höher als die der Embryonen. Die VLA (und der Gesetzesentwurf) legen die Berechtigung der Anwender und des Staates fest, Kontrolle über Frauen auszuüben, indem sie sich das Recht geben, den Status und die Behandlung der befruchteten Eier von Frauen zu kontrollieren (bzw. darüber zu verfügen, englisch „to dispose of").

Innerhalb der engen ethischen Struktur der Richtlinien sind 1. die *a priori* Akzeptabilität der IVB, 2. die konzeptionelle Trennung der IVB von der Embryonenforschung, 3. die Betonung auf Schutz der Exklusivität und Qualität der Wissenschaftler und ihrer Arbeitsbedingungen (z. B. Labore) und selbstverständlich 4. die deutliche Ausgrenzung von Frauen die Mittel, mit denen feministische Fragen über die Ethik der IVB an sich als irrelevant erklärt werden.

Der Status von Frauen im Kontext der IVB als Streitfrage (oder besser als Fragen) und die Bemühungen von Feministinnen, ihre Bedeutung für die Gesundheit, rechtliche und soziale Lage der Frauen und für ihre reproduktive Selbstbestimmung sind in Großbritannien systematisch ausgegrenzt worden – vielleicht noch wirksamer als in allen anderen westlichen Ländern. Von Feministinnen aufgeworfene Fragen über IVB und Frauen sind öffentlich unterdrückt worden oder, wenn darauf Bezug genommen wurde, falsch wiedergegeben, lächerlich gemacht und dann vom Tisch gewischt worden. An dieser Ausgrenzung feministischer Kritik von der gängigen Debatte über IVB waren praktisch alle öffentlichen und mächtigen Institutionen beteiligt, einschließlich der wichtigen Medien, der Regierungs-(Enquête-)Kommissionen, der Abgeordneten, der Wissenschaftlergemeinde und der Kirchen.

Für Feministinnen hier in Großbritannien ist es wichtig, diese öffentliche Ausgrenzung im Hinblick auf unsere strategischen Prioritäten im Widerstand zu betrachten. Kurz gesagt, ich meine, daß wir unsere Fragen, Kritik und unseren Widerstand in vier Richtungen entwickelt haben. Zuerst haben wir versucht, die Fragen, um die es geht, zu verstehen und eine ethische und konzeptionelle Grundlage zu schaffen für den feministischen Widerstand gegen Gen- und Reproduktionstechnologien. Wir haben versucht, einzugreifen in die Prozesse der Entscheidungsfindung und Praxis in der Medizin und Wissenschaft. Wir haben versucht, den Rahmen der öffentlichen Debatte zu kritisieren (sowohl in den Medien als auch im Parlament). Und wir haben versucht, andere Feministinnen zu erreichen, um den feministischen Widerstand zu mobilisieren. Wir waren meiner Ansicht nach bisher sehr erfolgreich mit dem ersten Projekt und größtenteils nicht erfolgreich in den anderen drei Punkten. Für uns stellt sich die dringende Frage, warum das so ist. Beim Versuch, diese Frage zu beantworten, ist es nach meiner Meinung sehr wichtig, unsere strategischen Prioritäten und Projekte zu betrachten.

Eingreifen in Medizin und Wissenschaft

Die oben von mir skizzierte Struktur der Praxis und der Entscheidungsfindung in Wissenschaft und Medizin, Prozesse, die außerhalb der Aufmerksamkeit und Beteiligung der Öffentlichkeit stattfinden, bedeuten einen hohen „Schutz" vor der Einmischung Außenstehender. Deshalb meine ich, daß Mediziner und Wissenschaftler am wenigsten angreifbar sind durch feministische Kritik. Es verwundert nicht, daß wir keinen Erfolg hatten in dem Bemühen, von Medizinern gehört zu werden und Einfluß auf ihre Praktiken, ihre Definitionen und die Richtung ihrer Arbeit zu bekommen.

Dennoch meine ich, daß feministische Kritik der Medizin ein wichtiges Projekt ist, das fortgesetzt werden muß, auch wenn damit die medizinische Praxis nicht geändert werden kann, bzw. Mediziner kaum gezwungen werden können, sich uns (und der gesamten Öffentlichkeit) gegenüber zu rechtfertigen. Der wichtigste Grund für die Fortsetzung dieser Arbeit (z. B. indem wir ihre Konferenzen besuchen und Fragen stellen oder versuchen, in ihren Zeitschriften zu veröffentlichen) ist wohl, daß wir dadurch besser diese Gemeinschaft und ihre Praktiken verstehen lernen, um auf dieser Grundlage den Rahmen unseres Widerstands auszuarbeiten. (Ich meine, daß dies auch gilt für unsere bisher meist erfolglosen Versuche, die politisch Verantwortlichen und die Entscheidungsfindung zu Reproduktionstechnologien direkt zu beeinflussen.)

Beteiligung an und Kritik der öffentlichen Debatte

In diesem Beitrag habe ich auch einige wichtige strukturelle Hindernisse bei der Verbreitung einer feministischen Kritik im Rahmen der öffentlichen Debatte dargestellt. Obwohl nach meiner Ansicht die Foren dieser Debatte (die Medien bzw. die parlamentarische Ebene) weniger geschlossen sind als die der Medizin und Wissenschaft, hat das Zusammengehen der „Volksvertreter" mit der Medizin und Wissenschaft auch hier die feministische Kritik ausgegrenzt – auf eine ähnliche Art und mit der gleichen begrifflichen Grundlage wie innerhalb der Wissenschaft und Medizin.

Wir haben auch bei sogenannten öffentlichen Anhörungen der Regierung Stellungnahmen abgegeben, u. a. zum WARNOCK-Bericht und in Reaktion auf einen Aufruf der Abteilung für Gesundheit und Sozialdienste (DHSS), um öffentliche Reaktionen zu IVB und Gesetzesvorschlägen zu erhalten. Diese beiden Berichte und die sogenannten öffentlichen Debatten sind in Verbindung mit dem Selbstregulierungsmodell der Medizin verantwortlich für die gegenwärtige Ausformulierung der Gesetze zu IVB in Großbritannien. Weder die Perspektive der Regierung noch der medizinisch-wissenschaftliche Rahmen haben die Argumente von Feministinnen anerkannt oder widergespiegelt. Obwohl das WARNOCK-Komitee und DHSS eine Liste der Stellungnahmen veröffentlichten, wurden wir in beiden nicht erwähnt.

Das einzige öffentliche Forum, zu dem Feministinnen in Großbritannien mehr oder weniger regelmäßig Zugang haben, ist ein Teil des Büchermarktes. Aber obwohl diese Veröffentlichungen wichtige Ressourcen für eine recht kleine und privilegierte Gruppe von Frauen darstellen, sind sie kein bedeutender Faktor bei der Entscheidungsfindung im Parlament und unter Wissenschaftlern. Im Endeffekt bedeutet das, daß Feministinnen aus den öffentlichen und politischen Machenschaften ausgeschlossen sind, die für die Existenz, Entwicklung und Zukunft der IVB und verwandter Techniken verantwortlich sind.

Feministinnen erreichen und den feministischen Widerstand mobilisieren

Für britische Feministinnen ist aber vielleicht die dringendste Frage, warum wir bisher andere Feministinnen nicht erreicht haben. Warum haben wir keine breite Bewegung des feministischen Widerstands erreichen können? Während die enormen institutionellen (patriarchalen) Hindernisse, die unsere Ressourcen und Ausdrucks- bzw. Aktionsmöglichkeiten beschränken, größtenteils erklären, warum wir so wenig Einfluß auf die öffentliche Debatte haben, erklären sie dennoch nicht, warum wir innerhalb der feministischen Bewegung mit unseren Widerstandsstrategien so wenig Einfluß hatten. Ja, warum wir sogar teilweise auf Abwehr und Ablehnung gestoßen sind. Die Fragen, mit denen sich britische Feministinnen, die Widerstand gegen IVB leisten, konfrontiert sehen, sind auch Fragen zum Stand des Feminismus hier und zu den Formen des Widerstands. Wie haben wir versucht, Feministinnen zu erreichen? Oder haben wir versucht, uns an der öffentlichen Debatte zu beteiligen, auf Kosten der Einbeziehung von Frauen? Wenn wir aber versuchen, Frauen zu erreichen, wie z. B. mit unseren Büchern, wie viele und welche Frauen erreichen wir?

Ich habe unsere strategischen Ziele in scheinbar getrennten Kategorien besprochen, aber in der Praxis sind unsere Strategien immer eine Mischung aus allen vier Aspekten. Es ist nicht immer klar dabei, welches der vier Ziele gerade im Mittelpunkt steht. Aber wir erreichen jetzt einen Punkt, an dem es meiner Ansicht nach möglich wird, unsere Aktivitäten so zu sehen und spezifische strategische Entscheidungen zu treffen. Ich glaube also, daß es für uns jetzt sehr wichtig ist, klarer zu definieren, wen wir gerade erreichen wollen und wie.

Schließlich bin ich der Meinung, daß es wichtig ist, sehr viel Energie daran zu setzen, andere Feministinnen zu erreichen. Ich bin zu der Auffassung gelangt, daß angesichts der strukturellen Hindernisse, die unseren Einfluß auf (und Widerstand gegen) die Entwicklung und Anwendung der Gen- und Reproduktionstechnologien einschränken, wir hauptsächlich (vielleicht sogar ausschließlich) durch die Mobilisierung von Feministinnen dem etwas entgegensetzen, gehört werden und Einfluß gewinnen können. Wir müssen auch die Situation in anderen Ländern, wie in der BRD, einbeziehen, wo ähnliche öffentliche Strukturen existieren, um die Medizin und Wissenschaft vor den Feministinnen zu „schützen", aber es dennoch einen wachsenden feministischen Widerstand gibt. Warum ist es dort geschehen? Wie können wir ihn auch hier entwickeln?

Regine Röring
Erfahrungen in der Sterilitätsberatung des Feministischen Frauen Gesundheits Zentrums Berlin

Seit zwei Jahren führen wir im Feministischen Frauen Gesundheits Zentrum (FFGZ) eine Beratung für ungewollt kinderlose Frauen durch. Unsere Beratung wird als offene Veranstaltung angeboten und geht über zwei Abende. Wir beiden FFGZ-Mitarbeiterinnen, die die Beratung durchführen, stellen insofern eine ideale Besetzung dar, als wir beide einen – und zwar unterschiedlichen – Bezug zu dem Thema haben: die eine als bewußt kinderlose Frau, die andere als Frau mit Kindern, die sich der Widersprüchlichkeit der Mutterrolle sehr bewußt ist.

Unser Beratungsangebot haben in den zwei Jahren 30–35 Frauen wahrgenommen, pro Veranstaltungstermin jeweils zwei bis sechs Frauen. Ein wichtiges Element unserer Beratung ist die Gruppensituation. Die Frauen befinden sich meist auf unterschiedlichen Stationen ihrer „Kinderwunschkarriere": Die einen haben es eine gewisse Zeit vergeblich probiert, schwanger zu werden, und erwägen gerade medizinische Schritte, während andere schon die ganze Palette medizinischer Diagnostik und / oder Therapie hinter sich haben. So bekommen bisher uninformierte Frauen durch die Berichte der anderen Frauen wichtige Einblicke in die Praktiken und Konsequenzen schulmedizinischer Herangehensweisen, die wir ihnen theoretisch kaum so anschaulich vermitteln könnten.

Zum Ablauf der Beratung: Der erste Abend

Am Anfang geben wir jeder Frau ausreichend Raum, ihre Geschichte zu erzählen. Danach folgt ein Informationsteil, in dem es zum einen um die *biologischen Grundlagen* für das Zustandekommen einer Schwangerschaft geht. Wichtig ist hier die Darstellung der zahlreichen Faktoren, die dabei eine Rolle spielen, und der Hinweis, daß es nicht unbedingt eine körperliche Fehlfunktion der Frau sein muß, die eine Schwangerschaft verhindert. Es kann auch am Mann, an den Lebensumständen, an seelischen Konflikten oder einfach auch am Zufall liegen. Dies ist v. a. von Bedeutung für die Frauen, die sich als „Versagerinnen" fühlen. Verbunden ist dies mit der Empfehlung, den eigenen Körper besser kennenzulernen, etwa durch Zyklusbeobachtung oder vaginale Selbstuntersuchung, wozu wir im FFGZ Kurse anbieten.

Im zweiten Teil benennen wir mögliche *Ursachen von Unfruchtbarkeit*, die in äußeren Faktoren zu suchen sind: Umweltgiften, Arbeitsplatzbelastung, schädlichen Verhütungsmitteln (Pille, Spirale) oder in unsachgemäß ausgeführten medizinischen Eingriffen. Dabei versuchen wir im Gespräch durch Nachfragen herauszufinden, ob und in welchem Umfang die genannten möglichen Ursachen auf die einzelnen Frauen zutreffen.

Im dritten Teil gehen wir ausführlich auf die schulmedizinischen Verfahren der Diagnose und Therapie ein und informieren über mögliche Risiken. Ganz wichtig ist es, darauf hinzuweisen, daß die Diagnostik immer beim Mann mit einer Spermienanalyse beginnen sollte, bevor eingreifende Verfahren bei der Frau angewandt werden, z. B. Bauchspiegelung oder Hormongaben. Sehr häufig hören wir das Gegenteil, durchaus auch von scheinbar bewußten und aufgeklärten Frauen.

Ein weiterer Kritikpunkt ist die Normierung weiblicher Körperlichkeit, z. B. in der Hormonanalyse. Die Schwankungsbreite ist dabei sehr groß. Wer definiert, was „normal" und was „abweichend" ist?

Zu unserem Konzept gehört es, Entscheidungen der Frauen zu akzeptieren, sie nicht zu diskriminieren, wenn sie diese Hormonpillen nehmen oder jenen Eingriff machen lassen wollen, den wir nicht für ratsam halten. Wir empfehlen ihnen allerdings, vor Inanspruchnahme des ganzen diagnostischen Apparates zu überlegen, wie weit sie sich auf schulmedizinische Behandlungsmethoden einlassen wollen. Welchen Stellenwert hat es z. B. für sie zu wissen, daß ihre Eileiter verklebt sind? Ist dieses Wissen für sie von Bedeutung, auch wenn sie keine In-vitro-Befruchtung (IVB) oder mikrochirurgischen Eingriffe machen lassen wollen, oder ist es das Risiko des Eingriffs nicht wert?

Wir informieren die Frauen darüber, daß alle operativen Verfahren – abgesehen vom Narkoserisiko – die Gefahr von Verletzungen in sich bergen, deren Folge (weitere) Verwachsungen sein können, die die Chancen der Frau, schwanger zu werden, weiter mindern.

Ein besonderes Augenmerk richten wir auch auf das Mittel Clomiphen, das ungewollt kinderlosen Frauen zur Herbeiführung eines sog. Supereisprungs (Heranreifenlassen mehrerer Eizellen) gegeben wird, und weisen auf die Risiken möglicher Spätfolgen wie auch aktueller Schädigungen hin.

Zusammenfassend läßt sich sagen: Je mehr Diagnose, desto mehr Defekte – gemessen an ärztlichen Normen – können sichtbar werden, die das oft schon angeknackste Selbstvertrauen der betreffenden Frau weiter mindern.

Auf die Verfahren der IVB gehen wir nur ausführlicher ein, wenn Frauen dabei sind, die dies für sich in Erwägung ziehen. Bei den bisherigen Teilnehmerinnen kam dies allerdings kaum vor, da entweder die Frauen in ihrem Entscheidungsprozeß längst nicht so weit waren oder sich nach schlechten Erfahrungen eher von der Schulmedizin abgewandt haben.

Am zweiten Abend geht es um andere, alternative Umgangsweisen mit ungewollter Kinderlosigkeit. Grundlegend ist dabei der Hinweis, daß Unfruchtbarkeit nicht zu trennen ist von der gesamten körperlichen und seelischen Befindlichkeit, der Lebensweise und den Lebensumständen. Zusammenhänge kann es mit schlechter Ernährung, Bewegungsmangel oder körperlicher Überlastung, Stoffwechselstörungen, Rauchen, Alltagsstreß oder besonderen psychischen Belastungen und Konflikten geben.

Unsere Ratschläge zielen in Richtung auf eine gesunde Lebensweise und geben einen Überblick über die Vielzahl der Körpertherapien, die hilfreich sein können. Wir wollen und können keine Rezepte erteilen, etwa in dem Sinn, diesen oder jenen Tee zu trinken, da bei jeder Frau andere Ursachen zugrunde liegen. Bei behandlungsbedürftigen körperlichen Störungen empfehlen wir, eine Heilpraktikerin oder eine Naturheilärztin aufzusuchen, um die Therapie auf die Konstitution und die Bedürfnisse der einzelnen Frau abzustimmen. Wir weisen die Frauen auch auf die Naturheilstation im Krankenhaus Berlin-Moabit hin, wo in der Behandlung ungewollt kinderloser Frauen mit Fasten und Wasseranwendungen gute Erfolge erzielt worden sind. Zusammengefaßt ist unser Ratschlag, für sich herauszufinden, was gut tut, anstatt – wie bei vielen schulmedizinischen Methoden – zu belasten und zu schädigen.

Im zweiten Teil dieses Abends geht es um den Wunsch nach einem Kind und seine Bedeutung für die einzelne Frau. Welchen Stellenwert hat ein Kind im Leben der Frau, welche Lebensperspektiven ergeben sich für sie, wenn sich das erwünschte Kind nicht einstellt? Im Gespräch zeigt sich meist, daß sehr viele Wünsche und Bedürfnisse, aber auch Ängste an den Kinderwunsch geknüpft sind. Diese Zwiespältigkeit wird manchen Frauen erst im Lauf des Gesprächs bewußt. Sie wird von uns nicht als Teil der „Persönlichkeitsstruktur ungewollt kinderloser Frauen" gedeutet, wie einige psychosomatisch ausgerichtete Mediziner meinen, sondern bestimmt nach unserer Auffassung mehr oder weniger das Denken und Fühlen jeder Frau und ist u. a. gesellschaftlich bedingt.

Trotzdem ist es für die einzelne Frau sehr wichtig, sich dieser Zwiespältigkeiten bewußt zu werden. Egal, ob sie nun durch tiefsitzende Ängste, Kindheitserfahrungen oder die aktuellen Lebensumstände bedingt sind, spiegeln sie doch immer ein Stück Lebensrealität von Frauen wider. So kann die Weigerung, schwanger zu werden, auch ein bewußter Schutzmechanismus des Körpers sein gegen überfordernde Lebensbedingungen, wie sie Frauen meistens in der Mutterrolle vorfinden.

In diesem Zusammenhang kann auch die Frage auftauchen, in welchem Ausmaß der Wunsch nach einem Kind gesellschaftlich beeinflußt ist, z. B. durch den Druck von Partnern oder Eltern, unbefriedigende Arbeitsbedingungen für Frauen und die Selbstverständlichkeit der Mutterrolle als Lebensperspektive für Frauen.

Ein weiterer Themenbereich ist die Un-Planbarkeit weiblicher Fruchtbarkeit. Der Planbarkeitswahn, den die medizinische Wissenschaft hervorgebracht hat, hat auch unser Denken beeinflußt. Wie haben sich diese Vorstellungen auf das Verhütungsverhalten der einzelnen Frau ausgewirkt, in welchem Zusammenhang stehen sie jetzt mit dem Bemühen, schwanger zu werden?

Wir haben im Lauf der Zeit gelernt, diese Gespräche mit Einfühlungsvermögen zu führen, die Frauen ernst zu nehmen, sie auf Zwiespältigkeiten aufmerksam zu machen, ohne ihnen ihr Bedürfnis nach einem Kind ausreden zu wollen, und unsere eigenen Erfahrungen und politischen Auffassungen einzubringen, ohne sie aufzudrängen. Das Gespräch der Frauen untereinander ist dabei ein sehr wesentliches Element, da sie immer wieder Parallelen zu anderen Frauen entdecken und darüber eigene Zusammenhänge erkennen, die ihnen vorher verborgen blieben.

Unser Ziel ist es, Frauen nach Möglichkeit ein wenig von dem Druck des allmonatlichen Wartens und des gesellschaftlichen Stigmas zu entlasten – ein Druck, der sie in die Arme der Reproduktionstechnologen treibt –, ohne ihnen neuen Druck durch neue Normfestsetzung zu machen.

Das Ziel, mehr Gelassenheit gegenüber dem Kinderwunsch zu erlangen, ist für ungewollt kinderlose Frauen fast immer verknüpft mit der Notwendigkeit, Abschied von Plan- und Machbarkeitsvorstellungen zu nehmen. Es ist aber auch fast nie zu erreichen ohne Trauer über das möglicherweise unabwendbare Schicksal der ungewollten Kinderlosigkeit. Deshalb der Appell, die Trauer zuzulassen und nicht mit Hilfe immer neuer Behandlungsversuche zu verdrängen.

Die Frage nach möglichen anderen Lebensperspektiven steht am Ende des Gesprächs. Die von den Frauen geäußerten Vorstellungen reichen dabei von der Adoption über das Ausleihen von Kindern bis zur Aufnahme eines Studiums.

Um die Fragen, die in dem Gespräch nur angerissen werden konnten, weiter zu bearbeiten, empfehlen wir, entweder sich weiter als Selbsthilfegruppe zu treffen – was unseres Wissens bisher nicht wahrgenommen wurde – oder an einer Gruppen- oder Einzeltherapie teilzunehmen, wie sie in Berlin speziell für ungewollt kinderlose Frauen angeboten wird.

Anregungen für die weitere Arbeit

Die Diskussion in der Arbeitsgruppe „Erfahrungen in der Sterilitätsberatung" auf dem Kongreß „Frauen gegen Gen- und Reproduktionstechnologien" brachte noch einige Anregungen, die wir aufgreifen werden.

1. Mehr Frauen zu erreichen, ist nicht nur eine Frage quantitativ verstärkter Öffentlichkeitsarbeit, sondern auch qualitativ veränderter. Dem Tabucharakter des Themas sollte mehr Rechnung getragen und deutlich gemacht werden, daß Unfruchtbarkeit kein individueller Makel, sondern ein zunehmendes gesellschaftliches Problem ist. Auch sollten mehr Frauen zu Wort kommen, die sich bewußt gegen eine medizinische Behandlung ihrer Unfruchtbarkeit entschieden haben oder bei denen IVB ohne Erfolg durchgeführt worden ist. Eine Anregung für IVB-geschädigte Frauen, sich in Selbsthilfegruppen zusammenzuschließen, könnte dafür die erste Voraussetzung sein.

2. Die Normalität des Kinderwunsches muß öffentlich stärker in Frage gestellt und die Entwicklung neuer Lebensformen vorangetrieben werden. Ein Vorschlag in diese Richtung war, sich Kinder zu „teilen".

3. Wir sollten uns stärker darum bemühen, Rückmeldungen von den beratenen Frauen zu bekommen, was bisher mehr oder weniger dem Zufall überlassen ist.

5
RECHTSORDNUNG, MARKT-
ORDNUNG, GENORDNUNG

Malin Bode
Adoption – Die Alternative zur Reproduktionstechnologie?

Je länger ich mich mit den modernen Reproduktionstechnologien beschäftigt habe, um so öfter tauchte in irgendeiner Form die Adoption auf.
Adoption – als die Lösung für ungewollt kinderlose (Ehe-)Paare,
Adoption – als Lösung für alleinstehende Mütter (z. B. auch für Lesben),
Adoption – als staatlich propagierte Alternative zur sozialen Indikation bei der Abtreibung,
Adoption – als Mittel zum Zweck bei der Leihmutterschaft,
Adoption – als politisch / moralische Tat angesichts des Elends der vielen Kinder in der sogenannten Dritten Welt.
Schon auf dem 1. Kongreß „Frauen gegen Gen- und Reproduktionstechnologien" nahm in fast allen Arbeitsgruppen die Diskussion um den Kinderwunsch einen breiten Raum ein. Nicht selten wurde dann gesagt: „Ja klar, daß du unbedingt ein Kind haben willst, kann ich ja verstehen, aber dann adoptier doch eins!" Damit war dann, so schien es, eine zudem noch moralisch hochwertige Lösung für das Problem bei der Hand.
In der Beschäftigung mit rechtlichen Fragen künstlicher Befruchtung fiel mir ein Bericht des Bundesfamilienministeriums vom April 1988 in die Hände: „Über die Entwicklung der Adoptionsvermittlung in der Bundesrepublik Deutschland seit 1984." Diesen Bericht hatte das Bundeskabinett am 10. 2. 1988 anläßlich der Beratung des Berichts zur künstlichen Befruchtung beim Menschen in Auftrag gegeben.
Was hat es nun mit der Adoption auf sich?
Für 1987 wurde folgendes Datenmaterial festgestellt:
Adoptionen insgesamt
8000 Kinder werden jährlich in der BRD adoptiert
4000 Kinder (also die Hälfte davon) sind sogenannte Fremdadoptionen (Kinder, die nicht mit den Adoptierenden verwandt sind)
21 000 (Ehe-)Paare wollen Kinder adoptieren.

Im folgenden geht es naheliegenderweise nur um Fremdadoptionen:
Fremdadoptionen (4000 im Jahr 1987)
1000 Kinder kommen aus dem Ausland (in der Regel Länder der „3. Welt")
von diesen sind ca. 50–75 % mit illegalen Mitteln in die BRD gekommen (Bach, S. 36)

151

3000 Kinder kommen aus dem Inland
hiervon sind etwa 80 % nichtehelich
Die Kinder kommen überwiegend aus sehr beengten sozialen Verhältnissen.

Auslandsadoptionen – Internationaler Kinderhandel als freies Marktgeschehen

Mit den Auslandsadoptionen möchte ich beginnen, da in den letzten beiden Jahren in der Öffentlichkeit die illegalen Praktiken der Auslandsadoptionen doch einige Aufmerksamkeit gefunden haben.

Etwa die Hälfte bis zwei Drittel der Auslandsadoptionen finden illegal statt, d. h. die deutschen Behörden werden mit einem ausländischen Kind konfrontiert – und ist das Kind erst mal da, schickt es niemand mehr zurück. Die hier aus dem Ausland stammenden Adoptivkinder kommen vor allem aus Asien und Lateinamerika.

In Europa und in Nordamerika herrscht eine „hohe Nachfrage" nach ausländischen (Adoptiv-)Kindern. Dieser Markt wurde schnell entdeckt, und so existieren vor allem hier und in den USA zahlreiche Organisationen, die Kinder aufkaufen und wieder verkaufen – einen Handel mit Kindern betreiben.

Kinderhandel ist eine harte, aber in jeder Hinsicht passende Bezeichnung für das, was passiert.

Die Erscheinungsformen sind vielfältig, und sie passen sich den örtlichen Gegebenheiten der „beteiligten" Länder an. Als „Lieferantinnen" werden die verarmten Frauen in Lateinamerika und Fernasien angesehen. Die Situation in Brasilien kann auch als Beispiel für andere stehen:

Die Ehepaare, die ein Kind kaufen wollen, fliegen nach Rio de Janeiro und bekommen die Kinder an Ort und Stelle übergeben. Dann gibt es zwei Möglichkeiten: Entweder sie lassen sich direkt als Eltern in die Geburtsurkunde eintragen, oder sie erhalten gegen einen Aufpreis auch passable Adoptionspapiere mitgeliefert, da dieser Weg risikoloser ist. Passable Adoptionspapiere bedeutet dabei, daß eine vermeintliche Einwilligungserklärung der Mutter des Kindes zur Adoption vorliegt. Teilweise werden die Kinder den armen Frauen in den Slums für ein paar Dollar abgeschwatzt oder für etwas zu essen. Meistens arbeiten die Kinderhändler jedoch mit kirchlichen oder staatlichen Kinderheimen zusammen (nicht offiziell, versteht sich). Für die kaufinteressierten Ehepaare „hat das den Vorteil", daß sie einige Kinder zur Auswahl angeboten bekommen können. Wenn das alles nicht klappt, werden die „gewünschten" Kinder auch gestohlen, vor allem dann, wenn sie besonders begehrt sind, z. B. eine helle Hautfarbe haben.

Der Preis für die Kinder hängt überall auf der Welt vom Alter, der Hautfarbe, dem Geschlecht und der Gesundheit sowie der Qualität der Papiere ab. Er bewegt sich zwischen 5000 und 30 000 Dollar (vgl. Bach, S. 106); d. h. mit einem hellhäutigen, gutgenährten Jungen im Säuglingsalter ist am meisten Profit zu machen – Mädchen, zudem wenn sie etwas älter sind, dunkle Hautfarbe haben oder gar nicht völlig gesund sind, „sind schon eher etwas für das kleine Portemonnaie" (so die Werbesprache der Kinderhändler).

In mittelamerikanischen Ländern, z. B. Guatemala / Honduras, die vollständig von den USA beherrscht werden, wird der Kinderhandel mit amerikanischen Ehepaaren oder auch einzelnen Erwachsenen nicht sonderlich versteckt betrieben. Die US-Botschaften / Konsulate halten zum Zweck der Information Formulare vorrätig im Sinn von „Adoption leicht gemacht". Auch wenn die illegalen Praktiken einmal auffliegen, wird sich schnell arrangiert: „Die Leiterin und Managerin einer sogenannten ‚engordadora' (Masthäuser im Volksmund) in Honduras wurde nach internationalem Bekanntwerden ihres Geschäftes 1985 kurzfristig festgenommen, aber sofort mittels einer Kaution von 150 Dollar wieder freigelassen; ein Ermittlungsverfahren gegen sie gibt und gab es nicht. Heute betreibt sie, wenige Kilometer von ihrem alten ‚Geschäftsort' entfernt, ein neues Haus" (vgl. Schmidt, S. 68 ff.).

Mit dem vermehrten Bekanntwerden des internationalen Kinderhandels wurden offizielle Stellen gezwungen, solche Praktiken zu verurteilen.

Im August 1988 war der hiesigen Presse zu entnehmen (vgl. SZ, 16. 8. 88), daß in Brasilien gesetzliche Verschärfungen gegen den Kinderhandel überlegt werden, dergestalt, daß Kinder nicht mehr ohne ihre Mütter ausreisen dürfen sollen. Auch in Paraguay soll für Kinderhandel eine spezielle Strafnorm eingeführt werden. Diese Stellungnahme der Regierung erfolgte, nachdem kurz zuvor ein Richter an die Öffentlichkeit getreten war und bekanntgegeben hatte, daß bei einem aufgeflogenen Kinderhändlerring nach Angaben der Festgenommenen die Kinder zu Forschungszwecken und Organtransplantationen in die USA verkauft werden sollten, für 15 000 Dollar (vgl. NZZ, 10. 8. 88; vgl. TAZ, 12. 8. 88). Die Kinder sollten in den Organbanken getötet werden.

Auch in der Bundesrepublik gehen die Organisationen, die bisher Auslandsadoptionen vermittelt haben, angesichts der breiten Kritik zunehmend auf Distanz. Terre des hommes, eine der Organisationen, die die internationalen Adoptionen während des Vietnam-Krieges in größerem Umfang begonnen hat, erklärte im Mai 1988, daß durch sie Auslandsadoptionen, bis auf wenige Einzelfälle, nicht mehr durchgeführt werden sollen. Statt dessen sollen Projekte zur Unterstützung alleinstehender Kinder und lediger Mütter gefördert werden (vgl. FR, 25. 5. 88). Die weltweiten Proteste gegen den Kinderhandel geben wohl auch den Hintergrund für eine international beachtete Gerichtsentscheidung in Israel ab:

Dort ordnete der oberste Gerichtshof an, daß ein brasilianisches Adoptivkind an seine Eltern zurückgegeben werden mußte. Das israelische Ehepaar hatte das Kind von einer brasilianischen „Agentur" für 25 000 Dollar gekauft. Durch einen britischen Fernsehfilm erhielten die Eltern des Mädchens, welches vor ihrer Wohnung geklaut worden war, die Information, daß ihre Tochter in Israel lebt. In Israel gab es große Proteste gegen diese Gerichtsentscheidung etwa unter dem Motto „Prinzessin muß in den Slum zurück" (FAZ, 30. 6. 88), offenbar vor allem deswegen, weil in Israel noch etwa 2000 weitere brasilianische Adoptivkinder leben. Eine für sich sprechende Meldung wurde im Zusammenhang mit den Olympischen Sommerspielen in Seoul 1988 verbreitet:

Für die Dauer der Olympiade in Süd-Korea wurden die Auslandsadoptionen eingestellt (R. P., 9. 9. 88).

Jährlich werden etwa 14 000 koreanische Kinder in die USA oder nach Europa verkauft (in Zeitungsmeldungen heißt es selbstverständlich vermittelt).

Die bei uns so genannten Auslandsadoptionen werden zu Recht als Kinderhandel bezeichnet. Kinderhandel ist Ausdruck und gleichzeitig Ergebnis imperialistischer Politik. Eine Ausbeutungspolitik, deren Zynismus darin gipfelt, es noch als barmherzige Wohltat anzupreisen, wenn sie erst gewalttätig Armut und Zerstörung in den Ländern der sogenannten Dritten Welt herbeiführt und dann dort hungernde Kinder aufkauft.

Zum Mittel des Kaufs zu greifen, ist dabei allerdings nicht allein eine „herrschende" Methode, sondern drückt auch das individuelle imperialistische Denken und Bewußtsein der in der westlichen Welt Lebenden aus, die sich *IHR RECHT* auf ein Kind *ERKAUFEN* wollen.

Inlandsadoptionen – nationalstaatlich kontrollierter Kindertransfer

Wir sollten unseren Blick aber nicht nur in die Ferne schweifen lassen, sondern wir müssen uns auch mit den Adoptivkindern beschäftigen, die hier geboren sind.

Dabei komme ich auf den eingangs erwähnten Bericht der Bundesregierung zurück. Dieser will nicht zuletzt auch wegen der öffentlichen Kritik am internationalen Kinderhandel die inländischen Adoptionen weiter fördern.

Bevor ich mich mit der Adoptionsfrage beschäftigte, hatte ich durchaus noch die naive Vorstellung, daß in erster Linie oder doch in großem Umfang *Waisenkinder* adoptiert werden. Tatsache ist jedoch und das seit jeher, daß es nicht die sprichwörtlichen Waisenkinder sind, die adoptiert werden, sondern die nichtehelichen Kinder!

Den Müttern dieser Kinder wurde nicht selten zuvor die elterliche Sorge entzogen, da nach bundesdeutschen Jugendamtsvorstellungen sie nicht dem fürsorgerischen Mutterbild entsprachen. Klassische Beispiele sind dabei Prostituierte, Frauen in Strafhaft, Sozialhilfeempfängerinnen. Nach Untersuchungsergebnissen (vgl. Simitis u. a., S. 192 ff.) sind bei 72 % der Adoptivkinder die Väter unbekannt und ein Drittel der Mütter schon bei der Geburt als „sozial auffällig" einzustufen. Darunter wird seitens der Jugendämter z. B. verstanden, wenn eine Frau das zweite nichteheliche Kind zur Welt bringt.

So ist selbst in einem juristischen Kommentar nachzulesen, daß es sich heute bei der Adoption um ein „sozialpolitisches Instrument" handle, bei dem es zudem naheliege, daß aus finanziellen Gründen nicht Geldmittel zur Verfügung gestellt werden, um Kinder aus sozial schlechten Verhältnissen eine Existenz zu ermöglichen, sondern zum billigeren Mittel der Adoption gegriffen wird (AK-Fieseler § 1741 Anm. 2). Hierzu gehört die Propagierung eines sehr vordergründigen Wunschbildes von einem Familienideal, daß das Heil aller Probleme in der deutschen Familie sucht. So verwundert es nicht, daß die überwiegende Mehrzahl der Adoptiveltern der Mittel- und Oberschicht angehören. Da wirtschaftliche Gesichtspunkte bei der Auswahl von (Ehe-)Paaren ausdrücklich zu berücksichtigen sind (MK-Lüderitz § 1741 BGB, Rdn. 20), dürfte sich bei den Nicht-Verwandtschafts-Adoptionen niemand aus einfacheren Verhältnissen mehr in die Schar der Adoptierenden einreihen.

Von den (Ehe-)Frauen wird regelmäßig die Aufgabe der Berufstätigkeit verlangt (AK-Fieseler vor § 1741 ff. Rdn. 8), und auch sonst müssen die Verhältnisse bilderbuchhaft sein. Demgegenüber stehen dazu passend die Wünsche der so auserwählten Adoptiveltern:

90 % der Adoptionsverlangenden wollen ein Kind, das jünger ist als 1 Jahr.

20 % verlangen definitiv, daß das Kind keine Behinderungen aufweisen soll (AK-Fieseler vor § 1741 Rdn. 9).

Vor allem aber wollen sie ein Kind ohne Geschichte. Mit Ausnahme der Adoptionen, bei welchen vorherige Pflegekinder an Kindes Statt angenommen werden, finden in der Praxis ausnahmslos sogenannte Inkognito-Adoptionen statt. Das heißt: Die Mutter kennt das Ehepaar nicht, welches ihr Kind adoptiert. Diese Regelung der Anonymität ist gesetzlich ausdrücklich vorgesehen (§ 1747 II BGB) und seit der letzten „Reform" noch einmal verstärkt worden. Dazu gehört auch ein gesetzlich vorgeschriebenes Nachforschungsverbot (§ 1758 BGB), mit welchem die Anonymität besonders geschützt wird. Dieses Nachforschungsverbot richtet sich dabei erklärtermaßen allein gegen die (in der Regel nichteheliche) Mutter des zu adoptierenden Kindes. Das Kind muß bei dem formalen Akt der Adoption zwar mindestens 8 Wochen alt sein, in der Regel werden die Kinder jedoch unter Narkose entbunden und, ohne daß die Mutter sie gesehen hätte, direkt den

Adoptierenden in Pflege gegeben (vgl. Swientek, S. 133 ff.). Die Einwilligung müssen nach dem Gesetz sowohl die Mutter als auch das Kind geben (bzw. die Eltern – für nichteheliche Väter gelten Sondervorschriften), die Einwilligung von beiden kann jedoch – und wird auch regelmäßig – gerichtlich ersetzt werden (§ 1747 BGB, vgl. auch Beschluß des Bundesverfassungsgerichts v. 29.7.68, NJW 68, 2233), so daß selbst in üblichen juristischen Veröffentlichungen von „Zwangsadoptionen" die Rede ist (Kemper, Anmerkung zum Beschluß des Bayerischen Obersten Landesgerichts FamRZ 78, 261).

Es findet – diskret formuliert – eine Umverteilung der Kinder von arm nach reich statt und vor allem von alleinlebenden unangepaßten Frauen in väterlich dominierte „geordnete" Familien. Dabei wird durch die Inkognito-Adoption als Regelfall per gesetzlich verordneter Anonymität das Kind zur Ware gemacht. Die Kinder, ohne persönliche Geschichte, herausgelöst aus ihren bisherigen sozialen Zusammenhängen, verlieren ihre Identität. Diese Tatsache ist gesetzlich gewollt und wird gezielt durch flankierende Maßnahmen gefördert. So bekommen die Kinder neue Familiennamen und bei Bedarf auch neue Vornamen (§ 1757 BGB).

Nachdem 1977 durch die Gesetzesnovellierung auch die bis dahin möglichen privaten Adoptionsvermittlungen im Bekanntenkreis (früher üblich durch Hebammen oder Pfarrer) gesetzlich verboten wurden, bleibt nur festzustellen, daß die ausländischen wie inländischen Adoptionen als staatlich lizensierter im Gegensatz zum privatwirtschaftlichen Kinderhandel anzusehen sind. Diese Entwicklung läßt sich auch in den letzten Jahren und Jahrzehnten deutlich verfolgen:

Gab es nach dem letzten Weltkrieg noch Adoptionsvorschriften, die ein Besuchsrecht der Mutter vorsahen (vgl. § 1765 BGB alte Fassung), mußte dieses Besuchsrecht dem vermeintlichen „Wohl des Kindes" weichen. Das heißt anders ausgedrückt, die Ware Kind mußte den Marktbedürfnissen angepaßt werden. Das Adoptionsrecht wurde seit Beginn dieses Jahrhunderts stets eng mit den rechtlichen Regelungen für die nichtehelichen Kinder und vor allem für die nichtehelichen Mütter verbunden. Staatlicherseits war vom Kaiserreich über die Weimarer Republik und die Nazizeit bis heute einhellig klar, daß „Lieferantinnen" der Ware Kind die ledigen Mütter und zwar in erster Linie die aus schlechten sozialen Verhältnissen sind. So soll es uns nicht wundern, daß nach dem 2. Weltkrieg, als es mehr als 10 % nichteheliche Kinder gab, viele Kinder ins Ausland zur Adoption gegeben wurden – vor allem übrigens die farbigen „Besatzungskinder" (vgl. Bach, S. 15), aber auch 1947 – der schlechten Zeit – wurde mancher Mutter ihr Kind für ein CARE-Paket „abgekauft" (vgl. Bach, S. 15).

Die soziale Notlage produziert auch heute wieder Adoptivkinder, da nämlich, wo Mütter zur Freigabe zur Adoption als „Alternative" zur Abtreibung gedrängt werden. In Tagungsberichten von SozialarbeiterInnen wird genauso wie in den Berichten des Familienministeriums „enge Zusammenarbeit von Schwangerschaftskonfliktberatungsstellen und Adoptionsvermittlungsstellen" empfohlen. In diesem Sinne arbeiten praktisch auch alle kirchlich geführten Mutter-und-Kind-Heime (vgl. Swientek, S. 101 ff.).

Schon im Jahre 1972 haben reaktionäre Kreise dringend angeraten, die Möglichkeit der vorgeburtlichen Einwilligung der Mütter in die Adoption gesetzlich zu verankern (nicht erst 8 Wochen nach der Geburt zu warten; Bosch, 2. Familienrechtsreformanliegen FamRZ 83, 976). Möglichkeit heißt in unserem Sozialstaat, Druck auf die Frauen auszuüben, es so und nicht anders zu machen. Bayern hat inzwischen diese Ideen wieder aufgegriffen und eine entsprechende Gesetzesinitiative in die Wege geleitet.

Der Bericht des Bundesfamilienministeriums ist nicht so unbesehen forsch; da wird „sorgenvoll überlegt", daß nur wenige Schwangere sich entschließen würden, ein Kind für eine fremde Familie auszutragen (kostenlos können wir hinzudenken), und daß bei einer vorgeburtlichen Einwilligung doch mißlicherweise die Schwangere in eine ähnliche Konfliktlage geraten würde wie (eben) eine Leihmutter.

Doch da ist der deutsche Rechtsalltag schon weiter. Aus einem der Memminger Abtreibungsurteile:

„Insbesondere aber muß hervorgehoben werden, daß für das Vorliegen einer sozialen Indikation gemäß § 218 a II Nr. 3 b StGB weiter Voraussetzung wäre, daß die ‚Notlage nicht auf eine andere für die Schwangere zumutbare Weise abgewendet werden kann'. In der Hauptverhandlung auf die sich anbietende Möglichkeit einer Freigabe zur Adoption angesprochen, erklärte die Angeklagte sinngemäß, zur Adoption habe sie das Kind nicht freigeben wollen, weil sie sich dann ‚Vorwürfe gemacht hätte'. Zu dieser Äußerung muß die Angeklagte sich vorhalten lassen, daß sie sich wegen des Abtötens eines menschlichen Lebewesens wohl noch viel eher Vorwürfe machen muß." (Urteil des Amtsgerichts Memmingen vom 4. 2. 1988 – Cs 23 Js 3734 / 87)

Der Bericht des Bundesfamilienministeriums schließt mit Überlegungen, wie die Diskrepanz zwischen 21 000 Adoptionsfordernden und 3000 „zur Verfügung" stehenden Kindern behoben werden kann.

„Durch geeignete Öffentlichkeitsarbeit und mit Unterstützung der Medien muß insbesondere der gesellschaftlichen Diskriminierung der Frau, die zur Adoptionsfreigabe ihres Kindes bereit ist, entgegengewirkt werden. Maßnahmen im Bereich der Adoption müssen die Entscheidung der abgebenden Mutter unterstützen und fördern." (Bericht S. 29.)

Das heißt also, daß in der Bevölkerung, vor allem bei den Frauen, für eine Leihmutterschaft dann Verständnis geweckt werden soll, wenn sie staatlich organisiert und kontrolliert wird.

Die Adoption erhält damit zusätzlich zu ihrem Charakter als staatlich kontrollierter Kinderhandel das Gesicht einer staatlich kontrollierten Leihmutterschaft.

Adoption – eine Alternative zu den Reproduktionstechnologien?

Der Ausgangspunkt für beides ist ein intensiver Kinderwunsch, der sich zur Nachfrage nach der Ware Kind entwickelt. Eine Nachfrage, die einmal auf medizinisch-technischem Wege oder sonst mit den Mitteln des Marktes (sprich mehr oder weniger Kauf) gelöst werden soll.

In beiden Fällen wird privilegierten Frauen (Adoptiv / Bestellmutter oder genetische Mutter bei der Eispende) durch die Verschärfung der Unterdrückung anderer Frauen (Mütter der Adoptivkinder / Leihmütter) es „ermöglicht", dem Bild der „wahren" Frau zu entsprechen und zur Mutter zu werden, auch wenn es eigentlich gerade nicht möglich ist.

Dieser Prozeß verlangt in dem einen wie dem anderen Fall nach einer nahezu vollständigen Kontrolle über die beteiligten Frauenleben. Das Interesse an der Gebärfähigkeit gilt den Frauen in den IVF-Programmen wie den Leihmüttern. Bei den Adoptionsverlangenden wird das soziale Leben überprüft und für akzeptabel befunden, wie es andererseits bei den nichtehelichen Müttern kontrolliert und für nichtakzeptabel befunden wird. Vor allem wird die Unterordnung unter männliches (Familien-)Reglement gefordert; sei es einerseits, um dem Familienideal zu entsprechen, um ein Kind behalten zu dürfen als alleinlebende Mutter, oder andererseits es als Adoptionsbewerberin zugewiesen zu bekommen oder sich schließlich der Hierarchie der Reproduktionsmediziner zu unterwerfen, die sich selbst als „Väter" der Retortenbabys verstehen.

Werden die Reproduktionstechnologien in der Frauenbewegung schon länger als bevölkerungspolitische, frauenunterdrückerische Maßnahmen verstanden, so erleben wir die Auslands- wie die Inlandsadoption als eine weitere Spielart derselben Politik.

Benutzte Abkürzungen:

AK – Alternativ-Kommentar (Luchterhand) zum Bürgerlichen Gesetzbuch, Neuwied und Darmstadt 1981.
BGB – Bürgerliches Gesetzbuch
MK – Münchener Kommentar zum BGB, 2. Auflage, München 1987.

StGB – Strafgesetzbuch
NJW – Neue Juristische Wochenschrift
FamRZ – Zeitschrift für das gesamte Familienrecht
NZZ – Neue Züricher Zeitung
RP – Rheinische Post
FAZ – Frankfurter Allgemeine Zeitung
TAZ – Die Tageszeitung
SZ – Süddeutsche Zeitung
FR – Frankfurter Rundschau
Rdn – Randnote
BVerfG – Bundesverfassungsgericht
IZ3W – Blätter des Informationszentrums 3. Welt

LITERATUR

Bach, Rolf P., „Gekaufte Kinder". Babyhandel mit der Dritten Welt, Hamburg 1986.
Bundesfamilienministerium, „Über die Entwicklung der Adoptionsvermittlung in der Bundesrepublik Deutschland seit 1984", *Bericht*, April 1988.
Schmidt, Heinz G., *Kindermarkt*, Basel 1988.
Simitis u. a., *Kindeswohl*, 1979.
Swientek, Christine, Die „abgebende Mutter" im Adoptionsverfahren, im Bd. 4 der Schriftenreihe *Theorie und Praxis der Frauenforschung*, Bielefeld 1986.

Theresia Degener
Der Beitrag der UNO zur Etablierung der Gentechnik

Technologiepolitische Perspektiven

In der UNO sitzen Täter und Opfer an einem Tisch. Industrienationen und sog. Dritte-Welt-Länder verhandeln gemeinsam über Entwicklungspolitik, internationale Menschenrechte, Weltmarktsteuerung, internationalen Finanzfluß und Schuldenberge etc. Das Interesse an dem internationalen bürokratischen Forum besteht gegenseitig. Bedeutet es für die einen Sicherung der Vormachtstellung auf dem Weltmarkt, heißt es für die anderen Aufbau und Stabilisation der nationalen Ökonomie mit Geldern der Industrienationen sowie die Möglichkeit, mitunter den Beobachterstatus im internationalen Geschehen zu verlassen. Wieweit den Entwicklungsländern allerdings eine Akteursrolle zugestanden wird, hängt nach wie vor wesentlich von den Interessen der Industrienationen ab. Entscheidend ist immer noch – darüber können Deklarationen, Konventionen, Verträge oder Urteile des Internationalen Gerichtshofes nicht hinwegtäuschen – der Geldfluß.

Wie andere neue Technologien sind die Gen- und Reproduktionstechnologien und deren Anwendung vor allem im internationalen Maßstab interessant. Dazu braucht es internationale Zusammenarbeit. Ressourcen müssen aufgetan werden, Experten ausgetauscht, Richtlinien angepaßt und Märkte erschlossen werden. Auf dem Gebiet der Gentechnik und Biotechnologie wird seit einiger Zeit innerhalb der UNO an einem Programm zur internationalen Zusammenarbeit gearbeitet.

Gefördert und betreut wird dieses Programm insbesondere durch die UNO-Organisation UNIDO (Organisation für Industrielle Entwicklung), deren Einstellung zur Biotechnologie eher euphorisch als kritisch ist. Zwar werden Risiken der Gentechnologie nicht ganz außer acht gelassen, doch überwiegt die Einschätzung, die neuen Gen- und Biotechnologien seien von strategischer Bedeutung für die Entwicklungsländer, die „Lösung" für Probleme der Nahrungsmittelversorgung, Futter, Brennmaterial und Düngemittel.

Zwei Faktoren sind es, die ein globales Vorgehen auf Regierungsebene erfordern. Erstens manifestiere sich insbesondere am Beispiel der neuen Technologien, daß die Privatisierung des technologischen Know-how rasant fortschreitet. Obwohl ein Großteil der gen- und biotechnologischen Grundlagenforschung mit öffentlichen (und privaten) Geldern in den Universitäten stattgefunden hat, ist nun ein dominantes Vordringen privater transnationaler Konzerne zu beobachten. Das bedeutet zum einen, daß öffentliche Forschung teilweise behindert wird. Zum anderen aber ist es ein Merkmal privatisierter Forschung, daß Prioritäten nur dort gesetzt werden, wo die Betreiber mit Profiten rechnen können. Das entspricht nicht unbedingt den Bedürfnissen der Anwendungsländer. Zweitens – wer hätte es gedacht – gebe es ein Ungleichgewicht der Industrie- und Entwicklungsnationen in Forschung und Anwendung der neuen Technologien. Den 3.-Welt-Ländern mangelt es nicht nur an Geldern für den Bau teurer gen- und biotechnologischer Anlagen. Sie leiden vor allem auch unter dem sog. „brain drain", dem Mangel an wissenschaftlich und technisch qualifizierten Arbeitskräften, der durch die Abwanderung hochspezialisierter Fachkräfte in die Industrienationen noch bestärkt wird. Diese Disparität in Forschung und Anwendung der Technologien soll nun durch konzentriertes internationales Vorgehen ausbalanciert werden.

Innerhalb der UNO wurde dafür ein ganzer Behördenapparat eingerichtet. So wurde nach der Wiener Konferenz von 1979 ein „Interregierungskomitee für Entwicklungswissenschaft und -technologie" gegründet, dem 1987 bereits 99 der 159 Mitgliedsnationen angehörten. Dieses Interregierungskomitee arbeitet mit weiteren Organisationen und Unterbehörden zusammen, die in der folgenden Zeit gegründet wurden. Die wesentlichen sind:

1. Das ACST, ein beratendes Komitee für Entwicklungswissenschaft und -technologie, ein sogenanntes unabhängiges Expertenkomitee. Es gilt als prinzipielles Forum für Expertendiskussionen.

2. Das Administrative Komitee für Koordination (ACC) ist eine sekretariatsartige Behörde mit Kooperations-Funktion innerhalb des UNO-Systems.

3. Mit der Einrichtung des Zentrums für Entwicklungswissenschaft und -technologie als direkte Unterbehörde des UNO-Sekretariats wurde dem Themenkomplex ein eigener Verwaltungsapparat zugeordnet.

4. Schließlich gibt es nun seit 1986 auch einen eigenen Finanzfond für diese neuen Technologien.

Ein erster, konkreter Schritt zur internationalen Etablierung von Gen- und Biotechnik ist die Einrichtung eines Internationalen Zentrums für Gentechnik und Biotechnologie (ICGEB), das 1982 auf der Belgrader Konferenz von Vertretern von ca. 40 Entwicklungs- und Industrienationen beschlossen wurde. Das Projekt unter Federführung der UNIDO läuft seit 1987, ist für ca. drei Jahre geplant und hat ein vorläufiges Finanzvolumen von 20 Mill. US-$ (vgl. Der Überblick). Bis zur rechtlichen Absicherung des Programms bedarf es der Ratifizierung von mindestens 24 Staaten, 15 haben dies bereits getan. Das Zentrum hat zwei Stützpunkte, eines in Triest und eines in Neu-

Delhi. Neben der Förderung der internationalen Zusammenarbeit besteht das Hauptanliegen des ICGEB darin, Ausbildungs- und Austauschstätte für Elitekräfte der Technologiewissenschaft zu sein. Von dort aus sollen arbeitsfähige Gruppen in den einzelnen Ländern aufgebaut werden. Die Stützpunkte in Triest und Neu-Delhi sind mit Forschungsprogrammen in bezug auf a) Veterinär- und Humanmedizin, b) industrielle Anwendung der Technologien und c) Pilotaktivitäten in verschiedenen Ländern betraut.

Ein auf fünf Jahre angelegtes Programm für die Institute ist noch in der Diskussions- und Verabschiedungsphase. Übergangsweise arbeiten die Zentren an von UNIDO entwickelten Projekten, die Krishnaswamy Venkataraman, leitender Berater der UNIDO, folgendermaßen beschreibt:

„Die Neu-Delhi-Komponente
1. Programm zur Agrobiologie
   a) Kontrolle der Expression von transferierten Genen
   b) Zytoplasmische männliche Sterilität (Perlhirse)
   c) Pflanzenproteine (Amaranthus)
   d) Herbizidresistenz
   e) Stickstoffixierung (Rhizobium)
2. Programm zur menschlichen Parasitologie
   a) Malaria und
   b) Hepatitis

Die Triest-Komponente
1. Programm zu Virus-Krankheiten
   a) Menschliche Papilloma-Viren
   b) Rotaviren
2. Programm zu molekularen Aspekten der DNA-Replikation in menschlichen Zellen
3. Programm zur mikrobiologischen Spaltung von Lignocellulose (Holz und Fasern)" (Der Überblick, S. 38).

Welche Interessenbefriedigung sich die Industrienationen von diesem Projekt – und dem damit einhergehenden Technologietransfer – erhoffen, wird mit Blick auf die Schlüsselbegriffe deutlich, die im Rahmen von Einschätzungen und Hoffnungen der neuen Technologien im Jahresbericht des UNO-Generalsekretärs auftauchen.

Mit der „globalen" Anwendung (gemeint ist vor allem die Anwendung in der 3. Welt, denn UNO-Gelder gehen vornehmlich in die Erforschung der dortigen Anwendungsprobleme!!) soll vor allem eine „passende Umgebung" für die neuen Technologien geschaffen werden. Davon erhofft man sich „größere technologische Wahlmöglichkeiten und technologischen Pluralismus" (Report).

Warum die Entwicklungsländer eine „passendere Umgebung" für die Gen- und Biotechnologie sind, ergibt sich aus mehreren Faktoren. Zum einen verfügen die sog. 3.-Welt-Länder über unendliche Biomassen, die für den enorm hohen Umsatz an organischem Material dieser Technologien auch notwendig sind. Mit einem wesentlichen Verarbeitungsprozeß, Fermentation, sind einige Entwicklungsländer überdies schon seit längerem vertraut. Da die Biotechnologie und Gentechnik – noch – relativ einfach sind und nicht viel Raum brauchen, bieten sie sich auch zur dezentralen Anwendung an. Damit nützen sie insbesondere der Industrialisierung des ländlichen Bereichs (vgl. Der Überblick). Schließlich lassen sich bekanntermaßen in den „3.-Welt"-Ländern neue Technologien deshalb besonders einfach anwenden, da dort in den wenigsten Fällen restriktive Richtlinien oder Kommissionen die Technologieanwendung zügeln und überwachen. Somit sind die „3.-Welt"-Länder „passende Umgebung" für Gen- und Biotechnologie in zweifacher Hinsicht: einmal als billiges Labor- und Testfeld und darüber hinaus auch langfristig als Hauptabnehmer.

Um den Akzeptanzprozeß innerhalb der Entwicklungsländer zu beschleunigen, werden speziell Studien zu Sicherheitsfragen der neuen Technologien und ihrem (positiven) Einfluß auf Bildung, Gesundheit und Umwelt von der UNO in Auftrag gegeben. Mit der Schaffung eines „suitable environment" sollen „freie technologische Entscheidungen und Anwendungen" dieser Technologien ermöglicht werden (Report). Um welche Art von Entscheidungen und Anwendungen es sich dabei handelt, verdeutlicht sich an dem geplanten und bereits stattfindenden Zusammenspiel von Regierungen und Privatwirtschaft auf internationaler Ebene.

Zwar soll der zunehmenden Privatisierung des technologischen Knowhow in der Hand transnationaler Privatgesellschaften durch (inter-)nationale Forschung mit staatlichen Mitteln ein Stück weit Einhalt geboten werden, es wird jedoch keineswegs zu einer Konkurrenz zwischen UNO-Apparat und transnationalen Privatgesellschaften kommen. Die Rollen werden nur effektiver verteilt. Während auf nationaler Ebene die Regierungen die Führung in der „Basis-Entwicklung" der Bio- und Gentechnologie übernehmen und die UNO für den Technologietransfer sorgt (der auf privater Ebene nicht stattfindet), ist dem Wirtschaftssektor die Rolle zugedacht, „im Rahmen der Produktion und der Kommerzialisierung Risiken zu unternehmen" (Report).

Man hofft, daß diese Rollenverteilung in den Entwicklungsländern sich leichter als in den Industrieländern realisieren lassen wird. Denn die dazu erforderliche Kooperation zwischen Universitäten und Industrie habe dort größere Chancen. Mit Hilfe von Steuererleichterungen und ähnlichen Anreizen im transnationalen Privatsektor soll vor allem eine Management-Kapazität gefördert werden, die der größeren Risikobereitschaft.

Welche Risiken damit gemeint sind, können wir uns vermutlich am Beispiel Argentiniens ausmalen. Dort geriet die UNO-Organisation WHO allerdings selbst in Verruf. Auf einer landwirtschaftlichen Versuchsstation der *Pan American Health Organization* (PAHO), einer Unterorganisation der WHO, wurden im Sommer 1986 20 Rinder mit einem gentechnisch hergestellten Virus gegen Tollwut geimpft, von dem auch die die Tiere versorgenden Arbeiter betroffen wurden. Die argentinische Regierung wurde erst gar nicht um Erlaubnis gefragt. Da Argentinien noch über keine Gesetze verfügt, die derartige Freilandversuche genehmigungspflichtig machen, fühlte man sich auch nicht dazu verpflichtet (siehe dazu ausführlicher: GID). Mit Rückendeckung der UNO dürfen sich dann wohl zukünftig transnationale Konzerne die Finger schmutzig machen.

Der angestrebte Technologietransfer soll durch „Umdefinierung" von Normen und Richtlinien, u. a. zur „Vereinfachung" von Genehmigungsverfahren, erleichtert werden.

Als Anwendungs- und Laborländer werden insbesondere genannt: Süd-Korea und Thailand (als Länder, in denen schwerpunktmäßig Gen- und Biotechnologie zur Anwendung kommen soll) sowie Argentinien, Brasilien, China, Indien, Indonesien, Mexiko und Pakistan (als Länder, in denen neben Mikroelektronik und Computerforschung auch Biotechnologie betrieben wird bzw. werden soll).

Für einige dieser Länder ist die Einführung von Gentechnologieforschung bereits seit langem keine Zukunftsmusik mehr. So wurde beispielsweise in Singapur vor einiger Zeit ein Institut für Molekular- und Zellbiologie eingerichtet, das sich vorwiegend mit der Gentechnik an tropischen Pflanzen und Tieren sowie Nahrungsmitteln beschäftigt. Bereits seit längerem gibt es finanzielle Anreize für Unternehmen, die sich auf biotechnische Produkte einlassen. Ihnen wird 5–10 Jahre lang Steuerfreiheit garantiert (vgl. Der Überblick, S. 39).

In Brasilien gibt es seit einiger Zeit ein Nationales Zentrum für Genetisches Material (CENARGEN), das sich mit der gentechnischen Schädlingsbekämpfung beschäftigt. In einer Datenbank werden die wichtigsten genetischen Informationen von bedrohten Pflanzen gesammelt (vgl. Der Überblick).

Biotechnologie und Menschenrechte

Daß Menschenrechte durch Entwicklung und Anwendung von Technologien beeinträchtigt werden können, ist auch der UNO spätestens seit der Menschenrechtskonferenz von Teheran (1986) klar. Aufgrund der dort verabschiedeten „Proklamation von Teheran" wurden innerhalb der UNO einige Aktivitäten zum Thema „Menschenrechte und Wissenschaft und

Technologie" ausgelöst. Im wesentlichen handelt es sich dabei um Berichte und Symposien und sehr allgemein gehaltene Resolutionen, die den Fortschrittsglauben in bezug auf die neuen Technologien bekunden und auf die Notwendigkeit einer Balance zwischen Fortschrittstechnologie-Entwicklung und Schutz der internationalen Menschenrechte hinweisen (z. B. die Resolution 3384 der Generalversammlung, 10. November 1975: „Deklaration über die Anwendung von wissenschaftlichem und technologischem Fortschritt im Interesse von Frieden und zum Nutzen der Menschheit.").

Im Vergleich zu der oben beschriebenen internationalen Technologiepolitik schreitet die Diskussion um Menschenrechtsschutz im Zusammenhang mit den neuen Technologien eher mühselig voran. Das zeigt sich bereits an den Tagesordnungen der Menschenrechtskommission und ihrer Unterkommissionen, die seit einigen Jahren das Thema Bio- und Gentechnologien mehr oder weniger aussparen.

Die aktuellste UNO-Publikation „Human Rights and Scientific and Technological Developments" stammt aus dem Jahr 1982. Der Inhalt bezieht sich auf Studien des Generalsekretärs von 1973 bis 1976 sowie ein Expertentreffen in Genf, das im September 1975 stattfand.

Aufschlußreich dafür sind die Positionen, die dort im Kapitel III (S. 55 ff.) zu künstlicher Insemination und pränataler Diagnose und Beratung bezogen werden. Von patriarchaler Familienpolitik bis hin zu glasklarer eugenischer Bevölkerungspolitik läßt sich so ziemlich alles (Altbekannte) finden.

Bei der artifiziellen Insemination (AI) wird vor allem das Menschenrecht des Ehemannes auf genetische Vaterschaft erwähnt (d. h. bevor dessen Unfruchtbarkeit nicht eindeutig festgestellt ist, wäre eine AI bei der Ehefrau eine Rechtsverletzung), während in Sachen Ehefrau lediglich darauf verwiesen wird, daß eine rechtmäßige AI keinen „Ehebruch" darstelle.

Im übrigen wird angesichts der Tatsache, daß die AI „so simpel [ist], daß sie von jeder Hebamme [sic!] durchgeführt werden kann", der Forderung nach rechtlicher Beschränkung der Technik auf Durchführung durch den Arzt Nachdruck verliehen.

Genetisches Screening – Beratung und pränatale Diagnose – werden als das benannt, was sie sind: Methoden der „negativen Eugenik", die dem Ziel dienen, „unliebsame Kombinationen unerwünschter rezessiver Gene zu verhindern". Realistisch wird jedoch vorausgesagt, daß sich der Anteil dieser Gene insgesamt in der Bevölkerung damit allein nicht vermindern lasse. Mit Hinweis auf durchgeführte Pränatal-Programme wird darüber hinaus auf mögliche Gefahren dieser eugenischen Methoden geschlußfolgert: Die aufgrund pränataler Diagnose abgetriebene Schwangerschaft ermögliche dem Paar, sich weiter zu reproduzieren, anstatt sich zeitlich und ökonomisch mit einem behinderten Kind zu beschäftigen. Die statt dessen geborenen, scheinbar „normalen Kinder können [jedoch] Träger des defekten Gens sein und somit sein Vorkommen innerhalb der Bevölkerung erhöhen".

Entsprechend dieser Analyse der Gentechnologie werden in den Deklarationen des IV. Kapitels (Human Rights, S. 75 ff.) weitergehende bevölkerungspolitische Maßnahmen in Erwägung gezogen. (Die Deklarationen, das sei noch erwähnt, wurden von der o. g. Expertengruppe erarbeitet, der u. a. auch der Genetiker Bentley Glass angehörte. Er wurde im Reader zum ersten bundesweiten Frauenkongreß (1985) mit dem Satz zitiert: „In Zukunft werden Eltern nicht das Recht haben, der Gesellschaft mißgebildete oder geistig behinderte Kinder aufzubürden.")

Angesichts der „genetischen Last", die der Menschheit dadurch aufgebürdet würde, daß zunehmend Menschen mit Erbkrankheiten aufgrund medizinischer Fortschritte am Leben gehalten würden und sich reproduzierten, stelle sich die Frage der „Möglichkeit von Sterilisation und entsprechenden Heiratsverboten für Personen, die mit einiger Wahrscheinlichkeit defekte Kinder bekommen".

Ob derartige bevölkerungspolitische Positionen weiterhin in Publikationen der UNO zu lesen sein werden, wird sich möglicherweise in nächster Zukunft erweisen. 1986 wurde die UNO-Universität in Tokio mit einer Studie über die positiven und negativen Effekte der neuen wissenschaftlichen und technologischen Entwicklungen in bezug auf Menschenrechte beauftragt. Die letzten veröffentlichten Dokumente deuten jedoch an, daß Gen- und Reproduktionstechnologien allenfalls peripher behandelt werden.

LITERATUR

Der Überblick, Quartals-Zeitschrift der Arbeitsgemeinschaft Kirchlicher Entwicklungsdienst, Nr. 1 / 1988.

GID, Gen-ethischer Informationsdienst, Nr. 29 / Februar 1988, Berlin.

Report of the Secretary-General, „Impact of new emerging areas of science and technology on the development of developing countries", 22. Mai 1987, Genf, A / CN. 11 / 80.

United Nations, „Human Rights and Scientific and Technological Developments", New York 1982.

Gaby Ruelmann / Gabi Abels / Doris Schäfer

AKZEPTANZSCHAFFUNGSSTRATEGIEN DER GENTECHNOLOGIE-BETREIBER AM BEISPIEL DER BEHRINGWERKE IN MARBURG

Wir haben uns zu einer AG mit o. g. Thema aus folgenden Gründen entschieden:

Wir möchten unsere Beobachtungen und Erfahrungen weitergeben, die wir in der Auseinandersetzung mit dem ersten öffentlichen Genehmigungsverfahren in der BRD sowohl in bezug auf die Vorgehensweise der Betreiber (Behringwerke) als auch mit dem politischen Umgang der verschiedenen, teils kritischen Parteien, Gruppierungen und Institutionen gewinnen konnten.

Das, was sich in Marburg seit dem Beginn des Jahres 1988 in Sachen Gentechnologie ereignet (hat), zeichnet sich *nicht* etwa dadurch aus, etwas völlig Neues darzustellen oder zu neuartigen Erkenntnissen und Aufschlüssen zu verhelfen – im Gegenteil: Was uns am meisten beunruhigt, ist die Tatsache, daß alles wie gewohnt und wie bekannt verläuft.

Die BW sind eine 100%ige Hoechst-Tochter. Während sich Chemiekonzerne wie BASF und Bayer dazu entschließen, ihre gentechnische Produktion ins Ausland (USA) zu verlagern, und somit auch politischen und wirtschaftlichen Druck ausüben, übernimmt die Hoechst AG den Part der Akzeptanzschaffung und Durchsetzung solcher Anlagen innerhalb der BRD. Nicht zuletzt auch deshalb hat das öffentliche Genehmigungsverfahren einen Modellcharakter für die BRD.

Aus der Geschichte der Behringwerke

Die pharmazeutische Firma Behringwerke (BW) in Marburg / Lahn, gegründet 1904 von dem Bakteriologen Emil von Behring, 1925 von der IG-Farben vereinnahmt, dienten und verdienten gut mit ihrer Impfstoffproduktion in der Zeit des Nationalsozialismus. Die Dokumentation „IG-Farben, Abt. Behringwerke" von U. Schneider und H. Stein (Brüder-Grimm-Verlag, Kassel) weist nach, daß im KZ Buchenwald Menschenversuche mit BW-Impfstoffen durchgeführt wurden. Die KZ-InsassInnen wurden dafür mit Gewalt durch Gelb- und Fleckfieber, Ruhr- und Gasbranderregern infiziert und dann mit Impfstoffen behandelt oder eben nicht, je nachdem welcher Versuchsgruppe sie zugeordnet wurden. Hunderte von Menschen starben oder behielten Folgeschäden. Viele wurden nach den Versuchen ermordet und seziert. Bis heute leugnen die Vertreter der BW diesen Teil ihrer Geschichte. 1945 wurden die BW der Hoechst AG, Frankfurt, durch die US-amerikanische Besatzungsmacht zugewiesen. Die Unternehmenspolitik ist seitdem vollständig in die Konzernstrategie der Hoechst AG eingebunden. Heute betreiben die BW in über 20 Ländern ihre Produktionsanlagen und Forschungsinstitute. Sie bieten „Entwicklungshilfe" für Länder der sog. 3. Welt an, d. h. schrittweise Verlagerung der Impfstoffproduktion in diese Länder.

Zur Vorgeschichte des ersten öffentlichen Genehmigungsverfahrens einer gentechnologischen Produktion

Im September 1986 stimmten SPD und CDU (bei rot-grüner Koalition im Magistrat der Stadt Marburg) einem von der SPD eingebrachten Pauschalantrag zu, in dem der Entwurf über die Unternehmenserweiterung zum Zwecke der gentechnologischen Produktion der BW gebilligt wurde.

Zum Jahreswechsel 1987/88 kamen die BW in die Schlagzeilen der örtlichen Presse. Anlaß war der Neujahrsempfang der BW, auf dem Oberbürgermeister (OB) H. Drechsler folgendes verlauten ließ: „Wir werden die Erweiterung der BW *vorbehaltlos* unterstützen." Über Gentechnik, so Drechsler, dürfe bei einer Industrieansiedlung nicht gesprochen werden. „Mittels Baurecht dürfen keine inhaltlichen Fragen gelöst werden. (...) Was die BW machen, geht ein Stadtparlament gar nichts an." (Oberhessische Presse 1988)

Für seine Bereitschaft, die Sorgen der BW, daß politischer Widerstand gegen die Gentechnologie das Projekt vereiteln könne, auszuräumen, erhielt der OB einen Scheck vom Vorstand der BW über 25 000 DM für die Städtepartnerschaft mit Eisenach.

Im März 1987 stellten die BW beim Regierungspräsidenten in Gießen einen Antrag auf die Erteilung einer Genehmigung zur gentechnologischen Produktion von Erythropoietin (EPO) (ein Hormon, das in der Niere gebildet wird und die Blutbildung anregt), der nach den alten Ausführungsverordnungen des Bundesimmissionsschutzgesetzes (BImSchG) behandelt werden sollte (das bedeutete v. a. ein nichtöffentliches Genehmigungsverfahren).

Als das Projekt der BW in der Marburger Bevölkerung bekannt wurde, besonders seit September 1988, nachdem die BImSchG-Verordnung u. a. dahingehend geändert wurde, daß nun ein öffentliches Genehmigungsverfahren verlangt wird, formierten sich zahlreiche Bürgerinnenproteste.

Hervorzuheben aus den unterschiedlichen Aktivitäten der verschiedensten Gruppen ist der Zusammenschluß von 20 Marburger Gruppierungen (u. a. Grüne, DKP, BUND, GEW, ESG) zu einem breiten linken Bündnis, das im Oktober 1988 eine Veranstaltungsreihe „Fra-Gen-Initiative für einen Bürgerdialog Gentechnologie in Marburg" startete. Selbsterklärte Ziele waren:

– Die BürgerInnen für die Chancen und Risiken der Gentechnologie zu sensibilisieren und sie zur Wahrnehmung ihres Mitsprache- und Mitentscheidungsrechts zu ermuntern.

– Die Möglichkeit zu schaffen, für Teile der mittragenden Organisatoren eine Position zur Gentechnologie zu finden.

In der Auftaktveranstaltung sollten die Fragestellungen entwickelt werden, die als Beurteilungskriterien für die folgenden Streitgespräche dienen sollten. Diese Fragen sollten aber nicht, wie frau/man vielleicht annehmen könnte, von den BürgerInnen selbst entwickelt werden, sondern von Experten und den Betreibern, vertreten durch einen hochrangigen Manager der BW.

Wie sehen die Strategien der Akzeptanzschaffung konkret aus?

Bei der „Analyse" der Widerstandsbewegung gegen Gen- und Reproduktionstechnologien durch die Betreiber selbst fällt folgendes auf:

Prof. Dr. K. H. Büchel (Vorstandsmitglied der Bayer AG) sagt in seiner Festrede zur Eröffnung der Kernforschungsanlage Jülich im April 1988: „...die Gentechnologie (stößt) in der öffentlichen Diskussion auf weitverbreitetes Unbehagen, vielfach werden irrationale Schreckensszenarien heraufbeschworen und unkalkulierbare Risiken befürchtet. Gerade in unserem Lande wird die Diskussion um die Risiken der Gentechnologie besonders heftig und kontrovers geführt." (BioEngineering, S. 6) Das läge daran, daß „verschiedene gesellschaftliche Gruppen... zum Teil bewußt emotional ausgerichtete, unwissenschaftliche Bewertungsmaßstäbe in die Diskussion (tragen)..." (BioEngineering, S. 9)

Aus der vorgeschobenen Begründung, Widerstand gegen die Gentechnologie resultiere aus diffusen, irrationalen Ängsten und Falschinformationen, ergibt sich die Betreiberstrategie, in breitangelegten Propagandafeldzügen die Öffentlichkeit „aufzuklären", damit „die Diskussion um die Gentechnologie versachlicht und konsensfähig wird". (BioEngineering, S. 9)

Dieser Strategie haben sich auch die BW verschrieben: Sie bekunden immer wieder ihre Bereitschaft, mit KritikerInnen und GegnerInnen zu diskutieren, sie laden neuerdings ParteienvertreterInnen zu Werksführungen ein, denn man habe nichts zu verbergen, und die BW-Vertreter sind auf allen Veranstaltungen zum Thema – geladen oder ungeladen – präsent, wobei die entsandten Vertreter nach dem je erwarteten Publikum ausgewählt werden. Falls sie nicht ohnehin als Referenten anwesend sind, so ergreifen sie spätestens das Wort, nachdem die VeranstalterInnen/ReferentInnen ihre Kritik geäußert haben oder einige Beiträge aus dem Publikum gekommen sind. Selbstsicher, wortgewandt, zunächst um einfache Formulierungen bemüht, da die ZuhörerInnen ja alle Laien sind, wischen sie alle geäußerten Bedenken vom Tisch. Rhetorisch geschieht dies a) durch Vereinfachung von Sachverhalten (z. B. „Gentechnologie arbeite mit Proteinen – mehr nicht"; „alle Krankheiten haben molekulare Ursachen", so Prof. Afting, ehem. BW-Vorstandsmitglied, jetzt Hoechst-Manager) und b) durch plumpe Analogien (z. B.: „Die Gentechnologie ist vergleichbar mit der Verhüttungstechnologie"; „Stahl könne entweder zum Häuser- oder auch zum Bombenbau verwendet werden", ebenfalls Afting).

Die Ausrichtung der Diskussion auf die BW-Vertreter garantiert, daß sie immer auf der Ebene der (Un-)Sicherheitssysteme und der Ethik (bezügl. der Medikamentenherstellung) bleibt. Ein Zusammenhang zwischen der bei den BW angewandten Form der Gentechnik und anderen Anwendungsbereichen, z. B. dem ArbeitnehmerInnenscreening, der Schwangerschaftsvorsorge einschließlich humangenetischer Beratung oder aber in der Landwirtschaft (herbizidresistente Nutzpflanzen, nachwachsende Rohstoffe für die chemische Industrie) oder gar zur Rüstung (biologische Waffen) wird nicht hergestellt. Dies ist den BW-Vertretern gerade recht, denn die (Un-) Sicherheit ist ihr Terrain. Wer jedoch die Sicherheit zum zentralen Punkt der Diskussion macht, hat die Technologie an sich längst akzeptiert. Falls sich jemand traut, z. B. die faschistische Vergangenheit sowohl der BW selbst (siehe oben) als auch der Forschung anzusprechen, und damit auch das vorgebliche „humanitäre" Interesse der BW, Krankheiten zu lindern, in Frage stellt, so erntet dies aus dem Publikum nur Unmut und wird von den BW-Vertretern als Vergangenheit abgetan, die mit ihnen heute nichts mehr zu tun hat. An anderer Stelle werden hingegen „Lehren" aus der Vergangenheit von den Betreibern als Argument für die Gentechnologie herangezogen, und Argumente der GegnerInnen werden auf perfide Weise angeeignet. So bezieht man sich etwa auf den sog. Marburg-Virus, um zu behaupten, daß die Gentechnologie gegenüber herkömmlichen Verfahren den Vorteil biete, Eingriffe gezielter vornehmen zu können und dadurch das Material für die MitarbeiterInnen ungefährlicher sei, da nicht infektiös. Betreffs der Herstellung von EPO wird angeführt, daß man früher literweise Blut benötigte, um einen Wirkstoff aus dem Blutplasma zu gewinnen. Heute könne man – dank der Gentechnologie – darauf verzichten. Angespielt wird hier auf das ehemals gegnerische Argument der „Bluternte" in der sog. Dritten Welt.

Da die BW ein pharmazeutisches Unternehmen ist, können sie vom „Tränendrüsenargument" Gebrauch machen und tun dies auch zur Genüge: Es wird gesagt, man könne es nicht verantworten, PatientInnen ein Medikament vorzuenthalten. Es bestehe „die ethische Verpflichtung der Forscher zur Forschung, wenn diese die Aussicht eröffne, Menschen aus Not und Leid helfen zu können". (BioEngineering, S. 14) Zudem seien die Medikamente anders nicht „in ausreichendem Maße" und v. a. nicht wirtschaftlich herzustellen. Mit diesem Argument wird die Entscheidung für oder gegen Gentechnik individualisiert, die Strategie des Einstiegs in die Gentechnologie über den medizinischen Sektor bleibt unbenannt. Erreicht dieses Argument nicht die gewünschte Wirkung, folgt das „Arbeitsplatzargument" (faktisch sind für die EPO-Produktion lediglich 12 Arbeitsplätze geplant) und die Drohung, die Produktion ins Ausland zu verlagern. Durch dieses Druckmittel läßt sich auch der Betriebsrat auf die Vorstandsseite ziehen und zur Abgabe der Erklärung bewegen, daß „entsprechend den vorliegenden Antragsunterlagen... der Betriebsrat hinsichtlich des Arbeitsschutzes keine Bedenken hat".

Zu guter Letzt erfolgt der Verweis auf die Selbstbeschränkung der Forschung. So habe 1975 in Asilomar (USA) die Forschergemeinde selber Eingriffe in menschliche Keimbahnzellen abgelehnt, ebenso wie die Entwicklung biologischer Waffen. Prinzipiell habe sich sogar gezeigt, „daß die befürchteten Risiken als gering oder gar nicht existent einzustufen sind". (BioEngineering, S. 8) Deshalb seien ja auch die Richtlinien der Zentralen Kommission für die biologische Sicherheit (von 9 Mitgliedern der ZKBS sind zwei BW- und ein Hoechst-Vertreter) in den letzten Jahren mehrfach gelockert und angepaßt worden. Da es also bereits selbstauferlegte Richtlinien gibt, bestehe für ein Gen-Gesetz keine sachliche Notwendigkeit. Aus praktischen Gründen müsse jedoch – wie das Dilemma um die Human-Insulinproduktion bei der Hoechst AG gezeigt habe – die Rechtsunsicherheit beseitigt werden. Man sei bereit zur „konstruktiven Mitarbeit bei der Formulierung eines Gesetzes..., falls gesetzgeberische Maßnahmen aus politischen Gründen unvermeidbar sein sollten." (BioEngineering, S. 8) Diese „Mitarbeit" solle konkret so aussehen, daß die ZKBS-Genrichtlinien gesetzliche Regelung würden.

Wie es nach dem 2. bundesweiten Kongreß „Frauen gegen Gen- und Reproduktionstechnologie" in Marburg weiterging

Im November 1988 haben wir vom AStA-Referat „Frauen gegen Gen- und Reproduktionstechnologie" mit den Autonomen in Marburg einen offenen Brief an die VeranstalterInnen von „Fra-Gen" gerichtet, in dem es abschließend heißt: „Wir fordern euch auf, den Dialog mit den BW abzubrechen und den Betreibern der Gentechnologie kein Forum auf euren Veranstaltungen zu geben! Wir fordern euch auf, die Vertreter der BW von euren Veranstaltungen auszuladen! Wir fordern euch auf, nicht den Dialog mit den BW, sondern konsequenten Widerstand gegen die Projekte der BW zusammen mit allen GegnerInnen der Gentechnologie zu organisieren!"

Die BW-Vertreter wurden erwartungsgemäß nicht ausgeladen, da dieses nach Meinung der VeranstalterInnen nicht ohne „einen Gesichtsverlust" (!) möglich gewesen wäre. Als logische Konsequenz daraus ergab sich für uns, die nächste Veranstaltung mit einem BW-Vertreter zu verhindern. Mittels Lärm hinderten wir den BW-Vertreter am Reden. Die Veranstaltung wurde bald für aufgelöst erklärt.

Die Initiative „Fra-Gen" beantwortete unsere Störaktion mit einem offenen Brief, in dem wir gebeten wurden, die unterschiedlichen Protest- und Widerstandsformen einzelner Gruppen der „Gentechnologiebewegung" zu tolerieren und die Bewegung nicht durch gegenseitiges Behindern zu spalten (vgl. TAZ). Es wird pauschal davon ausgegangen, daß die Analysen doch übereinstimmten und Widerstand dann nur noch eine Formsache sei.

Die Toleranzschwelle ist von den VeranstalterInnen ziemlich hoch angesetzt. Selbst nachdem der Kreisverband der Grünen in Marburg-Biedenkopf im Dezember 1988 Strafanzeige gegen die BW erstattete (der Vorwurf lautete: illegale Produktion von EPO; Begründung: die im Forschungsstadium verwendeten Fermente entsprechen denen für die Produktion, darüber hinaus werde zu Forschungszwecken so viel EPO hergestellt, daß bereits von einer Produktion gesprochen werden könne), wurde der Dialog mit den Betreibern nicht abgebrochen.

Von September bis November 1988 lagen die Genehmigungsunterlagen für die Produktion von EPO öffentlich zur Einsichtnahme aus. Gegen den Antrag auf Produktion wurden beim Regierungspräsidenten in Gießen 1800 Einwendungen von BürgerInnen eingereicht, die bewirkt haben, daß der für den 16. 12. 1988 angesetzte Erörterungstermin auf einen noch unbekannten Termin verschoben wurde, da die von den BW eingereichten Unterlagen zu unvollständig seien, um die Einwände bewerten zu können.

Zurück zu „Fra-Gen": Eine letzte Veranstaltung mit einem BW-Vertreter war für den 2. 2. 89 geplant. Nach unserer Störaktion vom Dezember 1988 haben die BW im „gegenseitigen Einvernehmen" nun kurzfristig ihre Zusage zurückgezogen, da der Veranstalter „Fra-Gen" nicht dafür garantieren könne, daß es nicht wieder zu einer Störaktion kommen würde. (Vgl. Oberhessische Presse 1989)

Wir haben als AStA-Referat „Frauen gegen Gen- und Reproduktionstechnologie" im Wintersemester 1988/89 eine eigene Veranstaltungsreihe ANTi/wORT organisiert, als ANT-WORT auf „Fra-Gen", als ANTi-ORT für Frauen im Technopatriarchat und nicht zuletzt, um Diskussionen vom 2. bundesweiten Kongreß weiterzuführen.

ANMERKUNG:

1967 trat gleichzeitig in Marburg, Frankfurter und Belgrader Laboratorien ein Virus auf, das Marburg-Virus genannt wurde. Bei 31 Menschen löste das Virus hämorrhagisches Fieber aus, sieben Menschen starben. Die Herkunft des Virus und der Zusammenhang mit der Forschung, die in den Labors betrieben wurde, ist bis heute angeblich nicht aufgeklärt. Bekannt ist, daß alle Betroffenen Kontakt mit Zellkulturen einer bestimmten afrikanischen Affenart hatten, die mit dem Virus SV 40 infiziert waren, der für Menschen pathogen ist.

LITERATUR

BioEngineering, 2/88.

Oberhessische Post, 7.1.88, „Die Behringwerke platzen aus allen Nähten."

Oberhessische Post, 2.2.89.

TAZ – Die Tageszeitung, 14.12.88.

U. Schneider/H. Stein, *IG-Farben, Abt. Behringwerke*, Brüder-Grimm-Verlag, Kassel.

Gisela Frederking
Die Frauenbewegung als Organisationsdelikt

Die bundesweite Durchsuchungsaktion am 18.12.87, die Verhaftung von Ingrid Strobl und Ulla Penselin, der Erlaß von Haftbefehlen gegen drei weitere Frauen sowie die Einleitung zahlreicher Ermittlungsverfahren gegen Frauen, die sich gegen Reproduktions- und Gentechnologien, Sexismus und Rassismus engagieren, ist Ausgangspunkt für eine nähere Beschäftigung mit dem § 129a und seinen Auswirkungen.

Der Paragraph...

Zunächst ein kurzer Überblick über die historische Entwicklung der §§ 129 (kriminelle Vereinigung) und 129a (terroristische Vereinigung).

Der § 129 war immer ein wichtiges Instrument der politischen Justiz und diente fast ausschließlich der Bekämpfung des linksradikalen, revolutionären Spektrums. Bei der Kommunistenverfolgung in den 50er Jahren spielte der § 129 eine wichtige Rolle.

Bis zur Einführung des § 129a im Jahre 1976 gab es nur den § 129, der die Gründung sogenannter krimineller Vereinigungen unter Strafe stellte. Dieser Paragraph gilt zwar heute noch, spielt jedoch in der Praxis kaum noch eine Rolle, weil im Bereich politischer Straftaten sofort Ermittlungsverfahren nach § 129a eingeleitet werden.

§ 129a wurde im Jahre 1976 im Rahmen des sogenannten Antiterrorismusgesetzes neu eingeführt und stellte die Gründung, Werbung, Unterstützung und die Beteiligung als Mitglied an einer sogenannten terroristischen Vereinigung unter Strafe. Die Mindeststrafe lautete 6 Monate, die Höchststrafe 5 Jahre. Bei sogenannten Rädelsführern oder Hintermännern konnte sogar auf Freiheitsstrafe von einem bis zu 10 Jahren erkannt werden.

Dies alles war dem Gesetzgeber aber nicht genug. Und so wurde im Jahre 1986 die Vorschrift weiter verschärft. Der neue § 129a lautet nun wie folgt:

§ 129a. Bildung terroristischer Vereinigungen. (1) Wer eine Vereinigung gründet, deren Zwecke oder deren Tätigkeit darauf gerichtet sind,

1. Mord, Totschlag oder Völkermord (§§ 211, 212 oder 220a),
2. Straftaten gegen die persönliche Freiheit in den Fällen des § 239a oder des § 239b oder
3. Straftaten nach §305a oder gemeingefährliche Straftaten in den Fällen

der §§ 306 bis 308, 310 b Abs. 1, des § 311 Abs. 1, des § 311 a Abs. 1, der §§ 312, 315 Abs. 1, des § 316 b Abs. 1, des § 316 c Abs. 1 oder des § 319 zu begehen, oder wer sich an einer solchen Vereinigung als Mitglied beteiligt, wird mit Freiheitsstrafe von einem Jahr bis zu zehn Jahren bestraft.

(2) Gehört der Täter zu den Rädelsführern oder Hintermännern, so ist auf Freiheitsstrafe nicht unter drei Jahren zu erkennen.

(3) Wer eine in Absatz 1 bezeichnete Vereinigung unterstützt oder für sie wirbt, wird mit Freiheitsstrafe von sechs Monaten bis zu fünf Jahren bestraft.

(4) Das Gericht kann bei Beteiligten, deren Schuld gering und deren Mitwirkung von untergeordneter Bedeutung ist, in den Fällen der Absätze 1 und 3 die Strafe nach seinem Ermessen (§ 49 Abs. 2) mildern.

(5) § 129 Abs. 6 gilt entsprechend.

(6) Neben einer Freiheitsstrafe von mindestens sechs Monaten kann das Gericht die Fähigkeit, öffentliche Ämter zu bekleiden, und die Fähigkeit, Rechte aus öffentlichen Wahlen zu erlangen, aberkennen (§ 45 Abs. 2).

(7) In den Fällen der Absätze 1 und 2 kann das Gericht Führungsaufsicht anordnen (§ 68 Abs. 1).

Die wesentliche Verschärfung liegt in der Tatsache, daß der neue § 129 a als Verbrechenstatbestand ausgestaltet ist, was bedeutet, daß die Mindeststrafe 1 Jahr und die Höchststrafe 10 Jahre beträgt. Für sogenannte Rädelsführer oder Hintermänner gilt sogar eine Mindestfreiheitsstrafe von 3 Jahren.

...und seine Folgen

Welches sind nun die rechtlichen Folgen eines Ermittlungs- bzw. Strafverfahrens gem. § 129 a StGB?

Ermittlungsbehörde ist in solchen Fällen fast immer der Generalbundesanwalt, der sich zur Durchführung seiner sehr aufwendigen Ermittlungen des Bundeskriminalamtes bedient. Wenn die Ermittlungen abgeschlossen sind, wird die Anklage beim zuständigen Oberlandesgericht erhoben. Da an einigen Oberlandesgerichten (wie z. B. Stuttgart-Stammheim, Düsseldorf, Frankfurt) besondere Strafsenate für derartige Verfahren gebildet wurden, werden die Entscheidungen (zumeist Verurteilungen) über Jahre von den gleichen Richtern gefällt. Gegen das Urteil eines Oberlandesgerichts ist nur noch die Revision zum Bundesgerichtshof möglich.

Stichwortartig wird im folgenden die Einschränkung der Rechte von Beschuldigten in 129 a-Verfahren skizziert:

– Telefonüberwachung der Beschuldigten und Kontaktpersonen

– Einrichtungen von Straßenkontrollstellen, die die Überprüfung von Personalausweisen und mitgeführten Sachen erlaubt
– Haftgrund: Flucht und Verdunkelungsgefahr müssen nicht nachgewiesen werden. Es muß lediglich dringender Tatverdacht vorliegen
– Ausschluß von Verteidigern ist möglich
– Kontrolle der Verteidigerpost durch einen Richter. Außerdem ist die Einrichtung der Trennscheibe für Verteidigerbesuche in Haftanstalten möglich.

Welche Folgen hat das Ermittlungsverfahren für die Betroffenen?
Mit der Einleitung eines Ermittlungsverfahrens nach § 129 a wird ein ungeheurer Apparat in Bewegung gesetzt. Verdächtige Personen und Gruppen werden oft über Monate und Jahre observiert, Telefone werden abgehört, Fotos und Filmaufnahmen gemacht. Von diesen Maßnahmen sind selbstverständlich auch FreundInnen, Bekannte, Verwandte und sonstige Kontaktpersonen betroffen. Von diesen zahlreichen Aktivitäten erfahren die Betroffenen zumeist erst dann, wenn in ihren Wohnungen und an ihren Arbeitsplätzen Durchsuchungen stattfinden.

Untersuchungsgefangene, gegen die wegen § 129 a ermittelt wird, unterliegen besonderen Haftbedingungen. Hauptmerkmal dieser Haftbedingungen ist die totale Isolierung der 129 a-Gefangenen von den übrigen Untersuchungsgefangenen. Besuche von Verwandten und FreundInnen werden von speziell ausgebildeten Beamten des Landes- bzw. Bundeskriminalamtes sowie einem Vollzugsbeamten der Anstalt überwacht. Auch Besuche von FreundInnen und Verwandten werden oft mit Trennscheibe durchgeführt. Vor und nach den Besuchen müssen sich die Gefangenen nackt ausziehen und sich durchsuchen lassen. (Ich verweise auf den Beitrag von Ulla Penselin, die ihre Erfahrungen in der Untersuchungshaft schildert.)

Ablauf der Hauptverhandlung in 129 a-Verfahren:
Die Hauptverhandlung in 129 a-Verfahren findet in Sondergerichtsgebäuden unter einem unglaublichen Sicherheitsaufwand statt. VerteidigerInnen und BesucherInnen müssen sich vor Betreten des Gebäudes in entwürdigender Art und Weise durchsuchen und abtasten lassen. Die BesucherInnen müssen auch ihren Personalausweis abgeben. Die Durchsuchungsanordnung gilt selbstverständlich nicht für das Gericht, für die Bundesanwaltschaft und sonstige Beamte des Sicherheitsapparates, die sich in Zivil und Uniform zahlreich im Zuhörerraum tummeln. Wie wir aus dem Hamburger 129 a-Verfahren gegen den Physiker Fritz Storim wissen, haben sie dabei auch die Aufgabe übernommen, per Knüppeleinsatz der Öffentlichkeit den Garaus zu machen.

Das Prinzip der Waffengleichheit zwischen Angeklagten und Anklagebehörde ist aufgehoben. Die Verteidigung muß sich oft in unglaublich kurzer Zeit in eine Vielzahl von Ermittlungsakten einarbeiten. Ihr sitzt eine bestausgestattete Anklagebehörde gegenüber, die über einen unglaublichen Apparat in personeller und technischer Hinsicht verfügt und selbstverständlich *die* Bundesanwälte zur Verhandlung schickt, die mit dem Komplex seit Jahren vertraut sind. Die Atmosphäre ist geprägt von ständiger Konfrontation, Feindseligkeit und einem grundsätzlichen Mißtrauen gegenüber der Verteidigung.

Wie in keinem anderen Verfahren wird bei der Verurteilung in 129 a-Verfahren der Strafrahmen zumeist voll ausgeschöpft. Wenig bekannt dürfte sein, daß das Gericht bei einer Verurteilung nach § 129 a zumeist auch Führungsaufsicht anordnet. Führungsaufsicht kann nach § 68 StGB angeordnet werden, wenn die Gefahr besteht, daß der / die Verurteilte weitere Straftaten begehen wird. Dies bedeutet, daß der / die Verurteilte nach vollständiger Verbüßung ihrer Strafe für die Dauer von mindestens 2 und höchstens 5 Jahren einer Aufsichtsstelle untersteht. Zusätzlich kann das Oberlandesgericht noch bestimmte Auflagen erteilen. Im Falle des RAF-Gefangenen Roland Meyer, der eine 12jährige Haftstrafe verbüßt hatte, hatte die Bundesanwaltschaft beantragt, ihm für die Dauer von 5 Jahren die Auflage zu erteilen, daß er seinen Wohn- und Aufenthaltsort nicht ohne Erlaubnis der Aufsichtsstelle verlassen dürfe. Diesem Antrag hat das Oberlandesgericht Stuttgart zwar nicht stattgegeben, die gesetzliche Möglichkeit dazu hätte jedoch bestanden.

Verdächtige Frauen

Die Verfahren gegen Ingrid Strobl, Ulla Penselin und andere Frauen haben gezeigt, wie schnell frau verdächtigt werden kann, sich „terroristisch vereinigt" zu haben. Es genügt die Beschäftigung mit sogenannten anschlagsrelevanten Themen, sogenanntes konspiratives Verhalten, der Kontakt zu bereits verdächtigen Frauen, die Teilnahme an Veranstaltungen und Kongressen, die sich wiederum mit anschlagsrelevanten Themen befassen.

So wurden sämtliche Teilnehmerinnen eines Kongresses zu Gen-Reproduktionstechnologien, der Anfang 1987 in Marburg stattfand, fotografiert bzw. gefilmt. Persönliche Freundschaften und politische Zusammenarbeit werden zum Verdachtsmoment; die Kontaktschuld wird zum ungeschriebenen Tatbestandsmerkmal des § 129 a.

Ist frau einmal in Verdacht geraten, so wird jegliches Verhalten als Bestätigung verbucht. Besonders verdächtig ist die Abweichung vom gängigen Rollenklischee. Ein Lötkolben im Frauenhaushalt wird – wie bei Ulla Penselin geschehen – nur der Anschlagsvorbereitung zugeordnet. Suspekt ist den Sicherheitsbehörden auch eine „unregelmäßige Lebensführung" – z. B. viele Kontakte, Besuche und Recherchen im In- und Ausland.

Im Zuge solcher Verfahren wird von der Bundesanwaltschaft immer wieder der Versuch unternommen, durch Zeugenvernehmungen Aufschluß über weitere Kontakte und Verbindungen zu erhalten. Jeder Frau, die eine solche Zeugenladung erhält, wird dringend geraten, sich anwaltlich vertreten zu lassen. Gerade in solchen Verfahren ist die Wahrscheinlichkeit groß, daß auch gegen die Zeugin ermittelt wird. Da sich niemand selbst belasten muß, besteht insoweit ein Aussageverweigerungsrecht.

6
WIDER DIE MEDIZIN

Gisela Gräning

DAS NORMIERUNGSDENKEN DER SEXUAL- UND FORTPFLANZUNGSPOLITIK AM BEISPIEL DER SEXUALHORMONFORSCHUNG IN DEN 20ER JAHREN

Die heutigen Möglichkeiten des Eingriffs in die Reproduktionsfähigkeit der Frau werden als Erfolge der Hormonforschung, der Endokrinologie, gewertet. Ob hormonelle Verhütung oder Superovulation, sowohl die Möglichkeit der *Verhinderung* als auch die der *künstlichen Initierung der Fortpflanzung* sind durch Begriffe wie Regulation und Kontrolle geprägt. Regulation und Kontrolle der weiblichen Reproduktion als Ziel begleitet die Hormonforschung als sogenannte Grundlagenforschung seit Jahrzehnten. Eine anarchische, wertfreie Wissenschaftsentwicklung, wie sie der Grundlagenforschung zugeschrieben wird, gibt es meiner Meinung nach nur in Einzelfällen.

Die Fragestellungen, die in Forschungsinstituten, Universitäten und Industrieunternehmen Unterstützung und Finanzierung finden, müssen hinterfragt werden. Die Fragen an sich sind nicht neutral oder wertfrei. Fragen nach Aufklärung der hormonellen Regulation des weiblichen Zyklus, nach Chemie und physiologischem Wirkmechanismus der Hormone sind hier als Beispiele dafür zu nennen. Schon zu Beginn dieses Jahrhunderts waren diese Fragen mit der Vorstellung verknüpft, Sexualität und Fortpflanzung beeinflussen und gesellschaftliche Normen biologisch begründen zu können.

Wie sahen die gesellschaftspolitischen Bedingungen und Einflüsse aus, die zu dem Durchbruch der Sexualhormonforschung Ende der 20er, Anfang der 30er Jahre führten? Der Ausgangspunkt meiner Betrachtungen führt mich in die experimentelle Biologie in den 20er Jahren und deren Einfluß auf Experimente in der Medizin, die dann nach 1933 eine dramatische Radikalisierung erfuhren.

Die erste chemisch identifizierte Gruppe weiblicher Sexualhormone, die Östrogene, wurden 1933 international einheitlich nach dem griechischen Begriff für „Brunst" gleich „Östrus" benannt. 1926 wurde Brunst in Meyers Lexikon als die Zeit der geschlechtlichen Reife beim Männchen definiert (wörtlich: Stachel, Stich, Leidenschaft; anstacheln, reizen, toben, wütend sein). Ziemlich eindeutig bezieht sich die Definiton des Begriffs Brunst auf weibliche Säugetiere, und wie die Sprache vermittelt, scheint die Einbeziehung von Frauen beabsichtigt. Diese Beschreibung steht in auffälligem Gegensatz zu dem, was im umgangssprachlichen Sinn assoziiert wird. Dieser Widerspruch, daß aktive Sexualität nur als männliche Äußerung begriffen

181

werden kann, ist Ausdruck des gesellschaftlichen Geschlechterverhältnisses einer normierten heterosexuellen Beziehung, in der es für viele Männer noch immer problematisch wird, eine initiationslustige, mit eigenen sexuellen Wünschen konfrontierende Frau zu akzeptieren.

Normierung des Sexualtriebes

Im folgenden soll diskutiert werden, wie sich gesellschaftliche Vorstellungen von Sexualität in den 20er Jahren einerseits zu wandeln begannen, andererseits jedoch die Kenntnisse der Hormonforschung für die Medizin als willkommenes Mittel zur Normierung scheinbar abweichenden weiblichen Sexualverhaltens eingesetzt wurden.

Zu Beginn dieses Jahrhunderts wurde der Frau, mit Ausnahme der *femme fatale*, gesellschaftlich keine autonome sexuelle Begierde zugestanden. Mit der nach 1918 neu entstandenen Frauenbewegung und der Sexualreformbewegung veränderten sich die gesellschaftlichen und sexuellen Ansprüche von Frauen.

Besonders von Frauen selbst entwickelte, durchaus auch sehr unterschiedliche Vorstellungen zu Ehe, Sexualität, Verhütung und Abtreibung wurden einerseits kontrovers diskutiert, andererseits von vielen Frauen aller Klassen mutig und kompromißlos gelebt. Die neue Sexualmoral der „Neuen Frau" bestand aus einem verstärkten Wahrnehmen und Empfinden ihres Körpers und ihrer sexuellen Wünsche und in einem Zugeständnis sexueller Beziehungen auch ohne Ehe und ohne Kinderwunsch. Die „Neue Frau" will sich nicht über den Mann definieren, das galt natürlich auch für ein Erleben ihrer Sexualität (vgl. Soden).

„Sie verfolgt diese neuen Ziele nicht nur als einzelne, nicht nur für sich allein, sondern in Gemeinschaft, und zwar in organisierter Gemeinschaft mit vielen gleichgestimmten Geschlechtsgenossinnen." (Weber) Auch lesbische Frauen fürchteten die Öffentlichkeit nicht länger, organisierten sich in Clubs, Vereinen und Organisationen und bildeten in Großstädten politische Subkulturen und Kommunikationsnetze (vgl. Kokula).

Wissenschaftler äußerten sich über den Feminismus und den Geschlechtstrieb der Frau in einer Art und Weise, die ihre Angst vor Gefühlsausbrüchen und einer nicht mehr „kontrollierbaren" weiblichen Sexualität verrät. In dem Buch „Feminismus und Kulturuntergang" heißt es:

„Wer aber das menschliche Leben kennt und die Natur des Weibes, die so leicht zur Schrankenlosigkeit neigt, der wird die Gefahren nicht verkennen können, die sich erheben, wenn es allgemeines Recht des weiblichen Geschlechtes würde, sich sexuell ungehemmt nach seinen Wünschen und Anlagen auszuleben." (Eberhard) Das Sexualideal der Männerwelt war jedoch nicht mehr unumstrittenes Ideal, dem Frauen nacheilen: „Die arbeitende, nach Selbständigkeit ringende Frau, die das Haar kurzgeschnitten, hals- und fußfreies Reformkleid ohne Korsett trug, hatte für den Mann alle sexuelle Anziehungskraft verloren (...) die knabenhaft aussehende Frau stellt an die sexuellen Triebe und Fähigkeiten des Mannes sicherlich so große, wenn nicht sogar größere Ansprüche als die sexuell betonte Frau früher. Denn sie fordert mehr als den Koitus." (Fuchs)

Stimmen sowohl aus der linken Sexualreformbewegung als auch aus der konservativen Richtung beschäftigen sich so ausführlich mit dem Geschlechtstrieb der Frau, daß die Annahme einer selbstbewußter gelebten Sexualität vieler Frauen erhärtet wird. Auf der ersten internationalen Tagung für Sexualreform 1921 in Berlin dokumentiert der Beitrag über „Sexualreform und weiblichen Geschlechtstrieb", daß man die weibliche Libido bisher unterschätzt hatte und fortan nicht nur der Geschlechtstrieb des Mannes einen „eruptiven Charakter" besäße. Der Autor hält es jedoch für einen Fehler, daß „manche fanatische Anhängerinnen der Frauenbewegung (...) gleich brünstigen Weibchen die Stärke ihres Triebes in die Welt hinausposaunten" (Friedländer).

Was wird bezweckt mit der Suche nach einem generalisierbaren und normierbaren Maß für weibliche Libido? Die Behauptung der Veranlagung zur geschlechtlichen Gefühllosigkeit kann offenbar in den 20er Jahren nicht aufrechterhalten werden. Eine am männlichen Geschlechtstrieb gemessene weibliche Libido darf diesen jedoch keinesfalls übersteigen. „Bei beiden Geschlechtern sei die Libido ungefähr gleich stark", und obwohl Vertreter der Sexualreform der Frau das Recht zugestehen, „sich ihr Sexualleben nach eigenem Ermessen zu gestalten", wird die patriarchale Normierung in folgendem Zitat deutlich: „Eine ruhige, ernste, sachliche Aufklärung (...) wird ganz von selbst die Grenze aufrichten einerseits zwischen der schamhaften Zurückhaltung des Weibes, die wir alle wünschen und schätzen, und der restlosen, vollen Hingabe, frei von störenden Hemmungen, andererseits" (Friedländer). Die sachliche Aufklärung, von der hier gesprochen wird, wurde von den Verfechtern der Sexualreformbewegung und der Sexualwissenschaft unterstützt und sollte in frühester Jugend besonders den Mädchen ihren Weg weisen, um „natürliche Dinge auch als natürlich zu empfinden" (Friedländer). Vergleichbare Tendenzen der Normierung von weiblichen Empfindungsmöglichkeiten waren in der Diskussion von lesbischer Liebe, Selbstbefriedigung und sexueller Verweigerung zu beobachten.

Eine Begründung für Frigidität, die oft eher eine sexuelle Verweigerung der Frauen darstellt, findet sich bei Eberhard 1927: „Die bedenklichste Folge des weiblichen Autoerotismus ist häufig eine dauernde Entfremdung vom natürlichen Empfindungsleben; nicht wenige Masturbantinnen passen sich diesem Surrogat des Liebesgenusses so sehr an, daß sie dem normalen

Verkehr schließlich keinen Geschmack mehr abgewinnen können und bei der Selbstbefriedigung bleiben, selbst wenn die ehrbare Befriedigung ihrer Triebe durch die Eheschließung ermöglicht wird."

Weiblicher Sexualtrieb und Hormonforschung

Die naturwissenschaftlichen Erkenntnisse über Wirkungsweisen der weiblichen Sexualhormone fanden, noch bevor diese chemisch bekannt waren, direkte Umsetzung in der biologischen Begründung für benötigtes Sexualverhalten. Nicht in die gesellschaftliche Norm passende Sexualität wurde auf diese Weise bei Frauen und Männern als Ausrutscher der Natur erklärbar. Die Festsetzung der Norm für weibliches Sexualverhalten wurde von männlichen Rollenvorstellungen geprägt.

„Der Geschlechtstrieb ist eine chemische Wirkung des inneren Keimdrüsensekretes und beruht auf einer ‚Erotisierung' des Zentralnervensystems. Diese Erotisierung ist ausschließlich durch die innere Sekretion der Zwischenzellen der Keimdrüsen bewirkt." Friedländer argumentiert mit dieser Behauptung, die aus Tierversuchen resultierte:

„Wir wissen, daß die Libido der Ausdruck der inneren Sekretion der Keimdrüsen ist.

(...) Bei einem Teil der Prostituierten (...) sind sicher innersekretorische Momente von ausschlaggebender Bedeutung. Diese Frauen, mögen sie aus sozial-niedrigstem Milieu stammen, mögen sie in Fürstenhäusern heimisch sein, kommen durch ihr Ovarium zur Prostitution." (Friedländer) Diese reduktionistische, biologistische Betrachtungsweise der Hormonwirkungen wurde nicht von allen Sexualwissenschaftlern zu Beginn der 20er Jahre geteilt. So reiht Magnus Hirschfeld die Sexualwissenschaft auch in die Erkenntnisse des Krafft-Ebing und in die Psychoanalyse Freuds ein. Hirschfeld sieht den Geschlechtstrieb ebenso in seiner „quantitativ und qualitativ sehr beträchtlichen Variationsweite mit der individuellen Besonderheit der Gesamtpersönlichkeit in engstem, untrennbarem Zusammenhang" (Hirschfeld, 1922).

Dennoch erscheinen auch für die Sexualwissenschaft die Errungenschaften der Biologie, wie die Entdeckung der weiblichen Eizelle und des Befruchtungsvorganges, Darwins Abstammungslehre, Mendels Vererbungslehre und die Erkenntnisse der Hormonforschung, für Hirschfeld als „wissenschaftliche Großtaten", an die es sich anzulehnen gilt (Hirschfeld, 1921). Die Orientierung der jungen Sexualwissenschaft wird so frühzeitig ausgerichtet: „Da es sich bei allen sexuellen Erscheinungen um Naturerscheinungen handelt, kann die Sexualwissenschaft nichts anderes als Naturwissenschaft sein." (Hirschfeld, 1922) Der Grund hierfür dürfte das Bemühen um Anerkennung der Sexualwissenschaft als Wissenschaftszweig und um eine wissenschaftliche Legitimation von Sexualreformen gewesen sein. Objektives Wissen über das „Naturphänomen der Liebe" soll den „schwankenden Boden subjektiver Empfindungen" ersetzen (Hirschfeld, 1921). Dieses naturwissenschaftliche Verständnis spiegelt sich im Rahmen des von M. Hirschfeld gegründeten Instituts für Sexualwissenschaft in Berlin mit der Einrichtung verschiedener Forschungsabteilungen und deren personellen Besetzungen wider. Insbesondere die eugenische Abteilung, 1922 unter der Leitung von Hans Graaz, sowie die inkretorische unter Arthur Weil erscheinen bei den Zusammenhängen zwischen Sexual- und Fortpflanzungspolitik und Hormonforschung interessant. Die Aufgaben der Eugenik, die offensichtlich auch im Institut für Sexualwissenschaft Anerkennung fanden, wurden von H. Graaz in einer Zusammenfassung über die „Aufgaben der Eugenik" mit einem deutlichen Bild versehen: „Gärtner zu sein im Menschengarten, durch Auswahl der Keimlinge und Pflege der Schößlinge, ist Aufgabe der Eugenik." Graaz macht in seinem Aufsatz deutlich, daß in die Ehe- und Frauenberatung, dem „ursprünglichsten Arbeitsgebiet der Eugenik", die neuesten Ergebnisse der biologischen Wissenschaft, besonders der inkretorischen Vorgänge, einfließen müssen und auch „praktisch angewandt werden können". Forschung, Beratung und Therapie waren im Berliner Institut für Sexualforschung in optimaler Weise miteinander verflochten.

Ohne die Verdienste der Sexualreformbewegung in bezug auf die Homosexuellenfrage und die Legalisierung des Schwangerschaftsabbruchs zu ignorieren, muß jedoch auf die starke eugenische Ausrichtung sowohl in der Forschung als auch im Beratungsalltag hingewiesen werden. Geburtenregelung und Hormonforschung waren Schwerpunktthemen der Internationalen Tagungen für Sexualreform zwischen 1921 und 1930 und von internationalem Interesse. So formulierte Magnus Hirschfeld auf dem „Sexual Reform Kongreß" 1928 in Kopenhagen: „Biologisch und soziologisch ist das eugenische Problem von äußerster Bedeutung für die Höherentwicklung des Menschengeschlechts. Hier bietet sich eine Möglichkeit einer sexuellen Auslese, besonders seit wir die Lehre von den Erbeinheiten-Genen haben und seit Charles Darwin und Francis Galton die allgemeinen und Gregor Mendel die speziellen Grundlagen der Menschenzüchtung geschaffen haben." (Hirschfeld, 1929)

Hormontherapieexperimente in der Gynäkologie

Wie spiegeln sich Auslese- und Menschenzüchtungsphantasien, Frauen erniedrigende und ausbeutende Ideologien in der Anwendung und Weiterentwicklung der Hormonforschung wider?

Es wurden eine Vielzahl von Experimenten an Frauen mit sehr unterschiedlichen Organextraktpräparaten in gynäkologischen Kliniken durchgeführt. Therapierte Frauen litten an einem fehlenden oder unregelmäßigen Zyklus. Im Gegensatz zu den Ovariumimplantationen konnte mit den Extraktionspräparaten meist keine Menstruation herbeigeführt werden. Auf der „Versammlung der Deutschen Gesellschaft für Gynäkologie" 1922 in Innsbruck hieß es: „Im Extrakte fehlen die wirksamen Substanzen. (...) Ich habe alles mögliche eingespritzt und so viel, daß uns die Frauen davongelaufen sind, aber geholfen hat nichts." (Zondek) Eine Weiterentwicklung der Präparations- und Isolierungsverfahren für Keimdrüsenhormone ist somit schon eine Forderung gewesen.

Zur erfolgreichen Behandlung von Frauen ohne sexuelle Lust, von Frauen, die unter Schmerzen beim Koitus litten, und von Frauen, die keine Kinder bekommen, empfahlen mehrere Ärzte Eierstocküberpflanzungen, da für die „Empfindungen des Weibes (...) die dominierende Rolle dem Ovar zufällt".

Beobachtungen, die Mansfeld nach Transplantationen von Eierstockgewebe in seiner Klinik machte, „zeigten das unerwartete Ergebnis, daß eine große Zahl der Operierten merkwürdig erotisiert war". Obwohl er zu Beginn seiner Publikation sagt: „Mit Geschlechtstrieb und Lust des Weibes befaßte sich die klinische Gynäkologie recht ungern", kommt er doch zu dem Schluß, daß „nicht die Psychoanalyse, sondern das tiefere Erforschen der Eierstockfunktion" uns weiterführen kann. Die Begründung hierfür drückt er folgendermaßen aus: „Die Erotisierung an sich hätte nur dann einen höheren Zweck, falls sie in den Dienst der Fortpflanzung gestellt werden könnte."

In diesem Sinne beschreibt der Frauenarzt Offergeld in dem Beitrag „Hormonale Beeinflussung der weiblichen Libido" die therapeutische Anwendung von Extrakten des Ovars und der Epiphyse. Dabei beruft er sich auf Veröffentlichungen, in denen ebenfalls Frauen mit „Übererregbarkeit auf sexuellem Gebiet mit abnormer geistiger Betätigung" behandelt wurden. Frauen wurden von Offergeld folgendermaßen charakterisiert: „Kohabitationen nachgewiesenermaßen auch zur Zeit der Menses, ja dann von ihr selbst bevorzugt und verlangt"; „entwickelt sie darin" (Tagebuch) Ansichten, „die auf allen Gebieten das gerade Gegenteil von der herrschenden Ansicht darstellen"; „verlangt die Frau von selbst (...) den sexuellen Verkehr, der gerade zu dieser Zeit dem Manne höchst ungelegten ist". Auch der Wunsch des Ehemanns floß in die Therapieentscheidung ein: „Weil der Mann eine ‚kalte Frau' einer exzessiv erotischen, wie es seine Gattin bei der Menstruation war, vorzog, und er sich eher anderwärts entschädigen wollte." Die erfolgreiche Therapie wurde durch Verhaltensänderung bestätigt: „Kehrte auch die Libido auf das erträgliche Maß zurück"; „die Erotik schwand, die Stimmung wurde unauffällig"; „sie wird für den Haushalt anstelliger und macht wieder Handarbeiten"; „konnte die abnorm gesteigerte Libido auf ein für den anderen Partner erträgliches Maß zurückschrauben". (Offergeld)

Im gleichen historischen Zeitraum war die Weiterentwicklung der Sexualhormonforschung auch von den Versuchen geprägt, eine zeitweise oder totale Sterilisation durch orale Verabreichung von Hormonpräparaten zu erreichen.

So postulierte der Physiologe Haberland als erster die Möglichkeit einer hormonellen Sterilisation. Er deutet in seiner Publikation die praktische Anwendung an: „Die Möglichkeit einer sicheren temporären Sterilisation des geschlechtsreifen Weibes bei Verhütung einer Funktionsausschaltung der innersekretorischen Tätigkeit der Geschlechtsdrüsen wäre ja in prophylaktischer bzw. eugenischer Hinsicht von größter Bedeutung (…)." Die Anwendungsmöglichkeiten für Medizin, Sexualhygiene und Eugenik betont er verstärkt in seinen darauffolgenden Publikationen (vgl. Haberland). Haberlands Versuche wurden von Gynäkologen und Sexualwissenschaftlern aufgenommen. Dabei fällt auf, wie wichtig den Wissenschaftlern war, daß die Verfügungsgewalt über die Fortpflanzungsfähigkeit in den Händen der Ärzte blieb. So sagt Schiffmann 1928, „daß für die nicht operativen Methoden, die ja leicht ohne ärztliche Hilfe anwendbar sind, meist das subjektive Wollen der Frauen die Indikation abgibt. (…) bei diesen darf man sich, dies kann nicht scharf genug betont werden, von subjektiven Wünschen der Frauen nicht beeinflussen lassen."

1930 auf dem „Internationalen Kongreß der Weltliga für Sexualreform" in Wien trägt Haberland seine neuesten Ergebnisse vor. So heißt es in einem Kongreßbericht der Zeitschrift „Archiv für Bevölkerungspolitik, Sexualethik und Familienkunde" (Hrsg. Hans Harmsen 1931): „Das besondere Ereignis der Tagung aber war der Bericht des Innsbrucker Physiologen Prof. Haberland über die biologische Sexualforschung. Haberland berichtete, daß es ihm nach zweijähriger mühevoller Arbeit gelungen sei, ein Präparat herzustellen, das aufgrund seiner hormonalen Eigenschaften eine zeitweilige Sterilität der Frau zur Folge habe. Es wird bereits in Tablettenform in den Handel gebracht; ein Mißbrauch soll dadurch verhindert werden, daß es nur auf ärztliche Verordnung dort verabreicht werden darf, wo eine Schwangerschaft mit schwerem gesundheitlichen Schaden für die Frau verbunden sei."

Weder sexuelle Befreiung der Frau noch die Entscheidungsfreiheit über Schwangerschaft tauchen als Grund für die Entwicklung der hormonalen Verhütungsmittel in den Äußerungen der Wissenschaftler auf. Durchgängig ist die Betonung der Anwendung für eugenische Ziele, unabhängig von ihren sonstigen gesellschaftspolitischen Vorstellungen. So heißt es 1929 in der Zeitschrift für Sexualwissenschaft: „Sollte es gelingen, durch eine schmerzlose, subcutane Einspritzung, etwa zweimal im Monat, die Konzeption zu verhindern, (…) so würden die dadurch geschaffenen praktischen Mög-

lichkeiten die schönsten Hoffnungen der Eugenik dem Ziele naherücken."
(Pirkner)

Nur innerhalb der Frauenbewegung wurden die Aussichten hormoneller Antikonzeption als „Revolution in der Befreiung der Frau" angenommen. Die Unfruchtbarmachung der Frau durch Tabletten sollte nun endlich Liebe und Fortpflanzung voneinander trennen (vgl. Stöcker) und das Erleben sexueller Lust ohne Angst vor ungewollter Schwangerschaft ermöglicht werden. Sicher spielte dieser Aspekt für die einzelne Frau eine wichtige Rolle; aus heutiger Sicht muß die Frau sich jedoch fragen, ob diese optimistische Projektion gerechtfertigt war.

Ich danke allen Freundinnen, die mit mir diskutiert haben, für kritische Anregungen und neue Ideen zum lustvollen Weiterarbeiten.

LITERATUR

Eberhard, E. F. W., *Feminismus und Kulturuntergang*. Braunmüller Universitätsbuchhandlung, Wien und Leipzig 1929.

Friedländer, K., „Sexualreform und weiblicher Geschlechtstrieb", in: A. Weil (Hg.), *Sexualreform und Sexualwissenschaft*, Vorträge gehalten auf der I. Internationalen Tagung für Sexualreform auf sexualwissenschaftlicher Grundlage in Berlin 1921. Püttmann, Verlagsbuchhandlung, Stuttgart 1922.

Fuchs, Malvy, „Ehe- und Sexualreform – über das heutige Sexualideal des Mannes", in: Helene Stöcker (Hg.), *Die Neue Generation*, Verlag der Neuen Generation, Berlin 1927.

Haberland, L., „Über hormonale Sterilisierung des weiblichen Tierkörpers", in: *Münchener Medizinische Wochenzeitschrift 68*, 1921.

Hirschfeld, M., „Sexualreform auf sexualwissenschaftlicher Grundlage", Begrüßungsansprache der I. Internationalen Tagung für Sexualreform auf sexualwissenschaftlicher Grundlage in Berlin 1921, in: A. Weil (Hg.), *Sexualreform und Sexualwissenschaft*, Püttmann Verlagsbuchhandlung, Stuttgart 1922.

Hirschfeld, M., „Sexualreform im Sinne der Sexualwissenschaft", in: *Sexualreform Congress*, Copenhagen 1929, 26–36, Lebin & Munksgaard und Georg Thieme Verlag, 1929.

Kokula, Ilse, „Freundinnen, lesbische Frauen in der Weimarer Republik", in: Kristine von Soden und Maruta Schmidt (Hg.), *Neue Frauen. Die zwanziger Jahre*, Elefanten Press, Berlin 1988.

Offergeld, H., „Hormonelle Beeinflussung der weiblichen Libido", in: *Zeitschrift für Sexualwissenschaft 14*, 264–270, 301–305, 323–332, 1927.

Pirkner, E. H., „Eine biologische Methode zur Unterdrückung der Empfängnis", in: *Zeitschrift für Sexualwissenschaft 15*, 406–408, 1929.

Schiffmann, J., „Die temporäre Sterilisierung der Frauen", in: *Wiener Klinische Wochenschrift 49*, 29–31, 1928.

Soden, Kristine von, „Die ‚neue Frau' und die ‚neue Sexualmoral'", in: *Sexualberatungsstellen der Weimarer Republik 1919–1933*. Edition Hentrich, Berlin 1988.

Stöcker, Helene (Hg.), „Unfruchtbarmachung der Frau durch Tabletten", in: *Die Neue Generation 23*, 1927.

Weber, Marianne, „Die Neue Frau", in: *Frauenfragen und Frauengedanken*. Verlag von I. c. B. Mohr, 1919.

Zondek, B., *Diskussion während der 17. Versammlung der Deutschen Gesellschaft für Gynäkologie 117*, 1922.

Joan Murphy
DES – Eine hormonelle Zeitbombe

DES (Diäthylstilböstrol), ein synthetisches Östrogenhormon, wurde vor
50 Jahren von einem englischen Professor für Biochemie, Sir Charles
Dodds, hergestellt. Angewandt wurde es weltweit ca. 30 Jahre lang bei Millionen Schwangeren in der Hoffnung, Fehlgeburten zu verhindern. Dieses
Hormon, nie auf seine Wirksamkeit überprüft, verursachte Jahre später
Brustkrebs bei vielen DES-Müttern, eine seltene Form von Vaginalkrebs bei
deren Töchtern sowie Mißbildungen und Störungen im Genitalbereich bei
den Töchtern und Söhnen.

Ich hoffe, daß die Geschichte von DES für alle Frauen eine Lehre sein
wird. Ich hoffe, daß durch die schreckliche Erfahrung mit DES allen klar
sein wird, wie schädlich ALLE Pharma-Hormone sind – für uns sowie für
zukünftige Generationen.

Unsere äußerste Skepsis und Mißtrauen DES gegenüber sollte ebenso
allen Hormon-„Behandlungen" gelten, d.h. Hormonen, die in Verhütungsmitteln vorhanden sind, in vaginalen Feuchtigkeitscremes vorkommen, die gegen Osteoporose (Knochenschwund) und andere Beschwerden
der Wechseljahre verordnet werden sowie bei den Hormonen, die den
Supereisprung als „Therapie" gegen Unfruchtbarkeit auslösen sollen.

Hintergrund

Das künstliche Östrogen DES war wasserlöslich und konnte im Gegensatz
zum natürlichen Östrogen, das gespritzt werden mußte, eingenommen
werden. Außerdem war DES billiger herzustellen und von der Wirkung her
dreimal stärker als natürliches Östrogen. So entwickelten z.B. die männlichen Arbeiter der pharmazeutischen Herstellungsfirma größere Brüste in
Folge von Einatmen des DES-Staubes! Die Absicht Sir Dobbs, des Erfinders, war es, DES nicht patentieren zu lassen. Es sollte der Allgemeinheit
zugänglich statt das Monopol einer pharmazeutischen Firma sein, die es zu
stolzen Preisen verkaufen würde. 1940 wurde DES in den USA von 10
pharmazeutischen Firmen produziert.

Die Bundesgesundheitsbehörde der USA (F. D. A) veranlaßte eine grö
ßere Untersuchung von DES auf dessen Wirksamkeit hin. Innerhalb einer
sehr kurzen Zeit – viel zu kurz, um den Berg von Material sorgfältig zu

überprüfen – sprach sich der Untersuchungsausschuß für die Zulassung aus. Ein Ausschußmitglied, dessen Befürwortung wesentlich dazu beitrug, wurde anschließend Präsident der pharmazeutischen Firma Wintrop, die als erste DES herstellte.

DES wird an Frauen ausprobiert

Anfang der 40er Jahre wurde DES als Medikament während der Schwangerschaft in den USA eingesetzt. Das Ehepaar George und Olive Smith (Arzt/Biochemikerin) begann 1943, DES bei Schwangeren anzuwenden, bei denen eine Fehlgeburt drohte oder die schon eine Fehlgeburt hatten. Ihrem Experiment lag die von Corner und Allen 1929 veröffentlichte Theorie zugrunde, daß Fehlgeburten durch einen Mangel des Hormons Gestagen verursacht würden. Dieser Hormonmangel könne aufgehoben, die Fehlgeburten folglich verringert werden, wenn Östrogen gegeben würde, um die Produktion von Gestagen zu stimulieren.

652 Schwangere bekamen in den nächsten 5 Jahren DES. 1948 veröffentlichte das Ehepaar Smith die Ergebnisse ihrer Wunderdroge. Schwangere, die DES ab der 7. Schwangerschaftswoche und in immer größeren Dosierungen bis zur 35. Woche bekämen, hätten bessere Chancen, die Schwangerschaft bis zum Geburtstermin auszutragen.

Diese Auswertung der vorbeugenden Wirksamkeit von DES ging von einer mathematisch kalkulierten Statistik aus. Diese behauptete z. B., daß bei einer Frau, die schon 2 Fehlgeburten hatte, die Chancen, die Schwangerschaft bis zum Termin auszutragen, bei 63 % liegen würden. Hatte sie aber 3 Fehlgeburten gehabt, so würden die Chancen bei nur 16 % liegen, nach 4 Fehlgeburten sogar bei 6 %. Bezugnehmend auf diese rein rechnerische Statistik hatte die Behandlung mit DES einen enormen Erfolg. Außerdem sollen von den 632 Schwangeren lediglich bei 9 Nebenwirkungen vorgekommen sein. Der Verbreitung von DES stand jetzt nichts mehr im Wege. Zwischen 1948–1971 wurde es ca. 3 Millionen Schwangeren allein in den USA verschrieben.

Die Untersuchung von Smith wurde ohne Kontrollgruppe vorgenommen. Lediglich hinterher wurden die Babys, deren Mütter DES genommen hatten, mit anderen verglichen. Man konnte keine Abweichung feststellen. Die Babys schienen normal entwickelt und gesund zu sein. Allerdings waren sie bei der Kontrolluntersuchung erst 6 Monate alt. Die damalige DES-Werbung versprach sogar gesündere Babys. Die Verwendung von DES während der Schwangerschaft wurde mit dieser Untersuchung als unbedenklich erklärt.

Der französische Wissenschaftler Lacasagne verabreichte Ende der 30er Jahre männlichen Mäusen DES, bei denen anschließend Brusttumore entstanden. 2 Jahre später wurde diese Entdeckung von 2 US-Wissenschaftlern bestätigt. Dabei wurde auch die Frage der Anomalien an den Geschlechtsorganen als Nebenwirkung von DES aufgeworfen. Dies wurde bei Mäusen festgestellt, die während der Schwangerschaft DES verabreicht bekommen hatten. Die Warnungen fielen nicht auf offene Ohren…

Der amerikanische Arzt William Dieckmann widerlegte 1953 die Untersuchung des Ehepaares Smith. Von 1600 Frauen bekamen einige DES, die anderen Placebos (Pillen ohne Wirkung). Er stellte fest, daß die Einnahme von DES in der Schwangerschaft nicht zur Verminderung von Fehl- und Frühgeburten führte. Ferner war die behauptete körperliche Reife bei Frühgeborenen mit DES nicht besser als bei Frühgeborenen, deren Mütter kein DES bekommen hatten.

DES entpuppt sich

Zwischen 1960 und 1969 wurde in Boston bei sieben Mädchen ein Klarzelladenokarzinom, eine bestimmte Form von Vaginalkrebs festgestellt, der sonst nur nach der Menopause vorkommt. Bis dahin waren weltweit nur drei Fälle dieses Krebses bei Frauen bekannt. Der Mutter eines Mädchens, das wegen des Vaginalkrebses operiert wurde, fiel ein, daß sie ein Medikament während der Schwangerschaft genommen hatte. Ob das eine Rolle bei dem später auftretenden Vaginalkrebs ihrer Tochter spielen könnte?

Daraufhin befragten Ärzte die anderen Mütter: Sechs der sieben Mütter hatten DES im ersten Schwangerschaftsdrittel genommen.

Die Folgen

Die Verbreitung von Drüsenzellen im Vaginalraum (Adenose) kommt bei 50–75% aller DES-Töchter vor. Je früher in der Schwangerschaft deren Mütter DES bekamen und je mehr ihnen verabreicht wurde, desto ausgeprägter ist das Vorkommen dieser Zellen bei den Töchtern. Adenose ist gutartig und bildet sich von alleine zurück. Frauen mit Adenose haben oft vermehrten Ausfluß. Den meisten Ärzten ist diese Erkrankung unbekannt, und sie behandeln deshalb die Adenose falsch, was zu unnötigen Eingriffen mit Verätzung, Verengung der Vagina und zur Entfernung eines Teils der Gebärmutter (Konisation) führen kann. Zu einem Krebs kommt es in 1 von 1000 Fällen, wenn die Töchter ungefähr 19 Jahre alt sind.

Bei DES-Töchtern ist die Gebärmutter nicht birnenförmig, sondern oft T-förmig, auch ist sie manchmal sehr klein (von der „Norm" hergesehen) und weist Verwachsungen auf. Die Eileiter sind oft kleiner, enger, die Fimbria verwelkt und die Öffnung zur Gebärmutter hin stecknadelklein.

Bei 22–25 % der DES-Töchter ist ein Ring, eine Kapuze oder ein kleiner „Hahnenkamm" am Gebärmutterhals – Erscheinungen, die sonst nicht vorkommen. Der innere Gebärmutterhalskanal ist bei vielen enger. Der Menstruationszyklus soll bei einer großen Zahl der Frauen kürzer und unregelmäßiger sein. (Dies erwähne ich mit Vorsicht, denn bei vielen Frauen ist eine „Unregelmäßigkeit" eher die „Norm".)

Für DES-Töchter ist es schwieriger, schwanger zu werden. Nur 67 % der DES-Töchter gelingt es, im Vergleich zu 86 % der Frauen, deren Mütter kein DES genommen haben.

Der Schwangerschaftsverlauf bei DES-Töchtern ist problematisch. Sie haben erhöhte Früh- und Fehlgeburten. (23–29 % Fehlgeburten vs. 8 % ohne DES.) Wegen Zervixinsuffizienz mußte bei einer Untersuchungsgruppe 8 von 12 DES-Töchtern eine Cerclage gelegt werden. Das Risiko von Säuglingssterblichkeit, Eileiterschwangerschaften und Placentavorfall liegt signifikant höher.

Bei den DES-Söhnen kann öfter als sonst eine Harnröhrenspalte vorkommen. Die Hoden können kleiner oder nicht im Hodensack vorhanden sein. Ebenfalls besteht eine größere Neigung zu Zystenbildung in den Nebenhoden. Der Penis kann kleiner sein. Die Spermien sind oft von der Anzahl her gering und haben eine schlechtere Motilität.

DES-Mütter haben ein höheres Risiko, an Brustkrebs zu erkranken. Deshalb dürfen sie keinerlei „Hormontherapien" in den Wechseljahren bekommen. Dies würde das Risiko noch erhöhen.

So sieht heute die Quittung bei den Frauen aus, die damals in der Schwangerschaft DES genommen haben, und bei deren Töchter und Söhnen.

Würde DES aber tatsächlich wirken, würden dann Schwangere trotz des heutigen Wissens über die Risiken bereit sein, DES zu nehmen? Diese Frage gilt nicht nur für alle Medikamente während der Schwangerschaft, sondern auch für Hormongaben wie Clomiphen zur Superovulation und für Ultraschall.

DES wurde nicht nur in der Schwangerschaft angewandt, sondern war auch in der Pille danach, wurde zum Abstillen eingesetzt sowie bei Endometriose, Wechseljahrbeschwerden, Brustkrebs, Vaginalentzündungen, Gebärmutterkrebs, schmerzhaften Monatsblutungen und in der Behandlung von Prostatakrebs.

Seit 1971 ist DES in den USA außer bei Prostatakrebs verboten. In anderen Ländern wird aber DES noch in Präparaten gegen Haarausfall, Menstruationsprobleme, zum Abstillen, zur Anregung des Brustwachstums u. a. m. verwendet.

Auf dem Kongreß „Frauen gegen Gen- und Reproduktionstechnologien" in Frankfurt lernte ich eine Krankenschwester aus Namibia kennen. DES war ihr schon ein Begriff. Sie selber hatte es neun Müttern zum Abstillen gegeben.

Zur Verwendung von DES in der BRD wurden von uns im Fem. Frauen-GesundheitsZentrum Berlin Recherchen betrieben. 1949 wurde DES von Bayer für klinische Versuche zur Verfügung gestellt. Auffällig ist, daß die Nennung von DES in der Literatur zur Behandlung von drohenden Fehlgeburten seit 1956 stark abnimmt und andere – schon erwähnte – Indikationen im Vordergrund stehen.

Die ersten Warnungen vor DES in der BRD fanden sich 1971 im Arzneimitteltelegramm und setzten sich – auch in der Tagespresse – bis 1977 fort, wo DES-haltige Medikamente durch das Bundesgesundheitsamt zurückgezogen wurden.

Zu DES wurde von der Grünen Bundestagsfraktion mit unserer Mithilfe eine Anfrage an die Bundesregierung formuliert, die die Verbreitung der Behandlung von Frauen mit DES klären und die Bundesregierung auf die Notwendigkeit der Dokumentation und Information von DES-Spätfolgen hinweisen soll. Eine Antwort steht noch aus.

Annette Goerlich
DES

Die DES-Aktionsgruppen

Im Gegensatz zu unzähligen anderen Pharmaskandalen wurde der von DES öffentlich. In den USA, Kanada, Australien und Holland schlossen sich DES-Töchter und DES-Mütter in Selbsthilfegruppen zusammen. Sie trugen Studien zu den Folgen von DES zusammen, informierten ÄrztInnen, die Öffentlichkeit und forschten nach weiteren Betroffenen. Ihre Aktivitäten führten dazu, daß in diesen Ländern DES als Problem anerkannt wurde und die Regierungen breite Informationskampagnen unter ÄrztInnen durchführten, Register der Adenokarzinome einrichteten, die Arbeit der Selbsthilfegruppen finanziell unterstützten, etc.

Schadensersatzklagen der DES-Töchter

Schon vor einigen Jahren strengten in den USA DES-Töchter, die infolge von DES an einem Adenokarzinom erkrankten, individuelle Klagen gegen den jeweiligen Hersteller des DES-Produkts an, das ihre Mütter bekommen hatten. 1979 wurde der erste Fall gewonnen: Das Pharmaunternehmen mußte zahlen. Seither gab es weitere erfolgreiche Gerichtsverfahren. Außerdem einigten sich viele Unternehmen mit den Geschädigten außergerichtlich auf Schadensersatzzahlungen, um der negativen Publizität zu entgehen, die ein Gerichtsverfahren mit sich bringt. Inzwischen werden Schadenshaftungsklagen aber auch in den USA, in denen die Rechtsprechung bisher recht günstig für die Geschädigten war, schwieriger; eine Gesetzesreform zu Ungunsten der Geschädigten wird es weiter erschweren.
In Europa reichten 1986 erstmals 6 holländische DES-Töchter, die infolge von DES an Adenokarzinomen leiden, eine Klage gegen 10 Pharmaunternehmen ein, die DES in der Zeit, als es ihren Müttern verabreicht wurde, auf den Markt gebracht hatten. Mitte 1988 verloren sie jedoch den Prozeß mit der Begründung, daß sie nicht (mehr – weil die ärztlichen Unterlagen inzwischen vernichtet waren) nachweisen konnten, welches Produkt von welchem Hersteller ihre Mütter genau bekommen hatten; in dieser Hinsicht wird gerichtlich keine Kollektivhaftung anerkannt.

Zusammen mit der holländischen DES-Aktionsgruppe veranstalteten wir (das Frauenreferat des Grün-Alternativen Bündnisses am Europäischen Parlament) im Juni 1988 die erste europaweite Konferenz zu DES am Europäischen Parlament in Brüssel. Sie brachte die erfahrenen holländischen Frauen mit neu entstandenen Gruppen in Frankreich und im FFGZ/W.-Berlin und Frauen, die bereit sind, in ihren Ländern Initiativen zu starten, zu einem Erfahrungsaustausch und Koordinierung zusammen. In Irland, Großbritannien, Spanien und Belgien haben Frauen daraufhin auch Aktivitäten aufgenommen.

Außerdem führte die Konferenz zur Gründung des europäischen DES-Netzwerks, mit dessen Koordinierung die holländische Gruppe betraut wurde.

Literaturliste (ausschließlich englischsprachig) kann bei der im Vorwort erwähnten Adresse angefordert werden.

Roscha Schmidt

Krebsfrüherkennung – Krebsforschung an Frauen

Seit 1971 gibt es in der BRD ein Gesetz zur Krankheitsfrüherkennung. Politisch durchgesetzt wurde es mit der Begründung der gesundheitlichen Prävention. Auch Gen- und Reproduktionstechnologien werden als Maßnahmen der Gesundheitsvorsorge diskutiert. Die Akteure dieser gesundheitspolitischen Zielsetzung sind in beiden Fällen Naturwissenschaftler – insbesondere Mediziner – und Politiker. Zwischen Genforschung und Krebsmedizin besteht darüber hinaus eine besondere Verbindung: Die Genforschung ist ein zentrales Gebiet der Krebsforschung und kann sich auf die von der Krebsmedizin aufgebaute Infrastruktur stützen. Teil dieser Struktur ist u. a. die Datenerfassung der Personen und Untersuchungsergebnisse in den Krebsfrüherkennungsprogrammen.

Das Gesetz zur Krankheitsfrüherkennung sieht u. a. ärztliche Untersuchungen zur Krebsfrüherkennung (FE) für Frauen und Männer vor. Tatsächlich aber sind Frauen die Adressatinnen dieses Programms. Fast ausschließlich an sie richten sich die Appelle zur Teilnahme an den – wie es heißt – Gesundheitsvorsorgeuntersuchungen. Jede gynäkologische Praxis hält die Technik hierfür bereit. Was bewirkt das Angebot an Diagnostik? Übt die Technik eine Faszination aus? Erzeugt sie Abhängigkeit von medizinischen Apparaten und Daten über die Verunsicherung bei der Nicht-Inanspruchnahme des technischen Angebots? Gibt es eine Sucht nach Diagnostik?

Im folgenden Beitrag geht es mir um eine Analyse und Bewertung des Krebsfrüherkennungsprogramms, das die Untersuchung gesunder Frauen vorsieht. Es geht mir um die Beantwortung der Fragen: Mit welcher politischen Argumentation wurde das Programm durchgesetzt? Wieso richtet es sich speziell an Frauen? Welche medizinischen Ergebnisse kann das Programm vorweisen? Welche Zusammenhänge bestehen zwischen Lebensgeschichte und Krebsangst? Es geht mir darum, deutlich zu machen, daß ein Rechtsanspruch auf Leistungen nur eine Seite der Medaille ist. Die andere ist die der zwangsweisen Durchsetzung. Es geht nicht – und dies sei ausdrücklich betont – um die Anwendung der Diagnostik im Erkrankungsfall.

Vorweg eine Klärung der Begriffe Vorsorge und Früherkennung, die in der Diskussion oft unterschiedlich verwendet werden: Im Zusammenhang mit dem Krebs-FE-Programm finden sich Formulierungen wie „Vorsorgeuntersuchungen" oder „Gesundheitsvorsorge durch Früherkennung". Diese sprachlichen Ungenauigkeiten werden insbesondere von Ärzteorganisationen betrieben. Was heißt Vorsorge? Einer Krankheit vorsorgen heißt, alles zu tun, was ihr Entstehen verhindert. Was uns als Krebsvorsorge angeboten wird, ist lediglich eine ärztliche Untersuchung, um festzustellen, ob eine Krankheit schon zu erkennen ist. Diese diagnostische Maßnahme hat also nichts zu tun mit Krebsvorsorge im Sinne der Verhinderung von Krebs. Durch die Untersuchung läßt sich nicht eine einzige Zelle davon abhalten, sich krebsartig zu verändern.

Zur Geschichte des Krebsfrüherkennungs-Programms

Bereits in den 30er Jahren wurden Krebserkrankungen als ein großes Problem erkannt. Ab 1937 entstanden Krebsfürsorgestellen, in denen Krebsdiagnostik praktiziert wurde. Im Vergleich zu anderen Krebsformen galten schon damals Genital- und Brustkrebs bei Frauen als leichter erkennbar und beeinflußbar.

Mit Gründung der BRD wurden diese Fürsorgestellen übernommen. Es gab in allen Bundesländern Geschwulstberatungsstellen, in denen insbesondere Reihenuntersuchungen für Frauen durchgeführt wurden. Begründung dieser überwiegend an Frauen gerichteten Maßnahmen: 1. das sehr starke Überwiegen der Krebserkrankungen bei Frauen und 2. die gute Zugänglichkeit der betreffenden Organe (vgl. Senatsverwaltung für Gesundheitswesen Berlin, S. 42). 27,5 % der Krebserkrankungen bei Männern waren Hautkrebserkrankungen, also diagnostisch gut zugänglich. Der Gebärmutterkrebs hingegen machte lediglich 13,4 % der Krebsleiden aus (vgl. Senatsverwaltung für Gesundheitswesen Berlin). Häufigkeit und Zugänglichkeit bestimmter Krebserkrankungen bei Frauen ist eher ein vorgeschobenes Argument, hinter dem sich das Selbstverständnis der Männer, Zugang zu weiblichen Organen nehmen zu können, verbirgt. Durch Schwangerschaft, vaginale Entzündungen, Abtreibung, Verhütung etc. standen/stehen Frauen ohnehin den Gynäkologen als Patientinnen zur Verfügung.

In den Fürsorgestellen wurden diagnostische Untersuchungen für alle Krebsarten und die o. g. Reihenuntersuchungen für Frauen durchgeführt, bei denen die Zelluntersuchung nach Papanicolau (PAP) und die Lupenansicht (Kolposkopie) des Gebärmuttermundes in großem Umfang erprobt wurden. Von April 1950 bis Dezember 1952 sind insgesamt 18 526 Frauen in den Berliner Krebsberatungsstellen untersucht worden (vgl. Senatsverwaltung für Gesundheitswesen Berlin, S. 44).

Neben den Einrichtungen des öffentlichen Gesundheitsdienstes wurden FE-Untersuchungen auch in den Praxen niedergelassener Ärzte betrieben. Ärzteorganisationen setzten sich systematisch für die Aufnahme dieser Untersuchungen in den Leistungskatalog ein. Ab 1967/68 wurden Verträge zur Kostenübernahme mit einzelnen Krankenkassen abgeschlossen. 1970 forderte der 72. Dt. Ärztetag vom Gesetzgeber eine allgemeine gesetzliche Regelung. Im gleichen Jahr betonte die Ärzteorganisation im Bundestagsausschuß die Notwendigkeit der Reihenuntersuchungen, begründet mit dem Ergebnis einer nordrhein-westfälischen Studie an 13550 Frauen, bei der 6648 Befunde angegeben wurden. Die volkswirtschaftlichen Einsparungen, die das frühe Eingreifen gegenüber der Behandlung der Krankheit mit sich bringe, wurde als weitere Begründung angeführt.

In den parlamentarischen Auseinandersetzungen, die 1971 zu einer gesetzlichen Regelung führten, wurden weder Ursachen von Krebs thematisiert noch die Erfahrungen mit dieser Diagnostik in den USA. Dort waren bereits kritische Stellungnahmen erschienen. In seinen Ausführungen sah das Gesetz für Frauen ab dem 30. Lebensjahr eine jährliche Untersuchung auf Genital- und Brustkrebs, ab dem 45. Lebensjahr eine zusätzliche auf Darmkrebs vor. Für Männer war eine Untersuchung auf Darm- und Prostatakrebs ab dem 45. Lebensjahr vorgesehen.

Diese gesetzliche Regelung war eine Neuerung für die niedergelassenen Ärzte. Sie erhielten damit die Berechtigung, ohne Krankheitsverdacht Untersuchungen durchzuführen und abzurechnen. Schwerpunkt der Früherkennungsuntersuchungen war die Untersuchung der Zellen des Gebärmutterhalses. Dieser Teil des Programms wird zunehmend ausgeweitet, über Erweiterung der Anspruchsvoraussetzung (Alter) und Analysemethoden. Mittlerweile sind aus den Zellabstrichen auch DNS-Messungen und Virusgenombestimmungen möglich. Heute nehmen ca. 30 % der berechtigten Frauen und ca. 13 % der berechtigten Männer die FE-Untersuchungen in Anspruch.

Zelluntersuchung nach Papanicolau

Beurteilt werden Zellen des Gebärmutterhalses, welche mit einem Wattestab aus dem Gebärmutterhalkanal entnommen werden. Im Labor wird dieser Abstrich nach der Methode des Arztes Papanicolau angefärbt und mikroskopisch untersucht. Über die Ursache der Zellveränderung ist mit der Methode keine Aussage zu treffen, ebensowenig über deren weitere Entwicklung. Die Schulmedizin gibt an, daß sich 50 % der Zellveränderungen bis PAP IV spontan zurückbilden (vg. Brehm, S. 148; vgl. Clio Nr. 18 u. 27). Die Konsequenz der Schulmedizin ist in der Regel trotzdem der operative Eingriff.

Als körperlicher Eingriff ist diese Untersuchungsmethode recht harmlos. Dem Meßergebnis wird Objektivität eingeräumt. Die herausgelösten Zellen werden anhand eines Schemas bewertet und führen zu standardisierten Behandlungskonsequenzen. Das Verhältnis der Frau zu ihrem Körper bzw. körperlichen Zustand, zu ihrer Lebenssituation wird ignoriert. So werden Frauen zu Laien erklärt, was ihre Gesundheit anbelangt. Die Untersuchung einzelner Zellen im Labor sagt jedoch nichts darüber aus, wie sich diese im Organ, geschweige im Lebenszusammenhang der Frau verhalten.

Medizinische Ergebnisse

In der BRD nehmen bösartige Neubildungen den zweiten Platz unter den Todesursachen ein, Herz- und Kreislauferkrankungen den ersten. Die drei häufigsten Krebssterbefälle von Frauen sind Darmkrebs (41), Brustkrebs (41) und Magenkrebs (25,4). Gebärmutterkrebs steht mit 15,2 % an fünfter Stelle (vgl. Bundesminister für Fam., Jugend, Gesundheit, S. 180).

Die Sterbefälle von Frauen an Brust- und Gebärmutterhalskrebs je 100000 Einwohner in der BRD von 1967–83 (vgl. ebd., S. 184):

	1967	1972	1977	1980	1983
Brustkrebs	30,3	32,8	35,8	38,1	41,6
Gebärmutterhalskrebs	8,1	8,7	8,0	7,2	6,5

Demnach ist die Sterberate der an Brustkrebs erkrankten Frauen stetig gestiegen und steigt weiterhin. Die Sterblichkeit an Gebärmutterhalskrebs ging seit 1972 kontinuierlich zurück. Dies schreibt sich die Schulmedizin auf ihre Fahnen und stellt es in Verbindung mit dem FE-Programm. Tatsächlich ist aber die Sterblichkeit an Gebärmutterhalskrebs international zurückgegangen, unabhängig davon, ob in einer Bevölkerungsgruppe ein Screening durchgeführt wird oder nicht (vgl. Blohmke, S. 36).

Bei bloßem Verdacht auf Gebärmutterhalskrebs werden oft „vorsorgliche" *Amputationen* der Gebärmutter durchgeführt, die sich bei Zweitbegutachtung in 30–40 % der Fälle als unnütz erweisen (vgl. Henke, S. 179).

Des weiteren stellt der Radiologe Oeser fest, daß kranke Frauen, denen die Gebärmutter entfernt wurde, einen höheren Anteil an Brustkrebs aufwiesen, der sich bei ihnen als Zweittumor bildete (vgl. Oeser, S. 150).

Trotz des nachweislich hohen Prozentsatzes unnötig entfernter Organe und trotz der Hinweise auf Zweittumorbildungen nach Gebärmutterentfernungen werden diese Eingriffe vorgenommen. Die hohe Zahl der Gebärmutterentfernungen steht zum einen in Zusammenhang damit, daß GynäkologInnen im Rahmen ihrer Facharztausbildung 330 gynäkologische Operationen durchführen müssen. Zum anderen wird darüber eine künstliche Legitimation für das Früherkennungsprogramm geschaffen.

Insgesamt sind also die Erfolgsbilanzen sehr skeptisch zu beurteilen. Trotzdem werden die Ärzte nicht müde, die Wirksamkeit eines frühen Eingriffs hervorzuheben und die mangelnde Teilnahme, insbesondere der

Frauen, am Krebs-FE-Programm laut zu beklagen. Ein Weg, Frauen zur Untersuchung zu bewegen, ist es, die Furcht vor Krebs zu verallgegenwärtigen. Frauen sollen damit eine positive Einstellung zur „Vorsorgeuntersuchung" bekommen.

Die Senkung der Alters-Anspruchsvoraussetzung für Frauen von 30 auf 20 Jahre paßt in den Maßnahmen-Katalog, um mehr Frauen zur Teilnahme zu bewegen. Begründet wurde die Veränderung mit dem günstigeren Erziehungseffekt in diesem Alter. Für Männer blieb die Altersgrenze bei 45 Jahren. Die Bestrebung innerhalb der Gynäkologie, die Krebs-FE auf immer mehr Frauen auszudehnen, wird deutlich an dem Projekt der Universitätsfrauenklinik München. Dort befaßt man sich mit der Entwicklung dieser Untersuchungsmethoden für Mädchen „vom Neugeborenen bis zum pubertalen Mädchen" (vgl. Boedefeld, S. 1438).

Ein anderer Vorschlag gipfelt darin, die Untersuchung ohne ausdrückliche Zustimmung der Frau durchzuführen. Die Forderungen nach Zwangsmaßnahmen werden immer häufiger. Beispielsweise wird vorgeschlagen, daß die Krankenhauskosten nur dann übernommen werden, wenn die FE-Untersuchung nachgewiesen werden kann.

Klar wird, daß von Männern bestimmt ist, in welcher Weise Frauen sich dem medizinischen System zur Verfügung zu stellen haben.

Krebsforschung

1980 legte die Deutsche Forschungsgemeinschaft (DFG) einen Bericht über die bestehenden Krebsforschungsprojekte in der BRD vor. Die Aufschlüsselung der Forschungen zu Gebärmutterkrebs und Brustkrebserkrankungen im Vergleich zu Prostatakrebs (FE-Programm für Männer) zeigt, daß in 58 Forschungsprojekten bzgl. männlicher Genitalorgane und in 231 Projekten bzgl. weiblicher Genitalorgane einschließlich Brust geforscht wurde. 14250 Frauen und 3852 Männer waren in diese Forschungsprojekte eingebunden. 1/3 der Forschungsprojekte an Frauen hatten keine Zahlenangaben. Es wurde aber z. T. hervorgehoben, daß an einem umfangreichen klinischen Krankengut geforscht werden konnte (vgl. Boedefeld, S. 1438).

Die Hälfte der Projekte mit Chemotherapie bezogen sich auf Brust- und Gebärmutterhalskrebs. In der Universitätsfrauenklinik Heidelberg wurden an mehr als 20000 Frauen Röntgen- und thermografische Untersuchungen sowie teilweise Gewebeentnahmen an der Brust vorgenommen.

Das Schüren der Krebsangst ist Mittel der Krebsforscher, um Frauen zur gynäkologischen Untersuchung zu bringen. Meines Erachtens greift diese Propaganda bei Frauen oft deshalb, weil sie auf bereits bestehende körperliche und existentielle Ängste trifft. Viele Frauen wurden als Mädchen jahrelang sexuell mißbraucht, lernten, daß die weiblichen Organe eher mit Scham und Ekel zu besetzen sind. Zu diesen Konditionierungen kommt mit der 1. Menstruation die Drohung hinzu, an den weiblichen Organen krank zu sein. Das Schüren der Krebsangst knüpft also häufig an reale Ängste und läßt Krebsangst zum Projektionsfeld werden für Erfahrungen der Gewalt, nicht gelebter Wünsche, Existenzängste usw. So ist es nicht zufällig, daß Frauen gerade in Drucksituationen, z. B. Examen, Krebsangst entwickeln und zur Krebsfrüherkennung gehen.

Die Krebsfrüherkennung verleiht der ärztlichen Kontrolle der weiblichen Sexualorgane das Flair des gesundheitsbewußten Verhaltens. Die regelmäßige gynäkologische Kontrolluntersuchung scheint das „Normale" zu sein. Verständnislose Blicke erwarten uns nicht, wenn wir zum Ohrenarzt gehen, weil wir „schon länger nicht mehr dort waren", sondern nur beim Gynäkologen.

Abschließend seien noch einmal die Gruppen benannt, die Interesse am Krebsfrüherkennungsprogramm haben:

1. An erster Stelle sind die Institutionen der Krebsforschung zu nennen, mit ihrem Interesse am Forschungsobjekt „Frau". Geforscht wird an isoliertem Gewebe und Zellmaterial. Was normal, unnormal, gesund und krank ist, wird in Abhängigkeit vom Stand der Medizintechnik bestimmt. Deutlich wurde, daß vorhandene Technik von den Betreibern angewendet werden will und daß ihre Methoden der Durchsetzung von nichtteilnehmenden Frauen bis zu Vorschlägen von Zwangsmaßnahmen reichen.

2. Als zweite Gruppe sind die Gynäkologen zu nennen. Die Krebs-Früherkennung kommt ihren ökonomischen Interessen (und denen der Pharmaindustrie) entgegen. Untersuchungen an gesunden Frauen können vorgenommen und abgerechnet werden;

3. ist der Staat beteiligt. Naturwissenschaft und Staat stehen in enger Zusammenarbeit. Liefern die einen die Theorie, so die anderen das Gesetz. Komplexe soziale, gesellschaftliche Probleme werden reduziert auf gynäkologische und erscheinen somit medizintechnisch lösbar. Was ursprünglich als soziale Leistung, als Rechtsanspruch offeriert wurde, konvertiert im Laufe der Zeit zur Norm. Nunmehr wird die Teilnahme an der Untersuchung erwartet. Gleichzeitig findet eine Verschiebung im Verständnis von Krankheit und Gesundheit statt. Krankheit wird nicht mehr im Zusammenhang von gesellschaftlichen

Bedingungen betrachtet, sondern erscheint fast als Delikt. Gesundheit gilt als staatsbürgerliches Wohlverhalten, das individuell herstellbar ist – während Buschhausen und andere Kraftwerke vor sich hin pusten. Die politischen Kosten des Rechts auf Krebsfrüherkennung für Frauen sind hoch: noch engere Einbindung von Frauen in das Herrschaftsverhältnis der Gynäkologen; Vorhandensein der Technik schafft Bedarf an Diagnostik, Bedarf an gynäkologischer Kontrolle; Enteignung der Selbstdefinition von Gesundheit; Tabuisierung der gesellschaftlichen Krebsvorsorge zu Gunsten individueller Früherkennungsuntersuchung.

Literatur

Blohmke, Maria, „Möglichkeiten und Grenzen von Vorsorgeuntersuchungen", in *Der Deutsche Arzt*, 1978, Nr. 24.

Boedefeld, Edith A. (Hg.), *Bestandsaufnahme Krebsforschung in der Bundesrepublik 1979*, Bd. I–III, Bonn 1980.

Brehm, *Frauenheilkunde und Geburtshilfe für das Krankenhauspersonal*, Stuttgart 1974.

Bundesminister für Familie, Jugend und Gesundheit (Hrsg.), *Daten des Gesundheitswesens*, 1985.

Clio, FFGZ e. V., West-Berlin (Hg.), Nr. 18 und 27.

Henke, K. D., „Präoperative Risikoabgrenzung in Geburtshilfe und Gynäkologie", zit. nach Hans Schäfer u. a. (Hg.), *Gesundheitspolitik*, Köln 1984.

Oeser, Heinz, *Krebsbekämpfung: Hoffnung und Realität*, Stuttgart 1974.

Senatsverwaltung für Gesundheitswesen Berlin (Hg.), *Die fürsorgerische und organisatorische Krebsbekämpfung in Berlin 1945–1952*.

Susanne Ebner / Mechthild Eickel / Claudia Falley
INSULIN – WIDERLEGUNG EINES GÄNGIGEN ARGUMENTS

Insulin – mit gentechnologischen Methoden produziert – wird in der Diskussion um die Chancen und Risiken der Gentechnologie immer wieder als ein Nachweis des segensreichen Nutzens dieser Technologie angeführt. Als das „moderne Insulin" soll es in der Diabetestherapie einen entscheidenden Fortschritt gegenüber herkömmlichen Insulinen darstellen. Als „Humaninsulin" ist es 1983 als erstes gentechnologisches Pharmaprodukt auf den Markt gekommen, eine „Einstiegsdroge" für weitere derart produzierte Medikamente. Hierüber soll die Anwendung von gentechnologischen Produkten am Menschen akzeptabel gemacht werden. Mit der „Notwendigkeit" von „Humaninsulin" soll auch der Einsatz von Gentechnologie in industriellen Großanlagen gerechtfertigt werden. Grund genug, „Humaninsulin" und dessen Bedeutung für den diabeteskranken Menschen näher zu betrachten.

Einiges zum Verständnis der Krankheit und des Medikaments

Unter Diabetes mellitus oder auch Zuckerkrankheit wird eine chronische Erkrankung des Stoffwechsels, insbesondere des Zuckerstoffwechsels verstanden. Als Folge dieser Stoffwechselentgleisungen werden Zerstörungsprozesse in fast allen Organen, besonders in Augen, Herz, Niere, Haut angenommen, die sogenannten diabetischen Spätkomplikationen. Ingesamt ist das Erscheinungsbild des Diabetes mellitus sehr vielgestaltig und komplex. Als kennzeichnendes Merkmal und unmittelbare Ursache der diabetischen Krankheitssymptome wird die unzureichende Insulinproduktion der Bauchspeicheldrüse bzw. die unzureichende Insulinwirkung benannt. Dieser Mangel an wirksamem Insulin führt zur Überzuckerung des Blutes und schließlich zum Stoffwechselzusammenbruch mit Todesfolge. Noch zu Beginn dieses Jahrhunderts führte die Krankheit nach kurzem und schwerem Verlauf überwiegend zum Tod. Erst in den zwanziger Jahren gelang es, aus den Bauchspeicheldrüsen von Tieren Insulin zu isolieren. Bei den an Diabetes Erkrankten angewandt, sank der Blutzuckerspiegel, und die Stoffwechselentgleisungen konnten auf diesem Wege eingedämmt werden. Für die Diabetiker bedeutete der Einsatz von Insulin eine entscheidende Verbesserung ihrer Situation. Subjektiv ging es ihnen besser, und die Todesrate sank deutlich (bis auf heute 2 %). Andere Symptome jedoch blieben, und Spätkomplikationen, deren Ursachen letztlich nicht geklärt sind, konnten auch durch die Anwendung von Insulin nicht verhindert, ja, manchmal nicht einmal hinausgezögert werden. Das heißt, auch heute noch ist Diabetes eine ernstzunehmende Erkrankung, die für die Betroffenen mit Lebenseinschränkungen und geringerer Lebenserwartung einhergeht.

Insulin ist ein Hormon, daß von den Langerhansschen Zellen der Bauchspeicheldrüse gebildet wird. Es besteht aus 15 Aminosäuren, die sich in zwei Ketten zueinander ordnen. Insulin hat seine größte Bedeutung im Zuckerstoffwechsel des Organismus. Indem es die Aufnahme der mit der Nahrung zugeführten Zucker in die Körperzellen reguliert, ermöglicht es dem Organismus, Zucker als eine der wichtigsten Energiequellen für sich zu nutzen. Mangel an wirksamem Insulin führt zu den beschriebenen schweren diabetischen Störungen, so daß Insulin von außen zugeführt werden muß. Dem bundesdeutschen Markt stehen heute 50 verschiedene Insulinsorten zur Verfügung – in dieser Hinsicht ein Weltrekord. Sie unterscheiden sich in Aufarbeitung, Wirkungsdauer und Wirkungseintritt. Ungeachtet der Frage, ob ein derartiges Überangebot den Bedürfnissen der Kranken dienen kann oder überhaupt soll, teilen wir sie hier nach ihren Herstellungsverfahren ein.

Tierisches Insulin:
wird aus Bauchspeicheldrüsen von Schweinen und Rindern gewonnen. Das Verfahren wurde 1922 erstmals angewandt und seither ständig verfeinert. Heute steht sog. „hochgereinigtes Schweineinsulin" zur Verfügung. Es unterscheidet sich in der biochemischen Zusammensetzung seiner Aminosäuren in einer Position vom menschlichen Insulin, Rinderinsulin in 3 Positionen. Tierisches Insulin wird von allen auch „Humaninsulin" produzierenden Pharmafirmen heute noch hergestellt.

Gentechnologisch hergestelltes (biosynthetisches) „Humaninsulin":
Bakterien wird eine Gensequenz eingeschleust, die die Information zur Produktion von menschlichem Insulin oder dessen Vorstufen enthält. Manipulierte Bakterien werden vermehrt und zur Produktion von „Humaninsulin" angeregt. Da sie Insulin nicht verwerten können, lagern sie es als Ballaststoff ab. Aus den abgetöteten Bakterien wird dieser Ballast durch biochemische Reinigungsverfahren in reines „Humaninsulin" umgewandelt.

Biochemisch hergestelltes (semisynthetisches) „Humaninsulin":
Rohstoff für dieses Insulin ist auf herkömmlichem Wege aus Schweinebauchspeicheldrüsen extrahiertes Insulin. Auf biochemischem Weg wird die Aminosäure, die nicht mit der Abfolge menschlichen Insulins übereinstimmt, herausgelöst und durch die an dieser Stelle beim Humaninsulin sitzende Aminosäure ersetzt.

Die Botschaft zu Beginn der 80er Jahre, mit dem „Humaninsulin" ein mit dem menschlichen Insulin identisches Hormonpräparat zur Verfügung zu haben, das gentechnologisch produziert in unbegrenzter Menge zur Verfügung stehen kann, wurde als eine Wende in der Diabetestherapie gefeiert. Den Diabetikern wurde eine entscheidende Verbesserung der Wirksamkeit und Verträglichkeit des neuen Insulins im Vergleich zu den herkömmlichen Insulinen versprochen. Die schweren Komplikationen durch allergische Gegenreaktionen auf tierische Insuline, die einige Diabetiker zusätzlich belasten, seien bei den Humaninsulinen ausgeschlossen. Durch eine intensivere Insulintherapie mit Humaninsulin seien die Spätkomplikationen des Diabetes zu beseitigen. Engpässe oder Verknappung tierischer Rohstoffe für die Herstellung tierischer Insuline könnten so elegant überwunden werden, und schließlich sei das Humaninsulin billiger als das tierische Insulin.

Die hochgeschraubten Erwartungen und eine geschickte Marketingstrategie der Hersteller haben dazu geführt, daß seit Einführung des Humaninsulins auf dem Markt 1983 allein in der BRD über 60 % der insulinpflichtigen Diabetiker auf diese Insuline umgestellt worden sind. Allein mit biosynthetisch gewonnenem Insulin wurden Ende 1985 500 000 Diabetiker weltweit behandelt (1983: 80 000, 1984: 180 000, für '86 wurde eine Steigerung auf 700 000 Diabetiker erwartet) (vgl. Chemische Industrie). Doch abgesehen von der Tatsache, daß Humaninsulin durchaus anders als über gentechnologische Verfahren hergestellt werden kann, hat sich unabhängig vom Herstellungsverfahren keiner der bisher genannten Vorteile des Humaninsulins für die Diabetiker bestätigt. Im Gegenteil:

Auch gegen Humaninsulin haben einige Patienten allergisch reagiert. Andererseits konnte durch ein neues Reinigungsverfahren des Schweineinsulins diese Komplikation auf ein Minimum reduziert werden. Deshalb besteht zwischen beiden Präparaten an diesem Punkt kaum ein Unterschied. Dagegen ist immer wieder von Schwierigkeiten bei der Ein- und Umstellung auf Humaninsulin berichtet worden. Eine gefährliche Komplikation bei der Insulintherapie ist die Unterzuckerung, die bei schwerem Verlauf zur Bewußtlosigkeit führt und lebensbedrohlich sein kann. Gewöhnlich bemerken die Diabetiker Anzeichen der Unterzuckerung früh genug, um durch Zuckeraufnahme der Gefahr entgegenwirken zu können. Bei den Umstellungen auf Humaninsuline trat Bewußtlosigkeit aufgrund von Unterzuckerungszuständen vermehrt auf, was für die betroffenen Patienten auch deshalb besonders gefährlich war, weil die Frühsymptome der Unterzuckerung aus nicht geklärten Gründen ausblieben (vgl. Teucher S. 382). Heute wird deshalb von der generellen Umstellung der Diabetiker auf Humaninsulin wieder abgeraten, und eine Reihe von Diabetikern mußte wegen Unverträglichkeit des Humaninsulins wieder auf Schweineinsulin zurückgestellt werden. Auch von Kostenvorteilen für die Kranken kann nicht die Rede sein. Humaninsulin ist teurer als der aus Schlachttieren gewonnene Stoff. Das räumen auch die Hoechstmitarbeiter ein, „aber", so ihr Einwand, „immerhin erfülle auch dieses Insulin seinen therapeutischen Zweck" (Zeitmagazin).

Gewinne, zuckersüß...

Humaninsulin bringt also für die Kranken keinerlei Vorteile, um so mehr aber für die Pharmaunternehmen: Das Geschäft mit der Krankheit Diabetes ist sicher und lukrativ. Von weltweit 60 Mio. Diabetikern benötigen ca. 4 Mio. ihr Leben lang Insulin. Und der Bedarf steigt. Die Anzahl der Neuerkrankungen wächst mit 6 % schneller als die Weltbevölkerung. Noch lebt über die Hälfte der Diabetiker in den Ländern der westlichen Welt. Doch die Marktstrategen der Insulinproduzenten berechnen schon jetzt die Märkte, die sich bei Einführung der westlichen Lebensweise in den Ländern der sog. Dritten Welt eröffnen werden. 1985 wurde der Weltmarkt für Insulin auf 500 Mio. US-Dollar geschätzt, und er wird hauptsächlich von drei großen Firmen untereinander aufgeteilt:

Eli Lilly (USA) ist das sechstgrößte Pharmaunternehmen und der größte Insulinanbieter weltweit. Mit 46 % hält es den größten Anteil des Insulinmarktes und in den USA nahezu das Monopol.

Novo-Industry ist ein „kleineres" Pharmaunternehmen aus Dänemark, hält aber mit 35 % den zweitgrößten Anteil am Insulinmarkt weltweit.

Hoechst (BRD) beherrscht den bundesdeutschen Markt für Insulin und ist mit 15 % am Weltmarkt für Insulin beteiligt.

Das Aufkommen des Humaninsulins Anfang der 80er Jahre drohte die bis dahin einigermaßen stabile Aufteilung des Insulinmarktes unter diesen 3 Firmen zu erschüttern. Eli Lilly erwarb als erstes Pharmaunternehmen eine Lizenz für ein gentechnologisches Verfahren zur Insulingewinnung und rührte die Werbetrommel, um diesen Konkurrenzvorteil auszunutzen. In einschlägigen Medien wurden die angeblichen Vorteile des neuen Insulins gefeiert, noch ehe ausreichende Erfahrungen aus klinischen Erprobungen vorliegen konnten. Nach nur kurzen Tests, zunächst an Kaninchen, dann an gesunden und diabeteskranken Menschen, investierte 1980 Eli Lilly 40 Mio. US-Dollar in gentechnologische Großanlagen. Ziel war, möglichst schnell in die Massenproduktion überzugehen, um mit dem neuen Produkt in die von den Konkurrenten dominierten Märkte, vor allem in Europa, eindringen zu können.

Während Eli Lilly schon glaubte, das Rennen gewinnen und einen weiteren Teil des Insulinmarktes erobern zu können, überraschte Novo-Industry 1981 mit der Herstellung semisynthetischen Humaninsulins und brachte es auf den Weltmarkt, noch ehe Eli Lilly die Testphase abschließen konnte. Für Eli Lilly war das ein schwerer Schlag. Der Vorteil der Ersteinführung war dahin. Zum Trost erteilte die *Food and Drug Administration* der USA noch im selben Jahr, nach nur 5 Monaten Überprüfung (gegenüber ansonsten 2 bis 4 Jahren für neue Medikamente), grünes Licht für den Verkauf des gentechnologisch hergestellten Insulins von Eli Lilly. Hoechst zog unmittelbar mit semisynthetisch hergestelltem Insulin nach, so daß 1983 alle drei Firmen ein Humaninsulin auf dem Weltmarkt anbieten konnten.

Der nun folgende Konkurrenzkampf wurde mit aggressiven und kostspieligen Werbestrategien ausgetragen: Kliniken wurden kostenlos mit Humaninsulin versorgt, und Ärzten wurden Kopfprämien für die Umstellung auf Humaninsulin gezahlt.

Auf diesem Weg setzte sich Humaninsulin durch. Eli Lilly gewann in dieser Etappe Marktanteile, da es den Vorteil kostengünstiger gentechnologischer Produktionsanlagen genießt. 65 % des weltweit angebotenen Humaninsulins kommt aus dieser Quelle (vgl. Neues Schanzenleben, Juni/Juli 88; vgl. Wallstreet Journal 7.1.82; vgl. Chemische Industrie).

Die Monopole der anderen Hersteller in verschiedenen Ländern sind also bedroht, wenn ihnen nicht gelingt, selbst gentechnologische Produktionsverfahren zu entwickeln und in die Massenproduktion einzusteigen. Was Hoechst-Manager Schäfer, Leiter der Gruppe Diabetes und Stoffwechsel der Hoechst AG, von dieser Situation und der Bedeutung von Humaninsulin für die Diabeteskranken hält, wird aus folgendem Zitat deutlich:
„Es ist von der therapeutischen Wirkung völlig gleichgültig, ob gentechnologisch hergestelltes oder aus Schweineinsulin umgewandeltes Humaninsulin verabreicht wird. Da gibt es keine Wirkungsunterschiede. Der Produktionsweg über gentechnisch veränderte Bakterien ist aus einem ganz anderen Grund für die Zukunft wichtig: um Kostenvorteile zu realisieren und um möglichen Engpässen bei tierischen Rohstoffen vorzubeugen. Wir kommen rechtzeitig genug auf den Markt, dazu noch mit einem wesentlich effektiveren Verfahren, als Lilly es derzeit nutzt" (Industriemagazin).
Das Argument von den Engpässen bei tierischen Rohstoffen in der Industrieproduktion wurde zum erstenmal bei der Einführung des Humaninsulins angeführt. Das ist bisher allerdings nirgends schlüssig belegt worden.

Auch Novo-Industry plant die Umstellung auf gentechnologische Produktion in einer entsprechenden Großanlage in Kanada. Für die Zukunft ist also mit noch schärferem Konkurrenzkampf und sicher einer damit verbundenen Überschwemmung des Pharmamarktes mit Humaninsulinen zu rechnen.

Auf diesem Hintergrund steht das Bemühen der Firma Hoechst, eine Produktionsanlage für die industrielle gentechnologische Herstellung von Humaninsulin in Frankfurt-Höchst zu errichten. Die Genehmigung für die erste Produktionsstufe dieser Anlage erhielt die Firma Hoechst 1985 – unbeachtet von der Öffentlichkeit – von dem damaligen SPD-Umweltminister. In dieser Stufe mit dem Namen „Fermtec" sollen in einem 60 000-Liter-Behälter die manipulierten Bakterien eine Vorstufe des Insulins produzieren. Für die zweite Stufe, „Chemtec", wurde 1985 die Genehmigung beantragt. Bei der „Chemtec" geht es um die chemische Aufarbeitung des von den Bakterien produzierten Vorprodukts.

Mittlerweile regte sich Widerstand in der Bevölkerung gegen das Vorhaben von Hoechst. Mit Unterstützung von BUND, dem Freiburger Ökoinstitut und der Bürgerinitiative „Hoechster Schnüffler und Maagucker" wurde von 140 Bürgern Widerspruch gegen die zweite Stufe eingelegt und die Forderung nach einem öffentlichen Genehmigungsverfahren erhoben. Hoechst reagierte auf diesen Widerstand mit der Änderung seines Genehmigungsantrages. So wurde z. B. die zweite Stufe, „Chemtec", zur Versuchsanlage umdeklariert, um so die Beteiligung der Öffentlichkeit am Genehmigungsverfahren zu umgehen. Außerdem betonte Hoechst immer wieder öffentlich die Ungefährlichkeit und Sicherheit seiner Anlage. Im September 1987 genehmigte der neue Umweltminister Weimar (CDU) die zweite Stufe ohne Beteiligung der Öffentlichkeit.

Die Kritik gegen die Hoechster Anlage faßt ein Gutachten des Ökoinstituts Freiburg zusammen. Es richtet sich gegen die Behauptungen Hoechster Sicherheitsexperten, die manipulierten Bakterien seien für Menschen ungefährlich, könnten in freier Umwelt nicht überleben, und außerdem könne es auch nicht zu nennenswerten Freisetzungen manipulierter Mikroorganismen aus der Anlage kommen. Dagegen bestehen nach Ansicht des Ökoinstituts „schwerwiegende Bedenken gegen die Umweltverträglichkeit als auch gegen die Gewährleistung des Arbeitsschutzes des geplanten Vorhabens" (Ökoinstitut Freiburg).

Diabetes – eine Zivilisationskrankheit

Abschließend bleibt die Frage, in welchem Verhältnis Zeit, Geld, Energie und Forschung für die Entwicklung von biosynthetischem Humaninsulin zu dessen Bedeutung in der Diabetestherapie und überhaupt zur Entwicklung der Zivilisationskrankheit Diabetes mellitus stehen.

Zur Zeit besteht die Tendenz, die Diabetiker immer frühzeitiger und großzügiger auf Insulin einzustellen. Durch eine immer größer werdende

Auswahl an immer raffinierteren Aufarbeitungs- und Darreichungsformen der Insuline (z. B. einoperierte Insulinpumpen), an ausgefeilten Blutzuckerüberwachungssystemen und anderem mehr soll die Insulintherapie intensiviert werden. Das soll zum einen die diabetischen Spätkomplikationen abwenden, zum anderen die Diabetiker in die Lage versetzen, ihre Lebensführung in bezug auf Ernährung und Leistung dem „Normalleben" der Nichtdiabetiker immer mehr anzugleichen. Entscheidend bei diesen Bemühungen ist jedoch die Tatsache, daß Insulin – auch Humaninsulin – den Diabetes nicht heilen kann. Sie sind lebensnotwendige Ersatzstoffe, aber keine Therapeutika. Es besteht Zweifel, ob durch Insulin die Spätkomplikationen überhaupt hinausgezögert werden können, und trotz Insulin sterben in den USA die Menschen, nach Krebs und Herz-Kreislaufversagen, am häufigsten am Diabetes mellitus. In Europa dürfte die Situation nicht wesentlich anders sein.

Insulin ändert auch nichts daran, daß die Zahl der Neuerkrankten ständig zunimmt. Dabei erkranken die Menschen nicht nur vermehrt an dem sogenannten Altersdiabetes (über 80 % der Diabetiker sind an dieser Erscheinungsform erkrankt), auch immer mehr junge Leute leiden an der sog. juvenilen Form. Diese Form ist besonders gefürchtet, weil sie früh und mit schweren Komplikationen einhergeht und die Lebenserwartung der Betroffenen entscheidend einschränken kann. Außerdem müssen sich die juvenilen Diabetiker früh Insulin spritzen, da ihre Bauchspeicheldrüse kein Insulin mehr produzieren kann. Epidemiologische Untersuchungen konnten aufzeigen, daß sich in den letzten drei Jahrzehnten die Neuerkrankung an juvenilem Diabetes in vielen Ländern vervielfacht hat. Soweit bekannt ist, hat es bei noch keiner chronischen Erkrankung einen so hohen Anstieg in so kurzer Zeit gegeben.

Der Diabetes mell. zählt zu den Wohlstands- und Zivilisationskrankheiten. Industriell aufgearbeitete Nahrungsmittel, Hormone, Eß- und Lebensgewohnheiten, Infektionen und vieles mehr tragen zum Ausbruch der Krankheit bei. So lebt bezeichnenderweise von den ca. 60 Mio. Diabetikern weltweit über die Hälfte in den westlichen Industrienationen. Dort nahm die Diabeteserkrankung in Mangelzeiten, wie nach den beiden Weltkriegen, ab und stieg bei Aufhebung der Nahrungsmittelknappheit wieder an. Die Verbreitung des westlichen Lebensstils in den Ländern der dritten Welt bedeutet für die Menschen dort ein erhebliches, häufig über das Ausmaß in der westlichen Welt hinausgehendes Risiko einer Diabeteserkrankung. Es gibt dramatische Beispiele von Völkern aus der sog. Dritten Welt, wo die Menschen mittlerweile in einem sehr frühen Lebensalter zu über 50 %(!) an Diabetes sterben (vgl. Anderson, S. 38).

Werden in der herrschenden Ursachenforschung Umweltfaktoren für die Entstehung des Altersdiabetes als entscheidend angenommen, so spielen sie in den Äthiologiemodellen (Ursachenmodell) für den juvenilen Diabetes eine untergeordnete Rolle. Statt dessen wird nach einem genetischen Defekt oder einem diabetogenen Gen gefahndet. Dabei wird aus dem juvenilen Diabetes vorwiegend ein Erbleiden und damit ein Objekt humangenetischer Beratung und Forschung.

Ganz im Zeichen der Zeit wird seit einigen Jahren auch ein immunogenetischer Defekt als Ursache diskutiert. Dabei soll bei einer entsprechenden genetischen Disposition ein immunologischer Prozeß ablaufen, der sich gegen den eigenen Körper richtet. Entscheidend bei dieser Forschungsrichtung ist, daß der verursachende Defekt ausschließlich im Individuum lokalisiert und untersucht wird. Andere äußere Faktoren der Umwelt- und Lebensbedingung kommen in dieser Forschung überhaupt nicht vor. Schaut man sich z. B. die Berichte der Deutschen Forschungsgemeinschaft an, so findet sich dort über Jahre kein einziger Forschungsbericht, der in diese Richtung ginge. Dabei gibt es heute mittlerweile eindeutige Hinweise darauf, daß gerade der juvenile Diabetes nicht einfach nur das Resultat eines immungenetischen Fehlers ist. So kommt z. B. die internationale Forschungsgruppe zur Diabetes-Epidemiologie aufgrund ihrer Untersuchung zu folgendem Schluß: Es gibt „nichtgenetische Faktoren, die bei genetisch disponierten Personen wirksam werden und einen insulinabhängigen Diabetes mell. auslösen, aber wir wissen nicht, welche diese Faktoren sind. Alle Befunde sprechen dafür, daß ein Großteil der weltweit entstehenden Diabeteserkrankungen verhindert werden könnte – nicht durch eine Beeinflussung des Immunsystems, sondern durch eine Reduktion von Risiken aus der Umwelt" (vgl. BMJ, S. 479 ff.). Und weiter in der Bewertung dieses Sachverhalts kommen sie zu folgendem Schluß:

„Angenommen, das spezifisch diabetogene Gen würde entdeckt und 100 % der Erkrankten und keiner der Nicht-Diabetiker hätte dieses genetische Merkmal. Würde dies schnell zu einer Diabetesprävention führen? Wahrscheinlich nicht. Wir kennen keine Krankheit, bei der die Entdeckung eines genetischen Merkmals zu einer raschen Abnahme der Inzidenz führte. Nehmen wir weiterhin an, daß der der Erkrankung zugrundeliegende spezifische Immundefekt identifiziert ist. In diesem Fall sind wir mit dem Dilemma konfrontiert, den Defekt zu korrigieren. Selbst wenn die Prävention des Diabetes bei Kindern durch Beeinflussung des Immunsystems möglich wäre, würde der Nutzen der immunologischen ‚Prävention‘ durch die damit verbundenen Risiken, Infektion, Krebs oder Arzneimittel wieder aufgehoben." (BMJ, S. 479 f.)

LITERATUR

Anderson, Ian, in: *New Scientist*, 14.7.88.

BMJ, British Medical Journal Nr. 295; deutsche Übersetzung in: *Argument*, Sonderband AS 178.

Chemische Industrie, Düsseldorf, Nr. 9, 1986.

Industriemagazin, 15.7.85.

Neues Schanzenleben, Juni/Juli 88.

Ökoinstitut Freiburg, *Presseerklärung vom 10.9.87.*

Teuscher, in: *Lancet*, 1987, 2: 382.

Wallstreet Journal, 7.1.82.

Zeitmagazin, 18.3.1988.

Erika Feyerabend / Beate Zimmermann

Phänomen – Phantom – AIDS

Die Neuentdeckung des vergangenen Jahrzehnts, die „Erworbene Immunschwäche" AIDS, hat unser Leben, hat Liebe und Denken verändert. Die offizielle Lesart lautet:

AIDS ist eine Erkrankung, die sich ein Mensch durch Infektion mit einem Virus zuzieht. Dieses Virus überträgt sich durch Blut und Samenkontakt mit Blut und deshalb v. a. beim Geschlechtsverkehr, v. a. beim homosexuellen.

Die Krankheit ist todsicher, wer infiziert ist, stirbt in 2–30 Jahren. Die Sterbegeschwindigkeit variiert. Das Virus ist hinterlistig, es befällt das Immunsystem, das eigentlich in der Lage sein sollte, die Infektion zu bekämpfen. Hilfe ist nur von außen zu erwarten. Die wissenschaftlichen Anstrengungen richten sich auf Impfstoff- und Medikamentenentwicklung. Die politischen Anstrengungen effektivieren Erfassung, Etikettierung und Ausgrenzung von Kranken.

Wir wollen in unserem Beitrag aufzeigen, was uns an dieser Version zweifeln läßt. Der Einstieg in das Thema – ohne AIDS-Wissenschaftlerinnen zu sein – hat uns den Blick für Fragen eröffnet, die vernachlässigt bzw. aus der Debatte ausgeklammert werden. Ohne nun selbst eine runde Theorie zu AIDS präsentieren zu können, wagen wir die These, daß AIDS keine Krankheit, sondern ein Programm ist, das wir politisch diskutieren müssen, wenn wir diese Medizin als Instrument politischer Macht begreifen wollen.

Wie alles anfing …

Noch bevor das Foto des Virus um die Welt ging, haben Mediziner über das vermehrte Auftreten von Immunschwäche und deren Ursache diskutiert.

1983 fand in Neapel das erste Arbeitstreffen einer europäischen Studiengruppe zu AIDS statt (vgl. First Workshop). Die Gruppe setzte sich aus Medizinern zusammen, die in der Tumor- und Leukämiebehandlung oder nach Organtransplantationen den Patienten mit ihren Medikamenten künstlich eine Immunschwäche beibringen. Wie kommt es, fragten sie sich, daß Menschen immungeschwächt sind, die gar nicht von uns behandelt wurden? Das Krankheitsbild der vielen schwer zu behandelnden Begleitinfektionen („opportunistische Infektionen") war ihnen bekannt.

In Neapel wurde über bekannte und vermutete Reaktionen des Immunsystems diskutiert, über mannigfache Viren, über Gifte und Medikamente, die an der Entwicklung einer Immunschwäche beteiligt sein könnten. Auch diese Debatte war von verdächtigen Viren und immunologischen Fragen bestimmt. Wie anders soll es sein in einer Medizin, die ihre Erklärungsmuster in molekularen Strukturen und biochemischen Prozessen sucht? Bei Krebs und anderen chronischen, unverstandenen Krankheitsbildern wird ebenfalls nach Viren gesucht. Die Entdeckung des AIDS-Virus HIV scheint uns die einzig mögliche Variante dieser Medizin zu sein.

Die Debatte wurde mit dem Paßbild des menschlichen Retrovirus HIV vorerst abgeschnitten. Alle Welt akzeptierte die Ursache „Virus" als nunmehr nachgewiesene Wahrheit.

Stellen wir uns vor, mit der gleichen Vehemenz und Presse würde *das* „Krebsvirus" in die Welt gesetzt. Die Möglichkeit läßt sich genauso behaupten wie bei AIDS, lassen sich doch in vielen Tumoren Viren finden und benutzt die Forschung doch Viren, um Tumore im Tier zu erzeugen. Die Virussuche klappt weder bei Krebs noch bei Immunschwäche zu 100%. Dieser Widerspruch wird entweder mit den noch zu groben Suchmethoden erklärt, oder der Krankheit wird ein anderer Name gegeben. So geschehen bei der Immunschwäche. Mit HIV-Antikörpern heißt sie AIDS mit tödlichem Ausgang. Ohne Antikörper kann sie die vielen Namen behalten, die sie in der Vergangenheit besessen hat: Autoimmunerkrankung, Iatrogenesowieso-Syndrome (zu deutsch, kein Arzt weiß was Genaues) usw. Bei AIDS starren wir auf Nachweismethoden und Prognosen, bei Krebserkrankungen haben wir gelernt, den medizinischen Erklärungen mit Mißtrauen zu begegnen. Wir fragen im Gegenteil vielmehr nach Strahlenbelastungen, nach chemiebeladenen Lebens- und Arbeitsbedingungen. Wir sind skeptisch gegenüber der angebotenen Therapie und ziehen zumindest in Betracht, eigene Wege der Behandlung zu gehen.

Mit der Zuordnung der Immunschwächeerkrankung zum HI-Virus ist die Verantwortung für die Krankheit und deren Verbreitung beim Individuum angesiedelt. Das soll wohl auch so sein.

Im Zeitalter des Gens...

Die „Ein-Virus-Theorie" von AIDS hat noch weitere Geburtshelfer – neuere bio-medizinische Techniken wie Elektronenmikroskopie, Sequenzanalysen und das Klonieren von Teilsequenzen. Mittels dieser Techniken erhält die Theorie erst den Schein von Wahrheit. Wenn wir bedenken, daß die Geburtsstunde des Virus mit seiner Darstellbarkeit zusammenfällt, dann ist zu erwarten, daß weitere Erkrankungen als Viruserkrankungen „erkannt" und umdefiniert werden. Zudem müssen wir erwarten, daß zuvor definierte Risikogruppen besonders betroffen sind, da sie die Untersuchungskollektive für solche Forschung sind (Haftinsassen, Drogenabhängige usw.). Zu diesem Gedanken ein Zitat aus dem Deutschen Ärzteblatt vom 19.5.88:

„Mit dem Human Herpesvirus Typ 6 (HHV 6) wurde vor gut zwei Jahren ein neues Mitglied der Herpesvirusfamilie identifiziert, das offenbar bevorzugt chronisch persistierende [dauerhafte, d. Verf.] Infektionen hervorruft mit ausgesprochener Müdigkeit, Abgeschlagenheit, Depressionen und zum Teil Lymphadenopathie [Lymphknotenschwellungen, d. Verf.]. Die Verdachtsdiagnose einer HHV 6-Infektion kann nur per exclusionem gestellt werden [d. h. nach Ausschluß aller anderen in Betracht kommenden Möglichkeiten, d. Verf.]. Immunologische Nachweismethoden befinden sich z. Z. noch im experimentellen Stadium. Eine gezielte Therapie ist bisher noch nicht bekannt.“

Wer kennt es nicht, dieses „Krankheit“(?)sbild? Wer kennt nicht tausend Bedingungen im Leben, die diese Zustände hervorrufen bzw. begünstigen? Unzulässig – allein gültig ist die Suche und das Auffinden viraler Strukturen in menschlichen Zellen. Krankheit wird nicht von Menschen erlebt und verarbeitet, sie wird im Labor definiert.

Jedes Virus hat seine Heimat

Zur „Ein-Virus-Theorie“ gehört auch die Suche nach seiner Herkunft. Das Herpes-Virus ist allseits bekannt, nach seinem Herkunftsland wird nicht gefragt. Das „AIDS-Land“ muß erst gefunden werden – als eine Art Schuldzuschreibung für diese Bedrohung der Menschheit.

Es folgt ein kurzer Abriß der Afrika-Ursprungsthese, die, obwohl sie längst für abwegig erklärt wurde, sich in allen Köpfen eingenistet hat:

„Bedingt durch veränderte Sozialstrukturen in Äquatorialafrika – größere Mobilität, Verstädterung und Slumbildung, Erotik-Tourismus – konnte sich der Erreger Anfang der 70er Jahre weiter ausbreiten... vermutlich Mitte der 70er Jahre gelangte das Virus von Afrika aus zunächst nach Haiti... wahrscheinlich Ende der 70er Jahre brachten homosexuelle Touristen das Virus nach Manhattan und San Francisco. In diesen Hochburgen der amerikanischen Homosexualität wurde es sehr schnell unter wechselnden Sexualpartnern verbreitet. Homosexuelle aus Europa infizierten sich dann bei Trips in die Vereinigten Staaten...“ (Bild der Wissenschaft, S. 88 ff.)

Diese reisetätigen Viren bzw. deren Träger werden seitdem immer wieder bemüht, wenn es darum geht, die AIDS-Bedrohung aufrechtzuerhalten. Die Medien, allen voran der *Spiegel*, berichten über die Schicksale der Einzeltäter „Virusträger", die auf ihrem Weg in den Tod noch den halben Erdball verseuchen.

Herr Gallo hat solche Afrikabeschuldigungen Jahre zuvor schon einmal entwickelt. Bei seiner Identifizierung des HTLV I hat er ebenfalls Affen und damit deren Herkunftskontinent Afrika verdächtigt, die Brutstätte von Krankheit zu sein.

„HTLV I stammt ursprünglich aus Afrika, wo es viele dort lebende Primatenarten einschließlich der Spezies Mensch infizierte; nach Amerika gelangte es dann mit dem Sklavenhandel. So seltsam das klingt, aber auch nach Japan könnte es auf diese Weise eingeschleppt worden sein. Im 16. Jh. reisten portugiesische Kaufleute nach Japan und hielten sich vor allem auf den Inseln auf, wo das Virus heute endemisch ist. Sie brachten, wie zeitgenössische Kunstwerke zeigen, sowohl Sklaven als auch Affen aus Afrika mit, die beide das Virus hätten übertragen können." (Spektrum der Wissenschaft, S. 54 ff.)

Wie Gallo selbst erklärt, soll das HTLV I Virus in Japan endemisch sein, soll also bei nahezu 100 % der Bevölkerung nachweisbar sein. Weniger als 1 % der Menschen sollen aber dadurch eine besondere Form der Leukämie bekommen. Wo ist da der Zusammenhang von Krankheit und Virus? Ist die bloße Existenz von Viren schon Beweis ihrer Funktion?

Die zweite Frage an Herrn Gallo: In den amerikanischen und deutschen Versuchstierställen werden Affen infiziert, untersucht, vermehrt, getötet. Ist es nicht plump, Untersuchungsergebnisse dieser Tiere auf ihre wild lebenden Artgenossen zu übertragen und nicht der Frage nachzugehen, ob die gefundenen Ergebnisse nicht zwangsläufig durch die Forschung erst in die Tiere hineingebracht wurden?

Hauptsache testen

Gleichermaßen fragwürdig ist für uns die Aussage des HIV-Tests. Der Nachweis des Virus war problematisch, weil er außerhalb von Blutflüssigkeiten, d. h. im Labor, sehr schnell zerstört war. Von Licht, Luft bis Speichel wird alles mögliche für fähig erachtet, das Virus zu vernichten. Zur Gewinnung ausreichender Virusmengen wurde HIV mit den Leukämiezellen eines verstorbenen Kranken liiert. In einer einzigen Zellinie funktionierte die Vermehrung. Warum die anderen Leukämiezellen das Virus nicht integrierten, blieb unklar. Nun konnte mit dieser durch Leukämiezellen vermehrten Virusmenge ein Antikörpertest entwickelt werden, um dessen Patentierung sich dann die Amerikaner und Franzosen stritten.

Was bleibt also? Im Elektronenmikroskop wird eine Struktur entdeckt, die für ein Retrovirus gehalten wird. Da dieses schwer zu vermehren ist, wird es in eine Leukämiezelle eingebracht. Man glaubt nun, daß bei der anschließenden Vermehrung dieser Leukämiezellen das vermeintliche Virus ebenfalls vervielfältigt und weitergegeben wird. Daraus wird ein Antikörpertest gemacht, der beim Menschen HI-Viren nachweisen soll. Dieser Nachweis scheint uns waghalsig. Dieses Testverfahren hat weitreichende Konsequenzen für die HIV-Positiven sowie für diejenigen, die diesen Test herstellen. Die zu erwartenden Gewinne haben den Konflikt um das Patentrecht auf eine andere Ebene gehoben. Das Deutsche Ärzteblatt vom 16.4.87 berichtete:

„Der Wettstreit ist anscheinend beendet: Am 31. März haben der Präsident der Vereinigten Staaten von Amerika, Ronald Reagan, und der Premierminister Frankreichs, Jacques Chirac, in Washington einen Vertrag unterzeichnet, der zwar nicht alle Fragen um die Erstentdeckung des AIDS-Virus und die Patentierung der Antikörper-Tests zwischen Franzosen und Amerikanern klärt, wohl aber die damit zusammenhängenden wirtschaftlichen Probleme auf gütlichem Wege regelt…"

Uns ist nicht bekannt, daß irgendein Krankheitsbild in der Vergangenheit einmal Anlaß für Verhandlungen auf dieser politischen Ebene gegeben hätte. Geregelt wurden die erwarteten Milliardenbeträge der Tests, was jedoch nur einen Bruchteil der Summen darstellt, die in Sachen AIDS aus Industrie und Staatsgeldern umgesetzt werden.

Gegen den Strom denken

Die wissenschaftliche Diskussion um die Ursachen von AIDS ist nicht so eindeutig und eindimensional, wie es Herr Gallo und die Medien uns glauben machen wollen.

Wir möchten einige Erklärungsansätze benennen, ohne sie bewerten zu wollen, um zu zeigen, wie vielfältig diese verschwiegene Debatte ist. Auch angesichts eines so perfekt erscheinenden Dogmas müssen krankheitsverursachende Bedingungen – Gifte, medizinische Eingriffe, militärische Projekte – weiterdiskutiert werden. Wichtig erscheint uns, daß die Suche nach Ursachen nicht im Labor geschehen muß, sondern in der Welt, in der wir leben.

a) Der Retrovirologe Duesberg vertritt im wesentlichen die Ansicht, daß HIV nicht über die Eigenschaften eines Krankheitserregers verfügt. Das Virus ist seiner Meinung nach nur verdächtig, weil es über den Antikörpernachweis bei Kranken erkannt wurde oder über einen direkten Virusnachweis bei einem Teil der Kranken. Damit ist aber über die ursächliche Wirkung dieser Mikrobe noch gar nichts gesagt. Er begründet seinen Zweifel u. a. wie folgt:
– Der Nachweis von Antikörpern bei Infizierten ist Zeichen für eine funktionierende Immunabwehr und nicht für den drohenden Tod.

– Das Virus ist auch beim Ausbruch der Krankheit biochemisch nicht aktiv.
– Der Befall von Immunzellen ist so gering, daß der Kollaps des Immunsystems dadurch nicht erklärbar ist (vgl. Duesberg 1987, S. 1199 ff.; vgl. Duesberg 1988, Vol. 241).

b) Die italienischen Virologen Sergio Giunta und Guiseppe Groppa gehen von einer virusbedingten Erkrankung aus, führen ihre Ausbreitung jedoch auf verseuchte Polio-Impfstoffe zurück (vgl. Kollek, S. 35).

c) Die Wissenschaftler Beldekas und Tea vertreten die Auffassung, daß AIDS durch das afrikanische Schweine-Fieber-Virus (ASF) verursacht ist. Über zufällige oder absichtliche Kontamination von Impfstoffen gegen Schweine-Cholera könne sich das Virus in verschiedenen Ländern ausgebreitet haben. Die Vertreter der Theorie einer absichtlichen Verbreitung sehen dahinter den Versuch der Zerstörung landwirtschaftlicher Strukturen in einem „3. Welt“-Land, um wirtschaftliche Abhängigkeit von US-Importen zu erzwingen (vgl. Lederer, S. 52).

d) Mark E. Whiteside und Caroline MacLead verdächtigen zwei verschiedene Arbo-Viren, deren Verbreitung über Bio-Waffen-Operationen in Kuba und Angola erfolgt sein soll (vgl. Lederer, S. 49 ff.).

e) Das Starren auf das Virus ignoriert Lebensbedingungen, die einzeln oder kombiniert in der Lage sind, das Immunsystem zu zerstören. So sieht Susan Cavin eine Beteiligung von Dioxin an der Entstehung Immunschwäche-bedingter Erkrankungen (vgl. Lederer, S. 47 ff.). Auch jahrelange Behandlung mit Antibiotika, Verbrauch verunreinigter Drogen, die ständige Konfrontation mit Pestiziden und die chronische Unterernährung in den Ländern der „3. Welt“ werden mit den Krankheitssymptomen, die heute unter AIDS subsumiert werden, in Beziehung gesetzt (vgl. Rappoport).

Alte Konzepte in neuem Gewand

Unser Mißtrauen und Zweifel gegenüber dem medizinischen Erklärungsmodell resultiert auch aus der Beobachtung, daß sich heute historische Muster im Umgang mit Krankheit und Kranken wiederholen, die wir bereits aus der Auseinandersetzung mit Medizin im Nationalsozialismus kennen.

Dabei geht es uns nicht um einen Systemvergleich des nationalsozialistischen Regimes und der BRD. Es geht uns auch nicht darum, die historischen Konsequenzen – die Vernichtung von Kranken in Euthanasieprogrammen – als wiederholbar zu erklären.

Die Parallele, die wir aufzeigen möchten, betrifft den gesellschaftspolitischen Stellenwert medizinischer Definitionen.

Das 1938 verabschiedete Gesetz zum Umgang mit Infektionskrankheiten traf in seiner praktischen Anwendung hauptsächlich die Tuberkulosekranken (ca. 80 000 Menschen starben damals pro Jahr an Tuberkulose).

Mit dem Gesetz wurde die Meldepflicht für alle, die mit der Versorgung von Erkrankten zu tun hatten, verordnet. Kranke und Krankheitsverdächtige, z. B. Familienangehörige und Freunde, konnten zur Auskunft verpflichtet und einer Zwangsdiagnose unterzogen werden. Die Aussonderung kranker und verdächtiger Personen durch die Polizei wurde ebenfalls abgesichert.

Eingang ins Gesetz fand auch die soziale Bewertung der Kranken. Als „asozial" wurde bezeichnet, wer „seine Umgebung durch seine ansteckende Krankheit erheblich gefährdet..." (Aly, S. 14). Bei der Asylierung der Kranken in Anstalten wurde „der Charakter, soziale Wert und das seuchenhygienische Verhalten" (Aly, S. 14) in Fragebögen erfaßt. Die praktischen Konsequenzen dieser Kategorisierung reichten von Verweigerung einer Therapie bis zur Vernichtung.

1941 formulierte die Arbeitsgemeinschaft Arbeitstherapie und Asylierung des Reichs-Tuberkulose-Ausschusses die Zielsetzung des Maßnahmekatalogs in folgender Reihenfolge: „Verhütungszweck, Abschreckungszweck, Erziehungszweck, therapeutischer Zweck" (Aly, S. 14).

Direkte Zwangsmaßnahmen sollten nach Auffassung der Arbeitsgemeinschaft „als Waffe im Tuberkuloseabwehrkampf nur als Ausnahme" (Aly, S. 14) angewandt werden. Angestrebt war die Bereitschaft zur „freiwilligen" Absonderung.

Die Vorstellungen der leitenden Ärzte des Zentrums für Innere Medizin, Uniklinikum Essen zum Umgang mit AIDS-Kranken und -Verdächtigen (FAZ, S. 9) gleichen dem o. g. gesundheitspolitischen Konzept.

Sie fordern in ihrem Memorandum die Meldepflicht für AIDS-Infizierte, um möglichst viele Infektionsquellen zu erfassen. Die Untersuchung der Bevölkerung auch außerhalb der sog. Hochrisikogruppen – u. U. ohne Einwilligung – erweitert ihr Konzept zum „Schutz der Gesunden". Objekte med. Erfassung sollen zunächst Krankenhauspatienten, Schüler, Frauen in der Schwangerschaftsvorsorge, Paare vor der Eheschließung sein. Die Forderung nach Maßnahmen an den Grenzen vervollständigt das Bild. „Absolut Uneinsichtige, vor allem solche, die die Erkrankung professionell verbreiten" sollen zwangsisoliert werden (vgl. FAZ, S. 9).

Ihr Memorandum gipfelt in folgender Abschlußbemerkung: „AIDS geht uns alle an... Niemand soll später behaupten können, wir älteren Ärzte hätten geschwiegen, obwohl wir es besser wissen mußten." (FAZ, S. 9)

Wir siedeln die Parallele zum NS, die hier – verdreht – angedeutet ist, auf einer anderen Ebene an. Die Erfassung, Bewertung, Beobachtung und Isolierung von Menschen – per medizinischem Urteil und Gesetz – gehört auch heute zum Repertoire der „Gesundheits- und Gesellschaftsplaner".

Das Konzept der offenen Zusammenarbeit von Ärzten und Ordnungskräften einerseits und die „Erziehung" zur freiwilligen Unterwerfung und zur Denunziation andererseits hat sich im Umgang mit AIDS vielerorts etabliert. Prof. Dr. Hippel erläutert das „schwedische Modell", das wir seiner Meinung nach auch in der BRD bräuchten, wie folgt:

„Mißachtet ein AIDS-Infizierter jedoch ärztliche Vorschriften (Sexualverhalten und best. individuell ausgeformte Anordnungen), so wird seine Akte einem Seuchenarzt übergeben. Dieser kann den Betroffenen anmahnen, die Polizei einschalten und notfalls mit Hilfe eines Gerichtsurteils die Zwangseinweisung in eine geschlossene Anstalt oder Klinik durchsetzen. Erfahrungen damit werden als positiv beschrieben. [...] AIDS-Infizierte zeigen sich [...] kooperationswillig [...] dazu bereit, die Namen der Kontaktpersonen zu nennen. Homosexuelle erweisen sich – nach Anvertrauen an Ärzte – als die ‚besten Fahndungshunde‘ nach Infektionsquellen." (Hippel, S. 123)

Das gesundheitspolitische Konzept und die Sprache, in der es beschrieben wird, erinnern an die Fahndungskonzepte und Methoden des Bundeskriminalamtes (Fahndung, Spürhunde, Verdächtige etc.).

Auch die Vorstellungen vom Körper, vom Krankheitsgeschehen, tragen deutliche Züge bestehender gesellschaftlicher Verhältnisse. „Ein Milliardenheer von Abwehrzellen" organisiert den „alltäglichen Sieg". „Mikroskopische Straßenschlachten im Gemeinwesen Mensch" werden mit „Fahndungen nach Viren und molekularen Steckbriefen" niedergeschlagen. „Elitekämpfer, Allzweckwaffen und zentrale Einsatzleiter koordinieren und bestimmen den zellulären Bürgerkrieg" (vgl. Geo Wissen).

AIDS ist nicht nur eine Krankheit, die sich dazu eignet, ganze gesellschaftliche Gruppen auszugrenzen. Sie ist auch die einzig mögliche Erklärung des Phänomens Immunschwäche von seiten der herrschenden Medizin. Sie ist daneben auch geeignet, die Entwicklung eben dieser Medizin voranzutreiben, die die Wahrheit im Genom zu finden hofft.

LITERATUR

Aly, Götz, „Krankheitsverdächtige und Bazillenausscheider", in: *Arbeiterkampf Nr. 290*, 11.1.88.
Bild der Wissenschaft, „Zwischen Hysterie und Abwiegelei – die ratlose Republik", Dez.1985.
Deutsches Ärzteblatt, 19.5.88.
Deutsches Ärzteblatt, 16.4.87.
Duesberg, Peter, in: *Cancer Research 47*, 1.März.
Duesberg, Peter, in: *Science 22*, Juli 1988.
FAZ, Nr. 58, 10.3.1987.
First Workshop of European Studygroups: *Epidemic of AIDS and Caposi Sarcoma*, Neapel, Juni 1983.
Geo Wissen, „Abwehr Aids Allergie", Nr. 9, 1988.
Hippel, Eike von, „Aids als rechtpolitische Herausforderung", in: *ZRP*, 1987, Hf. 4.

Kollek, Regine „Das Undenkbare Denken", in: *Wechselwirkung Nr. 36*, Febr. 88.

Lederer, Robert, „Origin and Spread of AIDS" (Conclusion), in: *Covert Action*, Nr. 29, Winter 1988.

Rappoport, Jon, *Aids Inc.*, California, 1988.

Spektrum der Wissenschaft, „HTLV I – Das erste menschliche Retrovirus von Robert Gallo", Febr. 1987.

7
WISSEN(S)-HERR-SCHAFT

Laß die Moleküle rasen,
was sie auch zusammenknobeln!
Laß das Tüfteln, laß das Hobeln,
heilig halte die Ekstase.

Christian Morgenstern

Heidrun Kaupen-Haas

WISSENSCHAFTLICHE HERKUNFT UND SOZIALE FOLGEN DER GEN- UND REPRODUKTIONSTECHNOLOGIE IM „TAUSENDJÄHRIGEN REICH" (1933–1945)

Der Rückblick auf die Jahre 1933–1945 erfolgt mit dem Ziel, die Gegenwart als Teil der Vergangenheit zu begreifen. Damals sollten neue Weichen für eine langfristige Bevölkerungs- und Rassenpolitik gestellt werden. Der Boden dafür war wissenschaftlich, politisch und kulturell schon bestellt: „Am 1. Januar 1934 ist das Gesetz zur Verhütung erbkranken Nachwuchses vom 14. Juli 1933 in Kraft getreten. Damit ist ein jahrelanger Streit um die Zulässigkeit der Unfruchtbarmachung, über die Art der Durchführung und das Ausmaß ihrer Anwendung abgeschlossen… Die nationalsozialistische deutsche Regierung hat damit bewiesen, daß sie bereit ist, aufbauend auf den Grundsätzen der wissenschaftlichen Erkenntnisse, das Interesse des erbkranken Einzelwesens dem Gesamtwohl des erbgesunden deutschen Volkes und damit dem Gedeihen der ‚Deutschen Nation' unterzuordnen. Unser gesamtes kulturelles Leben steht ja schon seit Jahrzehnten mehr oder weniger unter dem Einfluß biologischen Denkens, das in der Hauptsache in der Mitte des vorigen Jahrhunderts mit den Lehren von Darwin, Mendel und Galton begonnen hat und dann durch die Arbeiten von Ploetz, Schallmeyer, Correns, de Vries, Tschermak, Baur, Rüdin, Fischer, Lenz u. a. gefördert worden ist. Wenn es auch Jahrzehnte gedauert hat, bis man aus den Anfängen naturwissenschaftlicher Erkenntnisse den Mut fand, eine planmäßige Erbforschung zu betreiben, so war doch der Gang der Lehre und ihrer Nutzanwendung auf den Menschen nicht mehr aufzuhalten. Man erkannte, daß die Naturgesetze, die man bei Pflanzen und Tieren fand, auch auf den Menschen zutreffen mußten, was dann im Laufe der letzten drei Jahrzehnte durch Familienforschung wie durch Erforschung von Bastarden und Zwillingen voll und ganz bestätigt werden konnte." (Gütt u. a., S. 13) Es handelt sich hier um ein Zitat aus dem Kommentar des Gesetzes zur Verhütung erbkranken Nachwuchses vom 14. Juli 1933, herausgegeben von Arthur Gütt, Arzt und Ministerialdirektor im Reichsministerium des Innern, von Ernst Rüdin, Professor für Psychiatrie und Direktor des Kaiser Wilhelm-Instituts für Demographie der Deutschen Forschungsanstalt für Psychiatrie, und von Falk Ruttke, Jurist und Geschäftsführer des Reichsausschusses für Volksgesundheitsdienst beim Reichsministerium des Innern. Man sah im Gesetz eine Fortsetzung der im 19. Jahrhundert formulierten Tradition eines Charles Darwin, der die Veränderung der Arten durch natürliche Selektion der Leistungsstärksten zu erklären versuchte, und eines Francis Galton, der das Konzept der „nationalen Eugenik" prägte und sich ebenfalls schon im vorigen Jahrhundert für die Einschränkung der Fortpflanzung von Personen, die er als geistesschwach und geisteskrank beschrieb, aussprach. Man berief sich auf den deutschen Altmeister der Rassenhygiene, Alfred Ploetz, der 1904 die Deutsche Gesellschaft für Rassenhygiene und das Archiv für Rassen- und Gesellschaftsbiologie gründete. Mit den Namen Ernst Rüdin, Eugen Fischer und Fritz Lenz verband sich nicht nur die besonders hervorgehobene Rassen- und Zwillingsforschung, sondern ein bevölkerungspolitisches Programm, das im Sachverständigenbeirat für Bevölkerungs- und Rassenpolitik geplant wurde. Grundlagen der wissenschaftlichen Begründung der Bevölkerungspolitik bildeten Forschungsarbeiten in den medizinischen und biologischen Instituten der Kaiser Wilhelm-Gesellschaft zur Förderung der Wissenschaften, der heutigen Max Planck-Gesellschaft (vgl. Kaupen-Haas, S. 168 ff.; vgl. Müller-Hill, S. 179 ff.).

Carl Correns, Hugo de Vries und Erich Tschermak standen für die Wiederentdeckung der Mendelschen Regeln und galten als Begründer der Humangenetik. Carl Correns war Gründer und Direktor des Kaiser Wilhelm-Instituts für Biologie im Jahr 1912. Ernst Rüdin war seit 1926 Direktor der genealogisch-demographischen Abteilung der Deutschen Forschungsanstalt für Psychiatrie, Erwin Baur war Direktor des 1927 neugegründeten Kaiser Wilhelm-Instituts für Züchtungsforschung, Eugen Fischer war seit 1927 Direktor des ebenfalls neugegründeten Kaiser Wilhelm-Instituts für Anthropologie, Menschliche Erblehre und Eugenik, Fritz Lenz wurde 1933 in diesem anthropologischen Institut Abteilungsleiter.

Praktische Vorarbeit für das Gesetz zur Verhütung erbkranken Nachwuchses schuf der Preußische Landesgesundheitsrat, der 1932 ein Sterilisationsgesetz formulierte, das 1933 als Zwangssterilisierungsgesetz eingeführt wurde (vgl. Bericht..., S. 648).

Das Gesetz richtete sich zunächst gegen Kranke und Behinderte, insbesondere gegen Anstaltsinsassen. Diagnosen, die Zwangssterilisation begründen sollten, waren: Angeborener Schwachsinn, Schizophrenie, Zirkuläres (manisch-depressives) Irresein, Erbliche Fallsucht (Epilepsie), erblicher Veitstanz (Huntingtonsche Chorea), schwere erbliche körperliche Mißbildungen und schwerer Alkoholismus (vgl. Gütt u. a., S. 56).

Bereits ein Jahr nach Inkrafttreten wurde das Gesetz auch gegen gesunde Familienmitglieder von Zwangssterilisierten, die als „erbkrank" definiert wurden, angewandt. Argumente für die Ausdehnung und Intensivierung des Sterilisierungsprogramms kamen vom Sachverständigenbeirat für Bevölkerungs- und Rassenpolitik, und in diesem Ausschuß vor allem von Vertretern der Genetik, Frauenheilkunde und der Psychiatrie (vgl. Kaupen-Haas, S. 111 ff.).

Die Arbeitsgemeinschaft für Rassenhygiene und Rassenpolitik des Sachverständigenbeirats für Bevölkerungs- und Rassenpolitik verhandelte am 11. März 1935 über die Erweiterung erlaubter Sterilisationsmethoden. Erlaubt war der operative Eingriff bei Frauen. Erlaubt werden sollte auch die Röntgenkastration und die Radiumsterilisation und -kastration. Der Sachverständige Rüdin sah keine Probleme in der Einführung der Kastration durch Röntgenstrahlen. Heinrich Eymer – Direktor der Universitäts-Frauenklinik München – verschwieg die großen Risiken und Nachteile der Röntgenkastration keineswegs. Er nannte die gesundheitlichen Beeinträchtigungen, die Unsicherheit der Methode, die möglichen weiteren Körperverletzungen beim Namen, aber dennoch sprach er sich für die Röntgenkastration aus (vgl. Niederschrift..., 25. 6. 1934, S. 31).

Eymer referierte zunächst ausführlich über „Ausfallserscheinungen" durch Röntgenkastration. Darunter verstand er als Folge der „Auslöschung der Eierstockfunktion" alle Veränderungen der Gefäße und des Stoffwechsels. Er informierte über häufige, oft jahrelang bestehende Beeinträchtigung, u. a. über „psychotische Zustände, Melancholien und Psychosen", die „wohl darauf zurückzuführen sind, daß den Frauen nun ganz offensichtlich das Aufhören einer wichtigen Lebens-, nämlich die Geschlechtsfunktion bewußt wird". Außerdem erfuhren die Sachverständigenbeiräte von ihm, daß diese Methode der Kastration erst nach ungefähr sechs Wochen sicher sei, daß zwischenzeitlich „mit Schwängerungen zu rechnen sein dürfte" und eine „Schwangerschaftsunterbrechung notwendig wird". Der Schwangerschaftsabbruch folgte „logisch" der Röntgenkastration, und zwar „erstens wegen der überhaupt schlechten Erbmasse, die ausgemerzt werden sollte, und zweitens wegen der Gefahr der außerdem höchstwahrscheinlich strahlungsgeschädigten Erbmasse". Und obwohl Eymer darstellte, daß und wie die Röntgenkastration die Existenz der Frau radikal gefährdet, schlug er sie für Frauen, die über 40 Jahre alt waren, vor (Niederschrift..., 25. 6. 1934, S. 31).

Nach dem scheinbar bewährten Muster – heute bekannt unter den Glitzerwörtern „Technikfolgenabschätzung", „Chancen und Risiken" – zählte er die körperlichen und psychischen Risiken der Kastration für Frauen auf, entschied sich dann aber letztendlich zugunsten der Chancen für die eigene Profession und zu Lasten seiner Klientinnen. Was die Radiumsterilisierung bzw. -kastrierung betraf, kam Eymer schnell zur Wertung: keine Probleme, höchstens eine Frage der ärztlichen Kompetenz.

Bei diesem Expertentreffen wurde auch der Schwangerschaftsabbruch als notwendige Ergänzung zur Röntgenkastration diskutiert, als „Prophylaxe" beim Säugling vor genetischen Strahlenschäden. Der Sachverständige Rüdin machte sich für die eugenisch begründete Schwangerschaftsunterbrechung stark (vgl. Niederschrift..., 25. 6. 1934, S. 77ff.).

In derselben Sitzung forderte Rüdin auch die Legalisierung der fragwürdigen Diagnose „moralischer Schwachsinn". Darunter verstand er erblich psychopathologische Abnormitäten ohne Intelligenzdefekt. Grundlage für die Entscheidung der Sterilisation sollte eine erbbiologische Bestandsaufnahme sein, die von Klinikern zusammen mit Lehrern, Ärzten, Juristen, Soziologen, Beamten, Helfern aller Art durchgeführt werden sollte (vgl. Niederschrift…, 25.6.1934, S.54f.).

Erfaßt werden sollten „das große Heer der schweren und unverbesserlichen Anlageverbrecher", die „mangelhaft an das Leben" Angepaßten, insbesondere „antisoziale und asoziale" Menschen, die als Verwertungsunfähige in der Terminologie von Karl Binding und Alfred Erich Hoche aus dem Jahr 1920 „Ballastexistenzen" genannt wurden (Niederschrift…, 25.6.1934, S.55. Binding und Hoche).

Bedenken gegen eine schrankenlose Erweiterung der Sterilisationsgesetzgebung bestanden nicht. Man wollte nur gewisse Vorsicht walten lassen, damit die katholischen Krankenhäuser ihre Einwilligung zur Sterilisationspraxis nicht zurückzögen (vgl. Niederschrift…, 25.6.1934, S.96f.).

Bereits drei Monate später, am 26.Juni 1935, wurde die Schwangerschaftsunterbrechung aus sog. gesundheitlichen Gründen legalisiert und im Gesetz zur Verhütung erbkranken Nachwuchses verankert (vgl. Koerner). Ein Jahr später wurde die Röntgen- und Radiumkastration als sog. Strahlenbehandlung ins Gesetz eingeführt. Im Kommentar zum Gesetz zur Verhütung erbkranken Nachwuchses fehlen die von Eymer referierten bedrohlichen Wirkungen der Röntgenkastration; auch die genetischen Schädigungen durch Bestrahlung und die daraus gezogenen politischen Konsequenzen – Abtreibung des Fötus – wurden verschwiegen. Die Ausweitung des Gesetzes zur Verhütung erbkranken Nachwuchses um das Angebot der „freiwilligen Sterilisation", von den Sachverständigen für die Mehrheit der Bevölkerung geplant, unterblieb. Wesentlich dafür war der Widerstand der Partei gegen eine derart maßlose Sterilisationspolitik der Mediziner (vgl. Koerner).

Bereits am 3. August 1933 hatte der Begründer der Rassenhygiene, Alfred Ploetz, im Sachverständigenbeirat die Weichen für die moderne wissenschaftliche Linie der Eugenik gestellt. Das Problem der genetischen Schäden durch niedrig dosierte Bestrahlung in der frauenärztlichen Praxis beunruhigte nicht nur die Sachverständigen im Reichsinnenministerium, sondern auch Röntgenologen und Frauenärzte. Dazu gab es folgende Gründe: Geringe Strahlendosen wurden nämlich als Therapie, z.B. auch bei unfruchtbaren Frauen, eingesetzt. In der Arbeitsgemeinschaft Rassenhygiene und Rassenpolitik des Sachverständigenbeirats wurden diese zugefügten Strahlenschädigungen zum Anlaß für den weiteren Ausbau der traditionellen Erblehre, der Rassenhygiene und Rassenanthropologie und der modernen Genforschung genommen (vgl. Niederschrift…, 3.8.1933, S.123ff.; vgl. Niederschrift…, 25.6.1934, S.24).

Der Beirat unterstützte die rassenhygienische Forschung durch den Ausbau der Erbforschung in den Kliniken, den Aufbau einer erbbiologischen Kartei im Reichsgesundheitsamt in Berlin und deren systematische Auswertung durch die Erbforscher Rüdin, Eugen Fischer und Otmar Freiherr von Verschuer (mit finanzieller Hilfe der Notgemeinschaft der Deutschen Wissenschaft – seit 1936 Deutsche Forschungsgemeinschaft). Zudem wurde eine Abteilung Erbforschung im Kaiser Wilhelm-Institut in Berlin eingerichtet und mit von Verschuer als Abteilungsleiter besetzt (vgl. Niederschrift..., RMdI, 25.6.1934, S. 495 ff.).

Der einjährige Ausbildungsplan für Studenten in Erb- und Rassenkunde, den Fischer, Lenz und von Verschuer zusammengestellt hatten, zeigt, daß in der Praxis eine Verbindung zwischen Rassenhygiene und moderner Genetik als Bestandteile der Erbforschung von Anfang an bestand (vgl. Ausbildungsplan..., S. 99 ff.).

Der Beirat hatte früh die Bedeutung der modernen internationalen Genforschung für die Erbforschung erkannt und unterstützte deren weiteren Ausbau im Kaiser Wilhelm-Institut für Hirnforschung unter der Leitung von Timoféeff-Ressovsky (vgl. Niederschrift..., 3.8.1933, S. 123 ff.; vgl. Niederschrift..., 25.6.1934, S. 24).

Das aus Moskau stammende Forscherehepaar Elena und Nikolai Wladimirowitsch Timoféeff-Ressovsky, die auch am Versuch beteiligt waren, die Krankheiten des Zentralnervensystems nach entwicklungsphysiologischen und genetischen Grundlagen neu zu klassifizieren, erforschte Mutationen an im Labor hergestellten Inzuchtstämmen der Fruchtfliege Drosophila. Mutationen, d. h. Erbänderungen, wurden durch Strahlen, vor allem durch Röntgenstrahlen, Chemikalien und durch Temperaturschocks ausgelöst (vgl. Roth, S. 29). Diese aus der Physik und Chemie übernommenen Techniken wurden dazu benutzt, die Biologie und Medizin im Dienste der Bevölkerungspolitik zu modernisieren. Von den Sachverständigen wurden am 11.3.1935 diese Erkenntnisse genutzt, um die Zielgruppe des Sterilisationsgesetzes zu erweitern (vgl. Niederschrift..., 11.3.1935, S. 74 ff.).

Ins Auge gefaßt wurden die freiwillige Sterilisation, die Meldepflicht für alle körperlich Gesunden, rezessiv Erbkranken, Eheverbote beziehungsweise „sterile Verheiratung". Die Machtpolitik der Rassenhygieniker und Rassenpolitiker im Sachverständigenbeirat war grenzenlos. Sie bezog sich auf die Kastration von Frauen, die Sterilisation von Kindern, Jugendlichen, „Antisozialen und Asozialen". Die Sachverständigen nutzten alles, auch Versatzstücke der Gen- und Mutationsforschung, um nicht-kranke Bevölkerungsteile zu „erbunwerten Ballastexistenzen" erklären zu können. Die Möglichkeit, daß eine Frau eine Bluterkrankheit übertragen kann, ohne selbst daran zu leiden, oder jemand Schizophrenie vererbt und sie selbst erst im hohen Alter bekommt, sollte durch Sterilisation verhindert werden.

Der Rassenhygieniker Rüdin schlug eine totale Erfassung der Bevölkerung nach folgenden Diagnose-Kriterien vor: Zwangssterilisation für einen Teil der Bevölkerung, „sexuelle Vorsicht", eugenische Schwangerschaftsunterbrechung, Ehelosigkeit oder freiwillige Sterilisation für die Bevölkerungsmehrheit („negative ausmerzende Rassenhygiene") oder „Zuchtwahl" („positive, die Geburtenzahl der Erbgesunden hebende Rassenhygiene") (Niederschrift..., 11.3.1935, S.79).

Lenz präzisierte diesen maßlosen Zugriff der Sachverständigen auf die Bevölkerung, indem er die Akzeptanz einer freiwilligen Sterilisation „bei Krankheiten und Schwächezuständen, welche die Leistungsfähigkeit des Betreffenden beeinträchtigen" anstrebte (Niederschrift..., 11.3.1935, S.92).

Nach dem Gesetz zur Verhütung erbkranken Nachwuchses wurden Hunderttausende im Reich verstümmelt. Die Deportation und Massenvernichtung in den Anstalten und Konzentrationslagern begann mit dem Krieg gegen die polnische Bevölkerung. Wissenschaftler und Mediziner waren auch an diesen Programmen, die nicht nur die „Vernichtung lebensunwerten Lebens", sondern auch die Förderung erwünschten Lebens als untrennbare Bestandteile der Technologie einschlossen, stark beteiligt (vgl. Sehn, S.67; vgl. Mitscherlich und Mielke, S.237ff., S.290).

Widerstand in den Reihen der Mediziner und Wissenschaftler war damals selten. Dies ist heute wenig anders.

„Weil die Kindersterblichkeit gesunken ist, dürfen nicht mehr so viele Kinder geboren werden." Mit diesem Slogan wirbt der Hamburger Verein „Paten und Partner e.V." um Spenden und will in Verbindung mit der WHO das Problem des Hungers von Kindern in Kamerun und Nigeria mit Familienplanung, Empfängnisverhütung, Hygiene und Ernährungsberatung „an der Wurzel angepackt" wissen (Brief vom 16.9.1988). Das Gründungsmitglied Freimut Leidenberger ist Leiter des Instituts für Hormon- und Fortpflanzungsforschung in Hamburg. Dieses privatwirtschaftlich organisierte Institut soll gegenwärtig wissenschaftliche Einrichtung an der Universität Hamburg werden (vgl. Antrag). Seine reproduktionsmedizinische Forschung empfiehlt er als Beitrag zur politischen Lösung der „Überbevölkerung einerseits und der Zunahme ungewollter Kinderlosigkeit andererseits". Der Fachbereich Medizin der Universität Hamburg zeigte sich empfänglich. Das Verfahren ist noch nicht abgeschlossen (vgl. Verleihung).

Literatur

Antrag vom 1.6.1988, gem. §109 HmbHG, dem Institut für Hormon- und Fortpflanzungsforschung die Bezeichnung einer wissenschaftlichen Einrichtung an der Universität Hamburg zu verleihen. Anlage X/25/1224.

Ausbildungsplan für einen einjährigen Kursus auf erbkundlichem und rassenhygienischem Gebiet für Ärzte vom Wintersemester 1934, BA, R 18, 55777f.

Bericht über die Verhandlungen eines zusammengesetzten Ausschusses des Preußischen Landesgesundheitsrats vom 2. Juli 1932, *Die Eugenik im Dienste der Volkswohlfahrt*, Verlagsbuchhandlung Richard Schoetz, Berlin 1932.

Binding, Karl, und Hoche, Alfred, *Die Freigabe der Vernichtung lebensunwerten Lebens*, Leipzig 1920.

Brief vom 16. 9. 1988.

Gütt, Arthur, Ernst Rüdin, und Falk Ruttke, *Gesetz zur Verhütung erbkranken Nachwuchses vom 14. Juli 1933*, Lehmanns Verlag, München 1934.

Kaupen-Haas, Heidrun, „Die Bevölkerungsplaner im Sachverständigenbeirat für Bevölkerungs- und Rassenpolitik", in: dies., Hg., *Der Griff nach der Bevölkerung*, Greno Verlag, Nördlingen 1986.

Koerner, Johannes, Hrg., *Deutsches Arztrecht*, Grüner Verlag, Berlin o. J., S. I, 12 gl und S. 1, 12 h.

Mitscherlich, Alexander, und Mielke, Fred, Hrg., *Medizin ohne Menschlichkeit. Dokumente des Nürnberger Ärzteprozesses (1948)*, Frankfurt 1978.

Müller-Hill, Benno, *Tödliche Wissenschaft. Die Aussonderung von Juden, Zigeunern und Geisteskranken 1933–1945*, Rowohlt, Reinbek bei Hamburg 1984.

Niederschrift der Sitzung des Sachverständigenbeirats für Bevölkerungs- und Rassenpolitik vom 3. August 1933, Bundesarchiv Koblenz (BA), R 43II, 720 a.

Niederschrift der Sitzung des SB vom 25. Juni 1934, Zentrales Staatsarchiv, Potsdam (ZStA), RMdI, 26229.

Niederschrift der Sitzung des SB vom 25. Juni 1934, ZStA, 26229 / 1.

Niederschrift der Sitzung des SB vom 11. März 1935, BA, R 22, 1933.

Roth, Karl Heinz, „Schöner neuer Mensch. Der Paradigmenwechsel der klassischen Genetik und seine Auswirkungen auf die Bevölkerungsbiologie des ‚Dritten Reichs'", in: Kaupen-Haas (Hg.), *Der Griff nach der Bevölkerung*, Greno, Nördlingen 1986.

Sehn, Jan, „Carl Claubergs verbrecherische Unfruchtbarmachungsversuche an Häftlings-Frauen in den Nazi-Konzentrationslagern", in: *Hefte von Auschwitz 2*, Auschwitz 1959.

Verleihung der Befugnis, die Bezeichnung einer wissenschaftlichen Einrichtung an der Universität zu führen, § 109 Satz 1 HmbHG. Institut für Hormon- und Fortpflanzungsforschung. *Vorlage des Planungsausschusses des Akademischen Senats vom 2. 1. 1989.* PLA-Vorlage X / 193.

Sabine Schleiermacher

Biologische Forschung in der SS-Stiftung „Ahnenerbe": Ein Beispiel für Forschungsförderung während des 2. Weltkriegs

Die Gründung der SS-Stiftung „Ahnenerbe"

Die Schutzstaffel, bekannt unter der Abkürzung SS, 1925 zum Schutz von Adolf Hitler gegründet und in den Nürnberger Prozessen als verbrecherische Institution verurteilt, gewann unter ihrem Leiter Heinrich Himmler an Einfluß mit der Hoheit über die Allgemeine SS (1929), die Deutsche Polizei (1936) und die Waffen-SS (1938) und nahm teilweise als Konkurrenz zu den Staatsorganen Polizei und Militär weitreichende Kontrollaufgaben wahr. Hierzu gehörten Organisation und Bewachung der Konzentrationslager. Innerhalb dieser Organisation entstand 1935 in Form eines Vereins die 1939 als „Forschungs- und Lehrgemeinschaft das Ahnenerbe" benannte Forschungseinrichtung, im folgenden kurz „Ahnenerbe" genannt (BA NS 21/ 9; vgl. Kater). 1938/39 übernahm Himmler persönlich die Präsidentschaft des Vereins. In ihm sollte der nationalsozialistische Führungs- und Elitegedanke, mit Hilfe der wissenschaftlichen Begründung der biologischen Auslese, seine ideologische Grundlage erfahren (vgl. Bollmus, S. 214). Grundsätzlich wollte man sich hierbei „exakt wissenschaftlicher Methoden" bedienen (BA NS 21/9).

Verlagerung der Forschungsinhalte

Die ursprüngliche wissenschaftliche Konzeption der Begründer des „Ahnenerbes" war es, durch „arische Kulturforschung", wie z. B. Archäologie und Heraldik, Weltherrschaftsanspruch kulturpolitisch zu dokumentieren.
1938/39, fast gleichzeitig mit Beginn des 2. Weltkrieges, wurden die Schwerpunkte der wissenschaftlichen Arbeit auf medizinische und biologische Grundlagenforschung sowie deren Anwendung als Kriegszweckforschung verlagert. Den Kolonialbedürfnissen des Deutschen Reiches, die nicht nur das Wiedererlangen der ehemaligen deutschen Kolonien, sondern auch Osteuropa umfaßte, der veränderten Ernährungslage und dem Wunsch nach Leistungssteigerung beim Menschen sollte durch biologisch-medizinische Forschung Rechnung getragen werden. Ausgangspunkt biologischer Grundlagenforschung, wie anatomische und anthropologische Forschung, Pflanzengenetik, Mikrobiologie und Botanik, auch als „Kriegszweckfor-

232

schung" betitelt und teilweise im medizinischen Massenexperiment ertestet, war das 1942 in der SS gegründete „Institut für wehrwissenschaftliche Zweckforschung" als Forschungsabteilung im „Ahnenerbe". Hier konnten wissenschaftliche Ideen und Hypothesen in die Praxis umgesetzt werden, was einen Erkenntnisschub in kürzester Zeit möglich machte. In einer Zeit, in der der Krieg eine entscheidende Wendung genommen hatte und die Bevölkerung im deutschen Reich unter der allgemeinen Verknappung zu leiden begann, wirkte sich dies auch auf die Geld- und Sachmittel der Forschung aus. Unter der Geschäftsführung von Wolfram Sievers konnten trotzdem fünf Unterabteilungen, deren Labore und Arbeitsräume reichlich mit Geräten, Chemikalien, Literatur u. a. ausgestattet wurden, entstehen. Das Institut arbeitete in den Bereichen Kampfstoff- und Seuchenforschung, Militärmedizin (z. B. Unterdruck- und Unterkühlungsversuche), Pflanzengenetik und angewandte Mathematik. Labore befanden sich in Konzentrationslagern, so in Dachau, Natzweiler und Oranienburg.

Die Verbindung von Wissenschaft und Industrie

Mitglieder des Vereins „Ahnenerbe" waren nicht nur die von Sievers ausgewählten und von Himmler mit Forschungen beauftragten Wissenschaftler, sondern auch solche, die sich nur für die Studien des „Ahnenerbes" interessierten und ihre Arbeiten für förderungswürdig hielten. In der Aufnahme der Mitglieder wollte sich das „Ahnenerbe" nicht auf das Deutsche Reich beschränken, sondern dachte auch an Mitgliedschaften von Wissenschaftlern aus dem Ausland (BA NS 21 / 9). Die „tätigen" Mitglieder waren bereit, als „wissenschaftliche und technische Mitarbeiter der Allgemeinen SS" sich dem persönlichen Stab des Reichsführers der SS unterzuordnen (Kater, S. 91).

Insgesamt beschäftigte 1943 das „Ahnenerbe" 197 festangestellte Mitarbeiter und Mitarbeiterinnen. Mit zunehmender Teilnahme von Wissenschaftlern am Krieg und dem Wunsch nach baldigen Forschungsergebnissen setzte das „Ahnenerbe" Frauen, die teilweise als Ehefrauen ihre Männer bei der Forschungsarbeit bisher unterstützt hatten, ein. Obwohl es sich um ein Forschungsinstitut der SS handelte, wurden Frauen, die wissenschaftlich arbeiteten, entsprechend gefördert. In technischen Bereichen (Labore etc.) waren in der Hauptsache Frauen angestellt. Die Anzahl der Beschäftigten stieg bis 1945 auf ca. 300 Mitarbeiter und Mitarbeiterinnen (Kater, S. 303 f.). Darüber hinaus wurden qualifizierte und in den Konzentrationslagern festgehaltene Wissenschaftler für Forschungsvorhaben eingesetzt.

Finanziert wurde das „Institut für wehrwissenschaftliche Zweckforschung" aus den Mitteln der Waffen SS, vom Reichsforschungsrat, der die Aufgabe hatte, die deutsche Forschung reichsweit effizient zu organisieren, und seiner Dachorganisation, dem „Ahnenerbe" (Kater, S. 257). Das „Ahnenerbe" konnte mittels der Hilfe des Präsidenten der Deutschen Forschungsgemeinschaft (DFG), Rudolf Mentzel, einem Schützling Himmlers und Leiter des Reichsministeriums für Wissenschaft und in dieser Funktion auch dem Senat der Kaiser Wilhelm-Gesellschaft (KWG) angehörig, die Kontakte zur DFG, dem im nationalsozialistischen Deutschland einzigen und auch heute bedeutendsten bundesrepublikanischen Forschungsträger, verfestigen und die Beziehungen zur KWG, der heutigen Max Planck-Gesellschaft, herstellen. Zu nennen sind hier die Zusammenarbeit mit dem Kaiser Wilhelm-Institut für physikalische Chemie, für Anthropologie, für Züchtungsforschung und die Deutsche Forschungsanstalt für Psychiatrie.

Sachmittel, die unter Kriegsbedingungen nur schwer zu beschaffen waren, wurden von seiten der Industrie, wie z. B. von der Pharma-Firma Merck oder dem Elektrokonzern Siemens, und der DFG besorgt und zur Verfügung gestellt (BA R 26 III. / 729). Die Dachorganisation „Ahnenerbe" erhielt daneben den größten Teil ihres Etats von der DFG und aus SS-eigenen Wirtschaftsunternehmen (Vogelsang, S. 122). Die Vertreter der Hochfinanz und Industrie, die an der industriellen Nutzung der wissenschaftlichen Ergebnisse Interesse zeigten, förderten diese Forschungen durch direkte Finanzierung. So bezog man Spenden von seiten der Industrie, z. B. von der Daimler Benz A. G. (Roth 1987, S. 131), und aus dem Freundeskreis Heinrich Himmlers, in dem sich ein Teil der Großindustriellen, Bankiers und Politiker trafen (IfZ, MA 3 (7); Doc. Ec. 453). Gleichzeitig wurde ab 1942 das „Ahnenerbe" auch aus Reichsmitteln finanziert. Zur Abwicklung seiner Finanzen unterhielt das „Ahnenerbe" bei der Dresdner Bank ein Sonderkonto. Darüber hinaus unterstützte diese Bank die Arbeiten, indem sie Kredit gewährte (Kater, S. 303). Neben der finanziellen Absicherung des Vereins war Sievers bemüht, den Einfluß der SS auf die Forschungspolitik im Deutschen Reich auszuweiten durch a) die Einflußnahme auf die Forschung allgemein, b) Planung einer Elite-Universität mit dem Ziel der Elite-Forschung, c) durch Zusammenarbeit und Austausch der Wissenschaftler untereinander.

SS-Forschung als ein Bestandteil der biologischen Forschung im „Dritten Reich"

1939 wurde der „Reichsbund für Biologie", bis dahin „Deutscher Biologenverband", unter seinem Leiter Walter Greite der Schirmherrschaft Himmlers unterstellt. Der Reichsbund hatte die Aufgabe, „eine verstärkte Propagierung einer wirklichen Neuordnung des biologischen Studiums an deutschen Hochschulen durchzuführen, und zwar unter starker Einbeziehung der angewandten biologischen Fächer", wobei eine „stärkere Vertretung der

Genetik als auch der morphologischen und ökologischen Wissenschaften an den Hochschulen" gefordert wurde (Greite, S. 238). Im Vorstand des Reichsbundes waren neben Greite auch der Leiter der Deutschen Forschungsanstalt für Psychiatrie, Ernst Rüdin, zu finden (Greite, S. 227).

Greite, der bis 1936 das Fachreferat Biologie in der DFG leitete, 1940 wissenschaftlicher Mitarbeiter in der Deutschen Forschungsanstalt wurde, führte seit 1939 in der sogenannten „Ostmark" anthropologische Untersuchungen durch (Zierold, S. 180 u. 241; Der Biologe, S. 61). Er selbst erhielt von Himmler den Auftrag, im Namen des „Ahnenerbes" „anthropologische Untersuchungen" durchzuführen. Die Möglichkeiten anthropologischer Forschung, die sich ihm und anderen Wissenschaftlern durch die SS-eigenen Forschungseinrichtungen neu eröffneten, beschrieb Greite folgendermaßen: „Der stattliche Menschenbestand [gemeint waren die Gefangenen in den Konzentrationslagern, die Verf.] der SS und ihrer Einrichtungen bietet Gelegenheit zu anthropologischen Untersuchungen und zu wertvollen rassischen und umweltkundlichen Forschungen." (Kater, S. 98 f.)

Die Verbindungen zur Deutschen Forschungsanstalt für Psychiatrie waren nicht nur, wie oben geschildert, personeller Art. Ab 1939 übernahm das „Ahnenerbe" einen Teil der Finanzierung der unter der Leitung Rüdins stehenden „erbbiologischen" Abteilung, da von seiten der KWG die Forschungsanstalt „unter den heutigen Umständen nicht so unterstützt werden... [kann] als es unbedingt geboten erscheint". Gleichzeitig wurde der Leiter des „Ahnenerbes", Walther Wüst, sowohl in den Stiftungsrat als auch in den Stiftungsratsausschuß berufen. So stellte der geschäftsführende Vorstand der KWG 1939 fest: „Zugleich möchte ich meiner Freude darüber Ausdruck geben, daß der Reichsführer SS beabsichtigt, die Arbeiten der Deutschen Forschungsanstalt zu fördern." Die Forschungsanstalt galt von nun an als ein vom „Ahnenerbe" „für besondere Arbeiten gefördertes" Institut. Reise- und Sachkosten sowie ein Teil der Gehälter wurden fortan vom „Ahnenerbe" finanziert. Hierunter fiel auch die „Sammlung von Zwillingsmaterial" (Max Planck-Archiv Al, 2442, S. 60 u. 66; BA NS 21/29).

Biologische Forschung im Krieg

Auf einer unter der Leitung des Botanikers und Zoologen Ernst Schäfer 1938/39 stehenden Expedition nach Tibet, wiederum vom „Ahnenerbe" initiiert und von der Industrie gefördert, hatte der Anthropologe Bruno Beger vergleichende Untersuchungen an „Mongolen" und „Innerasiaten" durchgeführt. Eine weitere Expedition zur „rassekundlichen Durchforschung der kaukasischen Stämme", das „Sonderkommando K", scheiterte. Die Untersuchungen konnten dennoch stattfinden, da man sich darüber klargeworden war, daß die gewünschten „Innerasiaten" aus der „Masse sowjetischer Kriegsgefangener", also aus Lagern der SS, zu beschaffen wären (Kater, S. 251 f.; Müller-Hill, S. 55).

Um derartiges „Menschenmaterial" wissend, wandte sich auch Professor August Hirt, Ordinarius für Anatomie und Direktor des Anatomischen Instituts der Reichsuniversität Straßburg, an Himmler mit der Bitte, eine „Sammlung jüdischer-bolschewistischer Kommissare" anzulegen. Von dieser systematisch vergleichenden anatomischen Forschung erhoffte sich Hirt, Aussagen über Merkmale der „Rassenzugehörigkeit", über „pathologische Erscheinungen der Schädelform", über „Gehirnform und Größe und über vieles mehr" machen zu können. In der Betonung der Notwendigkeit seiner Arbeit stellte Hirt 1942 fest: „Ich bin beauftragt, für sämtliche deutschen Anatomen Richtlinien für Materialsammlungen aufzustellen." (Kaul; BA 21/845)

Daneben trat Wolfgang Abel, Professor für Anthropologie an der Universität Berlin, Ende 1944 mit der Bitte an Sievers heran, ihm einen Auftrag zu „Forschungen über Geschlechtsbeeinflussungen bei Tieren zur Lenkung der besonders für die Kriegsverhältnisse wichtigen Zuchtfolgen" zu erteilen. Er intendierte die Geschlechtsbeeinflussung beim Menschen, die insbesondere während des Krieges an Bedeutung gewinne.

Die Sicherung der Ernährung der in Osteuropa anzusiedelnden deutschen Bevölkerung war ein weiteres Ziel, für das sich Himmler im Oktober 1940 ausgesprochen hatte und dessen Präzisierung im „Generalplan-Ost" zu finden war: „Die Kolonien, die Deutschland wiedererlangen wird, sind in erster Linie für die Erzeugung wirtschaftlicher Zusatz- und Rohstoffprodukte bestimmt... Es wird keine Kolonien mehr geben, die allen möglichen Illusionen Tür und Tor öffnen, sondern nur Wirtschaftsgebiete, die nach einem klaren Plan betreut werden. Das ist der wahre Sinn des Deutschland aufgezwungenen Krieges." (Roth, 1985) So wies der Haushaltsplan der DFG in den Jahren 1937–1943 jeweils die höchste Summe für das Referat Landbauwissenschaft und allgemeine Biologie auf (Zierold, S. 233). Es ist nicht verwunderlich, daß „in die Reihe der kriegsbedingten und kriegswichtigen Aufgaben [...] auch die Forschungsstätte für Pflanzengenetik, deren Hauptaufgabe die Züchtung kälte- und dürrefester Getreidesorten für die Siedlung im Osten" war, fiel (IfZ, MA 294). 1943 wurde vom „Ahnenerbe" in Lannach innerhalb des „Instituts für wehrwissenschaftliche Zweckforschung" das „Institut für Pflanzengenetik" gegründet (Kater, S. 219). Die Leitung wurde Heinz Brücher übertragen. Es erhielt im März 1944 unter dem Kennwort „Kulturpflanzen Ostraum" den „kriegs- und staatswichtigen" Auftrag, die „Züchtung erblich widerstandsfähiger und frostresistenter und dürrefester Formen von Kulturpflanzen" durchzuführen (BA R 26 III/729). Bis 1941 lehrte Brücher als Dozent an der Universität Jena, dann arbeitete er am Kaiser Wilhelm-Institut für Züchtungsforschung in Müncheberg/Mark.

Biologische und entomologische Experimente mit Insekten, wie Läusen, Mücken, Fliegen, waren von seiten der Wissenschaftler als Forschungen zum Schutz vor Seuchen, wie Fleckfieber, Typhus, Malaria u. a., deklariert. Die vielfach im Menschenversuch in den Konzentrationslagern Dachau, Natzweiler und Buchenwald gewonnenen Erkenntnisse konnten jedoch genausogut auch für die bakteriologische Kriegsführung genutzt werden. Zeugenaussagen in den Nürnberger Prozessen bestätigen dies. So wurde 1943 von der Wehrmacht entschieden, „daß ein Institut zur großangelegten Produktion von Bakterienkulturen aufgebaut und zur [...] Erforschung von Seuchen genutzt werden sollte, die man gegen Haustiere und Enten einsetzen konnte und die, wenn sie geeignet waren, herangezüchtet werden sollten [...] Flugzeuge wollte man für Sprühversuche mit Bakterienemulsionen benutzen, und mit pflanzenschädigenden Insekten, z. B. Käfern, sollte experimentiert werden." (Harris / Paxman, S. 109f.) Das „Institut für wehrwissenschaftliche Zweckforschung" im „Ahnenerbe" bildete für Seuchen- und Kampfstofforschung die geeignete Plattform.

1942 wurde der Zoologe Eduard May beauftragt, die Leitung des „Entomologischen Instituts" im „Institut für wehrwissenschaftliche Zweckforschung" im Konzentrationslager Dachau zu übernehmen. Flecktyphusepidemien in Konzentrationslagern, so in Neuengamme, waren ausschlaggebend für die Institutsgründung gewesen. May erhielt 1943 den mit der höchsten Dringlichkeitsstufe ausgezeichneten Forschungsauftrag: Erforschung der „den Menschen schädigenden Insekten auf Grund ihrer Lebensgewohnheiten zur Klärung der Frage bestimmter Anwendungen und verstärkter Abwehr" (BA R 26 III / 729). Dies war nicht als Konkurrenz zu den bestehenden, medizinisch ausgerichteten Instituten wie dem Hygiene-Institut der Waffen SS oder dem Tropeninstitut in Hamburg gedacht, sondern sah vorerst die Spezialisierung auf zoologischem Gebiet vor. Erst 1944 erhielt das Entomologische Institut eine medizinische Ausrichtung (Kater, S. 227). Zur Bekämpfung der Epidemien in den Konzentrationslagern hatte das Hamburger Tropeninstitut inzwischen eine „Fleckfieber-Forschungsstelle" unter der Leitung von Peter Mühlens, dem Direktor des Tropeninstituts, errichtet. Mühlens, der „Material von frischen Fällen braucht[e], hat[te] sich an das Hygiene-Institut der Waffen SS gewandt, ...[um] Zutritt zum Konzentrationslager Neuengamme" zu erhalten. Durch die Vermittlung des „Ahnenerbes" wurde ihm dies gewährt (Roth 1984, S. 129).

Um die Ausbreitung der Epidemien zu erforschen, wurde der Tod vieler Versuchspersonen in Kauf genommen, ohne einen Behandlungsversuch zu unternehmen.

Nach der Schilderung eines kleinen Teils der Aktivitäten der Forschungsgemeinschaft und deren Einbindung in und Einflußnahme auf den Forschungsalltag während des 2. Weltkrieges stellt sich die Frage nach dem Verbleib der Wissenschaftler und der Wirkungsgeschichte ihrer Forschungsergebnisse nach 1945.

Herkömmliche Erklärungsversuche für die durch das „Ahnenerbe" ermöglichte Forschung und die in den Konzentrationslagern durchgeführten Versuche fragen nach der Qualifikation der Wissenschaftler, insbesondere der Mediziner, stellen individuelle Motivationen in den Vordergrund („geltungshungrige Psychopathen") und stellen die Modernität der Projekte in Frage. Dagegen machen solche Aktionen wie die Operation „Paperclip" des US-amerikanischen Geheimdienstes, in der 1946 765 deutsche Wissenschaftler und deren Forschungsergebnisse in die USA gebracht wurden, unter ihnen auch Wissenschaftler, die im „Ahnenerbe" beschäftigt waren, deutlich, welche Bedeutung den Ergebnissen zukam und heute noch zukommt. Zwar wurden Forschungen durchgeführt, die durch die Bedingungen des NS erst ermöglicht wurden. Aber Kontinuitäten von Forschungspolitik, wissenschaftlichen Arbeiten und Methoden, Forschungsträgern und deren Motivations- und Argumentationsstrukturen lassen uns fragen, ob 1945 wirklich eine Zäsur vorgenommen wurde?

LITERATUR

BA (Bundesarchiv) NS 21 (Ahnenerbe)/9.
BA NS 21/29.
BA 21/845.
BA R 26 III/729.
Bollmus, Richard, „Das Amt Rosenberg und seine Gegner, Studien zum Machtkampf im Nationalsozialistischen Herrschaftssystem", *Institut f. Zeitgeschichte* (Hg.), Stuttgart 1970.
Doc Ec 453.
Greite, Walter, „Aufgaben und Ausbau des Reichsbundes für Biologie", *Der Biologe*, 8(1939)7/8, S. 238.
Harris, Robert, Paxman, Jeremy, *Eine höhere Form des Tötens. Die unbekannte Geschichte der B- und C-Waffen*. München 1985.
Institut(I) für(f) Zeitgeschichte(Z), MA 3(7).
IfZ MA 294.
Kater, Michael, „Das Ahnenerbe der SS 1935–1945. Ein Beitrag zur Kulturpolitik des Dritten Reiches", *Studien zur Zeitgeschichte*, herausgegeben vom Institut für Zeitgeschichte, Stuttgart 1974.
Kaul, Friedrich, „Das ‚SS-Ahnenerbe' und die ‚jüdische Schädelsammlung' an der ehemaligen Reichsuniversität Straßburg", *Zeitschrift für Geschichtswissenschaft 16* (1968)11.

Max Planck-Archiv Al, 2442.

Müller-Hill, Benno, *Tödliche Wissenschaft*, Reinbek 1984.

Roth, Karl Heinz, „Medizinische Experimente an Anstaltsinsassen", in Angelika Ebbinghaus u. a., *Heilen und Vernichten im Mustergau Hamburg. Bevölkerungs- und Gesundheitspolitik im Dritten Reich*, Hamburg 1984.

Ders., Erster „Generalplan-Ost", Mitteilungen der Dokumentationsstelle NS-Gesundheits- und Sozialpolitik 1(1985)4.

Ders., *Das Daimler Benz Buch*. Schriften der Hamburger Stiftung für Sozialgeschichte des 20. Jahrhunderts, Bd. 3, Nördlingen 1987.

Vogelsang, Reinhard, *Der Freundeskreis Heinrich Himmlers*, Göttingen 1976.

Zierold, Kurt, *Forschungsförderung in drei Epochen. Deutsche Forschungsgemeinschaft – Geschichte, Arbeitsweise, Kommentar*, Wiesbaden 1968.

Martina Hammel / Birgit Heinz-Fischer

Gen-, Reproduktions- und Informationstechnologie: Verknüpfung von Herrschaftstechnologien

Gen- und Reproduktionstechnologien dienen der Nach-, Um- oder Neukonstruktion von „Natur".

Informationstechnologie versucht, „Intelligenz", bzw. das, was gesellschaftlich und kulturell als intelligent definiert wird, von der Emotionalität und dem „Ballast des Menschen" zu befreien, um so eine reine, beherrschbare Intelligenz in Form von Maschinen zu konstruieren oder mindestens, mit Hilfe von Maschinen, zu simulieren.

Die Grundlagen für Technologien liefert die „wertfreie" Wissenschaft, die in ihren Forschungsansätzen, den Methoden und der Forschungsorganisation die bestehenden Herrschaftsverhältnisse widerspiegelt. Kontrolle und Berechenbarkeit sind sowohl Faktoren der Herrschaftssicherung in dieser Gesellschaft als auch Kennzeichen des wissenschaftlichen Umgangs mit „Natur".

„Teile…"

Eine wichtige wissenschaftliche Methode ist das Zerlegen von Problemen, um sie dadurch besser unter Kontrolle zu bringen. Einzelne Faktoren werden zu einem neuen, vereinfachten „Ganzen" zusammengesetzt: dem Modell. Durch die subjektive Auswahl der Faktoren wird in das entworfene Modell der persönliche Erfahrungs- und Wissenshorizont mitsamt der gesellschaftlichen Sichtweisen übernommen (vgl. Jansen; vgl. Fox Keller). Die so ermittelten Modelle werden mit „objektiver Wahrheit" oder „Wissen" gleichgesetzt.

Der Schleier von Objektivität, der auch die wissenschaftlichen Ergebnisse umhüllt, wird durch verschiedene Mittel, v. a. Statistik und Rechner (Computer) gewebt. Bevorzugt werden nun in der Biologie Forschungsansätze entwickelt, die ohne Computer überhaupt nicht durchführbar wären. Für Fortschritte der Computertechnologie werden aber auch die so gewonnenen Ergebnisse der Biologie interessant.

240

Ein Beispiel für einen biologischen Ansatz, der die Informatik als Hilfswissenschaft braucht, ist das Vorhaben, die menschliche Erbinformation (Genom) vollständig zu entschlüsseln. Das menschliche Genom besteht aus etwa 3 Milliarden Basenpaaren, darin sollen etwa 50 000 bis 100 000 Gene enthalten sein. Bei dem v. a. in den USA betriebenen „Human Genome"-Projekt geht es v. a. darum, die Aufeinanderfolge (Sequenz) der Basen zu bestimmen, also eine endlose Aneinanderreihung der vier Einzelbausteine (CGATTGTACCG...). Das europäische Projekt „Prädiktive Medizin" soll sich mehr auf die Lagebeschreibung von Genen konzentrieren.

Für diese Vorhaben werden zunächst Methoden benötigt, diese endlosen Aufeinanderfolgen zu bestimmen. Während es 1970 noch ein Jahr dauerte, bis eine Person etwa 100 Basenpaare entschlüsselt hatte, bewältigen Sequenzierautomaten inzwischen bis zu 10 000 Basenpaare/Tag. Auf der Jagd nach dem Geschäft mit den schnellsten Sequenzierautomaten spielen hauptsächlich die USA und Japan eine Rolle; drei Geräte sind in den USA kommerziell erhältlich (vgl. Bio/Technology, S. 1095). In der BRD wird am Europäischen Molekularbiologischen Laboratorium (EMBL) in Heidelberg an der Entwicklung eines Laser-Systems zum Ablesen der DNA-Sequenzen gearbeitet.

Durch diese Automaten werden immer größere Datenmengen erzeugt und aufgetürmt, deren effektive Verwaltung und Auswertung jetzt schon der Sammelgeschwindigkeit hinterherhinkt (vgl. DeLisi). Die Sequenzen werden in Datenbanken gespeichert, in denen Ergebnisse verschiedener Labore gesammelt und koordiniert werden: GenBank am *Los Alamos National Laboratory*, eine am EMBL und die japanische DNA-Datenbank.

Der Vergleich und die Interpretation derartiger Daten, die aus nur vier verschiedenen Basen bestehen, ist „von Hand" nicht durchführbar. Allein die einfache Aufgabe, eine bestimmte 100 Basen lange Sequenz auf einem 50seitigen Computerausdruck von Basenfrequenzen wiederzufinden, dürfte für einen Nervenzusammenbruch reichen.

Aber auch heute existierende Datenbanktechniken und die Speicherkapazität und Geschwindigkeit selbst von Crazy-Supercomputern werden bald den anfallenden Datenmengen nicht mehr genügen. In Los Alamos wird an geeigneten neuen Datenbanktechniken gearbeitet, während am *Argonne National Laboratory* (Illinois) die Eignung von Parallelrechnern für das Genomprojekt geprüft wird.

An diesen Vorhaben zeigt sich die Verbindung von Methoden, Ergebnissen und Herrschaftsstrukturen besonders deutlich. Die Bedeutung der als „heiliger Gral der Biologie" gepriesenen Genomentschlüsselung wird u. a. darin gesehen, daß sie „Zugang zu der eigentlichen Basis des Homo sapiens verspricht" (Science, S. 602).

Menschen und natürlich auch alle anderen Lebewesen wären demnach in Aufbau und Eigenschaften genetisch festgelegt, im Kern also durch eine Abfolge von Basen als „genetischer Code", als internes Programm bestimmt. Dieses Modell des „programmgesteuerten Ablaufs" von Leben entspricht auffällig dem der Maschine (dem programmgesteuerten Computer), die diese Daten erzeugt und verarbeitet.

Aus der Vielzahl der Wahrnehmungsmöglichkeiten von „Leben" wurden solche Aspekte ausgesucht und weitererforscht, die sich für elektronische Datenverarbeitung eignen. Anonyme Datensammlungen können durch ihre „Objektivität" und emotionale Distanz zu lebenden Individuen hervorragend als bürokratisches Selektions- und Herrschaftsinstrument verwendet werden. So wird in das Modell des Menschen als Gen-Maschine immer mehr hineingepackt. Es gibt den festen Glauben, daß letztlich irgendwann für alles – Sozialverhalten, Alkoholismus, Anfälligkeiten, Begabungen – Gene bzw. genetische Dispositionen gefunden werden.

Die Kenntnis dieser „Programme" ist nur im Zusammenhang mit eugenischen Wertungen von Interesse. Bei Menschen wird z. B. beim ArbeiterInnenscreening, der vorgeburtlichen Diagnostik und künftig bei der Prä-Implantations-Diagnostik nach erwünschten / verwertbaren und unerwünschten Eigenschaften / Genen (aus-)sortiert.

Neu-Konstruktion

Von der Verbindung mit der Informatik erhoffen sich die Gen-Ingenieure die Möglichkeit, nach der Reduktion von Leben auf Gen-Maschinen diese nachzubauen. Expertensysteme, d. h. Computerprogramme, die die Arbeit eines Experten simulieren sollen, und Simulationsprogramme sollen von der Syntheseplanung im Labor bis zum „computergestützten Molekülentwurf" Forschungs- und Entwicklungsarbeit beschleunigen. Wenn Veränderungen in Molekülen und ihre Auswirkungen auf räumlichen Aufbau und Funktion im Rechner („in video") simuliert werden, kann das Austesten der Eigenschaften neuer Substanzen, ein im Labor zeitaufwendiges Versuch-und-Irrtum-Verfahren, effektiviert werden.

Auf diese Art werden auch Eiweißstoffe „maßgeschneidert" (Protein Design), z. B. neue Insuline durch die dänische Firma Novo. Solche „natürlich" nicht vorkommenden „Kunst"-Stoffe können dann über die Herstellung der entsprechenden künstlichen Gene und ihre Einschleusung in geeignete Organismen produziert werden.

Bei den bisherigen gentechnischen Methoden wurde vorhandenes „Gen-Material" neu kombiniert, während jetzt die Neu-Konstruktion angestrebt wird. Somit wird dieses auf „Gen-Material" reduzierte „Leben" nicht mal mehr als „Informationsträger" gebraucht.

Der uralte patriarchale (Alp-)Traum vom Leben-Schaffen, der sich sonst am klarsten in der Reproduktionstechnologie ausdrückt, rückt näher. Und während die Biologie Leben immer mehr als biologischen Computer betrachtet, arbeitet die Informatik am Leben-Schaffen durch Gehirn-Nachbau. Denn: „Was wir an geistigen Funktionen beobachten, ist Aufnahme, Verarbeitung und Abgabe von Informationen. Auf keinen Fall scheint es erwiesen oder auch nur wahrscheinlich zu sein, daß zur Erklärung geistiger Funktionen Voraussetzungen gemacht werden müssen, die über die Physik hinausgehen." (Steinbuch, S. 2)

Vom Hirn...

Selbst wenn schon lange, noch vor Entstehung des Begriffs Informatik, die philosophischen Überlegungen zur Nachbildung von sog. Intelligenz breiten Raum eingenommen haben, schien die Verwirklichung nie so nah wie heute. Thesen wie die o. g. sind Grundlagen für die immer weiter verbreitete Auffassung, „geistige Funktionen" seien rein physikalische oder chemische Vorgänge. Dabei hat sich v. a. die „Künstliche Intelligenz" (KI), eine der Forschungsrichtungen der Informatik, die „Erschaffung" maschineller Intelligenz ausdrücklich zum Ziel gesetzt. Einige ihrer Arbeitsgebiete sind „Lernfähige Systeme", „Verstehen der natürlichen Sprache" und Bild(wieder)erkennung.

Bei diesen Zielen wurden mit den bisherigen Methoden nicht die erwünschten Erfolge erreicht. In letzter Zeit begeistert der modellhafte Nachbau des Gehirns viele WissenschaftlerInnen.

Für die Fundamente dieses „neuen Wissensgebietes" werden Anleihen aus den Bereichen Biologie, Medizin, Psychologie, Informatik und Kybernetik gemacht. Von entscheidendem Einfluß ist wohl die Kybernetik, die in den 50er/60er Jahren entwickelt wurde. Die Kybernetik suchte (und erfand) allgemeine Prinzipien der Informationsverarbeitung in natürlichen und künstlichen Systemen, z. B. die funktionale Beschreibung des Gehirns.

...zum Computer

Seit einiger Zeit sind die Fachzeitschriften wieder voll von „Neuronalen Netzen", „Neuroinformatik" und „Konnektionismus" (Verknüpfung von Zellen), die alle in Richtung Nachahmung durch Nachbau des Gehirns weisen. Die Begriffe meinen letztlich dasselbe; weil sich verschiedene Forschungsbereiche mit dem Thema beschäftigen und der Boom erst kürzlich wieder eingesetzt hat, gibt es noch keine Einigung auf einen Begriff.

Der „Konnektionismus" ist also ein neuer Forschungsschwerpunkt, an

dem InformatikerInnen, MathematikerInnen, PsychologInnen und NeurophysiologInnen beteiligt sind. Seine allgemeine Zielsetzung wird mit „Mo-
dellierung von Lernprozessen", grob gesagt „eine lernende Maschine
bauen", beschrieben. Für die Informatik sind die Ergebnisse dieser Forschungseinrichtung – zugleich Technik und Methode – eine neue Chance,
um die beschriebenen „Probleme" der „Künstlichen Intelligenz" doch bewältigen zu können. Aus Forscherfeder ist zu lesen, daß die Lösbarkeit der
KI-Probleme durch die Existenz des Gehirns bewiesen sei.

Hier arbeitet die Neurobiologie der Informatik zu. Sie erforscht die Arbeitsweise des Gehirns. Als „Arbeitseinheit" des Gehirns werden die Ner-
venzelle, das Neuron, und ihre Verknüpfungen untersucht. Informationsverarbeitung im Nervensystem wird durch Rausschneiden von Gehirnteilen
bei Katzen untersucht, um beispielsweise den dadurch veränderten Orientierungssinn zu betrachten. Ein Modell des visuellen Cortex (im Gehirn für
die Orientierung zuständig) wird erstellt, mit Computern simuliert, und
fortan werden weniger Katzen verbraucht. Welch Fortschritt!

Ohne die Zerstückelung von Gehirnen wären die Annahmen zu einem
mathematischen Modell nicht möglich gewesen. Von der Nachbildung auf
Maschinen versprechen sich die meisten NeurophysiologInnen schneller
neue „Erkenntnisse" über die Arbeitsweise und den Aufbau des Gehirns.
Akrobatisch an diesem Ansatz ist, daß von der „Fälschung" (dem Nachbau)
auf das „Original" geschlossen wird, obwohl, nach eigenen Äußerungen,
nicht einmal die Arbeitsweise des Modells begriffen wurde (begreifen heißt
hier lediglich, einen wissenschaftlichen Erklärungsansatz liefern zu können). Gleichzeitig wird in der Informatik darauf gehofft, die Ergebnisse für
den Aufbau eines neuartigen Computers verwenden zu können. Das
BMFT fördert derzeit ein Verbundprojekt für einen Zeitraum von zunächst
drei Jahren mit 15 Millionen DM. Die Zielsetzung wird beschrieben mit
„neue Erkenntnisse und Modellvorstellungen der theoretischen Neurobiologie über die prinzipielle Arbeitsweise von Gehirnen in Verfahren der Informationsverarbeitung umzusetzen" (KI, S. 50).

...und herrsche

Heute ist es technisch nicht machbar, den Verknüpfungsgrad oder die
Schnelligkeit der Nervenzellen nachzuahmen, also das Gehirn als Ganzes.
Die Verwertungswünsche zielen mehr darauf, sich Wissen über den Aufbau
und die Struktur zu beschaffen und sich „Teilfunktionen" dienstbar zu machen, wie z. B. Orientierungssinn, Bild(wieder)erkennung oder Spracherkennung.

Wie bei der Mehrzahl der Ergebnisse, die die Informatik hervorgebracht
hat, stehen Rationalisierungs-, Sicherheits- und Militärinteressen im Vor-

dergrund. Somit als gewinnträchtiges Forschungsgebiet erkannt, werden die Millionen auch die nächsten Jahre fließen, selbst wenn hochfliegende Erfolge erst mal ausbleiben.

Die wesentlichen Fortschritte werden in den Bereichen „Lernfähige Systeme", Bild(wieder)erkennung, Spracherkennung, Robotik und schnelle, ausfallsichere Speicher erwartet. Bild(wieder)erkennung soll u. a. eine digitale Bildauswertung von Freilandszenen (Feld, Wald, Straßen) zur Erkennung von Objekten (Fahrzeuge, Personen, Tiere, Gebäude) ermöglichen (vgl. Winkler, S. 225). Diese Anwendungen sind sowohl für Rüstung (z. B. Zielerkennung bei automat. gesteuerten Sprengköpfen) als auch für Objektschutz im Bereich Innere Sicherheit von großer Tragweite. Ein Beispiel für die Möglichkeiten der Bild(wieder)erkennung: Aus einem kleinen oder unscharfen Teil eines digital gespeicherten Gesichts wird das Gesamtbild verhältnismäßig gut rekonstruiert (vgl. Kemke). Es gehört nicht viel Phantasie dazu, sich zu überlegen, was das bei der heutigen Dichte von Videoüberwachungsanlagen und dem filmischen Eifer bedeutet.

Erkennen der sogenannten natürlichen Sprache wird in ihren vielfältigen Anwendungsgebieten der Bild(wieder)erkennung um nichts nachstehen. Wenn es möglich wird, gesprochene Sprache – nach der Erfassung durch den Computer – inhaltlich auszuwerten, können ab / mitgehörte Gespräche künftig sozusagen „abgetippt" und dadurch grundlegender analysiert werden. Solche Kontrollmethoden, die durch den Hirn-Nachbau näherrücken, sind genausowenig der „plötzliche Sündenfall" der Informatik wie die Gentechnik der der Biologie. Durch die Reduktion von Menschen auf Informationsträger (Gencode) und Informationsverarbeiter (Input / Output) soll bedrohlich Lebendiges noch beherrschbarer werden. In den wissenschaftlichen Methoden drücken sich patriarchale Denk- und Machtstrukturen aus, diese wiederum fordern die Ergebnisse, die sie stützen und verfestigen.

LITERATUR

Bio / Technology 6 / 1988.

DeLisi, C., „Computers in Molecular Biology: Current Applications and Emerging Trends", in: *Science 240* (1988), S. 47–52.

Fox Keller, E., *Liebe, Macht und Erkenntnis*, Carl Hanser Verlag, 1986.

Jansen, S., „Magie und Technik", in: *Beiträge zur feministischen Theorie und Praxis 12*, 1984, Verlagsbetrieb d. Vereins Sozialwissenschaftliche Forschung und Praxis für Frauen, Köln.

Kemke, C., „Der neuere Konnektionismus. Ein Überblick", in: *Informatik Spektrum 11 / 1988*, S. 143–162.

KI – Zeitschrift *Künstliche Intelligenz* 4 / 1988.

Science 240 (1988).

Steinbuch, K., *Automat und Mensch. Auf dem Weg zu einer kybernetischen Anthropologie*, Springer, 1971.
Winkler, G., „Industrielle Anwendung der digitalen Bildanalyse", in: *Informatik Spektrum 8/1985.*

Helga Satzinger

Um Leben und Tod – Vom Patriarchat und seiner Moral in den Lebensdefinitionen der modernen Biologie

„Patriarchat – der (un-)heimliche Inhalt der Naturwissenschaft und Technik" – so brachte Rosemarie Rübsamen eine der wesentlichen Thesen feministischer Naturwissenschaftskritik auf den Punkt: Einerseits dienen die Ergebnisse der Naturwissenschaft patriarchalen Herrschaftsverhältnissen, andererseits sind die Inhalte der Naturwissenschaft selbst, ihre Erklärungen von Naturzusammenhängen verquer, oder, anders formuliert, es ist vielleicht ein großer Irrtum, die Naturwissenschaft für die Wissenschaft von der Natur zu halten (Rübsamen, S. 306–7).

Ich möchte im folgenden der Frage nachgehen, in welcher Gestalt das Patriarchat in der Molekularbiologie erscheint, wie es sich in dessen Bildern vom Lebendigen ausdrückt. Diese Bilder sind Grundlage für gentechnische Verfahren – die wiederum die Vorstellung von Lebewesen als chemische Systeme, als Molekülmaschinen verstärken.

Als zweites möchte ich fragen, welche ethischen Normen in diesen Bildern verschlüsselt sind. Hierbei gehe ich von einem Gedanken von Carolyn Merchant aus: „Es ist wichtig, sich die normative Tragweite von deskriptiven Aussagen über die Natur klarzumachen […] Deskriptive Aussagen über die Welt […] sind ethisch befrachtet […] die Normen können stillschweigende Annahmen sein, die so in den Beschreibungen verborgen sind, daß sie als unsichtbare Handlungshemmung oder moralisches Verbot wirken." C. Merchant untersucht, wie das organische Weltbild des Mittelalters – die Erde als nährender weiblicher Organismus – durch das mechanische Weltbild ersetzt wurde.

„Die Verschiebung der leitenden Metaphorik hing direkt mit der Veränderung menschlicher Einstellungen und Verhaltensweisen gegenüber der Erde zusammen. Während man das Bild von der nahrungsspendenden Erde als kulturelle Handlungshemmung ansehen kann, die die Formen des gesellschaftlich und moralisch zulässigen menschlichen Einwirkens auf die Erde einschränkt, wirkten die neuen Metaphern der Beherrschung und Bemächtigung als kultureller Freibrief für den die Natur entblößenden Zugriff des Menschen." (Merchant, S. 18 ff.)

Welchen „Freibrief" stellt die moderne Biologie aus? Welche ethischen Normen sind in ihren Beschreibungen von Lebewesen unsichtbar verschlüsselt?

In den üblichen Auseinandersetzungen um Gentechnik wird diese Frage im allgemeinen nicht gestellt, die Aussagen der Naturwissenschaftler im

Prinzip nicht hinterfragt. Sie sollen sagen, was Lebewesen sind, was Gentechnik ist, eventuell sollen sie auch deren ökologische und gesundheitliche Gefahren darstellen. Dann kommen i. a. die Fachleute für soziale Folgen von Technologien zu Wort, dann die Ethiker, die mit mehr oder weniger angemessenen Kategorien versuchen, zu einem Urteil zu kommen, was mann denn nun mit Gentechnik und mit Lebewesen machen dürfen soll.

Ich halte dieses Vorgehen für schwarze Magie. So wird die gesellschaftliche Rolle der Naturwissenschaft als neue Religion bzw. höchste Werteinstanz etabliert, sie selbst wird nicht überprüft.

Das Leben, die Gentechnik und die Evolution

Francis Bacon, Begründer der modernen Naturwissenschaft in der Sprache der Hexeninquisition, formulierte in seiner Gesellschaftsutopie „Neu-Atlantis" von 1624 u. a. das Ziel, die natürliche Umwelt durch Technik künstlich nachzuerschaffen. Dazu gehört „insbesondere die Manipulation des organischen Lebens zur Erzeugung künstlicher Pflanzen- und Tierarten" (vgl. Merchant, S. 186). Beim heutigen Präsidenten der Deutschen Forschungsgemeinschaft, Hubert Markl, finden wir dasselbe Ziel. Er begründet die Notwendigkeit der Gentechnik aus seinem Verständnis des Evolutionsgeschehens – als quasi natürlichen Auftrag des Lebens selbst. „Das Leben hat […] zwangsläufig immer […] Krisen […] hervorgerufen." Dabei liegt seiner Meinung nach der Grund für die gegenwärtige ökologische Krise nicht im „falschen räuberischen Wirtschaften", sondern in der „Normalität des Daseins des milliardenfachen ganz normalen Homo sapiens", in seiner Natur also. „Es" (das Leben, d. V.) „hat diese Krisen immer wieder dadurch bewältigt, daß es sich neue Strategien – und zwar vor allem genetisch-biochemische Strategien – einfallen ließ." Gentechnik wäre so eine genetisch-biochemische Innovationsstrategie des Lebens selbst – die Neuanpassung von Lebewesen mit Hilfe der Gentechnik an die Bedingungen der gegenwärtigen ökologischen Krise. Gentechnik wäre demnach lediglich notwendige, natürliche Folge und auch weitere Voraussetzung eines Evolutionsprozesses, der denjenigen das Überleben sichert, die von den „verfügbaren Ressourcen vermehrungseffektivsten Gebrauch" machen. Daß dieser Prozeß nicht ohne schwere Verluste abgehen wird, darüber läßt Markl keine Zweifel, er sieht ökologische Gleichgewichte lediglich als „befristete Zwischenzustände eines nie endenden natürlichen Wandels, dem Abermillionen Spezies zum Opfer fielen" (Markl, 1988 a, S. 582 ff.).

In den Vorstellungen von der Entstehung des Lebens im Laufe der Evolution finden wir das bürgerlich / männliche Individuum, den personal computer unterm Arm, im einsamen Konkurrenzkampf in der Ursuppe schwimmend. Mit Biologenbrille liest sich dies Bild so: In der Ursuppe, das ist der Zustand der Meere vor Entstehung der Lebewesen, in die übrigens häufig der Blitz einschlug, gab es verschiedene chemische Substanzen. Diejenigen Makromoleküle wurden zum Ursprung des Lebendigen, die aufgrund einer zufälligen Strukturveränderung den Trick gefunden hatten, sich zu vermehren. Unsere Vorfahren waren angeblich „Informationsträger, die von einander unabhängig sind", (sie) „konkurrieren miteinander, und stets wird die Sequenz mit der größten Wertefunktion (W)" (das ist ein Maß für die Überlebenseffektivität, Anm. d. V.) „selektiert. Alle weniger effizienten Sequenzen sterben aus." (Schuster, S. 700)

Das Lebendige soll also in seinen Anfängen eine Erscheinung bestimmter Moleküle sein, die Informationsträger darstellen. Diese Reduktion der Lebensprozesse auf Molekülfunktionen läßt ethische Kategorien wie „Achtung vor dem Leben" hilflos zusammenbrechen, denn: „Die [...] Frage nach der Grenze zwischen Unbelebtem und Belebtem ist [...] nicht sinnvoll." (Kuhn, S. 686)

Auch Francis Crick, Nobelkollege von James Watson (sie entwickelten ihr Modell für die Struktur der Erbsubstanz DNS auf Basis experimenteller Daten von Rosalind Franklin), schätzt diese Lösung:

„Es sieht daher so aus, als ob die Grenzlinie zwischen Lebendem und Nichtlebendem uns kein sehr ernsthaftes Kopfzerbrechen beim Erklären der Beobachtungen" (der Natur, d. V.) „in der Sprache der Physik und Chemie verursacht." (vgl. Crick)

Hubert Markl ist sich allerdings noch dessen bewußt, daß „Menschen daran Anstoß nehmen, [...] daß Lebewesen (sie selbst eingeschlossen) einfach eine Art chemischer Maschinen aus den ökologischen Werkstätten der natürlichen Evolution sein sollen" (Markl 1988 b, S. 5).

Von Molekülen, Maschinen und Mutterzellen

Nun mag es ja vielleicht noch hinkommen, bei der Suche nach der Entstehung des Lebens – wenn man sich nun mal in erdgeschichtliche Dimensionen der „grauen Vorzeit" begibt – eine Ununterscheidbarkeit von Belebtem und Unbelebtem zu finden. Aber wie wird die Frage für die heute lebenden Wesen beantwortet? Bleibt man bei dem Augenfälligen, daß Lebewesen aus Lebewesen entstehen? Wie werden sie definiert?

Im Lehrbuch „The Science of Biology" vergleicht Paul B. Weisz lebende Organismen mit einer Maschine: Es brauche Energie, um das System anzutreiben, und Materie, um Teile zu ersetzen, sie intakt zu halten. Er geht soweit, Lebewesen mit einem Verbrennungsmotor gleichzusetzen. Charakteristika des Lebendigen sind nach Weisz Stoffwechsel, Reaktionsfähigkeit gegenüber der Umwelt, die Fähigkeit, sich selbst zu reparieren und Nachkommen zu erzeugen. Auf dem Papier existierten bereits Entwürfe für Maschinen mit entsprechenden Eigenschaften. Wenn diese tatsächlich eines Tages gebaut würden, sei der charakteristische Unterschied zwischen Lebewesen und Maschine verschwunden (vgl. Weisz). Danach ist die Unterscheidbarkeit von Lebewesen und Maschinen lediglich eine Frage des Maschinenbaus. Im Standardlehrbuch „Biologie" heißt die „sehr präzise Definition von Lebewesen":

„Es sind diejenigen Naturkörper, die Nukleinsäuren und Proteine besitzen und imstande sind, solche Moleküle selbst zu synthetisieren." (Zihak, S. XXI) Bernal definiert Leben in seiner Sozialgeschichte der Wissenschaft lediglich als „die Art und Weise der Produktion und Reproduktion identischer Moleküle" (Bernal, S. 908).

Also scheint „Leben" so etwas zu sein wie eine chemische Fabrik – im Zeitalter der Chemiemultis nicht unpassend. Tatsächlich wird im Schulunterricht, in populärwissenschaftlichen Vorträgen und auch an der Uni gerne die Zelle, die kleinste Funktionseinheit der Lebewesen, mit einer Fabrik verglichen: In einen abgeschlossenen Raum werden Stoffe hineintransportiert, von Eiweißen (Enzymen) umgebaut, aus der Zelle herausgeschleust, dazu wird Energie aufgenommen und verbraucht, Herzstück der Fabrik ist ein Zentralcomputer, die Erbinformation, die DNS, die über den Aufbau der fabrikeigenen Werkzeuge, der Enzyme, Aufbau und Funktion der Fabrik steuert. Diesen Computer kann mann zum Aufbau gewünschter Substanzen umprogrammieren – das wäre dann Gentechnik.

Eine alte Definition von Lebewesen taucht in den Biologiebüchern nicht mehr als solche auf. Herders Lexikon der Biologie macht eine Ausnahme: „Zellen können nur durch Teilung aus einer Mutterzelle oder durch Verschmelzung von zwei oder mehr Zellen entstehen". (Lexikon, S. 211) Virchow hatte 1855 dieses „omnis cellulae e cellula" formuliert. Dieser Herkunftszusammenhang des Lebendigen wird heute höchstens noch unter der Rubrik „Zelltheorie" abgehandelt – findet sich aber nicht als notwendige Eigenschaft, als Definition des Lebendigen. Als lebendig gilt heute ein Gebilde aus Molekülen, mit einer chemischen Fabrik oder mit einer Maschine analogisiert, das die Produktion von Eiweißstoffen und Nukleinsäuren unternimmt. Für dieses Bild verwende ich den Begriff „Molekülmaschine".

Der neue Staatsbürger – ein chemisches System

Um einen un-heimlichen Inhalt dieser Lebensdefinition sichtbar zu machen, bietet es sich an, ihre praktische Anwendung im § 218 und geplanten Embryonenschutzgesetz zu untersuchen.

In der gegenwärtigen Auseinandersetzung um rechtliche Regelungen der extrakorporalen Befruchtung und Embryonenforschung im menschlichen Bereich wird der Rechtsstatus des Embryos unabhängig von der Frau definiert. Bisher galt nach § 218 ein Embryo zu dem Zeitpunkt als „schützenswertes Individuum", als „menschliches Leben", wenn er in der Gebärmutter eingenistet war – ca. 14 Tage nach Verschmelzung der Keimzellen. Eine herrlich unsinnige Definition, denn spätestens mit der Einnistung ist es bis zur Geburt mit der Individualität des Embryos vorbei; er kann nur in Abhängigkeit von der Frau existieren. Nun hat mann mit der modernen Reproduktionsmedizin endlich mit der kulturellen Entwicklung gleichgezogen, die die Leibesfrucht der Frau als einen von der Frau unabhängigen und vor ihr zu schützenden Menschen definiert hat. Der Embryo wird im Labor herstellbar und manipulierbar – und das soll rechtlich geregelt werden, also muß der „Beginn des Schützenswerten" neu definiert werden: „Die Kernfrage zu Beginn des Lebens aus wissenschaftlicher Sicht lautet: Wann lassen sich Eigenschaften, die von den Spermien vererbt werden, in den Zellen früher Embryonen nachweisen?" (Spielmann, 1988 a)

Patriarchale Willkür ist sowohl die Definition eines Beginns an sich als auch der Zeitpunkt, der hier als Beginn gesetzt wird (könnte es doch genauso gut der Zeitpunkt sein, zu dem eine Eizelle das Spermium durch die Zona pellucida hindurchläßt). Was nun aber als Beginn definiert wird, ist ein Ereignis, das nach der Verschmelzung der beiden Kerne der Keimzellen, durch einen „Impuls vom Mann" ausgelöst wird: Die Inbetriebnahme der Molekülmaschine Zelle, in Form der Produktion eines Eiweißmoleküls, gemäß der Erbinformation des Spermiums. Nach Meinung des IVF-Arztes Horst Spielmann ist dieses Eiweiß die ß-Galaktosidase (Spielmann, 1988 b). Diese macht nun die Zelle zum Rechtssubjekt, auf das das Grundgesetz anwendbar wird.

Die Herkunft der Zelle, wie sie entstanden ist, wo sie sich befindet, ist egal. Zerrissen ist der lebendige Zusammenhang – die Herkunft des Lebendigen im Zuge eines nicht-technischen, manchmal ausgesprochen lustvollen Vorganges aus einem lebenden Wesen; beim Menschen ist dies die Frau (vgl. Satzinger 1988 a, b).

Alles Leben kommt von Ihm...

Mit der Definition des Beginns menschlichen Lebens, der zum Zeitpunkt der Produktion eines Moleküls in der Molekülmaschine Zelle gesetzt wird, ist der Herkunftszusammenhang des Lebendigen, seine Kontinuität und seine Entstehung aus der Frau geleugnet. Gleichzeitig ist mit der Setzung einer Diskontinuität im Lebensprozeß und mit der Definition des Lebendigen als chemischem System dessen technische Herstellung erlaubt. Eine künstliche DNS, der menschlichen nachgebaut und in synthetische Zellbestandteile verpackt, wäre nach der Definition, wie sie heute in das geplante Embryonenschutzgesetz und in den § 218 Einzug hält, ein Mensch.

Dies ist Patriarchat in Vollendung. Zur Erinnerung: „Patriarchat heißt

Herrschaft der Väter. Dies ist ein Gesellschaftssystem, in dem sich die Kinder (...) nicht von der Mutter ableiten, (...) sondern vom Vater." (Rübsamen, S. 293) Dies Patriarchat wird sogar auf die nicht-menschliche Welt ausgedehnt. Wenn Lebewesen Molekülmaschinen sind, sind letztlich alle vom MenschenManne herzustellen – to father, wie es unübersetzbar im Englischen heißt.

...Ihm ist die Verfügungsgewalt

Dies ist also eine ethische Norm, die im Verständnis der modernen Biologie von Lebewesen enthalten ist – das Lebendige ist von anderen technischen Produkten wie Maschinen oder Fabriken prinzipiell nicht zu unterscheiden und somit vom MenschenMann herzustellen. Gemeinsam mit der Legitimation der Gentechnik als evolutiver Prozeß (s. Markl) ist diese ethische Norm ein Universalfreibrief für die völlige Umgestaltung der lebendigen Welt nach Kriterien der patriarchalen Konkurrenz- und Industriegesellschaft. Francis Crick formuliert dies so:

> „Es ist erstaunlich, wie viele Probleme der modernen Welt in einem völlig neuen Licht erscheinen, seit man die Vorstellung gewann, daß wir hier auf der Erde sind, weil wir durch einen Prozeß natürlicher Auslese aus einfachen chemischen Verbindungen hervorgegangen sind. Daher wäre es wichtig, daß die Naturwissenschaft im allgemeinen und die natürliche Auslese im besonderen die Basis zur Errichtung einer neuen Kultur abzugeben hätte."

Die Frage nach der Zulässigkeit der Gentechnik greift zu kurz. Mit den Lebensdefinitionen der modernen Biologie ist der patriarchale Herrschaftsanspruch über das Lebendige bereits formuliert.

Unsterblich und mutterlos

Als Schlüssel zur Macht, zur technischen Herstellung von Lebewesen – deshalb wohl „das Geheimnis des Lebens" – gilt die Erbsubstanz DNS.

Watson und Crick war Ende der 40er, Anfang der 50er Jahre bei der Suche nach der Struktur der DNS die Brisanz ihres Vorhabens bekannt – ich denke, durchaus in Analogie zum Bau der Atombombe (Watson, S. 38). In dem Dokumentarfilm „Wettlauf zum Ruhm" werden Watson und Crick angesichts ihrer Bastelarbeit, einem zusammengeschraubten Blechmodell der DNS, folgende Worte in den Mund gelegt (selbst wenn sie nicht authentisch sein sollten, sondern lediglich dem nachempfunden, was man in solch historischer Stunde denkt, so verdeutlichen sie immerhin eine kulturelle Entwicklung, die durch die Naturwissenschaft mitbestimmt wird):

„Crick: ‚Ich komme mir wie Pygmalion vor. Man baut etwas Wunderschönes – und es wird lebendig. Wir wollten nur den Körper, nun haben wir auch die Seele. So einfach ist es, Jim. Ist es nicht so?‘

Watson: ‚So ist es.‘

Crick: ‚Das Geheimnis des Lebens, wir haben es! Zieh die Kette auseinander, und jede Kette produziert eine andere. Aus 1 wird 2 und 2 werden 1, Generation für Generation, die ganze Zeit, von Adam und Eva bis zu dir und mir.

Es stirbt nie, Jim. Es stirbt niemals! Eine einfache Form – der Schoß der Menschheit, endlos, mühelos fruchtbar, sich teilend und zusammenfügend, vom Anfang bis zum Ende der Welt. Näher werden wir der Unsterblichkeit nie mehr sein, Jim!‘

Und Watson antwortet: ‚Ich wußte, es würde schön sein.‘“ (Jackson)

Einerseits ist die Szene lächerlich, zwei Bastler reden angesichts eines Blechmodells vom Geheimnis des Lebens. Andererseits hat Cricks Rede den Charakter eines Hohen Liedes eines neuen, patriarchalen Mythos. Sie fusioniert einen griechisch-patriarchalen Schöpfungsmythos mit der Schöpfungsgeschichte der jüdischen, christlichen und islamischen Religion. Dabei tritt ein Mann an die Stelle Evas, an die Stelle der Frau. Das Blechmodell von der DNS ersetzt die alten weiblichen Fruchtbarkeitsgöttinnen, den „Schoß der Menschheit“. Dem neuen Schoß, dem Modell Doppelhelix haucht man mittels seiner Schöpferkraft Leben ein – und gewinnt Teilhabe an der Unsterblichkeit und Macht über das Leben. Das Lebendige muß zu etwas Maschinenhaftem gemacht werden, um vom Mann geschaffen werden zu können, damit es – und darüber er – scheinbar unsterblich werden kann. Zumindest bemerkenswert finde ich dabei, daß in diesem neuen Mythos doch wieder zwei Spiralen – diesmal die Doppelhelix – zum zentralen Symbol des – angeblich – Lebendigen werden. In matriarchalen Mythen gelten Spiralen als Symbol für das Leben in der Abfolge von Geburt, Tod und Wiedergeburt. Die modernen Spiralen sind unsterblich – und auf eine gewisse Art linearisiert: Folgt man dem Weg dieser Spiralen, den Phosphorsäure-Zucker-Ketten, so bewegt man sich immer im gleichen Abstand um eine Gerade herum, an dieser entlang.

Die Gegenüberstellung, hier das Lebendige – dort das „Tote“ (Sachen, Dinge, Gegenstände, Maschinen), wie es in der feministischen Diskussion zur Charakterisierung der „Perversion der modernen Gesellschaft“ (vgl. Bennholdt-Thomsen) häufig gemacht wird, halte ich für falsch. Denn das „Tote“ kann nur das sein, was einmal gelebt hat und gestorben ist. Die Durchmechanisierung alles Lebendigen – die mit der Mechanisierung des lebendig gedachten Kosmos im 16. Jh. begonnen hat und jetzt in der „Chemiechanisierung“ der Pflanzen, Bakterien, Tiere und Menschen seine Vollendung zu finden scheint – ist eine Leugnung des Todes als Element des Lebendigen. Und genau das macht uns das Leben schwer.

In der Suche nach dem „Unsterblichen, das nicht geboren wird" sah Christel Neusüß die Grundlage für die gegenwärtige Zerstörung unserer Lebensbedingungen. Die Physiker fanden es in ihrer Form von „Energie" (vgl. Neusüß), die Biologen finden und erfinden es in der DNS und der molekularen Definition des Lebendigen.

Ein wesentlicher Aspekt dieser Suche nach dem „Unsterblichen, das nicht geboren wird" ist die Leugnung des patriarchalen Menschen, daß er sein Leben einer Frau verdankt.

Literatur

Rübsamen, Rosemarie, „Patriarchat, der (un-)heimliche Inhalt der Naturwissenschaft und Technik", in: Luise F. Pusch (Hg.), *Feminismus, Inspektion der Herrenkultur*, Frankfurg 1983.

Merchant, Carolyn, *Der Tod der Natur, Ökologie, Frauen und neuzeitliche Naturwissenschaft*, München 1987.

Markl, Hubert, „Evolution und Gentechnologie, Der Mensch als biologischer ‚Erfolg'", in: *Energiewirtschaftliche Tagesfragen*, Heft 8, 1988a.

Schuster, Peter, „Vom Makromolekül zur primitiven Zelle – die Entstehung biologischer Funktion", in: Hoppe / Lohmann / Markl / Ziegler, *Biophysik*, Heidelberg 1977.

Kuhn, Hans, „Modell der Selbstorganisation und der präbiotischen Evolution", in: Hoppe et al., a. a. O.

Markl, Hubert, *Evolution und Gentechnik*, Eröffnungsvortrag des Kongresses und der Ausstellung „Biochemische Analytik", München 18.4.1988b.

Weisz, Paul B., *The Science of Biology*, San Francisco 1971.

Czihak, G./Langer, H./Ziegler, H. (Hg.), *Biologie, ein Lehrbuch für Studenten der Biologie*, Heidelberg 1976.

Bernal, J. D., *Sozialgeschichte der Wissenschaft*, Bd. 3, Reinbek 1970.

Lexikon der Biologie, Bd. 5, Herder Verlag, Freiburg 1985.

Spielmann, Horst, „Embryonenforschung und künstliche Befruchtung – Richtlinien in Bund und Ländern", in: *Anhörung der Gleichstellungsstelle der SPD-Fraktion im Abgeordnetenhaus von Berlin*, 1988a.

Spielmann, Horst, Persönliche Mitteilung, 1988b.

Satzinger, Helga, „Wider die Ermordung des Nachtigalls, zur Ethikdebatte um Embryonenforschung", in: *Wechselwirkung*, Berlin, Mai 1988a.

dies., „Zur Gestalt und Bedeutung des Tötungsvorwurfs im Zusammenhang mit Gen- und Fortpflanzungstechniken", *Vortrag zur Anhörung ‚Abtreibung neudiskutieren'*, *Die Grünen im Bundestag*, Bonn, Dezember 1988b, im Druck.

Watson, James D., *Die Doppelhelix, Ein persönlicher Bericht über die Entdeckung der DNS-Struktur*, Reinbek 1969.

Jackson, Mick, *Wettlauf zum Ruhm*, Dokumentarfilm 1988.

Bennholdt-Thomsen, Veronika, „Die Ökologiefrage ist eine Frauenfrage", in: *Frauen und Ökologie, Die Grünen im Bundestag*, AK Frauenpolitik (Hg.), Köln 1987.

Neusüß, Christel, „Was ist das eigentlich, Energie? und: Ist sie sterblich oder unsterblich?" in: *Die „Subsistenz-Perspektive" – Ein Weg ins Freie?*, Materialien 1/1988, Evangelische Akademie Bad Boll, 1988.

Jalna Hanmer
Erkenntnistheorie, Wissenschaft und Feminismus

Mein Ziel ist es, einige Fragen und Themen im Zusammenhang mit der Arbeit von Frauen zur Entwicklung feministischer Erkenntnistheorie sowie die Relevanz der Arbeit von Frauen innerhalb des Internationalen Feministischen Netzwerkes des Widerstands gegen Gen- und Fortpflanzungstechnologien (FINRRAGE) zu betrachten. Ich schreibe im Kontext unseres gemeinsamen Verständnisses, daß nämlich unsere Interessen als Frauen marginalisiert werden, daß unsere Körper auf eine neuartige Weise zu Experimentiermaterial reduziert werden und daß wir – ideologisch und praktisch gesehen – als Biologie rekonstituiert werden. Wie wir wissen, sind diese Prozesse nicht neu; sie stellen vielmehr eine neue Form der Anwendung von Wissenschaft und Technologie dar, die eine Neuformulierung und Intensivierung der Kontrolle von Frauenkörpern und die Entfremdung von Frauen von ihrem Körper ermöglichen soll. Die ökonomische Grundlage der westlichen Gesellschaften verlagert sich von der Industrialisierung auf mechanischer Basis zur Industrialisierung auf biologischer Basis. Diese grundlegende Veränderung wird begleitet von Übergangsstrategien für die Restrukturierung der vorhandenen hierarchischen sozialen Beziehungen zwischen Männern und Frauen. Soweit die Zusammenfassung unserer sich entwickelnden Analyse und die Grundlage, von der aus ich nun den Beitrag des Feminismus zur Erkenntnistheorie betrachten will. Ich möchte auch aufzeigen, warum die Entwicklung feministischer Erkenntnistheorien unentbehrlich ist in unserem Kampf um die Kontrolle über unseren Körper und um die Anerkennung des Prinzips *Unser Körper – Unser Selbst*.

Aber zunächst müssen wir uns an unsere Ausgangslage erinnern. Vorherrschende Erkenntnistheorie, die zentralen Glaubenssätze des Positivismus sind nach wie vor geprägt vom sogenannten objektiven Wissen, Wertneutralität und dem Glauben an den Fortschritt. Diese Konzepte sind die Grundlage sowohl der naturwissenschaftlichen als auch der sozialwissenschaftlichen Formen, die Welt zu (er-)kennen. Unter Verwendung dieser vorherrschenden wissenschaftlichen Sicht der Welt und der Methodologien, die sich daraus ableiten, kommen gelehrte Männer – mitunter auch die eine oder andere Frau – zu der Erkenntnis, daß Frauen unzulänglich und minderwertig sind aufgrund unserer Hormone, Gehirnstrukturen und Intelligenz, Emotionen. Unsere biologischen Unterschiede gegenüber Männern werden zur Erklärung dafür, daß wir keinen Erfolg oder persönliche Probleme haben usw. Kurz gesagt, die Biologie bestimmt unsere Minderwertigkeit, während die sozialen Beziehungen unsere Schuld bestimmen.

Diese erkenntnistheoretische Haltung hat den Männern gut gedient. Sie hat ihnen ermöglicht, ihre Sicht als die einzige Sicht, als das Wissen der Menschheit schlechthin zu verkaufen, und sie hat Frauen unsichtbar gemacht. Nur die sozial Herrschenden können diese Weltsicht zu ihren Gunsten nutzen. Ihre sogenannte Objektivität ist das hervorstechende Merkmal ihrer Position als der sozial Herrschenden in der Geschlechterhierarchie. Deshalb war es unvermeidbar, daß die feministische Wissenschaft diesen zentralen Glaubenssätzen widersprochen hat, obwohl dies ursprünglich nicht beabsichtigt und auch nicht als Aufgabe verstanden wurde.

In ihrem Übersichtsartikel über feministische Beiträge zu Fragen des Geschlechts und der Wissenschaft hat Londa Schiebinger vier Herangehensweisen skizziert, die in der Auseinandersetzung mit wissenschaftlichen Ansichten über Frauen und der Stellung von Frauen in den Wissenschaften entwickelt worden sind (Schiebinger 1987):

1. Wissenschaftlerinnen, die von der herrschenden Wissenschaftsgeschichte vernachlässigt werden, wiederzuentdecken.

2. Die Geschichte des fehlenden Zugangs von Frauen zu den Mitteln der wissenschaftlichen Produktion und die heutige Stellung von Frauen innerhalb der wissenschaftlichen Berufe zu beschreiben.

3. Aufzudecken, wie die Natur von Frauen definiert wurde und wird von der Wissenschaft, insbesondere von den biologischen und medizinischen Wissenschaften.

4. Den maskulinen Charakter der Wissenschaft zu untersuchen, indem aufgedeckt wird, wie Normen und Methoden durch das historische Fehlen von Frauen in der modernen Wissenschaft verzerrt wurden und werden.

Schiebinger formuliert drei Standpunkte, die in diesen Auseinandersetzungen zwischen Geschlecht und Wissenschaft bezogen werden:

Frauen können genauso gut Wissenschaft betreiben wie Männer; Bildung und Arbeitsplätze in der Wissenschaft müssen den Frauen zur Verfügung gestellt werden; Wissenschaft muß sich mehr auf Frauen und ihre Situation beziehen.

Obwohl es möglich ist, die erkenntnistheoretische Herausforderung der Wissenschaft mit einer Liste bekannter Männernamen zu beschreiben, wäre dies eine post-hoc Analyse, da der männliche Diskurs über die Wissenschaft es weder geschafft hat, noch in der Lage war, Frauen bei der Theoriebildung auf neue, positive Art und Weise sichtbar zu machen. Statt dessen macht es mehr Sinn, die Männer, die ohnehin das ganze Lob für sich einheimsen, daran zu erinnern, wieviel sie dem Feminismus schulden. Frauen sind nicht einfach die Nutznießerinnen des männlichen Denkens und setzen dann in der feministischen Forschung die Produktion des Hirns ihres Meisters um. Frauen haben mehr geleistet, auch wenn sie als erkenntnistheoretische Wegbereiterinnen ungenannt bleiben und auch ihre veröffentlichten Arbeiten in dieser Hinsicht nicht analysiert werden.

Die wissenschaftliche Arbeit von Frauen wird von Sandra Harding (Harding, 1986) in drei Kategorien eingeteilt. Sie beschreibt die von Frauen entwickelten Erkenntnistheorien als feministischen Empirizismus, feministischen Standpunkt und feministischen Postmodernismus. Diese Theorien sind entwickelt worden als Teil der Bemühungen von Frauen, die Erfahrungen von Frauen als Quelle zu begreifen, aus der sich wissenschaftliche Fragestellungen, Hypothesen und Beweise herleiten lassen. Zugleich geht es darum, eine Frauenforschung zu entwickeln, bei der die Forscherinnen sich auf der gleichen kritischen Ebene bewegen wie die Forschungsgegenstände.

Sandra Harding definiert feministischen Empirizismus als das Akzeptieren von vorhandenen Forschungsmethodologien. Gleichzeitig ist diese Herangehensweise aber zutiefst subversiv, denn es wird behauptet, daß Frauen als Gruppe eher in der Lage sind, unvoreingenommene und objektive Ergebnisse zu produzieren, als Männer. Während darüber hinaus Empirizismus nur auf den „Kontext der Rechtfertigung" anwendbar sein soll, haben Feministinnen ihn ausgedehnt auf den „Kontext der Entdeckung", innerhalb dessen Probleme identifiziert und definiert werden. Der feministische Standpunkt ist, daß die soziale Identität des Beobachters wichtig wird, da diejenigen, die dominierende Positionen haben, ein perverses und unvollständiges Verständnis haben, während diejenigen in untergeordneten Positionen einen möglichen Zugang zu komplexeren und weniger perversen Einsichten haben.

Beide Positionen beziehen ihr Grundprinzip aus der Frauenbewegung, nämlich die Einsicht, daß das Verstehen der Lage von Frauen heißt, den Frauen zuzuhören. Aufgrund ihres gemeinsamen Bewußtseins, ihrer gemeinsamen Erfahrungen, Einsichten und Positionen in der Geschlechterhierarchie ist es eher wahrscheinlich, daß Frauen insgesamt unvoreingenommenere und objektivere Ergebnisse produzieren werden als Männer. Mit anderen Worten, unsere Subjektivität führt zur echten Objektivität. Weil diejenigen, die gefangen sind in hierarchischen Beziehungen, nicht die gleiche Realität teilen, sieht der feministische erkenntnistheoretische Standpunkt die Weltsicht von Männern und Frauen nicht als gleichwertig oder relativ an. Aber, so fragt Harding, kann es *einen* feministischen Standpunkt geben, wenn die Erfahrungen von Frauen sich unterscheiden durch Klasse, Rasse, Kultur und andere wichtige Unterschiede?

Der Postmodernismus stellt universelle oder universalierende Behauptungen über die Existenz, Natur und Macht der Vernunft, des Fortschritts, der Wissenschaft, der Sprache und des Subjekts bzw. das Selbst in Frage, wie Harding erklärt (Harding 1986, 1987). Die Frauenbewegung setzt sich mit den Unterschieden zwischen Frauen auseinander, in dem Bemühen, sicherzustellen, daß solche Unterschiede, die für Frauen wichtig sind, von allen

Frauen anerkannt und respektiert werden. Dieses Bemühen leitet sich aus dem Prinzip ab, daß andere nicht über die Realität einer individuellen Frau sprechen können. Somit wird unterdrücktes Wesen sichtbar. Die theoretische Gefahr beim Nicht-Anerkennen von Unterschieden besteht in der Schaffung von naturalisierten Identitäten und sozialen Prozessen, die auf ihr Wesentliches reduziert werden. Alle drei von Harding beschriebenen feministischen Erkenntnistheorien beziehen ihren feministischen Ursprung aus dem Bemühen der Frauenbewegung, vorherrschenden wissenschaftlichen Schlußfolgerungen über Frauen und ihren naturalisierten, auf das Wesentliche reduzierten Identitäten und sozialen Prozessen zu widersprechen.

Wie würde eine völlig vom Geschlecht (gender) bestimmte Geschichte der Wissenschaft aussehen? Welches unterdrückte Wissen würde sichtbar werden? An diesen Fragen arbeiten Frauen, die sich mit der Gentechnologie und den neuen Fortpflanzungstechnologien beschäftigen, während unsere materielle Welt und die sozialen Bedingungen von Frauen auf dem Spiel stehen. Die neuen Fortpflanzungstechnologien wie künstliche Insemination, In-vitro-Befruchtung, Geschlechtsbestimmung, pränatale Diagnostik und Chirurgie, genetische Tests für Embryonen, Föten und die Kartierung des menschlichen Genoms – um nur einige der heute beim Menschen angewandten Projekte zu nennen – führen zu einer Neuorganisation der menschlichen Fortpflanzung, mit tiefgreifenden Folgen für Frauen und Männer als Individuen, auf Grund ihres Geschlechts, und für das soziale Leben im allgemeinen. Die Kontrolle über die Reproduktion des Lebens, einschließlich des menschlichen Lebens, erhält immer mehr kommerzielle, landwirtschaftliche, industrielle und militärische Bedeutung, und sie könnte die Beziehungen zwischen Männern und Frauen neu strukturieren.

Mit Hilfe der verschiedenen feministischen Erkenntnistheorien und Herangehensweisen können wir die Umstrukturierung der Beziehungen, der Privilegierung und der Unterdrückung untersuchen. Wertneutralität und Fortschritt, die Eckpunkte des Positivismus und der androzentrischen Wissenschaft, sind nicht mehr relevant. Um meine Überlegungen weniger abstrakt zu machen, werde ich zwei Beispiele verwenden, eins aus den Sozialwissenschaften, das andere aus den biologischen Wissenschaften; eins stellt die ideologische Umstrukturierung in den Mittelpunkt, das andere die Umstrukturierung des Alltagslebens.

Das erste Beispiel ist dem neugegründeten Bereich der Männerforschung entnommen; ein Gebiet, das zwar positive Aspekte aufweist, aber gleichzeitig eine Gegenreaktion auf die Entwicklung feministischer Erkenntnistheorien darstellt und die Intimität zwischen Wissen und Macht demonstriert. Das zweite Beispiel, die Arbeit zu Gen- und Fortpflanzungstechnologien, gibt uns die Möglichkeit, frauenspezifische Analysen zu machen, die die Aspekte Sexismus, Rassismus, Imperialismus und Klassenherrschaft mit einschließen, also Analysen, die jede eindimensionale feministische Geschichte der Realität in Frage stellen.

Die erste Konferenz zur Männerforschung in Großbritannien wurde im September 1988 durchgeführt. Auch wenn Männerforschung keine einheitliche Richtung darstellt, fällt auf, daß einflußreiche neuere Schriften zum Thema Frauenforschung und Männerforschung diese als gleichwertig beschreiben, d. h. Frauenforschung ist das Studium von frauenspezifischen Erscheinungen (feminities), Männerforschung das der männerspezifischen Erscheinungen (masculinities) (siehe insbesondere Brod 1987, sowie Ford/Hearn 1988). Diese Formulierung läßt Frauen verschwinden, da ihre Realität nicht erfaßt werden kann unter der Rubrik des Studiums frauenspezifischer Erscheinungen. Frauenforschung ist mehr als die akademische Entsprechung der Politik der Identität. Frauen unsichtbar zu machen, ist das ideologische Projekt der Männerherrschaft, d. h. Gelehrtentum im Interesse der intellektuellen und persönlichen Kontrolle durch Männer. Verschwundene Frauen, die durchgehende Verwendung der männlichen Sprachformen, männliche Angst als menschlicher Zustand – als es hierum ging, trat die Frauenbewegung und ihr Kind, die Frauenforschung, auf den Plan. Wir auf der untersten Stufe der Leiter sehen dies mit einer Klarheit, die die sozial Herrschenden, die Männer, nicht besitzen können. Feministische Erkenntnistheorien entspringen dem Verständnis der gemeinsamen Lage von Frauen innerhalb der sozialen Ordnung im Verhältnis zu Männern, im Bewußtsein unserer Unterschiede. Hier ist die politische und theoretische Arbeit unzertrennlich, denn bei beiden geht es um die Frauenbefreiung – wie wir sie früher genannt haben. Feminismus als frauenspezifische Erscheinung auszugeben, Feminismus, Frau, Frauen und frauenspezifische Erscheinungen gleichzusetzen, ist eine theoretische Travestie.

Es besteht ein Element der Männerbefreiung innerhalb der Männerforschung in den Herangehensweisen, die weitaus mehr als nur ein grobes Interesse an der persönlichen Befreiung haben. Es ist unvermeidlich, daß diejenigen, die einen Hauch von Männerbefreiung vertreten, wenig Interesse haben werden an sozialen Analysen, die eine ernsthafte Kritik der Männer als Männer formulieren, die Männer als Teil des Problems sehen – nicht nur für Frauen und andere Männer, sondern für unsere Gesellschaft und unser Weiterleben als Spezies. Sie werden sich wieder der positivistischen wissenschaftlichen Erkenntnistheorie zuwenden. Auf der Konferenz in Großbritannien argumentierte Michael Kimmel, daß experimentelle sozialpsychologische Studien von Malmuth, Donnerstein und anderen gezeigt hätten, daß Männer innerhalb von experimentellen Forschungssituationen von Pornographie nicht nachhaltig beeinflußt werden (z. B. durch das Vorführen pornographischer Filme in einer Laborsituation). Deshalb seien die feministischen Analysen von Catherine MacKinnon und Andrea Dworkin falsch und bräuchten nicht weiter beachtet zu werden. Der Einfluß von Pornographie auf Frauen, die Notwendigkeit einer Theorie, die in ihrem Erklärungsansatz das Milliarden-Geschäft in Dollar, Pfund, D-Mark mit einschließt – das kann alles ignoriert werden, weil der menschliche Bedeutungsträger, der Mann, nicht wirklich beeinflußt wird.

Die Männerforschungs-Konferenz gelangte zu der Schlußfolgerung, daß Männerforschung eine Neustrukturierung der Soziologie, als Antwort auf die Herausforderung durch die feministische Wissenschaft, darstelle. Klassische Strategien werden angewandt, insbesondere wird die Arbeit von Frauen nicht zitiert. Es werden einige Frauen und ihre Positionen oder Tendenzen als relevant ausgewählt, während andere angegriffen werden. Es werden die vorherrschenden Erkenntnistheorien, in denen soziale Macht und die Geschlechterhierarchie nicht mehr klar sichtbar sind, wieder ausgegraben. Weibliche Wissenschaftlerinnen haben einen kleinen Bereich geschaffen, in dem es möglich ist, Männer als Menschen schlechthin, Männer als die Theoretiker der Menschheit in Frage zu stellen. Es ist für akademische Institutionen und wissenschaftliche Disziplinen typisch, so vorzugehen, als ob dieser Raum nicht existieren würde. Während das Benennen von Männern als eines der zwei Geschlechter niemals ganz schlecht sein kann, ist dies insofern riskant, als das Verdrängen von Frauen nicht oberflächlich ist, sondern eingebaut in Sprache, in Methoden, Herangehensweisen, Konzepte, Themenabgrenzungen und Hierarchien der wissenschaftlichen Disziplinen. Dies macht die Herausforderung von akademischen Orthodoxien notwendig.

Mein zweites Beispiel beginnt mit Frauen im Westen, die die sogenannten Cholera-Impfstoffversuche in Bangladesch untersuchen. Es soll hier um Immunforschung gehen, bei der Impfstoffe gegen eine besonders gefährliche Art des Cholera-Erregers verwendet werden. Federführend ist das *International Centre for Diarrhoeal Disease Research*, Bangladesch (ICDDR,B), ein Projekt der Weltgesundheitsorganisation, das von schwedischen Wissenschaftlern geleitet wird und Unterstützung vom schwedischen Verteidigungsministerium erhält. ICDDR,B betreibt auch gemeinsame biomedizinische Forschung mit Südafrika. Recherchen haben ergeben, daß die Finanzierung z. T. mit dem US-Militär zusammenhängt und daß die Ergebnisse für Südafrika gedacht sind (Akhter 1986, Radio Ellen 1987, Naser 1986). Frauen aus westlichen Ländern, die versuchen, diese Impfversuche zu recherchieren, haben heftige Gegenreaktionen von ihren Regierungen zu spüren bekommen. Menschen in Bangladesch, d. h. vor allem Frauen, haben versucht, Vorwürfen nachzugehen, nach denen die beteiligten Forscher schwerwiegende Nebenwirkungen bei den 84000 Frauen und Kindern, die als Versuchsobjekte dienten, ignoriert hatten. Zumindest ein elfjähriges Mädchen ist daran gestorben. Sie wollten auch herausfinden, worum es bei dieser Forschung genau geht und in wessen Interesse sie gemacht wird, und haben dabei westliche Frauen um ihre Hilfe gebeten. Sie treffen in Bangladesch, einem Land, das von einer männlichen Militärdiktatur beherrscht wird und in dem die Lieferung von militärischen Geräten an die Einhaltung bestimmter bevölkerungspolitischer Normen – sprich, die Verstümmelung der Körper von Frauen – gebunden wird, auf undurchdringliche Mauern.

Die gentechnische Produktion von Pharmaprodukten, die Kontrolle der Bevölkerung oder von Infektionskrankheiten, die Verwendung der Gentechnik als Kriegsführungstechnologie – das alles beginnt mit sozial georteten Entscheidungen. Hier gibt es keine Elfenbeintürme, sondern einen sozialen Knotenpunkt, an dem die Interessen einzelner Nationen sich vermischen mit denen der Geschäftemacher und Benutzer der Technologie (insbesondere des Militärs) und der Berufsgruppen, deren Lebensunterhalt vom Ausgang der Dinge abhängt. Diese Entscheidungsträger, Forscher, Wissenschaftler, Unternehmer und Investoren sind überwiegend Männer. Diejenigen, an denen geforscht wird, sind in der schwächsten sozialen Situation – Frauen in der Dritten Welt, die in einer Militärdiktatur leben – wie auch die, die Rechenschaft verlangen – Frauen in der ganzen Welt. Von jeder möglichen Perspektive gesehen, ist dies eine geschlechtsspezifische Angelegenheit, die ohne Einbeziehung der Geschlechterfrage nicht verstanden werden kann. Eine solche Perspektive erlaubt uns allmählich, das unterdrückte Wissen zu sehen, das sichtbar werden muß, um die Allianz zwischen Wissenschaft und sozialen Projekten, die von Sexismus, Rassismus, Imperialismus und Klassenherrschaft geprägt sind, aufzudecken. Eine mitfühlende Wissenschaft – wie auch eine adäquate Erkenntnistheorie oder Art, die Welt zu kennen – kann nur aus geschlechtsbezogenen Beschreibungen der sozialen Prozesse der Wissenschaft entstehen.

Literatur

Akhter, Farida, „International Centre for Diarrhoeal Disease Research, Bangladesch, UBINIG Investigative Report No 1", *The Hygeia*, 2 (1); 5–12, 1986.

Brod, Harry (Hg.), *The Making of Masculinities: The New Men's Studies*, Allen and Unwin, Boston 1987.

Ford, David / Hearn, Jeff, *Studying Men and Masculinity: A Sourcebook of Literature and Materials*, University of Bradford, Applied Social Studies, Publication 1, 1988.

Harding, Sandra, *The Science Question in Feminism*, Open University Press, Milton Keynes 1986.

Harding, Sandra (Hg.), *Feminism and Methodology: Social Science Issues*, Bloomington and Indianapolis, Indiana University Press (Milton Keyes 1988, Open University Press).

Naser, Mohiuddin, „ICDDR,B; Healing or Killing?", *Dhaka Courier*, 3 (1), 11 July, 4–5, 7, 1986.

Radio Ellen (Schweden), „The Oral Vaccine Trial in Bangladesh", *The Hygeia*, 2 (4): 149–161, 1987.

(RAGE) *Reproductive and Genetic Engineering: Journal of International Feminist Analysis* „Police raid on gene archive – News from West Germany", 1 (1): 103–105, 1987.
Schiebinger, Londa, „The History and Philosophy of Women in Science: A Review Essay", SIGNS, 12 (2), 1987. Und in: Sandra Harding / Jean O'Barr (Hg.), *Sex and Scientific Inquiry*, Chicago, University of Chicago Press, Chicago 1988.

Gerda Freise

„Frau, Natur und Macht" oder: Reicht die Biologie (des Geschlechts) aus, um eine Antwort auf die uns beschäftigenden Fragen zu geben?

Wie im Titel schon angedeutet, geht es mir in diesem Beitrag um das Verhältnis von Frau zu Natur und zu der Macht, die von Naturwissenschaften und Technik, insbesondere von Biologie und Biotechnologie (und das heißt von denen, die sie betreiben und vorantreiben) ausgeht, und um die Frage nach der Einstellung und dem Verhalten gegenüber dieser Macht. Mit meinen Überlegungen dazu knüpfe ich an den im Vorbereitungsreader abgedruckten Aufsatz „‚Die Natur der Frau' und die Natur der Naturwissenschaften" an (vgl. Freise, S. 44 ff). Darin hatte ich die mehr als 100 Jahre während Erforschung der „Natur des Menschen", insbesondere der „Natur der Frau" als Folge von (der Tradition neuzeitlicher Naturwissenschaft verpflichteten, reduktionistischen) Forschungsbemühungen beschrieben, die – von immer gleichen Prämissen ausgehend und die gleichen Ziele verfolgend – zu immer gleichen Ergebnissen führten: dem „naturwissenschaftlich erbrachten Beweis", daß Frauen (wie Neger, oft auch „Arme") weniger intelligent seien als weiße Männer:

„Der als Natur (Materie, Maschine) definierten und wie Natur (Materie, Maschine) erforschten Frau wurde im Verlauf des skizzierten Zeitraums und immer in Übereinstimmung mit den jeweils herrschenden gesellschaftlichen und politischen Zielvorstellungen ihre Funktion, ihre Stelle und ihr Stellenwert im System zugesprochen: dabei wurden Stellung und Funktion als das auf wissenschaftlicher Grundlage ermittelte ‚Wesen der Frau' interpretiert, das je nach Bedarf ideologisch überhöht und gesellschaftlich fixiert wurde" und wird (Freise, S. 56–57).

Meine Frage war und ist noch, ob diese Entwicklung als das zwangsläufige Ergebnis des reduktionistischen, d. h. ausschließlich auf physikalische, chemische, biochemische und technische Prozesse zurückgeführten Verständnisses von Lebensvorgängen und Organismen anzusehen ist, d. h. ob dies die notwendige Folge der naturwissenschaftlichen Denkweise ist, ob dies in der Logik einer nur sich selbst dienenden Wissenschaft liegt und ob in ihr von vornherein jene äußersten technischen und politischen Konsequenzen begründet und daher unvermeidbar sind. Denn wenn das so wäre, müßte doch gefragt werden, worin der Fehler dieses Denkansatzes liegt, der zu gleichen Konsequenzen führt, zu Rassismus, Sexismus, Eugenik, Sterilisations- und Tötungskonzepten, kurzum zur Verletzung und Zerstörung der Menschenwürde und der Menschen.

Im Anschluß an meine damaligen Überlegungen will ich (angeregt durch inzwischen erschienene Arbeiten und Diskussionen) einige skeptische Fragen stellen:

– Haben Frauen (wie oft behauptet wird) tatsächlich andere Vorstellungen von den Zielen und Inhalten der Wissenschaften und deren gesellschaftlicher Bedeutung,
– stellen Wissenschaftlerinnen andere Fragen an die Wissenschaften, wählen sie andere Arbeitsschwerpunkte, setzen sie andere Prioritäten, haben sie ein anderes Theorie-Praxis-Verständnis als Wissenschaftler?
– Gibt es eine spezifisch weibliche (oder feministische) Art und Weise, wissenschaftlich zu arbeiten (wie oft gemeint wird),
– gestalten Frauen ihr Verhältnis zu Beruf, zu anderen Menschen, zur Gesellschaft anders als Wissenschaftler?
– Und wenn diese Fragen zu bejahen wären: wäre das so, weil sie weiblichen Geschlechts sind, weil sie eine spezifische biologisch definierte Natur oder weil sie aufgrund ihrer Geschichte ein anderes gesellschaftliches, politisches und soziales Bewußtsein gewonnen haben?

Die Geschichte gibt darauf keine eindeutige, sichere Antwort, aber sie legt Überlegungen nahe. Dazu drei Beispiele:

1. Viele biographische Mitteilungen über Chemikerinnen, Botanikerinnen, Insektenforscherinnen oder Geologinnen des 18. und 19. Jahrhunderts lassen vermuten, daß deren wissenschaftliche Interessen und Aktivitäten wohlwollend geduldet wurden, solange sie unverbindlich und anderen „schöngeistigen Betätigungen" vergleichbar blieben, d. h. dem wissenschaftlichen Ehrgeiz von Männern nicht gefährlich waren. Außerdem sah man lange Zeit Botanik, Insektenkunde oder Geologie nicht als ernste, der Mathematik oder der Astronomie vergleichbare Wissenschaften an, sondern als – den Talenten und dem „Wesen der Frauen" angemessene – „weibliche" Wissenschaften. Gefährlich und konfliktreich wurde die Situation erst, wenn den Forscherinnen die Anerkennung des wissenschaftlichen Ranges ihrer Arbeiten nicht länger versagt werden konnte.

Zu fragen und zu diskutieren ist deshalb hier: Was hat es mit der behaupteten Affinität zwischen bestimmten Wissenschaften (z. B. Botanik oder Chemie) und dem „Wesen" der Frau auf sich? Spuken nicht auch heute solche Behauptungen in den Köpfen mancher Frauen und Männer? Waren Erfolg und Aufstieg von Frauen damals vielleicht nur deshalb möglich, weil Männer die von ihnen bearbeiteten Bereiche noch nicht als wissenschaftlich interessant, als lohnend für wissenschaftliche Karrieren erkannt und besetzt hatten? Gibt es heute vergleichbares „wissenschaftliches Neuland", das von Frauen entdeckt und besetzt werden könnte, ehe Männer es allein für sich beanspruchen?

2. Auffallend groß war im Verlauf der Geschichte nicht nur die Zahl der naturwissenschaftlich interessierten Frauen, die sich als Übersetzerinnen

und Interpretinnen der philosophischen, physikalischen oder mathematischen Werke berühmter Wissenschaftler betätigten, sondern auch die Zahl der Frauen, die chemische, physikalische, astronomische und mathematische Lehrwerke verfaßten. Was besagt diese Tatsache, daß Frauen relativ zahlreich und erfolgreich übersetzend, interpretierend und lehrend tätig wurden, daß sie vor allem im 19. Jahrhundert einen beachtlichen Beitrag zur Popularisierung der Naturwissenschaften leisteten? Hatten sie – *weil* sie Frauen waren – eine besondere „didaktische Begabung" (wie so mancher Mann auch heute noch behautpet), obwohl doch inzwischen fast ausschließlich nach von Männern verfaßten Lehrbüchern studiert wird und auch Unterrichtswerke für den naturwissenschaftlichen Unterricht in den Schulen meist Männer als Verfasser nennen? Erkannten damals Frauen vielleicht besser als Männer die Wichtigkeit des Vermittlungsaspekts – und wenn ja, warum?

Oder muß die Beschränkung auf interpretative, vermittelnde Arbeit als Rückzug, als Verinnerlichung des alten Vorurteils verstanden werden, daß Männer größere schöpferische Fähigkeiten haben als Frauen? Und wie ist zu interpretieren, daß auch heute Frauen den Beruf einer Lehrerin für Physik, Chemie oder Biologie dem der „reinen" Wissenschaftlerin vorziehen?

3. Welches Theorie- und Praxis-Verständnis und welche Berufsauffassung hatten die Naturwissenschaftlerinnen und Medizinerinnen, über die z. B. Margaret Alic in ihrem (2000 Jahre überspannenden) Buch „Hypathias Töchter – Der verleugnete Anteil der Frauen an der Naturwissenschaft" berichtet? Die Autorin macht die hier gestellten Fragen zwar nicht zum Thema, regt Leserinnen aber dazu an, diese selbst zu stellen und nach möglichen Antworten zu suchen; d. h. die Quellen daraufhin näher zu untersuchen, ob tatsächlich in jeder Epoche etliche Wissenschaftlerinnen oder Medizinerinnen ihrer Zeit vorauseilten und z. B. Gynäkologie, Kinderheilkunde und Hygiene mutig „modernisierten" (so berichtet die Autorin von Marie Anne Victorine Boivin, daß sie die Möglichkeit zur Untersuchung des Gebärmutterhalses entdeckte, indem sie das Vaginal-Spekulum entwickelte, und auch das Stethoskop zum Abhören frühkindlicher Herztöne als erste benutzte).

Aber hatten nicht andererseits diese modernen und modernisierenden Frauen auch fragwürdige und unterschiedliche Vorstellungen von Verantwortung, Moral und Ethik (so schreibt die Autorin über Louyse Bourgeois (1563–1636), diese habe einerseits die Geburtsheilkunde zur Wissenschaft weiterentwickelt, aber andererseits ihre medizinischen Kenntnisse und Fertigkeiten während ihrer Tätigkeit bei den Armen erworben, um sie dann den Frauen des Großbürgertums und des Adels zur Verfügung zu stellen. Oder sie berichtet von der Lady Montagu (1689–1762), die auf ihren Orientreisen die Pockenschutzimpfung kennenlernte; sie habe diese dann experimentell überprüft, indem sie ein halbes Dutzend Strafgefangene und sechs Waisenkinder impfte, um danach engagiert die Einführung der Impfung in England zu betreiben. Und über Aletta Jacobs, eine Frauenärztin (1854–1929), schreibt sie, diese habe sich als eine der ersten dem Problem der Empfängnisverhütung zugewandt, die erste Klinik der Welt für Geburtenkontrolle gegründet und eine umfangreiche Bibliothek über Frauengeschichte angelegt.

Leserinnen müssen sich dabei doch fragen: Was befähigte oder befähigt denn Wissenschaftlerinnen oder Medizinerinnen dazu, in beruflicher und persönlicher Hinsicht ihrer Zeit vorauszueilen, sich – dem jeweiligen Zeitgeist widersprechend – Unabhängigkeit zu leisten, zu erkämpfen oder politisch zu arbeiten, Pazifistin oder Frauenrechtlerin zu werden. Und: Wie begründete oder rechtfertigte denn Louyse Bourgeois die Benutzung der armen Leute als Objekte zur Einübung und Vervollkommnung ihrer medizinischen Fertigkeiten, um diese dann gegen gute Bezahlung den adligen Familien zur Verfügung zu stellen; und was brachte Aletta Jacobs dazu, ein für Frauen und Kinder parteiergreifendes Berufsverständnis zu entwickeln?

Und – um mich der neueren Geschichte zuzuwenden – wie gehen wir Frauen mit der Tatsache um, daß Frauen z. B. als Anthropologinnen und Rassenforscherinnen (S. Ehrhardt bzw. E. Justin seien genannt) sich aktiv an der Ausrottung der Roma und Sinti beteiligten und dies „wissenschaftlich begründeten"?

Es genügt eben nicht, die Geschichte der Frauen in den Naturwissenschaften nur unter den Aspekten Unterdrückung, Diskriminierung und Verdrängung anzusehen – so nützlich es ist, die Jahrhunderte überdauernden Methoden zu kennen, um ihre heutigen Versionen durchschauen und durchkreuzen zu können.

Die wichtige Frage ist m. E. vor allem: Wie waren oder sind die sozialen und gesellschaftlichen Kontexte beschaffen, in denen diese Frauen lebten und leben, welches Berufs- und Wissenschaftsverständnis und welche darauf bezogenen ethischen und moralischen Grundsätze entwickelten und entwickeln sie in ihrer jeweiligen Zeit?

Ist in den Berufsbiographien der genannten Wissenschaftlerinnen und Medizinerinnen der „Frauen-Aspekt" überhaupt wichtig? Ist nicht vielmehr die Frage des wissenschaftlichen oder medizinischen Fortschritts, dem sie sich verschrieben, hier die Hauptsache? Die Frage nämlich, wie seine Verträglichkeit und sein Nutzen festgestellt werden sollen: An wem dürfen neue wissenschaftliche Techniken, neue Medikamente, neue medizinische Methoden erprobt oder Messungen vorgenommen werden? Diese Frage nach dem wissenschaftlichen Fortschritt ist allgemein und an alle (Wissenschaftler und Wissenschaftlerinnen, Mediziner und Medizinerinnen) zu stellen, und sie ist nicht von der Frage nach dem gesellschaftlichen Fortschritt zu trennen.

Ich denke: Zu keiner Zeit, weder früher noch heute, ging bzw. geht es um die einfache Frage, ob Frauen in der herrschenden Wissenschaft als Gleichberechtigte „mitmachen" dürfen, d. h. es ging und geht nicht um die Frage nach der „Partizipation um jeden Preis". Vielmehr ging und geht es immer um die Entscheidung der einzelnen Frau, ob dies sinnvoll und vertretbar war bzw. ist.

„Die Geschichte der Frauen in Naturwissenschaft, Medizin und Technik" im Hinblick auf solche Fragen, wie ich sie hier beispielhaft stellte, zu untersuchen, ist wichtig, wenn wir über die Notwendigkeit, die Möglichkeiten und die Intensität einer „Einmischung" in die Planungen und Entscheidungen über Ziele, Inhalte, Forschungsschwerpunkte, technische Anwendungen usw. und über die Definition z. B. des Fortschrittsbegriffs nachdenken; einer Einmischung nicht nur von Wissenschaftlerinnen und Medizinerinnen, sondern von Frauen überhaupt.

Ich denke, in dieser Hinsicht hilft die Beschäftigung mit Regine Kolleks Begründung für ihren „Ausstieg" aus der harten Naturwissenschaft weiter. Sie stand am Anfang einer aussichtsreichen wissenschaftlichen Karriere. Ihren „Ausstieg" damals heute als „Einstieg" in andere Bereiche der Naturforschung zu verstehen, scheint mir ein richtungweisender Weg für Frauen in den und in die Naturwissenschaften zu sein (vgl. Kollek, S. 198 ff.).

Frauen müssen die „Einmischung" in alle Bereiche von Naturwissenschaft, Medizin und Technik als notwendiges politisches Handeln verstehen und dementsprechend Auffassungen und Forderungen formulieren, im Sinne einer Auseinandersetzung mit der herrschenden Macht.

Die Biologie (des Geschlechts) reicht nicht nur nicht aus, um eine Antwort auf Fragen, wie ich sie hier stellte, zu geben, sie ist dazu vollkommen ungeeignet. Der Rückzug, bzw. die Berufung, auf „die Natur" (der Frau bzw. allgemein der Natur, im Sinne einer Ur-Natur), wie er von manchen Öko-Feministinnen bzw. Öko-Systemtheoretikerinnen angestrebt wird, ist m. E. sogar gefährlich: Er stärkt nicht nur die wachsende Tendenz, gesellschaftliche, soziale und politische Verhältnisse und Prozesse biologistisch und deterministisch zu interpretieren, sondern überläßt außerdem die intellektuelle Auseinandersetzung mit diesen Verhältnissen und deren Gestaltung bzw. Veränderung den Männern. Das heißt, der Rückzug auf „die Natur" (die Biologie des Geschlechts) richtet sich gegen die Interessen der Frau, gegen ihre im Verlauf eines langen Emanzipationsprozesses erlangte gesellschaftliche Stellung.

LITERATUR

Freise, Gerda, „Die Natur der Frau' und die Natur der Naturwissenschaften", in: *1999*, Heft 1, 1986.
Alic, Margaret, *Hypathias Töchter – Der verleugnete Anteil der Frauen an der Naturwissenschaft*, Unions-Verlag, Zürich 1987.
Kollek, Regine, „Ein Ausstieg", in: Sabine Rosenbladt: *Biotopia*, Knaur, München 1988.

8
NACHLESE UND ANHANG

Juliane Westphal
Nutzen, was sein kann

Bei diesen Bemerkungen soll es nicht um weitere Informationen und Fakten zum Thema Gentechnologie / Menschenzucht gehen. Ich möchte vielmehr darstellen, warum ich es auch in diesem Themenzusammenhang für dringend notwendig erachte, neue Wege der Auseinandersetzung zu finden. Gemeint sind hier vor allem künstlerische Formen, die uns die Chance geben, Inhalte sinnlich zu formulieren, Zusammenhänge aufzuzeigen und Verknüpfungen zu versuchen, auf eine Art, die die Argumentationskette herrschender Logik nicht braucht. Es gibt nur wenige Versuche in diese Richtung, künstlerisch zu arbeiten, da entweder die Kunst als etwas von unserem Alltag Getrenntes gesehen wird oder als Medium zur Propaganda. Beides ist hier nicht gemeint, sondern die Möglichkeit, patriarchaler Wissenschaft, Technologie, Parlamentarismus, Statistik und Alltag mit eigenen, mit unseren Inhalten erarbeiteten Formen zu begegnen. Wenn nicht auch künstlerisch-politische Ausdrucksformen entwickelt werden, wird die Kritik und der Widerstand gegen die Gentechnologie / Menschenzucht in absehbarer Zeit abbrechen. Es ist nicht möglich, patriarchale Technik und Herrschaft mit ihrer eigenen Sprache, ihren Formen zu bekämpfen, denn diese Sprache und Formen gehören zu der vorherrschenden Wissenschaft, sind daraus entstanden, und es läßt sich mit den Repertoires dieser Kultur nicht eine andere schaffen. Wir formulieren keine eigenen Perspektiven, indem wir Statistiken mit unseren Zahlen füllen oder wissenschaftliche Beweise gegen wissenschaftliche Beweise stellen. Innerhalb dieser für unsere Inhalte entfremdeten Denkweise können unsere Ideen nicht so deutlich werden wie die der Gentechnologen / Menschenzüchter, die ganz authentisch mit herrschender Logik argumentieren.

Umwelt, Medizin, Kultur und Gestaltung werden immer deutlicher bestimmt durch die binäre Logik der Elektronik. Um noch eigene Persönlichkeit, Kritik und Kreativität entwickeln zu können, müssen wir viel mehr auf die eigene direkte Wahrnehmung und sinnliche Erfahrung vertrauen lernen, anderes Denken und Handeln entwickeln. Patriarchale Machtstrukturen werden nicht im Labor oder mit Hilfe von Computern angegriffen, die Logik dieser Technologie widerspricht feministischer Kritik.

Die Gentechnologie / Menschenzucht wird auch nicht angegriffen durch die immer wiederkehrenden Demos, Kongresse und Plenen. Auch wenn wir diese Begebenheiten mangels anderer Organisationsstrukturen brauchen, stellen sie alleine keine Kraft dar. Meist reichen sie nur aus, um zu zeigen, daß frau nicht alleine dasteht mit ihrer Kritik, oder dazu, Vorträge zu halten, die jede auch zu Hause lesen könnte, oder auch dazu, bekannte Abgrenzungen zwischen Gruppen mit unterschiedlichen politischen Positionen zu manifestieren. Neue inhaltliche Konfrontationen passieren dort nicht.

Hier setzt auch meine Kritik an dem Kongreß in Frankfurt ein. Die riesige Menge an Informationen, die bei solchen Gelegenheiten vermittelt werden, haben nicht zur Folge, daß wir mehr gegen diese Technologieentwicklung tun. Eher hat diese Informationsflut zur Folge, daß wir resignieren oder verbittern, aus dem Mangel heraus, daß wir zu wenige Formen erarbeitet haben, eigene Inhalte dagegenzusetzen. Das Problem ist also, wie wir mit unserem Wissen umgehen, auf welche Art wir unsere Kritik öffentlich machen.

Große Veranstaltungen, wie das Abschlußplenum, sind programmatische Massenpolitik, eine einseitige Kommunikationsform, die darauf ausgerichtet ist, viele Leute auf einmal zu erreichen, effektiv nur im Sinne der Quantität, nicht der Qualität. Resolutionen, denen 2000 Frauen zustimmen sollen, müssen oberflächlich und allgemein sein, das weiß auch die Presse und die Öffentlichkeit, für die sie bestimmt sind. Das ist eine Form aus der Parlaments- und Parteipolitik, mehr oder weniger Verbalradikalismus, ohne Wirkung, eher erspart sie der Öffentlichkeit eine differenziertere Betrachtung. Destruktiv auch dadurch, daß auf einer so großen Veranstaltung Diskussionen nicht mehr möglich sind, Probleme daher machtpolitisch vom Podium aus mit Mikrophonen gelöst werden, zugunsten eines möglichst reibungslosen Ablaufs des Programms. Ich möchte behaupten, daß diese Formen programmatischer Politik den von uns formulierten Inhalten und der Umsetzung unserer Forderungen grundsätzlich entgegenstehen und schaden.

Wir mußten schon oft genug erleben, daß politische Bewegungen abgebrochen sind, gescheitert an eingefahrenen Strukturen, die nichts mehr zu tun hatten mit lebendigen Diskussionen und Aktionen. Dazu gehört auch noch, daß sich im Verhältnis zu der Brisanz des Themas nur sehr wenige Leute äußern. Die Bücher mit gesammelten Aufsätzen und Vorträgen häufen sich und damit die Wiederholungen – das bezieht sich auf Inhalte, Autorinnen und auf die Form –, und das hat zur Folge ein immer gleiches Leserpublikum, immer ähnliche Diskussionen und letztlich eher ein Einschlafen des Interesses an diesen Themen. Wenn unsere Kritik an der Gentechnologie / Menschenzucht nicht auf solchen Wegen verschwinden soll, sollten wir neue Wege suchen. Einer wäre der Versuch, den Dialog künstlerisch-politisch zu führen. Bilder und Fotos nicht mehr als Verzierung und Illustration der Inhalte, Filme nicht nur als Bestandsaufnahme und Informationsträger. Kunst also nicht als isoliertes Mittel für einen Zweck, sondern selbst als ein Ausdruck aus dem Alltag heraus. Somit also Poesie als identischer Begriff von Widerstand. Unsere Chance sollte es sein, durch die Nutzung einer Vielzahl von Ausdrucksformen die Sinnlichkeit, das Lebendige und die Authentizität unserer Inhalte und Forderungen zu formulieren.

Wider den Zeitgeist!!

Eine Auswertung des 2. bundesweiten Kongresses gegen
Gen- und Reproduktionstechnologie
28.–30.10. in Frankfurt

1. Dieser Brief ist eine *Kritik am Gen-Kongreß 88*, die auf unseren Erfahrungen in den AGs beruht und von Gesprächen mit anderen Teilnehmerinnen untermauert wurde. Unsere Hoffnungen auf diesen Kongreß wurden enttäuscht. Statt auf politisch entschlossene Diskussionen trafen wir auf eine Art Sommer-Uni, in deren Seminaren Informationen vermittelt wurden, die ohne Konsequenzen buchstäblich in den Räumen stehenblieben... wie an Unis eben üblich. (...)

Die im Begleitheft genannten Ziele (S. 2) wurden weder von den Referentinnen in ihren Referaten eingelöst, noch von ihnen oder den Teilnehmerinnen in anschließenden Diskussionen eingebracht. Frau verharrte in Spezialgebieten und erweiterte ihr Faktenwissen. (...)

2. Bei der *Kontrolle der Reproduktion* (...) sieht frau sich nicht bloß einem gebärneidwütigen Patriarchat gegenüber. Das Kinderkriegen und die Frauen sind nicht als solche interessant, sondern als Faktoren einer wirtschaftlichen Kosten-Nutzung-Rechnung von Arbeitskraft. Es geht also um das *alte kapitalistische Verwertungsinteresse* (...), das über Gentechnologie die Produktion von Arbeitskraft perfektionieren will. „Wildwuchs" bei der Produktion von Arbeitskraft ist wirtschaftlich zu teuer, sozial zu unsicher: Die Gentechnologie dagegen will die Qualität und Quantität arbeitender Menschen absolut kontrollieren. (...) Genau deshalb haben wir Themen wie z. B. das ArbeitnehmerInnen-Screening vermißt!

Ärztlich-technokratische Beherrschung der Reproduktion durch Frauen ist eine zentrale, wenn nicht die zentrale Voraussetzung überhaupt, in Zukunft diese Gesellschaft für diesen Staat verfügbar zu machen.

Die Chance, die darin liegt, wird vertan, wenn Frauen ihre Betroffenheit auf die Selbstbestimmung ihrer Gebärfähigkeit als solche beschränken; sie muß in Relation zur Bedeutung von Frauen als Produzentinnen von Arbeitskraft gesehen werden.

3. Auch in der *Strategiediskussion* – die in Frankfurt noch nicht mal stattgefunden hat – wird so eine Chance vertan. Es ist richtig, Frauen/Mütter mit ihrer potentiellen Täterinnenrolle zu konfrontieren, z. B. bei der Inanspruchnahme von Vorsorgeuntersuchungen usw. Die Frauenbewegung hat als erste die Verknüpfung von Täterin und politischer Struktur aufgezeigt. Aber auch wenn das Private politisch ist – das Politische endet nicht beim Privaten!

Diese *Einbeziehung der Dimensionen Staat & Wirtschaft* ergäbe zwangsläufig a) die Notwendigkeit einer Strategiediskussion und b) eine Diskussion, in der militante Widerstandsformen nicht totgeschwiegen werden.

Informationen über die Geschichte des § 129 a und über die aktuelle Kriminalisierung bleiben halbherzig, wenn sie nicht die Auswertung des gelaufenen (militanten) Widerstands einbeziehen.

Notwendig ist die Klärung
1. verschiedener Widerstandsformen und
2. der Definitionsmacht des sogenannten Rechtsstaats, der festlegt, was „Militanz, Gewalt und Widerstand" sind. Genau diese breite Diskussion sollte ja schließlich durch Razzien und Kriminalisierungsversuche verhindert werden! Jede einzelne Frau muß ihr eigenes Verhältnis dazu klären, wenn die üblichen Soli-Bekundungen mehr sein sollen als ein stillschweigend vorausgesetzter und somit fragwürdiger Konsens. (...)

4. Wir denken, daß ein Kongreß vor allem dazu da sein sollte, *eine Anti-Gen-Bewegung zu organisieren*, politische Einschätzungen und Strategien zu diskutieren, die regionale, nationale Vernetzung voranzubringen, die konkrete Arbeit vor Ort zu fördern. Es reicht nicht aus, Resolutionen zur internationalen Solidarität zu formulieren und internationale Kontakte auszubauen.

Unsere Forderungen an einen nächsten Kongreß:
– das Abschlußplenum ist zum Diskutieren da, nicht zum Durchhecheln von Soli-Adressen, von denen in Frankfurt wahrscheinlich die wenigsten in AGs entstanden sind,
– ausführliche Diskussionen in parallel laufenden AGs zu Strategie, Organisationsformen, Koordination, mit anschließender Diskussion im Plenum,
– deutlich ausgewiesene Einführungsveranstaltungen,
– politische Einschätzung und Handlungsperspektiven müssen feste Bestandteile von Informationsveranstaltungen sein (...)
– Referate müssen allgemein kürzer werden.

Wie sonst kann ein Kongreß zur Mobilisierung einer Anti-Gen-Bewegung beitragen?!

Voraussetzung ist natürlich, daß Frauen nicht nur kommen, um sich interessante Angebote reinzuziehen, sondern daß sie damit was anfangen wollen.

Den Wünschen der Organisatorinnen vom resolutionsgebeutelten Abschlußplenum, daß „wir nach dem Kongreß klarer denken, grundsätzlicher fragen, entschlossener handeln und widerspenstiger leben" würden, hätten wir uns nur zu gern angeschlossen!!

Einige Kongreßteilnehmerinnen aus Hamburg

Liebe Frauen,

wir möchten Euch danken für die viele Arbeit, die Ihr in die Vorbereitung des Kongresses „Frauen gegen Gen- und Reproduktionstechnologien" in Frankfurt gesteckt habt. Vielleicht war das tatsächliche Ausmaß der Arbeit gar nicht so offensichtlich, gerade weil vieles, wie die Essensversorgung, die Organisation der Räume usw., problemlos lief.

Ausgangspunkt einiger Überlegungen, die wir zur Diskussion stellen wollen, war die Abschlußveranstaltung des Kongresses, das Abschlußplenum zur Verabschiedung der Resolutionen.

Unserer Meinung nach gab es viel zu viele Einzelresolutionen, und die Art und Weise, darüber abzustimmen, war ein chaotischer Abklatsch herrschender Männerpolitik. In diesem Rahmen war eine Diskussion unmöglich. Es war eine Massenabfertigung per Mehrheitsbeschluß.

Wir kritisieren die Gentechnik und herrschende Naturwissenschaft und damit die Prinzipien, die ihnen zugrunde liegen, nämlich lebendige Zusammenhänge zu zerteilen und zu zerstückeln. Gleichzeitig reproduzieren wir dabei die herrschende Form der Machtpolitik (z. B. Abstimmungsmodell, Resolutionen, Vertreterpolitik). Basiert diese Form der Politik nicht auf denselben Strukturen, die wir bei der Naturwissenschaft kritisieren? (…)

Unserer Einschätzung nach ist die Hauptwirkung des Kongresses die Stärkung der Teilnehmerinnen in ihrer politischen Arbeit und ihrem Leben zu Hause. Und in erster Linie das bewirkt letzten Endes Veränderungen, weniger die Veröffentlichung derart umfangreicher Resolutionen. Wir sind mit viel Power vom Kongreß nach Hause gefahren und haben Anstöße bekommen, hier weiterzuarbeiten.

Statt sich mit vielen Resolutionen zu beschäftigen, wäre die Zeit besser genutzt gewesen, darüber zu diskutieren, wie wir uns eigentlich Frauenpolitik vorstellen, was z. B. anders auf einem Frauen- im Vergleich zu einem „normalen" Kongreß sein soll. Dazu gehört unserer Meinung nach die Auseinandersetzung mit Betroffenheit/Distanzierung zum Thema Kriminalisierung und § 129 a.

Frauenpolitik zu machen, heißt sicher auch zu lernen, Verantwortung zu übernehmen für die Situationen, die entstehen, und sie zu verändern, wenn sie unangenehm werden. Es heißt auch, weniger in einer Konsumentinnenhaltung darauf zu warten, was passiert, was andere vorbereitet haben.
Bremer Frauengruppe

Während des Abschlußplenums des 2. bundesweiten Kongresses „Frauen gegen Gen- und Reproduktionstechnologien" wurden die anfangs eingebrachten Resolutionen unserer ausländischen Freundinnen und Mitstreiterinnen mit überwältigendem Beifall verabschiedet.

Die Kongreßresolution, die Resolution zu Ingrid Strobl, die ergänzenden Forderungen der Teilplenen sowie weitere Resolutionen zur Kriminalisierung, sind z. T. verabschiedete Resolutionen und z. T. als Diskussionsergebnisse oder Meinungsbilder des Kongresses und der Diskussion innerhalb der Frauenbewegung zu verstehen.

Kongressresolution

Dieser Kongreß mit über 2000 Frauen ist die Weiterführung der Diskussionen, die 1985 auf dem ersten bundesweiten Kongreß von Frauen gegen Gen- und Reproduktionstechnologien begonnen haben. Es gibt seither einen kontinuierlichen Zusammenhang auf nationaler und internationaler Ebene. Es hat Kampagnen, Veranstaltungen, Aktionswochen wie z. B. die erfolgreiche Verhinderung der Leihmütteragentur in Frankfurt gegeben. Das Ergebnis unserer Diskussionen der vergangenen Jahre und dieser letzten Tage steht fest:

Wir Frauen lehnen die Erforschung und Anwendung der Gen- und Fortpflanzungstechnologien ab.

Unsere 1985 formulierten Ausblicke und Einschätzung der Weiterentwicklung der Gen- und Fortpflanzungstechnologien sind durch die Ereignisse der vergangenen drei Jahre bestätigt, z. T. sogar übertroffen worden.

Wir sehen heute noch deutlicher die diesen Technologien innewohnenden politischen, wirtschaftlichen und militärischen Interessen:
– eine umfassendere Beherrschung von Frauen, nicht nur in unseren reproduktiven Fähigkeiten, sondern in unserem gesamten Leben;
– die Erschließung, Aneignung, Verwertung und Vermarktung alles Lebendigen;
– die Zurichtung von Leben, auch von menschlichem Leben, nach Interessen und Kriterien der industriellen Produktion;

- die Vernichtung von nichtangepaßtem, nicht profitablem Leben;
- die Erfassung und Kontrolle sozialen Lebens;
- der Versuch, mit einer neuen Form des Krisenmanagements ökologische und soziale Probleme handhabbar zu machen.

Die neuen Reproduktions- und Gentechnologien treffen und betreffen Frauen weltweit in sehr unterschiedlichen Lebensbedingungen.

Die Existenz einer imperialistischen Weltwirtschaftsordnung macht uns hier zu den Nutznießerinnen einer weltweit organisierten Ungleichheit. So werden zur Sicherung unseres Überflusses in der industrialisierten Welt und zur Bekämpfung einer konstruierten Bevölkerungsexplosion Frauen der sog. „3. Welt" zu Versuchskaninchen und ihre Länder zum Versuchsgelände für Produkte der Industrie- und Forschungsmafia gemacht:

- ein gentechnisch erzeugter Anti-Schwangerschafts-Impfstoff wird an Frauen in Brasilien getestet;
- ein Tierimpfstoff gegen Tollwut wurde heimlich in Argentinien erprobt.

Vorangetrieben und abgesichert werden die Projekte der Genforscher und Betreiber von internationalen Einrichtungen wie WHO, OECD usw.

Die Gen- und Reproduktionstechnologien werden uns Frauen als Erweiterung unserer Selbstbestimmung verkauft. So werden wir mit unserer Forderung nach selbstbestimmtem Leben mit einer Wegwerffreiheit (junk liberty) abgespeist, die den „Technodocs" die Freiheit gibt, über unsere Körper zu verfügen. Anstelle von Selbstbestimmung bleibt nur noch das „Recht" auf Eigentum und Verkauf des eigenen Körpers (bzw. der Körperteile).

Die Medizin wird mit diesen Technologien zu einem verfeinerten Instrument in der Tradition der Auslese und Ausmerze unerwünschten Lebens. Sie legitimiert mit ihrem Anspruch von Heilung und Hilfe eine pervertierte Krankheitsprävention, die nicht Krankheitsursachen, sondern angeblich genetisch anfällige Menschen aufspüren und verhindern will. So lautet das klare Ziel des EG-Programms „Prädiktive Medizin" zur Entschlüsselung der menschlichen Erbsubstanz.

Mit den Gen- und Reproduktionstechnologien wird die Grenze zwischen wissenschaftlichem Zugriff und industriellem Zuschnitt der Natur völlig aufgehoben. Denn bei jedem gentechnischen Experiment geht es darum, Lebewesen als profitable Molekülmaschinen neu zu konstruieren. Auch in der sog. Grundlagenforschung ist das Ziel nicht Erkenntnisgewinn, sondern Beherrschung und Profitmacherei, wie das schon eröffnete Rennen auf Genpatente zeigt.

Zunehmend fordern nicht nur Politiker und Wissenschaftler, sondern auch Industrievertreter gesetzliche Regelungen der Gen- und Fortpflanzungstechnologien. Damit wird deutlich, daß es hier um die Legalisierung der Technologie geht, um die Sicherung ihres so definierten „gesetzmäßigen" Gebrauchs. Mit der Verabschiedung von Gesetzen soll so vor allem die öffentliche Debatte abgeschwächt werden. Gleichzeitig soll durch die Verfolgung von Frauen eine radikale Ablehnung kriminalisiert werden.

Unsere Kritik und Aktivitäten werden von den Betreibern, Forschern und verantwortlichen Politikern ernst genommen, denn sie haben bereits Konsequenzen aus unserem Widerstand gezogen. Sie wählen ihre Propagandalinie immer gezielter aus, argumentieren mit Krebs, AIDS und dem Hunger in der Welt und mit den Bedürfnissen von Frauen. Sie drohen mit Export von Forschung und Arbeitsplätzen in anderen Ländern, organisieren Polizeischutz für ihre Labore und Produktionsanlagen.

Wir fühlen uns in unserer Absicht bestärkt, öffentlich zu debattieren, nach widerständigen Frauenpositionen zu suchen, uns international zu treffen und zu organisieren. Wir möchten nach diesem Kongreß klarer denken, grundsätzlicher fragen, entschlossener handeln und widerspenstiger leben!

Wir Lesben greifen die Reproduktions- und Gentechnologien in ihrer Funktion an, Zwangsheterosexualität aufrechtzuerhalten und zu verstärken.

Wir benennen den Heterosexismus als immanenten Bestandteil dieser Technologien. Heterosexismus ist eine Form von Sexismus, die sich nicht nur unserer Sexualität und unserer Gefühle bemächtigt, sondern die unser gesamtes Leben auf Männer ausrichten will.

Wir fordern *alle* Frauen auf, Heterosexismus als patriarchales Machtinstrument der Normierung auf allen Ebenen, d. h. auch in uns selbst, zu erkennen und zu bekämpfen!

Solidarität mit Ingrid Strobl

Wir sind an diesem Wochenende mit über 2000 Frauen aus zahlreichen Ländern zusammengekommen, um unser Wissen über die Machenschaften der Bevölkerungsstrategen, der Reproduktionskontrolleure, der Genvoyeure und Genzerstückler offenzulegen und um gemeinsam weitere Möglichkeiten zu entwickeln, ihnen in ihr Unwerk zu pfuschen.

Wir haben uns auch getroffen, um unsere Solidarität mit den Frauen zu zeigen, die seit Ende 1987 vom BRD-Staat verfolgt, kriminalisiert und in Haft gehalten werden, weil sie sich in ungenügender Weise an rechtsstaatlich-patriarchale Normen und Gesetze angepaßt haben sollen. Der Vorwurf gegen die Frauen: Mitgliedschaft in der „Roten Zora" oder den „Revolutionären Zellen".

Wir freuen uns, daß Ulla Penselin wieder frei ist und an diesem Kongreß teilnehmen konnte. Wir sehen einen Grund für ihre Verhaftung im Dezember in ihrem frauenpolitischen Engagement zu Bevölkerungspolitik und den

Reproduktions- und Gentechnologien. Ihre Freilassung erfolgte nicht zuletzt auf den starken öffentlichen Druck hin.

Dieser hat offensichtlich noch nicht ausgereicht, um auch Ingrid freizubekommen. Sie ist – wie ihr schriftlicher Beitrag zu diesem Kongreß am Freitagabend gezeigt hat – weiterhin ungebeugt in Beugehaft. Von ihr wird verlangt, die Person zu benennen, der sie einen Wecker gegeben haben soll, der angeblich bei einem Anschlag benutzt worden sein soll. Sie weigert sich, einen Namen zu nennen, weil es zu ihrer politischen Moral gehört, daß sie andere Menschen nicht einer zermürbenden, womöglich zerstörenden Verfolgung durch diesen Staat aussetzt. Sie sagt dazu selbst: „...wenn ich diese Haltung aufgebe, bin ich nicht mehr ich. Und das wäre ein noch viel fundamentalerer Eingriff in mein Leben als das Gefängnis."

Wir fordern die sofortige Freilassung von Ingrid Strobl und die Einstellung aller bekannten und unbekannten Ermittlungsverfahren!

FORDERUNGEN DER TEILPLENEN

Wissenschaftskritik

Wir kritisieren grundsätzlich eine Wissenschaft, die die Gen- und Reproduktionstechnologien hervorgebracht hat. Wir fordern deshalb auch den sofortigen Ausstieg aus den Techniken, für die uns diese Technologie als Lösung angeboten wird, wie z. B. industrielle Landwirtschaft, chemische Industrie und Kernspaltungstechnologie.

Wir sprechen dieser Wissenschaft die Definitionsmacht darüber ab, was Leben und lebendig ist. Ihr Ziel ist die totale Kontrolle alles Lebendigen und führt zur Zerstörung von uns wichtigen Lebenszusammenhängen.

Wir setzen dem eigene Entwürfe entgegen, die sich aus Bedürfnissen unserer Lebenszusammenhänge bestimmen. Das ist Ausdruck unserer Würde.

Gen- und Reproduktionstechnologie wird die Unterschiede zwischen arm und reich verschärfen und ist ein Teil eines Entwicklungsmodells, das die Lösungen von Frauen für ihre Probleme und Lebensbedingungen z. B. im Bereich Gesundheit und Landwirtschaft ignoriert und zunichte machen kann.

Konkrete Forderungen:
- keine Freisetzung gentechnologisch veränderter Organismen;
- keine Patentierung von Lebewesen;
- keine Inbetriebnahme gentechnischer Produktionsanlagen;

- Stop des EG-Projekts „prädiktive Medizin";
- Zurverfügungstellung der dafür bewilligten Gelder (65 Mill. ECU) für die Frauenbewegung und ihre Gesundheitsprojekte.

Frauen und Medizin

Wir begreifen Medizin als Herrschaftsinstrument, um Kontrolle über unseren Körper, unsere Reproduktionsfähigkeit, unser Leben zu erlangen; um eine Aufteilung in „wertes", „verwertbares" und „unwertes" Leben durchzusetzen.
Diese Funktion und Zielsetzung lehnen wir grundsätzlich ab.

Wir brauchen und fordern Frauenräume außerhalb dieser patriarchalen Medizinstruktur, um
- unsere eigene Forschung zu betreiben;
- unsere eigene Ausbildung zu organisieren;
- Strukturen zu entwickeln, in denen die Klärung von Widersprüchen möglich ist (z. B. einerseits beteiligen wir uns an Impfprogrammen, andererseits wissen wir, daß Impfstofforschung immer Bezug zu militärischer Forschung und zu Menschenversuchen in der „3. Welt" hat);
- für jede von uns Möglichkeiten zu schaffen, Kenntnisse über den eigenen Körper zu gewinnen;
- nicht mehr individualisiert die Auseinandersetzungen mit Medizinern führen zu müssen;
- der Ausgrenzung behinderter und kranker Menschen eine Praxis entgegenzusetzen, in der die Zusammenarbeit und der Erfahrungsaustausch mit ihnen Bestandteil unseres Alltags wird.

Wir sind uns bewußt, daß Inhalte der herrschenden Medizin in unsere alternativen Strukturen transportiert werden können. Wir wollen nicht gleiche Inhalte von Forschung, gleiche Vorstellungen von Krankheit und Gesundheit mit einem freundlichen Lächeln an die Frau bringen.

Deshalb ist die Entwicklung von Alternativen nur in Verbindung mit der Kritik an Inhalt und Struktur herrschender Medizin möglich.

Die Krankenkassen, mit ihren z. T. faschistisch tradierten Strukturen, die heute von den Interessen der Ärzteschaft und der Pharmaindustrie bestimmt sind, begreifen wir als einen wesentlichen Bestandteil dieses Systems. Wir fordern die Möglichkeit selbstverwalteter Organisation sozialer und finanzieller Absicherung und Versorgung.

Wir fordern die Umverteilung der Forschungsgelder zu Gunsten der Frauengesundheitszentren, Frauenbildungseinrichtungen, Gesundheitsläden und Initiativen, die die Kritik an dieser Herrschaftsmedizin vertiefen und verbreiten und die Entwicklung einer menschenfreundlicheren Heilkunde verfolgen.

„Wollen wir für ein Verbot der Reproduktions- und Gentechnologien kämpfen?"
Ergebnis:
Wir, die Teilnehmerinnen des 2. Kongresses „Frauen gegen Gen- und Reproduktionstechnologien", wenden uns gegen jede Form, Reproduktions- und Gentechnologien zu legalisieren.
Begründung:
Sowohl der Diskussionsentwurf eines Embryonenschutzgesetzes von 1986 als auch die aktuelle Kabinettsvorlage der Bundesregierung und auch der Grünen gehen von der grundsätzlichen Notwendigkeit der Technologien aus und werden deshalb von uns abgelehnt.

Diese Gesetzesentwürfe sollen für In-vitro-Befruchtung, pränatale Diagnostik und Embryonenforschung eine breite Akzeptanz in der Bevölkerung schaffen, vor allem indem sie vorgeben, sog. Mißbräuche durch strafrechtliche Sanktionen einzuschränken.

Unter dem Vorwand, vereinzelt Frauen helfen zu können, wird auf breiter Ebene eine Bevölkerungspolitik von Auslese und Ausmerze etabliert.

Wir fordern den Widerstand gegen Gen- und Reproduktionstechnologien in allen Formen und auf allen Ebenen:
von Pressearbeit, Aufklärungsarbeit durch Frauengruppen bis hin zu Gemeindearbeit und Demonstrationen als einer Variante des praktischen Widerstandes.

Wir fordern die Schließung humangenetischer Beratungsstellen.

Wir wenden uns gegen die Kriminalisierung der GegnerInnen von Gen- und Reproduktionstechnologien.

FREIHEIT FÜR INGRID STROBL!

Internationale Solidarität

Direkte und strukturelle Gewalt gegen Frauen (Vergewaltigung, Zwangssterilisation, Folter, Ausbeutung und Femizid) zwingen Millionen von Frauen zu fliehen.

Sexuelle Gewalt ist politische Gewalt, um das Herrschaftsverhältnis von Männern über Frauen international wiederherzustellen und zu erhalten.

Wir fordern Öffnung der Grenzen, keine Abschottung der europäischen Staaten gegen die Menschen aus der sog. Dritten Welt.

Stoppt den Rassismus, Sexismus und Heterosexismus.

Abtreibungsprozeß in Sevilla / Spanien

Aus Andalusien grüßt das Kollektiv „Los Naranjos" den Kongreß.

Ich bin gekommen, um euch um eure Unterstützung zu bitten für den längsten Abtreibungsprozeß in ganz Europa.

Wir haben das Kollektiv gegründet, weil wir das Recht auf Abtreibung in unserem Land mit der Praxis erzwingen wollten. Außerdem wollten wir anregen, daß weitere ähnliche Gruppen im ganzen Land entstünden. Wir arbeiteten mit der Absaugmethode.

„Los Naranjos" entstand im Januar 1980 – im Oktober desselben Jahres wurde es von der Polizei geschlossen. In diesen neun Monaten kamen mehr als 400 Frauen aus allen Gegenden Spaniens zu uns. Wir veröffentlichten eine kleine Zeitschrift mit dem Titel „Aborte ano zero" (Abtreibung im Jahr Null). Alle Entscheidungen von „Los Naranjos" wurden kollektiv gefällt. Nach einiger Zeit eröffneten wir ein Familienplanungszentrum und eine Akupunkturpraxis. Neben der Beratung hielten wir Vorträge über Sexualität, Familienplanung und Abtreibung in Nachbarschaftszentren und in andalusischen Dörfern.

Unsere Festnahme löste eine Protestwelle in ganz Spanien und im Ausland aus. Acht Jahre nach unserer Festnahme fordert die Staatsanwaltschaft Gefängnisstrafen zwischen 6 Monaten und 4 Jahren.

Gegenwärtig gibt es in Spanien ein Abtreibungsgesetz, das die Männer an der Macht im Juli 1985 ausgearbeitet haben. Dieses Gesetz hat überhaupt nichts mit der Realität von uns Frauen zu tun, weil es die sozialen Gründe, die zu Abtreibungen führen, nicht anerkennt.

Wir protestieren gegen die Regierungen, die uns das Recht verweigern, dann Mutter zu werden, wenn wir das wollen, und die mit ihrem Fortschritt uns das Recht auf unsere Selbstbestimmung aus der Hand nehmen wollen und deren Ziel es ist, Menschen in die Welt zu setzen, die sich den Interessen des Kapitals restlos beugen.

Sie sind neidisch auf die Macht, die die Natur uns gegeben hat. Aber wir Frauen wissen mit jedem Tag besser, daß wir unsere schöpferische Kraft in Frieden und Freiheit entfalten wollen. Und wir sind stolz auf unseren Unterschied.

Weitere Informationen:
Eloisa Galindo López / Calle Torreblanca no 1
41003 Sevilla / Spanien
Tel. 00 34-54-38 06 26

Dorothea Hahnl
Adolfstr. 101
1000 Berlin 41
Tel. 030 / 793 12

Wir verurteilen die Politik der spanischen Regierung und des spanischen Parlaments, die in diesem Monat die Verabschiedung des weltweit ersten Gesetzes über Gen- und Reproduktionstechnologien ermöglicht hat. Wir lehnen dieses Gesetz als Dokument institutionalisierter Frauenverachtung von Staat, Wissenschaft und Medizin ab und verurteilen diese Form der Förderung der Industrialisierung der Menschenproduktion als rassistische, sexistische und behindertenfeindliche Politik.

Für uns sind die Gen- und Reproduktionstechnologien keine medizinischen Diagnose- und Therapiemethoden, sondern neue Formen von Gewalt, durch die Frauen als Versuchsobjekte mißbraucht und ausgebeutet werden, durch die menschliches Leben zu biologischem Material für genetische Forschung, Selektion und Ausmerze degradiert wird.

Wir erklären, daß wir alle Bemühungen unterstützen werden, die die kritische Auseinandersetzung mit diesem Gesetz ermöglichen und die Streichung dieses Gesetzes zum Ziel haben.

Wir werden versuchen zu verhindern, daß dieses Gesetz als Vorbild der Gesetzgebung in anderen Staaten oder Staatengemeinschaften, wie z. B. derzeit in der EG, benutzt und verallgemeinert werden kann.

Zur Anklage gegen Aurelia Weikert und Johanna Riegler wegen Geschäftsschädigung – Wien

Die Teilnehmerinnen des 2. bundesweiten Kongresses „Frauen gegen Gen- und Reproduktionstechnologien", Frankfurt/M., 28.–30.10.1988, haben mit großem Staunen erfahren, daß gegen zwei Teilnehmerinnen in Österreich ein Strafverfahren eingeleitet wurde, weil sie sich kritisch mit Reproduktionstechniken in ihrem Land journalistisch auseinandergesetzt haben.

Viele von uns arbeiten seit Jahren zu den Gefahren, die uns Frauen durch die Anwendung der Repro- und Gentechnik drohen. Inzwischen haben viele von uns ihre Kritik journalistisch zum Ausdruck gebracht.

Insbesondere die Anwendung des sogenannten Clomiphen zur Superovulierung von Frauen im Rahmen der Anwendung der neuen Reproduktionstechnologien wurde mehrfach öffentlich mit guten Gründen kritisiert.

Aurelia Weikert und Johanna Riegler haben diese Kritik in ihr Land hineingetragen und anhand praktizierender Ärzte deutlich gemacht. Die Reaktion war eine strafrechtliche Klage wegen „Kreditschädigung" und „Schädigung des beruflichen Fortkommens" seitens der Ärzte.

Wir lehnen dieses Verhalten nicht nur aus Gründen der uns selbstverständlichen Meinungsfreiheitsrechte ab. Wir wenden uns auch schärfstens gegen diesen Versuch der Gen- und Reproduktionstechnokraten, jegliche

Kritik an den Technologien mittels Kriminalisierung der Gegnerinnen im Keim zu ersticken.

Das Unbehagen der Betreiber der Gen- und Reproduktionstechnologien steigt mit dem Anwachsen einer kritischen Öffentlichkeit.

Wir werden uns davon nicht einschüchtern lassen und fordern die sofortige Einstellung des Verfahrens.

RESOLUTIONEN VON INLÄNDISCHEN FRAUEN

Zur Kriminalisierung und zur Situation politischer Gefangener

Die Auseinandersetzung über die Situation der Gefangenen muß von den grundsätzlich unterschiedlichen gesellschaftlichen Bedingungen von Frauen und Männern ausgehen und die unterschiedlichen Zielsetzungen staatlicher Repression thematisieren. Institutionen wie Knast und Psychiatrie dienen dazu, Frauen, die nicht mehr verwertbar sind, auszugrenzen oder ihre Verwertbarkeit mittels besonderer – auf Frauen ausgerichteter – Maßnahmen wiederherzustellen.

Für Frauen im Knast heißt das u. a.:
– *Sexuelle Gewalt gegen Frauen*
Sexistische Anmache, gynäkologische Zwangsuntersuchungen, Vergewaltigung im Knast
– *Rollenspezifische Arbeit und Ausbildung für Frauen*
z. B. Arbeit als Putzfrau im Frauenknast, Ausbildung zur Schneiderin, Friseuse.
Frauen werden gegen Frauen eingesetzt und ausgespielt. Konkurrenzverhalten unter den Frauen wird bewußt forciert. Schließerinnen, Psychologinnen etc. arbeiten gegen gefangene Frauen.

Nur in selbstbestimmten Zusammenhängen mit anderen Frauen können wir im gemeinsamen Kampf die patriarchalen Strukturen drinnen und draußen durchbrechen.

Für ein kollektives und selbstbestimmtes Leben von Frauen.

Liebe und Kraft an Ingrid.

Wir fordern:
– Abschaffung der Isolation und Kleingruppenisolation; Auflösung der Zwangsgemeinschaften, kein Knast im Knast
– freie Entscheidung für alle Gefangenen über das Wie und mit wem sie innerhalb der Knäste zusammenleben und zusammenkommen
– Zusammenlegung der politischen Gefangenen in große selbstbestimmte Gruppen

- unbehinderte Information und Kommunikation
- keine gynäkologischen und sonstigen Zwangsuntersuchungen, keine pharmazeutischen und psychiatrischen Zwangsbehandlungen, freie Ärztinnenwahl
- Freilassung von Claudia Wanersdorfer, Angelika Goder, Bernd Rössner und Günther Sonnenberg und allen haftunfähigen Gefangenen
- uneingeschränkte Information und Diskussion über die Situation von politischen Gefangenen und deren Forderung nach Zusammenlegung.

Wir erklären unsere Solidarität mit Janin und Wolli, deren § 129 a-Prozeß am 8. November '88 vor dem OLG München beginnt.

Widerstand gegen Atomtechnik und zur Solidarität mit Sonja Badura

Wir Frauen vom 2. bundesweiten Kongreß „Frauen gegen Gen- und Reproduktionstechnologien" wissen, daß diese sog. „Technologien", nämlich Gen- und Reproduktions-Terror, *eine* Seite der Machtstrukturen kapitalistisch-patriarchaler Herrschaft sind. Die sog. „Atomtechnik", nämlich Atom-miß-Wirtschaft und Atommilitarismus, ist die dazugehörende *andere* Seite. Angeblich sollen die sog. Gen- und Reproduktionstechnologien im Atomzeitalter bei Unfällen jeder Größenordnung in dieser todbringenden Energie-Produktion sowie bei angeblich begrenzbaren sog. atomaren Konfliktfällen zur Reparaturwerkstatt entstehender nuklearer Schäden an den Lebewesen taugen. Seit Tschernobyl ist dies als doppelte Augenwischerei ganz offenbar geworden. Weder sind die Risiken der Gen- und Reproduktionstechnologien, die unentwegt geleugnet und verharmlost werden, überschaubar, noch ist das sog. „Restrisiko" kalkulierbar, das von den Atomtechnokraten mit ungeheurer Menschenverachtung bereits „eingeplant" wird.

Ein Supergau in den Gen- und Reproduktionstechnologien hat ebenso unaufhaltsame Folgen.

Wir wollen weder das eine noch das andere. „Die Würde des Menschen ist unantastbar" – dieser Grundsatz wird nur gewahrt, wenn Leib und Leben der Menschen unangetastet bleiben. Die Gen- und Reproduktionstechnologien wie auch die Atomtechnik aber vernichten, beschädigen, normieren und selektieren Leben. Wir wollen Leben in seiner ganzen Vielfalt und entsprechend vielfältige Lebens- und Meinungsäußerungen!

Tschernobyl '86, Ramstein '88, die AIDS-Repressionen sind aktuelle Anlässe zum notwendigen Widerstand. Weltweit hat dieser Widerstand z. B. erzwungen, in Teilbereichen den atomaren Wahnsinn zu stoppen. Der gerade beginnende Abbau der atomaren Mittelstreckenraketen ist ein deutliches Zeichen. Gleichzeitig werden Frauen und Männer, die gegen die Todes-Technologien Widerstand leisten, verfolgt. Am 11.10.88 ist Sonja

Badura in der JVA Bühl bei Karlsruhe gefangengenommen worden, weil sie 4 Jahre zuvor, am 27.8.84, in einer großen Gruppe von Frauen an der Militärbasis Hasselbach im Hunsrück an einer Protestaktion des Frauen- und Friedenswiderstands gegen atomaren und militaristischen Wahn teilgenommen hat und sich in den Jahren danach trotz Strafandrohungen, Fahndung, Verfolgung und Diskriminierung nicht daran hindern ließ, in *allen* Bereichen der lebensfeindlichen Technologien weiterhin öffentlich kollektiven Widerstand zu leisten.

WIR FORDERN:
- allgemeine Amnestie für alle am atomaren Widerstand beteiligten Frauen und Männer!
- Sofortige Freilassung aller verhafteten AtomgegnerInnen!
- Sofortige Einstellung aller Verfahren und Fahndungen!
- Sofortige Freilassung von Sonja Badura aus der JVA Bühl!

ADRESSEN:

FFBIZ e. V.
Frauenforschung-, -bildungs- und -informationszentrum e. V.
Danckelmannstr. 15 u. 47
1000 Berlin 19
Tel.: 030/3221035 ∅ (Mo.–Fr. 10–12 Uhr
Öffnungszeiten: Di. 14–18 Uhr, Do. 10–13 Uhr, Fr. 15–22 Uhr)
Präsenzbibliothek, deutsch- und fremdsprachige Frauenzeitschriften,
Zeitungsausschnittarchiv zur neuen Frauenbewegung u. a. Schwerpunkt
Gen- und Reproduktionstechnologien.

Feministisches Frauen Gesundheits Zentrum, FFGZ
Bamberger Str. 51
1000 Berlin 30
Tel.: 030/2139597 (Di. 11–14 Uhr, Do. 11–14 u. 17–19 Uhr)
Seit 14 Jahren Kurse, Beratungen, Vorträge zu Themen wie: Selbstuntersuchung, gynäkologische Erkrankungen, Verhütung, ungewollte Kinderlosigkeit, Humangenetik, Schwangerschaft, Wechseljahre, AIDS, Ernährung; Herausgeberin der Zeitschrift CLIO.

Gen-ethisches Netzwerk
Potsdamer Str. 96
1000 Berlin 30
Tel.: 030/2618500 (werktags 10–17 Uhr)
Archiviert und verbreitet Informationen zu Gen-, Bio- und Fortpflanzungstechnologien. Vermittelt WissenschaftlerInnen für Vorträge/Gutach-
ten. Gibt monatlich den Gen-ethischen Informationsdienst (GID) heraus.

E.coli-bri
c/o AIZAN
Clemens-Schulz-Str. 26
2000 Hamburg 4
Unregelmäßig erscheinende Zeitschrift zu Materialien gegen Gentechnologie und Bevölkerungspolitik.

ASTA-Referat
„Frauen gegen Gen- und Reproduktionstechnologien"
zu Hd. Frau Sommer
Erlenring 5
3550 Marburg/L.
Tel.: 06421/24678 (Mo.–Fr. 12–14 Uhr)

Schwerpunkt: Humangenetik und Humangenetische Beratungsstellen. Aufbau eines Frauenarchives u. a. zu Gen- und Reproduktionstechnologien.

Frauenzentrum
„Frauen gegen Bevölkerungspolitik"
Schmidstr. 12
4630 Bochum
Tel.: 0234/683194
  Arbeitet seit mehreren Jahren zu Bevölkerungspolitik, zu Bevölkerungspolitik in der BRD sowie Gen- und Reproduktionstechnologien.

Genarchiv
Führichstr. 15
4300 Essen
Tel.: 0201/743524 (Öffnungszeit: Di. 14–18 Uhr)
  Seit 1985 Archiv zu Gen-, Bio- und Reproduktionstechnologien. Stellt Material und Diaserie zur Verfügung und vermittelt Referentinnen.

Arbeitsbereich „Gen- und Fortpflanzungstechnologien"
Die Grünen im Bundestag
5300 Bonn 1
Tel.: 0228/169162 od. 167059
  Informationen zu parlamentarischen Beratungen und zu Positionen sowie Aktivitäten der Grünen.

FINRRAGE
c/o Feministisches Frauengesundheitszentrum
Hamburger Allee 45
6000 Frankfurt/M. 90
Tel.: 069/701218 (Di. 17–20 Uhr)
  Internationales Feministisches Netzwerk des Widerstandes gegen Gen- und Reproduktionstechnologien: Kontaktfrauen/-gruppen in 25 Ländern; Erstellung von Informationspaketen; Vermittlung von Referentinnen.

Feministisches Frauengesundheitszentrum
Hamburger Allee 45
6000 Frankfurt/M. 90
Tel.: 069/701218 (Mo., Mi., Fr. 11–13 Uhr, Di. 17–19 Uhr)
  Beratung, Kurse und Vorträge zu: Reproduktionsmedizin, Abtreibung, Gesundheit/Verhütung, Schwangerschaft/Geburt, Vergewaltigung, mißhandelte Frauen, sexueller Mißbrauch, psychologische Therapie; Broschüre für ungewollt kinderlose Frauen.

„Reproductive and Genetic Engineering: Journal of International Feminist Analysis" (RAGE)

Redaktion:
Jalna Hanmer
School of Applied Social Studies
University of Bradford
Bradford, West Yorkshire BD7 1DP
England

Bestellungen:
Pergamon Press
Hammerweg 6
6242 Kronberg/T.

GABI ABELS, 25 Jahre, Studentin der Soziologie und Politik, arbeitet seit 2 Jahren im ASTA-Referat „Frauen gegen Gen- und Reproduktionstechnologien", Marburg.

MALIN BODE, 35 Jahre, lebt in Bochum und ist Redakteurin der feministischen Rechtszeitschrift STREIT.

GENA COREA, US-Journalistin, Autorin „MutterMaschine", Mitherausgeberin der Zeitschrift RAGE, Mitbegründerin der Nationalen Koalition gegen Leihmutterschaft und von FINRRAGE.

THERESIA DEGENER, Juristin, Studium in Frankfurt und Berkeley (USA), Mitglied in FINRRAGE und Forum der Krüppel- und Behinderteninitiativen.

ISABELA ESCOBAR, lebt in San Salvador, aktiv in der Frauenvereinigung El Salvadors CONAMUS.

SUSANNE EBNER, 31 Jahre, Ärztin, Mitarbeit im Genarchiv, Essen.

MECHTHILD EICKEL, 39 Jahre, Gemeindeschwester, Mitarbeit im Genarchiv, Essen.

GRUPPE „FRAUEN GEGEN BEVÖLKERUNGSPOLITIK", Bochum, arbeitet seit mehreren Jahren zu internationaler Bevölkerungspolitik, zu Bevölkerungspolitik in der BRD und Gen- und Reproduktionstechnologien.

GISELA FREDERKING, 40 Jahre, lebt in Hamburg und arbeitet dort in einem Anwältinnenbüro.

CLAUDIA FALLEY, 24 Jahre, Studentin der Sozialwissenschaften, Mitarbeit im Genarchiv, Essen.

GERDA FREISE, geb. 1919, berufstätig als Chemikerin, Volksschullehrerin und Erziehungswissenschaftlerin, Schwerpunkt: Didaktik der Naturwissenschaften.

EVA FLEISCHER, 25 Jahre, Sozialarbeiterin, Mag. (Päd./Pol.Wi), aktiv in Frauengruppen gegen Gen- und Reproduktionstechnologien und Frauengesundheitszentrumsgruppen.

SYLVIA GROTH, 34 Jahre, Soziologin, arbeitet seit sechs Jahren im Feministischen Frauengesundheitszentrum Berlin und in der FINRRAGE-Regionalgruppe.

GISELIND GROTTIAN, Studium der Pharmazie und Soziologie, arbeitet zur Gesundheit ausländischer Frauen und Gen-/Reproduktionstechniken an der TUB.

GISELA GRÄNING, Dipl.-Biologin, promoviert in Immunologie, Frauengruppe „Gen- und Reproduktionstechnologien", z. Zt. Arbeitsstelle Frauenförderung der Uni Hamburg.

MARTINA HAMMEL, geb. 1959, Informatikstudentin, arbeitet in der Gruppe „Frauen gegen Gen- und Reproduktionstechnologien" im Feministischen Frauengesundheitszentrum, Frankfurt.

JALNA HANMER, Dozentin für Frauenstudien an der Universität Bradford, FINRRAGE-Mitglied und Herausgeberin von RAGE, aktiv in der Frauenhausbewegung.

BIRGIT HEINZ-FISCHER, geb. 1960, Dipl.-Biologin, arbeitet in der Gruppe „Frauen gegen Gen- und Reproduktionstechnologien" im Feministischen Frauengesundheitszentrum, Frankfurt.

HEIDRUN KAUPEN-HAAS, geb. 1937, Soziologiestudium und spätere Forschungstätigkeit in Köln, seit 1974 geschäftsführende Direktorin des Instituts für Medizinsoziologie, Universität Hamburg.

IRENA KOH, in den 70er Jahren in der Studenten- und Frauenbewegung Singapurs aktiv. Lebt und arbeitet als politisch Verfolgte in den Niederlanden.

RENATE KLEIN, Schweizer Soziologin und Frauenforscherin, Mitherausgeberin verschiedener Zeitschriften und Bücher zur Frauenforschung und Reproduktionstechnologie, derzeit Forschungsprojekt in Australien.

SWANTJE KÖBSELL, geb. 1958, Studium der Behindertenpädagogik in Bremen, Autorin eines Buches zur Zwangssterilisation behinderter Frauen, ehem. Mitarbeiterin bei der Behindertenberatungsstelle „Selbstbestimmtes Leben", Bremen.

RITA KRONAUER, Bochum, lebt und arbeitet seit mehreren Jahren in Frauen- und Lesbenzusammenhängen.

JOAN MURPHY, 40 Jahre, hat einen zweijährigen Sohn Francis Flurin, arbeitet seit 10 Jahren im Feministischen Frauengesundheitszentrum, Berlin.

MARIA MIES, seit 1969 aktiv in der Frauenbewegung, Mitbegründerin verschiedener feministischer Projekte, arbeitet u. a. zu feministischer Wissenschaftskritik und „Frauen, Ökologie und Subsistenz".

DESSA ONESMUS, lebt in Namibia, diplomierte Krankenschwester, unterrichtet Hebammen und Krankenschwestern, aktiv in der Basisgesundheitsbewegung und beim „Namibian Women's Voice".

VIBHUTI PATEL, promovierte Sozialwissenschaftlerin, lebt in Bombay, Mitarbeiterin bei der Zeitschrift „Radical Journal of Health" und dem „Women's Center".

ULLA PENSELIN, 38 Jahre, Setzerin in Hamburg, arbeitet seit Jahren zusammen mit anderen Frauen gegen Bevölkerungspolitik.

REGINE RÖRING, geb. 1951, Dipl.-Soziologin, seit 1983 Mitarbeiterin im Feministischen Frauen Gesundheits Zentrum Berlin, Mitherausgeberin der Zeitschrift Clio.

GABY RUELMANN, 28 Jahre, Studium der Sonder- und Heilpädagogik/Dipl.-Pädagogik, arbeitet seit 4 Jahren im ASTA-Referat „Frauen gegen Gen- und Reproduktionstechnologien", Marburg, FINRRAGE.

HELGA SATZINGER, Dipl.-Biologin, FINRRAGE-Gruppe Berlin, arbeitet freiberuflich in der Erwachsenenbildung, Gentechnik- und fem. Naturwissenschaftskritik, Frauen in der „Dritten" Welt.

INGRID STROBL, geb. 1952, Germanistin und Literaturwissenschaftlerin, seit 1979 in der BRD und dort als freie Autorin tätig.

EVA SCHINDELE, geb. 1951, Studium der Sozial- und Erziehungswissenschaft, lebt in Bremen mit Mann und zwei kleinen Kindern, freie Journalistin, aktiv im Bremer Genforum, FINRRAGE.

DORIS SCHÄFER, 30 Jahre, Krankenschwester, Studentin der Humanbiologie, arbeitet seit einem Jahr im ASTA-Referat „Frauen gegen Gen- und Reproduktionstechnologien", Marburg.

DEBORAH STEINBERG, 27 Jahre, lebt in Birmingham, arbeitet in der Frauenforschung, 1987–1989 internationale Koordinatorin von FINR-RAGE, Mitherausgeberin des Buches „Made to Order".

ROSCHA SCHMIDT, Politologin, 35 Jahre, seit 1982 aktiv in der Frauengesundheitsbewegung, zunächst im Kampf gegen §218, seit 1986 Mitarbeiterin des Feministischen Frauen Gesundheits Zentrum Berlin.

SABINE SCHLEIERMACHER, geb. 1957, Mag. Theol., wiss. Mit. des Inst. für Medizinsoziologie, Universität Hamburg, und beim Verein zur Erforschung der NS-Gesundheits- und Sozialpolitik.

ANNE WALDSCHMIDT, geb. 1958, Studium der Sozialwissensch. in Bremen und Edinburgh, aktiv in der Behinderten- und Frauenbewegung, wissenschaftl. Mitarbeiterin bei der Bundestagsfraktion „Die Grünen" zum Bereich Gen-/Reproduktionstechnologien.

JULIANE WESTPHAL, Künstlerin, hat zusammen mit Inge Luttermann das Buch „Verwandlungen im Kleinsten" veröffentlicht.

BEATE ZIMMERMANN, 40 Jahre, Ärztin mit Tätigkeit im Genarchiv, Essen, und eigener Praxis.

HERAUSGEBERINNEN:

PAULA BRADISH, geb. 1953, Studium der Biologie und Russisch, Arbeit in der Molekularbiologie, Lehre, Erwachsenenbildung, als Übersetzerin und in versch. Frauengruppen in Berlin und bei FINRRAGE, insb. zur feministischen Wissenschaftskritik.

ERIKA FEYERABEND, geb. 1957, Sozialpädagogin, arbeitet vor allem im Genarchiv, Essen.

UTE WINKLER, geb. 1958, Soziologin, arbeitet im FFGZ Frankfurt, insbesondere zu Kritik und Alternativen der Reproduktionstechnologie, BRD-Kontaktfrau für FINRRAGE.

BILDNACHWEIS

Andrée Collard mit Joyce Contrucci

Die Mörder der Göttin leben noch
– Rape of the Wild –
Mit einem Vorwort von Mary Daly

Aus dem amerikanischen Englisch von Barbara Müller und Hilke Schlaeger

ISBN 3-88104-183-4
222 S., DM 26,80

Eine feministische Analyse des Gebrauchs und Mißbrauchs der Umwelt durch den Menschen, den Mann. *Rape of the Wild* schildert kompromißlos und in allen furchtbaren Einzelheiten, wie patriarchale Wissenschaft und Technologie die Natur vergewaltigt, was in Versuchslaboratorien, in Wäldern, Meeren und Wüsten dem Leben angetan wird, und zieht die Verbindung zur Ausbeutung des weiblichen Geschlechts.

Andrée Collard will nicht „die Zeit zurückdrehen"; sie glaubt nicht an eine Rückkehr zu den Ursprüngen. Aber sie hält es für unabdingbar, aus der Vergangenheit und von anderen, nichtpatriarchalen Kulturen zu lernen, damit das labile Gleichgewicht der Welt, in der wir leben, aufrechterhalten werden kann.

Andrée Collard, geboren 1926 in Brüssel, in den Jahren 1940 bis '44 aktiv in der belgischen Widerstandsbewegung, wanderte 1945 in die USA aus. Sie lehrte Romanistik an der Brandeis-Universität und begründete dort die *Women's Studies*. Als sie 1986 starb, war das Manuskript von *Rape of the Wild* unvollendet. Die Psychologin Joyce Contrucci, Andrée Collards Schülerin und Freundin, führte es in ihrem Sinn zu Ende.

Aus dem Vorwort von Mary Daly:
„Ich halte *Rape of the Wild* für eines der herausragendsten Bücher, die aus der Frauenbewegung hervorgegangen sind. Mit kompromißlosem Mut nennt Andrée Collard das Übel beim Namen, das die patriarchalen Vergewaltiger der Erde angetan haben. Ihr Buch demonstriert und erklärt die Einheit von Frauen und Natur und die Übereinstimmung des Kampfes der Frauen um ihre Identität mit ihrem Kampf um die Rettung unseres Planeten."

Verlag Frauenoffensive

Mary Daly

Gyn / Ökologie
Eine Metaethik des radikalen Feminismus

Aus dem Amerikanischen von Erika Wisselinck

ISBN 3-88104-109-5
490 S., DM 48,–

„Dies ist ein extremistisches Buch, geschrieben in einer extremen Situation, geschrieben am Rande einer Kultur, die dabei ist, sich selbst und alles Leben zu töten", sagt Mary Daly. Und: „Die vorherrschende Religion auf dem gesamten Planeten ist das Patriarchat als solches, und seine eigentliche Botschaft ist die Nekrophilie."

Gyn / Ökologie besteht aus drei „Passagen" einer Reise jenseits des Patriarchats. Die erste ist Entmythologisierung: Wie wirken alte und neue Mythen auf das Selbst der Frauen?

In der zweiten Passage untersucht Mary Daly die frauenzerstörerischen Praktiken verschiedener Kulturkreise und Zeiträume: Witwenverbrennung in Indien, Hexenverbrennung in Europa, Füßeeinbinden in China, Genitalverstümmelung in Afrika, moderne amerikanische Gynäkologie und im Vergleich dazu die Nazi-Medizin. Die Autorin belegt, wie die moderne, angeblich „objektive" Wissenschaft mit ihrer distanzierten Betrachtungsweise diese Greuel legitimiert.

In der dritten Passage beschreibt Mary Daly die Gegenkräfte, die Frauen entwickeln können, um nicht in der Fixierung auf diese Ungeheuerlichkeiten steckenzubleiben. Sprühen im Sinne von Funkenschlagen: das Feuer der Frauenfreundschaft. Spinnen im alten mythisch-geheimnisvollen Sinn des Wortes: neue Zeiten / Räume, kosmische Gewebe spinnen.

„Ein Hexenkessel von handfester Gelehrsamkeit und freifliegender Phantasie… eine umfassende, präzise und provozierende Analyse des Patriarchats als ‚genialem' System der Macht – über die Frau, die Natur, die ganze Welt."

Renate Stendhal

Verlag Frauenoffensive

Mary Daly

Reine Lust

Elemental-feministische Philosophie

Aus dem Amerikanischen von Erika Wisselinck

ISBN 3-88104-151-6

570 S., geb. mit Schutzumschlag DM 68,–

Gegenstand der Analyse und Transformation in *Reine Lust* sind die Zerstörungen, die mehr im Verborgenen vor sich gehen: die Entartung der Lust, der Leidenschaften und Tugenden, der Wünsche nach menschlichem Miteinander – der Ursprung unserer Gefühle, die verschütteten Quellen unserer Lust.

   Mary Daly durchleuchtet u. a. das Ideal der Askese, eine scheinbare Reinheit, die sich mit sadomasochistischen Praktiken verbindet, wie sie schlüssig belegt. Sie thematisiert die Gefühle und Leidenschaften, die in unserer Gesellschaft (und in der Therapie) als „wahr" gelten, in Wirklichkeit aber Energien blockieren und die persönliche Entwicklung hemmen: Schuldgefühle, Ängste, Depressionen, die Sucht nach Erfüllung. An ihre Stelle setzt die Autorin echte und befreiende Leidenschaften und Tugenden: Liebe, Begehren, Haß, Trauer, Hoffnung, Wagemut. Sie zeigt die Beschränkungen und Zwänge, die unechten und die wahren Ausdrucksformen menschlicher Beziehungen, die befreiende Lust, Glücklichsein mit anderen zu teilen, und die Lust auf Verwandlung, auf Metamorphose.

   Mehr noch als in *Gyn / Ökologie* geht es hier um das Miteinander von Frauen, um Schwesterlichkeit, um die Mechanismen, die schwesterliche Beziehungen stören oder verhindern, und um den Umgang damit.

   Vollgepackt mit Ein-Sichten, paradox und hemmungslos respektlos, ist *Reine Lust* eine geistige und emotionale Herausforderung.

Verlag Frauenoffensive